Theodor Kirchhoff

Reisebilder und Skizzen aus Amerika

2. Band

Theodor Kirchhoff

Reisebilder und Skizzen aus Amerika
2. Band

ISBN/EAN: 9783744633864

Hergestellt in Europa, USA, Kanada, Australien, Japan

Cover: Foto ©Andreas Hilbeck / pixelio.de

Weitere Bücher finden Sie auf **www.hansebooks.com**

Reisebilder und Skizzen

aus

Amerika.

Von

Theodor Kirchhoff

(in San Francisco).

Zweiter Band.

Altona,
Carl Theod. Schlüter.

New-York,
E. Steiger, 22 u. 24 Frankfort Street.

1876.

Mit Vorbehalt aller Rechte.

Vorwort.

Die freundliche Aufnahme, welche der Erste Band meiner americanischen „Reisebilder" seitens der Kritik und beim Leser sowohl in Deutschland als in America gefunden hat, veranlaßt mich, mit dem zweiten Theile dieses Werkes ohne längeren Verzug vor die Oeffentlichkeit zu treten. Es sind Federzeichnungen aus dem äußersten Nordwesten der Union, welche den Hauptinhalt dieses Bandes bilden, aus einem Lande, das erst in den letzten Jahrzehnten der Cultur erschlossen wurde, und heute noch in weit geringerem Grade, als es verdient, dem gebildeten Leser bekannt ist. Vom deutschen Strande werden wir über den atlantischen Ocean und durch die tropische Natur des Isthmus von Panama die Gestade des Stillen Meeres erreichen und nordwärts an seinen Küsten nach dem goldenen Thore und weiter bis nach den Ufern des majestätischen Columbia reisen, der uns zur Eingangspforte in die weiten Länderstriche des Nordwestens dienen soll.

Oregon und die nordwestlichen Territorien sind die vielfach verkannten und verläumbeten Stiefkinder des Goldstaats Californien; aber obgleich ihre Entwickelung eine weit langsamere, als die jenes blühenden Gemeinwesens ist, bieten doch ihre staatlichen und commerciellen Zustände mannigfache Anknüpfungspunkte und Beziehungen zu demselben, welche keineswegs immer zu ihrem Nachtheil ausfallen. Die Zukunft jener ausgedehnten Ländergebiete, deren Ausgangsthore zum Ocean der prächtige Columbia und der herrliche waldumschlossene Pugetsund sind, ist gewiß eine glänzende. Eine gütige Natur hat sie überreich mit wildromantischer Gebirgsscenerie, mit anmuthigen, fruchtbaren Thälern ausgestattet, ihre Berge enthalten kostbare Mineralschätze, ihre Flüsse und Baien schwärmen von Salmen, deren Export bereits ein namhaftes Product im Welthandel ausmacht, während die Riesenwälder am Pugetsund eine wahrhaft großartige Ausfuhr von unübertrefflichem Bauholz ins Leben gerufen haben, und jener vielverzweigte Meeresarm einer der bedeutendsten Seehäfen auf diesem Continente in nicht ferner Zukunft zu werden verspricht.

Was ich auf meinen vielfachen Kreuz= und Querzügen im Verlaufe von anderthalb Jahrzehnten in jenen entlegenen Ländern der Neuen Welt gesehen und erlebt habe, gab mir den Stoff zu diesen Reisebildern und Skizzen, die ich, frisch aus dem Leben gegriffen, niedergeschrieben und später mit Muße in einheitliche Form gebracht habe.

San Francisco, im März 1876.

Theodor Kirchhoff.

Inhalt.

Vorwort.

Nach Oregon (1863)
  A. Von der Weser nach dem Goldenen Thor.
    1. Zurück nach America 3
    2. Scenen im Zollhause in New-York 9
    3. Alte Bekannte. — In einem americanischen Barbiersalon 19
    4. Der Oceandampfer „Northern Light" 27
    5. Auf dem Isthmus von Panamá 33
    6. Von Panamá nach Acapulco 46
    7. Von Acapulco zum Goldenen Thor 60
  B. Auf Kundschaft nach dem Columbia.
    1. Von San Francisco nach Portland in Oregon 72
    2. Von Portland nach The Dalles 89
    3. Ein Tag in The Dalles 111
Mein letzter Weihnachtsabend in Oregon 127
Die Indianer beim Lachsfang am Columbia 132
Rückkehr nach Californien (1865) 145

Streifzüge im Nordwesten (1868—1876).
  1. Ueber die Blauen Gebirge in Oregon 175
  2. Eine Dampferfahrt auf dem oberen Columbia 197
  3. Die Eishöhlen im Territorium Washington 211

	Seite
4. Die ersten Goldentdeckungen im östlichen Oregon und im Territorium Idaho	218
5. Zweite Reise nach Oregon (1871)	
I. Zur See nach dem Columbia	246
II. Die Stadt Portland am Willámette	257
III. Ein Besuch beim Könige von Aurora	273
IV. Im Thale des Willámette	298
V. Die Thäler des Umpqua- und Rogue-River	332
VI. Ueber das Siskiyougebirge nach dem Sacramentothale	355
6. Ein Ausflug nach dem Pugetsund im Jahre 1872	374

Die mit (♁) bezeichneten Abschnitte wurden zuerst im Globus veröffentlicht, sind aber alle vielfach verändert, mit Ergänzungen versehen und in Zusammenhang gebracht worden.

Nach Oregon.

(1863.)

A.

Von der Weser nach dem Goldenen Thor.

1. Zurück nach Amerika.

Es war am 14. April 1863, als ich das hohe Verdeck des vor der Wesermündung liegenden Schraubendampfers „New-York" bestieg, der mich von einem Besuche in der Heimath zurück nach der Neuen Welt tragen sollte. Ein kurzes Jahr war dahin geeilt, reich an Freuden und goldenfarbig in der Erinnerung, wie der Schimmer der sich eben in's Nordmeer senkenden Sonne, die mir zum Abschied die Fenster an den Häuserreihen von Bremerhafen mit Strahlenglanz schmückte. Ein wehmüthiges Gefühl beschlich mich, als ich so zum zweiten Male der geliebten Heimath Lebewohl sagen mußte. Im fernen Texas hatte mir der amerikanische Bürgerkrieg die Früchte langjähriger Arbeit mit einem Schlage zerstört; noch einmal hatte ich darauf den heimathlichen Boden wieder betreten und wollte jetzt in Amerika ein neues Leben beginnen. Wohin mich das Schicksal treiben sollte? — ich ahnte es kaum. Um meine Zukunft war mir übrigens nicht bange, denn ich war stets gewohnt gewesen, eigener Kraft zu vertrauen, und der Reiz des Abenteuerlichen fesselte mich mehr als ein bequemes Stillleben. Auch erwarteten mich in New-York, wohin ich zunächst reisen wollte, alte bewährte Freunde, die mir, wie ich wußte, mit Rath und That beistehen würden. Was weiter aus mir werden sollte, kümmerte mich, ehrlich gestanden, wenig. Aber es war doch ein eigenthümliches Gefühl, so gleichsam auf steuerlosem Schiffe wieder hinauszutreiben in eine ungewisse Zukunft.

Unsere Reise von Bremerhafen nach Southampton, die vom schönsten Wetter begünstigt war, kam mir wie eine Spazierfahrt vor, so glatt war die See und so schnell legten wir diese Strecke zurück.

Wie klein Einen solche doch nicht unbedeutende Entfernungen nach mehrmaliger Fahrt dünken, als ob die Erde an Umfang verloren hätte! — Bald hoben sich die weißen Ufer von Altengland aus den grünlichen Wellen empor, Dover begrüßte uns mit seinen classischen Mauern und gewaltigen Kreidefelsen, die am Eingange des Canals Schildwacht stehen. Dann folgten aufeinander rechts in nicht weiter Ferne die grünen Hügel und wohlbestellten Felder von England, untermischt mit freundlichen Städten, Parkanlagen und weißen Häusern, während sich linker Hand die Küste Frankreichs, ein bläulicher Streifen, am Horizonte hinzog, bis die waldgekrönten Berge der Insel Wight vor uns aus den mit Hunderten von weißen Segeln belebten und in der Sonne blinkenden Fluthen emporstiegen. Nun brausten wir hinein in die langgestreckte herrliche Bai von Southampton, vorbei am Mastengewimmel der vor Portsmouth ankernden britischen Kanalflotte, bis unser stolzer Dampfer sich mit fliegenden Fahnen neben mehrere seines gleichen dicht vor die Stadt Southampton legte; die mächtige Schraube ruhte von ihrer Arbeit und wir betraten fröhlichen Muths den Boden von Altengland.

Der mit prächtigen Quais und Docks eingefaßte Hafen von Southampton war wie gewöhnlich voll von Seedampfern, welche von hier aus die Meere bis nach den entlegensten Theilen der Erde befahren: den stattlichen Dampfschiffen der P. & O. (Peninsular und Oriental)-Linie, welche den Verkehr mit der pyrenäischen Halbinsel und dem Mittelmeere bis nach Alexandrien vermitteln; Dampfern nach dem Cap der guten Hoffnung, nach Ceylon und Ostindien; anderen nach dem fernen Australien, nach Rio de Janeiro, St. Thomas, Kingston und Aspinwall, wieder anderen nach den Häfen der Vereinigten Staaten und denen von Canada, und kleineren für den Küstenverkehr von Großbritanien und Frankreich. Unter mehreren im Bau begriffenen Seedampfern zog einer, der beinahe vollendet war, meine Aufmerksamkeit durch seine ungewöhnlich schlanke Form auf sich. Ich erfuhr, daß dieses, zu schnellen Fahrten besonders geeignete Schiff für Rechnung des Kaisers von China gebaut würde, der es, wie man vermuthete, seinem speciellen Freunde Jefferson Davis zu schenken beabsichtigte.

Unter dem herrlichsten Wetter verließen wir gegen Abend den Hafen von Southampton. Zwischen der nahen Küste des englischen Festlandes und der mit parkähnlichen Anlagen geschmückten lieblichen Isle of Wight fuhren wir hin, wo die Thürme des Schlosses Osborne über die grünen Baumwipfel emporragten, bis wir die Needles, eine Reihe gewaltiger zerrissener Felsspitzen, die vom Westende der Insel in's Meer hinaustreten, passirt hatten. Jetzt bewillkommten uns die lang schwellenden Wogen des atlantischen Oceans, die Dünenufer von England entfernten sich mehr und mehr und bald war ringsum nur Himmel und Wasser zu sehen.

Wind und Wetter blieben uns bei unserer Reise über den Ocean fortwährend günstig, und die sonst oft stürmische

Atlanta zeigte sich in heiterster Laune. Eine angenehmere Fahrt als auf diesem stattlichen deutschen Dampfer hätte ich mir nicht wünschen können. Schnell rollten die Tage vorüber, und bereits am 24. April befanden wir uns auf der großen Neufundlandsbank. Hier begrüßte uns das herrliche Schauspiel von einer Menge von gewaltigen Eisbergen, deren Nähe wir bereits vor einigen Tagen in Folge der immer kälter werdenden Witterung geahnt hatten. Hell schien die Sonne durch die frostige Luft und versilberte gleichsam die oberen Zacken der in ihren untern massiven Theilen bläulichen Eismassen, an denen des Oceans Wogen hoch emporbrandeten. Fortwährend veränderten sich die Formen der colossalen Eisberge, als wir an ihnen vorbeifuhren und sie sich uns in verschiedenen Winkeln zeigten. Bald glichen dieselben Burgruinen mit zerfallenen Thürmen, crenellirten Mauern und hohen Bastionen, bald waren sie, einander näher tretend und gleichsam in einander verschmelzend, Thorwegen, gothischen Bögen und Durchsichten mit anderen Eisbergen im Hintergrunde täuschend ähnlich. Dann wieder ragten sie empor wie Pyramiden und Bergkuppen, mitunter bis zu einer Höhe von hundert Fuß. Besonders romantisch ward die herrliche Scenerie durch das unerwartete Erscheinen des britischen Transport-Dampfers „St. Andreas", der, von Liverpool nach Montreal fahrend, zwischen uns und einigen gewaltigen Eisbergen hinsteuerte, welche seine Masten hoch überragten. Wenig Phantasie gehörte dazu, um sich bei Betrachtung der beiden zwischen den Eisbergen hinfahrenden Schiffe das Bild einer arctischen Entdeckungsreise vorzustellen.

Langsam und vorsichtig steuerten wir den ganzen Tag zwischen den schwimmenden Eiskolossen hin, bis sich dieselben gegen Abend mehr und mehr zerstreuten; dann ging's im freien Fahrwasser lustig weiter zur Küste des nordamerikanischen Festlandes hinüber.

Mit schwellenden Segeln und mächtig arbeitender Schraube braus'te unser stolzes Schiff dem ersehnten Hafen entgegen. Ein herrlicher Anblick ist es, vom hohen Quarterdecke eines Schraubendampfers erster Classe den schwimmenden Koloß zu betrachten, wenn derselbe, schwarze Rauchwolken ausathmend, mit allen Segeln an den hohen Masten wie ein wilder Sohn der schäumenden Tiefe über die weißgekrönten Wasserberge dahinsprengt! Der sich leicht hebende schlanke Riesenbau reitet wie ein belebtes Wesen auf den Schaum aufspritzenden Wogen; hinter demselben zieht sich bis zum Horizonte der bläulich-grüne Wellenpfad hin, über den schneeweiße Möven mit scharfen krummgeschnittenen Flügeln hinterdrein fliegen; dickleibige Delphine schwimmen in tollen Sprüngen seitwärts mit dem Schiffe um die Wette, und überschlagen sich im Eifer der Jagd mit ihrem gehörnten Rücken im Wasser; die Masten knarren und die Raaen biegen sich unter den schwellenden Segeln; die Dampfmaschine arbeitet wie ein wuthschnaubendes gefesseltes Ungeheuer, und die gewaltige Schraube, herumgejagt mit der Kraft von tausend Pferden peitscht die dunklen Wogen, die vom Bug her wild an den Flanken des Steuers hinrollen und mitunter hoch bis über das Deck emporspritzen.

Nach wenigen Tagen einer solchen lustigen Seefahrt sahen wir die Küste von Long Island aus dem Ocean emporsteigen. Dann kam das sylphenartige Lootsenboot mit der blauen Fahne am hohen Hintermast und der großen schwarzen Nummer am breitzugespitzten weißen Segel herbeigeflogen, und bald darauf geleitete ein wettergebräunter Pilot das Schiff bei Sandy Hook vorbei und hinein in die reizenden Narrows.

Die Bai von New-York mit ihren herrlichen bewaldeten Ufern, den weißen Villen, bunten Gärten und freundlichen Städten, dem Masten- und Häusergewimmel, der Riesenstadt, den die Fluthen nach allen Richtungen pfeilschnell durchfurchenden Dampfern und der über das lebendige Bild der neuen Welt ausgebreitete tiefblaue Himmel Amerikas waren so schön wie je. Im North River (Hudson) ließen wir den schweren Anker in die Tiefe rasseln und harrten dann ungeduldig auf die übliche Zollrevision, nach welcher es uns erlaubt sein würde, den Boden unserer zweiten Heimath zu betreten. Bald sollte sich die Reisegesellschaft zerstreuen, Jeder von uns das Ziel suchend, welches seinen Wünschen und Erwartungen am besten entsprechen mochte.

2. Scenen im Zollhause in New-York.

Wir sämmtliche Kajütenpassagiere des guten Dampfers „New-York" befinden uns nebst unserem Gepäck eingepfercht auf einer langen nach der Stadt zu verschlossenen überdachten Landungsbrücke (pier), um dort die in den damaligen Kriegsjahren besonders strenge Zollrevision unserer Gepäckstücke über uns ergehen zu lassen. Vor der geschlossenen Gitterthüre drängen und stoßen sich Kutscher, Packträger, Hotel-„Runners" und andere Bürger der großen Stadt New-York, welche Persönlichkeiten Alle ein besonders lebhaftes Interesse an uns zu nehmen scheinen und uns durch das Gitter wie in einem Käfiche eingesperrte wilde Thiere betrachten.

Wie ein Rudel hungriger Wölfe überfallen jetzt Uncle Sam's Heerschaaren im Zollspeicher die Gepäckstücke der dort versammelten Einwanderer, deren Zeit der Trübsal, anstatt beim Eintritt in das gelobte Land, wo Milch und Honig fleußt, vorüber zu sein, jetzt eigentlich erst recht ihren Anfang nimmt.

Uralte, mit braunen Hasenfellen überzogene Koffer und moderne, mit blanken messingenen Nägeln bespickte Mantelsäcke; geheimnißvolle, mit Eisenbahn- und Fahrbilletten geschmückte Ballen und Labyrinthe von bunten Hutschachteln; Kisten und Kasten, mit den Schätzen deutscher Rumpelkammern gefüllt und Hunderte von Packeten von seltsamer Art, Farbe und Façon liegen im geselligen Durcheinander am Boden umher. Dazwischen drängt sich eine geängstigte Schaar deutscher Einwanderer, Männer, Frauen und Kinder, welche ihre Erzfeinde, die Zollbeamten, mit scheuen Augen betrachten.

Hier betheuert eine reizende, blauäugige Vierlanderin in einem flatternden helgoländer Hute und mit blanken Knöpfen verziertem Spencer: „Dat se kehne vertollbare Wahre hett und blohs ehre Uhtstüer mit sik sleppen deiht!" (Daß sie nichts Verzollbares hat und nur ihre Aussteuer mit sich führt!)

Der aufmerksame Yankee dort, mit den unruhigen grauen Augen und den scharfgeschnittenen intelligenten Gesichtszügen, welchem ein plattdeutscher Dollmetscher diese Erklärung ins Englische übertragen hat, scheint sich jedoch nicht bei dieser Auseinandersetzung zu beruhigen. Langsam zieht er sich den Rock ab, beißt bedächtig von einem zehn Zoll langen, schwarzbraunen Kuchen ein delicates Mundvoll Kautabak ab, schiebt die blauäugige Helena von dem Ballen fort, an welchen dieselbe sich mit bräutlicher Fürsorge angeklammert hat, schneidet ohne weiteres die Stricke an demselben entzwei und steckt seine magern Finger in den heiligen Brautschatz.

In reizendem Durcheinander zieht der tabakkauende Zollinspector die verschiedenartigsten unnennbaren Damentoilettengegenstände aus dem Ballen hervor, die er sämmtlich verächtlich auf die Seite wirft; da plötzlich entdeckt er zwischen den Falten eines mit Blumenguirlanden bestickten Unterrocks ein Packet versiegelter, unfrankirter Briefe, an verschiedene Adressen in Newyork gerichtet.

Ah hah! — Der bis über die Ohren in Schulden steckenden Postbehörde des freien America will die plattdeutsche Heirathscandidatin den spärlichen Erwerb noch schmälern! Himmelschreiend!! — Die versiegelten Briefe wandern vorläufig aus den Falten des mit Blumenguirlanden bestickten Unterrocks von Demoiselle in die tiefe Hosentasche des knöcherigen Yankee.

Mit erneutem Eifer fällt der Sohn Neu=Englands über den plattdeutschen Hochzeitsballen her. Zuletzt, ganz in der Mitte des Ballens, findet er in einem mit einer Menge wollener Vergißmeinnicht bestickten Pantoffel ein mit Perlenmutter zierlich ausgelegtes Kästchen von Eben=holz, das er vorsichtig öffnet.

„Diamonds! By Jerusalem!" ruft der entzückte Yankee, dessen grau=grünliche Augen mit geheimnißvollem Feuer leuchten.

Der armen Vierlanderin dagegen fallen die großen Thränen aus den veilchenblauen Augen, die sie sich mit der Schürze abtrocknet.

Da, o Freude! kommt der Bräutigam, welcher von der Ankunft des Dampfers gehört, der ihm seinen Schatz bringen sollte, ins Zollhaus hereingestürzt. Ein langer Kuß, worin die Seelen in einander verschmelzen; Thränen — Freuden= und Kummerthränen, durcheinander; — Jubel, Schluchzen, Fragen und Antworten ohne Ende.

Der Herr Bräutigam erzählt dem Yankee in fließen=dem Englisch, wie seine Braut gänzlich unschuldig an dem Schmuggel sei. Dieser jedoch entfernt sich achselzuckend mit dem gottgesegneten Raub und erwiedert weiter nichts als „Well" und „All right" und „I calculate" und „I reckon" und „By and By."

Doch, überlassen wir das Brautpaar seinem traurigen Schicksale und sehen lieber zu, wie es Einigen von der Elite meiner Reisegefährten im Zollhause erging.

Hier sehe ich z. B. den „eisernen Schuster", so be=nannt, weil er der patentirte Erfinder von eisernen Stiefel=

sohlen ist, mit denen er zum Aerger des Capitains Allabends beim Spazierengehen auf dem Quarterdecke auf und abklapperte.

Der eiserne Schuster, soeben von einer Geschäftsreise nach Deutschland zurückgekehrt, war ein gänzlich veramericanisirter Deutscher, der sich im Grunde seiner Schusterseele darob schämte von deutscher Abstammung zu sein, wie leider zur ewigen Schande mit ihm ein nicht geringer Theil der deutschen Bevölkerung America's, und der das classische Lingo der sogenannten deutsch-americanischen Sprache aus dem ff loshatte.

Am liebsten hätte er englisch gesprochen, wie seine Vorbilder, die gentilen Yankees; doch wollte sich seine bairische Bierzunge nicht recht an die anglo-sächsischen Zischlaute gewöhnen. So hielt er sich nothgedrungen an das Deutsche und verballhornisirte und veramericanisirte die Sprache Lessings und Goethe's, daß es zum Entsetzen war.

Er hatte sich an einen Zollbeamten von deutscher Abkunft gewendet, welcher ihm der passende Mann zu sein schien, dem er die Revision seines Gepäcks, das eine allzugenaue Durchsicht nicht erlaubte, wohl anvertrauen könnte, und der es ihm im Deutsch-americanischen wo möglich noch zuvorthat.

„Hallo [1]), Mister!" ruft der eiserne Schuster, „das bietet Einiges [2])! Hier sitz' i schaun's und trubble [3]) mir mit das Gepäck, und kein Offizer tendet zu mir [4])! Sein's so gut und wähtens [5]) an mich!"

[1]) Hallo! == gebräuchliche Anrede in Amerika. [2]) That beasts anything == Da hört Alles auf. [3]) to trouble == sorgen. [4]) No officer is tending on me == Kein Beamter schenkt mir Aufmerksamkeit. [5]) to wait on == bedienen.

„Well!" antwortet der Zöllner. „Ich gleich'¹) es wirklich selber nit, den Herrn da zu annoien²) und wähten³) zu lassen; abers de Lädies..."

„Lädies!" fällt ihm der eiserne Schuster hitzig in die Rede. „Ausgespielt⁴)!! Da möcht' ich halt sitzen bleiben bis man zum Supper bellt⁵)! Thun's mir den Gefallen und wähtens an mich! Da, wischst ä Szigarr smoken⁶)?"

Der Zöllner, der sich einen Glimmstengel mit Dank angesteckt hat und wohlgefällig an dem blauen Rauche herum schnüffelt, bemerkt: „Well, dos schmeckt⁷) gut! Has'te mehr von die Smokers zu triten⁸)?"

Der eiserne Schuster drückt ihm leise ein Goldstück in die Hand, worauf der Zöllner ausruft: „Allright! Ich bette⁹) druf, der Mister is o-kä¹⁰)! Quittens¹¹) mit Muwen¹²) und fixens¹³ Ihren Plunder wieder zurecht und ich werds Ticket drufpästen¹⁴)!"

Der eiserne Schuster, der seinen großen Koffer während obiger classischer Unterhaltung zögernd geöffnet hat, damit der Zollbeamte den Inhalt desselben pro forma inspiciren könnte, läßt sich dieses nicht zwei Mal sagen. Schnell fliegt der Deckel wieder zu; der Zöllner pästet das Ticket druf und fort mit seinem Koffer trollt der eiserne Schuster und klappert mit den Stiefelsohlen über die Bretterbohlen, als ob ein Dragoner in einem Ritterspiel über die Bühne geritten käme.

---

¹) to like == gern haben. ²) to annoy == plagen. ³) to wait == warten. ⁴) That's played out == dummes Zeug! ⁵) to ring the bell == schellen. ⁶) to smoke == rauchen. ⁷) schmecken == riechen. ⁸) to treat == tractiren. ⁹) to bet == wetten. ¹⁰) o-k in guter Ordnung. Americanische Volks-Phrase. ¹¹) to quite == aufhören. ¹²) to move == auspacken. ¹³) to fixe == in Ordnung bringen. ¹⁴) I'll paste the ticket == Ich werde den Paßzettel aufkleben.

Schlechter ergeht es einem Bettdeckenfabrikanten aus Baltimore, welcher dem Offizer ein seidenes Kleid, das er seiner maryländischen Dulcinea verehren wollte, als verzollbare Waare angegeben hatte, durch welche Ehrlichkeit er jeglichen Verdacht von sich abzuleiten gedachte.

Es war ihm dieses auch scheinbar gelungen, indem schon das ersehnte „Ticket" auf seinem Koffer „drufgepästet" war.

Allein o weh! — es nimmt ihn ein zweiter Zöllner, der bis dahin den Zuschauer gespielt, höflich auf die Seite, um ihm die Kleider zu untersuchen und nachzusehen, ob er etwa verzollbare Waare am Leibe trüge.

Ein kostbares Stück Pariser Seidenzeug, das der Bettdeckenfabrikant sich um die Taille gewickelt hatte, entgeht nicht den Spürhänden des Janitschars. Durch den Betrug argwöhnisch gemacht öffnet der „Offizer" nochmals den Koffer des Bettdeckenfabrikanten, um selbigen noch einmal recht gründlich zu revidiren — und da entdeckt er zwischen einem doppelten Boden eine ganze hochverrätherische Rebellen=Correspondenz, diplomatische Sendschreiben der conföderirten Agenten in Europa an den Herrn Jefferson Davis in Richmond, welche Documente der Herr Bettdeckenfabrikant von Baltimore nach Dixie [1]) zu befördern übernommen hatte.

Schwüre und Betheuerungen in Englisch und Deutsch, daß er ein loyaler Bürger sei und gänzlich unschuldig an dem Betruge, nützen ihm zu nichts; und bald darauf wird er unter starker Bedeckung fortgeführt, nachdem der Centurio seiner aufmerksamen Leibgarde ihm aus Respect für seine diplomatische Stellung noch die Handgelenke mit eisernen Zierrathen geschmückt hat, eine Auszeichnung, gegen welche

---

[1]) Dixie, der gebräuchliche Name für die Südstaaten.

er als einfacher Republikaner einen entschiedenen Wider‍willen an den Tag legt.

Mein specieller Freund, der Bielefelder, ein gras‍grünes Muttersöhnchen, dem wir bereits während der Reise von Bremen nach Newyork die haarsträubendsten Schilderungen über americanische Zustände gemacht, hatte dieser Inquisitionsprocedur mit stummem Entsetzen zuge‍schaut. Aengstlich kam er zu mir und bat mich, ihn um Himmelswillen unter meinen persönlichen Schutz zu nehmen. Geheimnißvoll zeigte er mir ein Buch in Schweinsleder, eine deutsche Uebersetzung der wahrhaftigen Abenteuer des Martin Chuzzlewitt, welches ihm sein englischer Sprach‍lehrer beim Abschied in Bielefeld geschenkt hatte, um ihm einen guten Begriff über americanische Zustände zu geben.

Er fürchtete sehr, daß man das Buch als hochver‍rätherisches Werk gegen die Republik consisciren würde, und daß er noch durch den Boz in die größten Ungelegen‍heiten käme.

Ich beruhigte meinen Bielefelder Freund jedoch bald dadurch, daß ich den Chuzzlewitt in die Fluthen des Hudson schleuderte, wo die Wasserfräulein beim Durchblättern des‍selben über die Ehre, welche das weibliche Geschlecht in America genießt, wahrscheinlich vor Stolz außer sich ge‍rathen werden.

Unser alter Bekannter, der deutsch-amerikanische Zöllner, — derselbe welcher den eisernen Schuster glücklich gemacht — ahnte sofort Hochvorrath und redete mich grimmig folgendermaßen an:

„Hallo, Mister, was schmeißens da in Riwwer? Trubbelns ¹) sich nit, den grünen Bub da zu tiebschen²),

---

¹) to trouble == sich bemühen. ²) to teach == lehren.

Unkel Sam ¹) zu humbuggen! Lassen's mir mal durch Ihre Trunk schaun!"

Da ich durchaus keine verzollbare Waare versteckt bei mir führte, so beschloß ich, den Zöllner zur Strafe für seine unberufene Einmischung in das Schicksal des Chuzzlewitt einmal recht zu „trubbeln"; bemerkte daher auf die Frage: „Haben's was zu smuggeln?" — „May be so, Sir! Look for yourself!" (Wohl möglich! Ueberzeugen Sie Sie sich selber!)

Vergebens mühte er sich ab, verzollbare Waare in meinem Koffer zu finden. Ein ansehnliches Packet meiner neuesten poetischen Ergüsse, auf goldbordirtem Velinpapier würdigte er kaum eines einzigen Seitenblicks, was mir sehr leid that, da ich eigentlich stark darauf gerechnet hatte, ihn mit dem Durchlesen derselben in gerechte Verzweiflung zu treiben.

Da er jedoch, trotzdem er nichts Verbrecherisches in meinem Koffer finden konnte, immer noch Argwohn hegte, daß ich „Onkel Sam" betrügen wolle, so nahm er mich schließlich hinter einen Pfeiler, um mir die Kleider, die ich am Leibe trug, zu durchsuchen.

Ich fragte ihn bescheiden, ob er wünsche, daß ich mir die Hosen ausziehen sollte? welche unschuldige Frage ihm einen giftigen Blick entlockte.

„Never you mind, Cap!" erwiederte er, nachdem er meine Inexpressibles prüfenden Auges gemustert hatte.

In America, wo Adelstitel und Orden nach der Constitution verboten sind, hat fast Jedermann einen Convenienztitel und es giebt dort wenigstens drei Millionen Capitäns (der Kürze wegen auch Cap genannt) und Generals, Colonels, Majors, Doctors, Professors, Squires ꝛc.

---

¹) Uncle Sam = Vereinigte Staaten. ²) Trunk = Koffer.

von jeder Sorte mindestens eine halbe Million. Daß der deutsch=americanische Zöllner mich mit „Capitän" anredete, deutete einen bedeutenden Grad von Hochachtung seinerseits an, die ich ihm durch meine Hosenbemerkung eingeflößt haben mußte.

„Du bischt ein smarter¹) Racker", fuhr er nach längerer Pause fort, während welcher er über den Grad meiner polizeiwidrigen Schlechtigkeit nachzugrübeln schien, „und bietest einigen Yankee²)! Aberſch wir werden Dich schon durchhunten³), you bet!⁴) Haſcht Du Uhren im Sack?"

Wie man sieht, der Junge duzte mich schon, wie es unter den americanischen Baiern Sitte ist.

Ich zog meine dicke goldene Uhr aus der linken Westentasche, um meinen neuen Duzbruder davon zu überzeugen, daß ich der zeitweilig glückliche Besitzer einer ächten „Patent Lever" sei. Da man jedoch nach America Eine Uhr mitbringen darf, ohne dieselbe verzollen zu müssen, so war daran nichts weiter auszusetzen. Um so mehr müßte sich mein Inquisitor ab, mich „durchzuhunten", um sonst etwas von Werth an mir zu entdecken.

Da plötzlich fühlte er einen harten Gegenstand in einer der Taschen meiner Unaussprechlichen, was ihm die Frage entlockte: „Was haſcht Du da?"

Als Antwort fragte ich ihn bescheiden, ob er auch schnupfe? und zog dabei eine große mit Gold à quatre couleurs künstlich eingelegte silberne Schnupftabaksdose hervor, notabene ein altes Familienstück, das mein braver Alter mir zum Weihnachten vermacht hatte, bei deren Anblick sich die Augen des Zöllners zu kleinen Tellern erweiterten.

---

¹) smart = gerieben. ²) You beat any Yankee = Du bist schlimmer als irgend ein Yankee. ³) to hunt = spüren, suchen ⁴) You bet! = Verlaß Dich drauf! Gewöhnliche Flickredensart.

Schon griff er nach der Dose, um sich dieselbe für „Onkel Sam's" Rechnung anzueignen.

Ich war jedoch vorsichtig genug gewesen, die kostbare Dose mit ächtem „Scotch Snuff" zu füllen; und da Uncle Sam seinen Kindern nichts confiscirt, was sie zum eigenen Gebrauche und Lebensunterhalte mit sich führen, so war ich meines Schatzes so ziemlich sicher.

Langsam öffnete ich, nachdem ich auf den Deckel geklopft, die Dose und bot meinem Zöllner eine Prise an.

Mit dem Ausrufe: „Das bietet Einiges! Die ganze Botterei for nix ¹)!" entfernte er sich eiligst.

Ich aber rief ihn nochmals zurück, da er vergessen hatte, das „Ticket" auf meinen Koffer „drufzupästen".

¹) bother = Plackerei. (All die Plackerei umsonst!)

3. Alte Bekannte. — In einem americanischen Barbiersalon.

Ich bin mit meinem Koffer allen Anfechtungen im Zollhause glücklich entronnen und passire ungehindert durch das Gitterthor, um mich in die Stadt zu begeben. Ein Schwarm von Kutschern, Hotel-„Runners" und ähnlichen Subjecten vertritt mir hier den Weg. Irländer, Deutschamericaner, Yankees, Mulatten und Neger streiten sich um die Ehre, sich meiner Person und meines Koffers zu bemächtigen und mich in eins der von ihnen repräsentirten Hotels und Logirhäuser zu geleiten. Jeder der freien Bürger schreit mir den Namen seines speciellen Gasthauses laut entgegen, ein Bedlamslärm, der einen in die Localverhältnisse New-York's Uneingeweihten in nicht geringe Verwirrung gesetzt hätte, mich als erfahrenen Deutschamericaner aber ganz kalt läßt.

Hier ruft mir ein importirter Schwabe zu:

„Halloh, Landsmann, laß mir mal deinen Trunk in's Grienwitsch Haus muwen (to move = transportiren)! wir haben s'feinste Boardinghaus in der City!" — worauf ich mit einer verächtlichen Handbewegung antworte, da mir besagtes Greenwich House als Emigrantenabsteigequartier noch aus dem letzten Decennium in keineswegs angenehmer Erinnerung geblieben ist.

Die Zudringlichsten von der Bande, welche mich für einen „Grünen" (Fremden) zu halten scheinen, suchen mit Gewalt Hand an meinen Koffer zu legen. Ich kenne jedoch meine Pappenheimer und schaffe mir dieselben mit den entschieden ausgesprochenen und mich als Americaner einführenden Worten: „Don't you trouble yourself!" bald vom Halse. Nachdem ich der Hotelkutsche des „Astor-House" mein Gepäck übergeben habe, entferne ich mich schnell und gehe zu Fuß in die Stadt, um so bald als möglich aus dem infernalischen Lärmen und den schmutzigen Straßen am „North River" herauszukommen.

An der nächsten Straßenecke, wer begegnet mir? Wahrhaftig! es waren meine alten Freunde Marcus und John, die von der Ankunft des Dampfers gehört hatten und mich aufsuchen wollten.

„Halloh, Professor!" — rufen Beide aus, — „wie geht's?" — „Ganz gut", antworte ich, und — „was giebt's Neues?" —

„Nichts Besonderes", erwidert mir Ersterer, „Haben Sie Lust, — fuhr er fort, — nach Californien zu reisen? Wenn es Ihnen recht ist, so können Sie und Freund John eine kleine Geschäftsexpedition nach San Francisco unternehmen und werden dort, glaube ich, „Geld machen".

Mit den Worten „all right!" ward der Vorschlag von mir acceptirt, obgleich ich bis jetzt auch nicht im Traume daran gedacht hatte, nach Californien zu reisen.

Während dieser meiner ersten Unterhaltung, wodurch sich in weniger als fünf Minuten mein Lebenslauf auf lange Jahre hinaus entschied, waren wir in den prächtigen Broadway gelangt, welcher mit seinen fahnengeschmückten, stolzen Häuserreihen und feenhaften Kaufläden, dem unablässigen Gewoge der sich auf und ab drängenden Menschenmassen, den endlosen Reihen von Omnibussen und Fuhrwerken aller Art und dem über das lebendige, immer wechselnde Bild ausgebreiteten, heiteren Himmel so schön wie je war. Ich fühlte mich in Amerika schon wieder ganz heimisch, das Englische klang mir wie alte Bekanntschaft, die man lieb gewonnen hat.

Was ein Reisender, der soeben nach einer Seereise von etlichen tausend Meilen in America anlangt, zuerst thun wird, ist, einen Barbiersalon aufsuchen.

Ein americanischer Barbiersalon ist, wie bereits der Name andeutet, nicht eine armselige und lichtscheue deutsche Barbierstube mit den gelben Blechtellern am rostigen eisernen Haken vor der Thür, sondern eine sonnige Künstlerwohnung mit einem roth, weiß und blau gestreiften Marschallsstab (barber's pole) davor: ganz das Gegentheil ihres transatlantischen Namensvetters, aus welchem der nichts weniger als gentile Besitzer Allmorgens vor dem Kaffee wie ein Raubthier aus seiner Höhle hervorstürzt, mit dem fettigen Sammetbeutel von Thür zu Thür rennt und den Seifenschaum aus der gelben Blechbüchse weithin über die Straße spritzt.

In einem americanischen Barbiersalon sieht es nobel aus. Riesige Spiegel und farbenreiche Bilder — Liebesscenen aus der heidnischen Götterwelt, Darstellungen von Faustkämpfen und Pferderennen und sonstige, einem cultivirten Geschmack Rechnung tragende Schaustücke — hängen in reich vergoldeten Rahmen an den Wänden, Damastvorhänge vor den Spiegelscheiben der hohen Fenster, Candelaber von der Decke. Ein feiner Teppich aus Wachstuch bedeckt den Fußboden, und Marmorbassins, Mahagonymöbeln und dergleichen mehr Gegenstände des modernen Luxus vollenden die Ausstattung des „Salons". Zur geschäftlichen Einrichtung gehört eine lange Reihe von eigenthümlich geformten, mit rothem Sammet überzogenen Sesseln, woran gepolsterte bewegliche Kopflehnen angebracht sind, denen ähnlich, die man an den Schmerzensstühlen der Zahnoperateure sieht; davor stehen, gleichfalls mit Sammet überzogene, gepolsterte Böcke. In einem dieser Doppelsessel nimmt der Kunde Platz, indem er sich bequem der Länge nach darauf ausstreckt, die Füße auf dem Bock und das Haupt auf der beweglichen Kopflehne ruhend.

Ein americanischer Barbier, der hier zu Lande zur Classe der Künstler zählt und in der bürgerlichen Gesellschaft eine geachtete Stellung einnimmt, ist gleichzeitig Friseur und in den feineren Salons Besitzer mehrerer in elegantem Stil eingerichteten Badezimmer, welche mit seinem Atelier in Verbindung stehen. Dagegen ist er weder Wundarzt noch Accoucheur und noch weniger befaßt er sich mit Schröpfen, Aderlassen, Blutigelsetzen, Zähneausreißen und Hühneraugenschneiden, wie sein entarteter deutscher Collega. Dergleichen niedrige Abarten des Barbiergeschäfts werden von dem americanischen Rasirkünstler mit Recht als tief unter seiner Würde stehend betrachtet.

In diesem Lande der Freiheit und Gleichheit fallen in einem Barbiersalon alle Grade einer socialen Rangordnung fort. Die Kunden werden, wie sie eintreten, der Reihe nach bedient. Ein gewöhnlicher Arbeiter oder Handwerker würde sein früheres Anrecht auf einen leer gewordenen sammetnen Doppelsitz nicht einmal dem Präsidenten der Vereinigten Staaten, viel weniger einem reichen Parvenü oder gar einem säbelrasselnden Militär abtreten. In Deutschland wäre eine solche Lebensanschauung gleichberechtigter Menschenwürde natürlicher Weise undenkbar. Ein gemeiner Soldat müßte selbstverständlich dem ersten besten hungerigen Lieutenant, der Arbeiter seinem Fabrikherrn, der Diener seinem Vorgesetzten, der Niedere dem Höheren den Vorrang auf dem Barbierstuhl einräumen und könnte von Glück sagen, wenn er nicht halb rasirt nnd frisirt von seinem Sitze aufstehen müßte, um einem in socialer Beziehung über ihm Stehenden Platz zu machen.

Die glücklichen Besitzer jener Verschönerungs-Salons sind fast ausschließlich Neger und Deutsche, unter denen jedoch die „Herren von Farbe" den ersten Rang behaupten. Selten ergreift ein geborener Americaner diese Künstlercarriere, weil bekanntermaßen bei ihm der Kunstsinn weniger ausgebildet ist, als bei den Afrikanern und Deutschen. Dagegen ist er der beste Kunde in jenen Anstalten und liebt es, daselbst oft eine wollüstige Stunde auf dem sammetgepolsterten Doppelsessel zuzubringen.

. Der Barbiersalon, welchen ich aufsuchte, lag am Braodway. Eine lange Reihe von luxuriös eingerichteten Badezimmern gab den Herren Gästen Gelegenheit, sich dort durch warme oder kalte Bäder zu erfrischen, ehe sie sich den erfahrenen Händen des Bart- und Haarkünstlers anvertrauten.

Nachdem ich mich im Bade erquickt und den Staub des Oceans abgewaschen habe, begebe ich mich wieder in den Salon. Hier wähle ich mir von den zahlreich auf den Mahagonytischen ausgelegten Zeitungen, belletristischen und illustrirten Blättern „Harper's Wochenjournal" als Lectüre, strecke mich der Länge nach anf einem Doppelsessel aus, vertiefe mich in die Mordscenen des amerikanischen Bürgerkrieges und übergebe mein Haupt, das sanft auf einem Sammetkissen ruht, den Händen eines rabenschwarzen, sauber gekleideten Meisters in der Barbierkunst, der dasselbe zuvor einem langen und prüfenden Kennerblick unterwirft. Nach stattgehabter Prüfung nimmt mich der Künstler „in

Arbeit" und reibt mir, nachdem er behutsam ein schneeweißes Leinentuch hinter meinen Hemdskragen gesteckt und über die Weste ausgebreitet hat, leise den Bart etwa zehn Minuten lang mit parfümirtem Seifenschaum ein, bei welcher Procedur, die einen mesmerirenden und außerordentlich wohlthätigen Einfluß auf das Nervensystem ausübt, ich die Augen unwillkührlich schließe und Harper's Wochenjournal mit den herrlichen Schlachtgemälden leise in den Schooß fallen lasse.

Die Eleganz, mit welcher der fein gebildete Afrikaner das Rasirmesser führt, steht in schroffem Gegensatze zu der ungeschlachten Manier, womit ein deutscher Barbier dieses Geschäft besorgt. Statt wie dieser auf grobe Weise mit dem Messer über das Gesicht zu fahren und dabei den Kunden unästhetisch an der Nase festzuhalten, hebt jener so zu sagen die Bartsprößlinge sanft mit den Wurzeln heraus, wobei er die Haut zart hin und her zieht und ab und zu mit wohlriechenden Wassern benetzt, welche Arbeit mindestens zwanzig Minuten in Anspruch nimmt. Nun tupft er das Gesicht sanft mit einem frisch aus der Wäsche gekommenen, mit Eau de Cologne angefeuchteten Leinentuche, bis der duftende Spiritus verflogen ist, bepudert dann mein Antlitz mit einem mit parfümirtem „Lilly White" gefüllten Schwanenflaum, um die Haut wieder elastisch zu machen, spritzt mir, elegant etwas zurücktretend, einen feinen Strahl von Eau de Cologne, der schnell verfliegt, aus einem Gummischlauche über das Gesicht, — und, siehe da! Die Künstlerschöpfung des Rasirens ist vollendet.

Jetzt kommt das Haupthaar an die Reihe und zwar zunächst der Act des Shampuhens (shampooing), für einen Americaner ein wahres Lebensbedürfniß! Eine Viertelstunde lang wird mir das Haupt, erst sanft, dann stärker und stärker, mit wohlriechendem Schaum eingerieben, um die

Haare von fremdartigen Atomen gründlich zu reinigen, welche Arbeit der geschäftskundige Afrikaner gegen das Ende derselben, alle zehn Finger auf einmal gebrauchend, mit einem solchen Kraftaufwande betreibt, daß mir tausend Funken dabei vor den Augen herumtanzen. Nachdem die Kopfhaut ganz sauber polirt ist, wird ein Strom lauwarmen Wassers vermittelst einer am Ende eines Gummischlauches befestigten Brause über einem Marmorbecken auf dieselbe geleitet, um den Schaum wieder aus den Haaren zu entfernen. Schließlich wird mir der Kopf, welcher vom Reiben glüht, als käme er so eben aus einem Backofen, mit Eau de Cologne gekühlt, dessen aromatische Düfte der Künstler vermittelst eines Fächers aus Palmenblättern wie ambrosischen Zephyr mir um das Haupt säuseln läßt, und dann auf sanfte Weise mit einer neuen Auflage von schneeweißen Leinentüchern wieder trocken gerieben.

Die in den Südstaaten erfundene Novität, das Haar vermittelst einer durch Dampf- oder Wasserkraft getriebenen, von der Zimmerdecke herabhängenden und durch einen Schwungriemen schnell rotirenden Bürste zu kämmen, hat sich im mehr civilisirten Yankeelande gottlob nicht einbürgern können. Der Haarwuchs wird dadurch ohne Frage mehr als nöthig ist strapazirt und das Gefühl der aufwärts gezogenen Haare erinnert an's Skalpiren. Ich sah in New-Orleans in einem Mammuthbarbiersalon einmal nicht weniger als vierundzwanzig solcher geschwind kreisenden Bürsten an den Köpfen der Kunden in Operation, ein Anblick, der den Eindruck machte, als befände man sich in einer Fabrik, und der dem sonst eleganten Ensemble des Salons entschieden großen Abbruch that.

Nach beendigtem Shampuhen beginnt der Schlußact des Frisirens. Pariser Pomaden und Arabische Oele träufeln duftend herab; das Haar wird nach der neuesten

Yankeemode hinten gescheitelt und vorn und an den Seiten in kunstvollen Locken empor gearbeitet, so daß ich den aus einem riesigen Wandspiegel mich anlächelnden Stutzer, der mit einem Kakadu treffende Aehnlichkeit hat, als mein bescheidenes Selbst kaum wiedererkenne.

Mittlerweile hat mir ein Negerknabe, während ich auf dem sammetnen Doppelsessel ruhe, die Stiefel auf den Füßen glänzend polirt, mit einem Strohwedel werden mir die Kleider rein geschlagen und ich zahle dem schwarzen Künstler, der mich höflich bis an die Thür geleitet, sein wohlverdientes Honorar von einem Dollar in hoffnungsfarbigem Papiergeld, mit dem Bewußtsein, daß ich in seinem Verschönerungs-Salon eine Stunde meines Daseins in höchster Potenz irdischer Glückseligkeit durchlebt habe.

4. Der Oceandampfer „Northern Light".

Die Stadt New-York ist dem Fremden auch in Europa durch vielfache Schilderungen so bekannt geworden, daß ich die Gebuld des Lesers mit einer Beschreibung jener Handelsmetropole der neuen Welt hier nicht weiter auf die Probe stellen will, sondern ich werde mich sofort an Bord des Dampfers „Northern Light" begeben, auf dem ich Passage nach der Stadt Aspinwall zur Weiterreise nach Californien genommen hatte.

Am Nachmittage des 13. Mai ging ich mit meinem Freunde und Reisegefährten John nach dem Landungsplatze des genannten Dampfers. Das Gedränge auf dem nichts weniger als geräumigen Schiffe, wo sich nebst mehr als tausend Passagieren zahlreiche Kofferträger, Müssiggänger, Geschäftsleute, Freunde und Verwandte der Abreisenden zusammen gefunden hatten, war geradezu abscheulich. Zu unserm Verdruß hatten wir die Thorheit begangen, Billets in der zweiten Kajüte zu nehmen, jedes zu 175 Dollars Gold für die Fahrt von New-York nach San Francisco, weil uns der Preis von 250 Dollars Gold für einen Platz in der ersten Kajüte denn doch gar zu übermäßig schien. Als wir einen Blick in die zweite Kajüte warfen, welche man uns im Bureau der Aspinwall-Dampfpacketböte als ganz vorzüglich bezeichnet hatte, trauten wir zuerst kaum unseren Augen, so düster und allen Ansprüchen auf

Comfort Hohn sprechend war der uns zur Reise angewiesene Raum. Aber alle Plätze in der ersten Kajüte waren bereits genommen und wir mußten gute Miene zum bösen Spiel machen. Der „Northern Light", ein alter Raddampfer von mittlerer Größe, war das Eigenthum des bekannten Millionärs Vanderbilt, dem es augenscheinlich mehr um Dollars als um die Bequemlichkeit der Passagiere zu thun war.

Die Unannehmlichkeiten der Reise entfalteten sich, sobald wir Sandy Hook hinter uns hatten, auf eine erschreckende Weise und wurden immer unerträglicher, je näher wir der heißen Zone kamen. Die meisten Passagiere der zweiten Kajüte schliefen Nachts, Männer und Frauen in buntem Gemisch, auf dem Verdeck, wo wir Allmorgens von den Matrosen mit Strömen Wassers buchstäblich vom Schlummer aufgewaschen wurden. In den Kabinen der zweiten Kajüte ein Nachtlager zu nehmen, erforderte wahrhaft eiserne Nerven. Die Hitze und die verpestete Luft waren in dem verschlossenen Raume so entsetzlich, daß ich es dort nur mit Mühe einige Minuten auszuhalten vermochte. Die Hitze war daselbst so groß, daß der unglückliche „Steward", welcher dort Morgens die Betten aufmachen und die unumgänglich nothwendige Reinigung vornehmen mußte, dieses Amt, um dabei nicht in Ohnmacht zu fallen, mit entblößtem Oberkörper versah. Wie viele Frauen es während der Reise bis nach Aspinwall jede Nacht in dieser verpesteten Glühluft auszuhalten vermochten, ist mir unbegreiflich geblieben und hat meinen Glauben an die zarten Nerven des weiblichen Geschlechts auf eine starke Probe gestellt.

Ueber uns, auf dem oberen Verdeck, haus'te der Capitän mit den anderen Officieren des Dampfers und spähte unausgesetzt nach der Alabama, dem berühmten Kaper-

schiffe der Conföderirten Staaten, aus, welches die von
uns zu durchkreuzenden Gewässer des Oceans zu damaliger
Zeit unsicher machte. Auf dem „Northern Light"
hörte man, wie bei solchen Gelegenheiten allemal der Fall
ist, den ganzen Tag über von der „Alabama" reden.
Die widersinnigsten Erzählungen von der Allgegenwart
und den Heldenthaten des gefürchteten Kreuzers fanden
stets gläubige Zuhörer.

Unsere Reisegesellschaft in der ersten und zweiten
Kajüte war sehr gemischt. Eine Menge von alten Californiern
befand sich an Bord, welche sich etwas in der
Welt umgesehen und, nachdem sie ein paar tausend Dollars
anständig verjubelt hatten, nun in ihre goldene Heimath
zurückkehrten, um sich die Taschen mit Mammon wieder zu
füllen. Die Staaten Equador, Peru, Bolivia und Chili
hatten ein starkes Contingent von reisenden Kaufleuten gestellt
und Repräsentanten fast aller Nationen Europa's
waren auf dem Schiff, welche ganze Wagenladungen Gold
in höchstens anderthalb Jahren aus Californien mit nach
Hause nehmen wollten.

Unter den deutschen Damen gab es mehrere Heirathscandidatinnen,
deren offen ausgesprochene Absicht es war,
in San Francisco irgend einen vereinsamten Krösus im
Ehenetze einzugarnen. Zwei schwarzgelockte jüdische Berlinerinnen,
die Poesie schwärmten und einen Band von
Heine's Gedichten auswendig lernten, schienen mir die gefährlichsten
von diesen schönen Speculantinnen auf arglose
Männerherzen zu sein. Ich hatte diese poetischen Jungfrauen
schon auf dem „New-York" zu Reisegefährten gehabt,
wo sie sich besonders dem „eisernen Schuster" anschlossen.
Eine stets plattdeutsch sprechende Hamburgerin
war mit einem in San Francisco ansässigen Schlachtermeister
brieflich verlobt und redete von weiter nichts als

von Bratwürsten, Hammelskeulen, Schweinsrippen und Kalbscarbonaden. Diese Heirathscandidatinnen gaben uns Stoff zu manchem homerischen Gelächter und verbreiteten oft allgemeine Heiterkeit durch ihre urnaiven Bemerkungen.

Während der ersten Woche unserer Reise fuhren wir direct nach Süden, der Meerenge entgegen, welche die Inseln Cuba und St. Domingo von einander trennt.

Ohne namenswerthe Zwischenfälle erreichten wir die Höhe der Bahamainseln, wo uns das zur Marine der Vereinigten Staaten gehörende Dampf=Kanonenboot Mercebita erwartete, um uns nöthigenfalls gegen die gefürchtete „Alabama" zu vertheidigen. Unser Capitän athmete jetzt augenscheinlich freier auf, obgleich ich mich bei einem feindlichen Begegnen weit mehr auf die Schnelligkeit unseres Dampfers, als auf die Kampftüchtigkeit seines bedenklich kleinen Schutzengels verlassen hätte. Bei Tagesanbruch des 20. Mai fuhren wir nahe an mehreren der niedrigen grünen Inseln vorbei, die zur Bahamagruppe gehörten und bald darauf stiegen die cubanischen Gebirge zu unserer Rechten aus dem blauen Golfe empor. Wir näherten uns dem Gestade Cuba's bis auf sechs Seemeilen, während das Westende von Haiti als rundes Vorgebirge zu unserer Linken eben sichtbar ward.

Hier war ich Augenzeuge von dem Begräbnisse eines Heizers, der Tags zuvor plötzlich gestorben war. Das Leben eines jener Söhne des Vulcan muß auf den Dampfern, welche die Meere unter den Tropen befahren, ein entsetzliches sein; denn selten hält es einer von ihnen in der Gluthatmosphäre des Heizungsraumes lange aus. Ein paar Worte des Segens wurden über dem Verstorbenen gesprochen, welcher auf einem mit einer Kanonenkugel beschwerten Brette festgebunden dalag, und dann nahmen ihn die Tiefen des Oceans auf. Sanft möge er ruhen im unerforschten Thalgrund, hingebettet zwischen den Gebirgen von Cuba und St. Domingo, wo des Golfes blaue Wogen, durch die Aeste rother Korallenbäume plätschernd, ihm ein Schlummerlied singen!

Unbekümmert um den Todesengel, welcher seinen Pfad durchkreuzt hatte, brauste unser Dampfer weiter durch die Karaibische See, und am selbigen Nachmittage sahen wir bereits die südliche Küste von Cuba mit ihren lang gestreckten Bergzügen und dazwischen liegenden grünen Thälern, die sich bis an den himmelblauen Golf herabdrängten. Allmählich sanken die violetten Höhenzüge der „Königin der Antillen" am nördlichen Horizonte in die schimmernden Fluthen und bald war, mit Ausnahme des uns treu im Kielwasser folgenden Kanonenboots, ringsumher wieder nichts als Himmel und Wasser zu sehen. Auf der Höhe von Jamaica, welche Insel aber unter dem westlichen Horizont vor unsern Blicken verborgen blieb, verließ uns die Mercedita, da auf der Weiterfahrt ein Zusammentreffen mit der Alabama nicht mehr zu befürchten stand.

Das Wetter blieb fortdauernd köstlich. Wie ein blauer Spiegel lag der Golf fast wellenlos um uns da, und unser Schiff fuhr so ruhig darüber hin, wie eine Gondel über den Lago di Como. Die Luft war frühlingswarm, durchaus nicht schwül und heiß, wie ich es unter einem so südlichen Breitengrade erwartet hatte. Die Sonnenuntergänge mit ihren gewaltigen Wolkengebilden und herrlichen Farbentönen waren prachtvoll über die Maßen, bezaubernd die lauen Tropennächte, wenn die Sterne wie blitzendes Geschmeide am blauen Himmel funkelten, während unser Schiff einen Lichtpfad von diamantenen Tropfen hinter sich über die dunkelen Fluthen malte.

Wie schön wäre es gewesen, hätten wir alle diese Pracht ungestört genießen können! Aber nicht genug, daß uns die Pesthöhle der 2. Cajüte die Reise verleidete und daß wir uns jeden Morgen über die Matrosen ärgern mußten, welche uns beim Reinspülen des Verdecks unceremoniös mit Strömen Wassers vom Schlummer aufweckten, wurden wir auch noch durch die Seeuntüchtigkeit des Dampfers geängstigt. Das alte Schiff leckte nämlich so stark, daß die Dampfpumpen unausgesetzt in Thätigkeit sein mußten. Ein Blick auf die vier elenden Rettungsböte genügte, um unter uns tausend Passagieren bei dem Gedanken an einen Sturm nicht geringe Besorgniß zu erwecken.

Froh waren wir, als sich am Nachmittage des 22. Mai plötzlich die niedrige Küste des Isthmus zeigte und der Hafen von Aspinwall vor uns lag. Das Land war weithin von schweren Wolken bedeckt, die Luft feucht und schwül, und viel konnten wir vorerst nicht von der neuen Umgebung gewahr werden. Aber schneller, als wir es erwartet, befanden wir uns inmitten der hufeisenförmigen Bai. Ringsherum lagen dichte Waldungen, zwischen denen sich die Stadt Aspinwall mit ihren weißen Häusern und den vor ihr ankernden Seedampfern von fern recht romantisch ausnahm. Als wir der Stadt näher kamen, sah ich die ersten Palmen und Kokosbäume, deren fächerartige Blätter sich im leisen Lufthauch zitternd bewegten. Es waren dies gleichsam die Thürsteher an der Eingangspforte des fremden Landes, deren oft im Bilde gesehene Gestalten uns allerdings nichts Neues waren, deren Wirklichkeit hier jedoch einen eigenthümlichen Eindruck machte, da sie uns den ersten Gruß von der märchenhaften Tropenwelt brachten. Bald darauf landete der „Northern Light" am Quai der Stadt Aspinwall.

5. Auf dem Isthmus von Panamá (♀).

Der Isthmus, im Herzen der amerikanischen Tropenwelt! — „Wie schön es dort sein muß!" — wird mancher Leser ausrufen. — „Und wie gern möchte auch ich einmal dort hinwandern, um im Schatten der Kokosbäume die poetischen Schöpfungen jener fremden Zone zu bewundern!"

Wir leben in einer Welt der Täuschung, und es ist traurig, wie schnell sich der Nimbus der Vollkommenheit zertheilt, welcher das Schönste auf dieser Erde in der Perspective mit Glorienschimmer umgiebt, wenn wir die Gegenstände unserer Bewunderung etwas näher betrachten.

Dieser Ausspruch könnte wohl nirgends besser bewahrheitet werden, als eben hier in Aspinwall, welches sich aus der Ferne so reizend, so romantisch ausnahm, wie es sich im Schooße der Palmenbäume vor unseren Blicken gleichsam verborgen hielt. Aber bereits der erste kurze Marsch vom Quai zum Hotel überzeugte mich, daß wir in einem nichts weniger als paradiesischen Hafen gelandet seien. Eine Menge unsauberer sogenannter „Jamaica-Niggers" — wie man hier die aus der Insel Jamaica eingewanderten „freien" Neger benennt — und Indianermischlinge umschwärmten uns, so daß wir froh waren, als wir unter dieser Ehrenbegleitung unser Gepäck in einem nach americanischem Landstil aus Holz erbauten, auf den Namen „Hotel" Anspruch machenden zweistöckigen Gasthause in Sicherheit gebracht hatten.

Die Stadt Aspinwall (in der Landessprache Colon genannt), welche dem Entdecken der californischen Goldminen ihre Entstehung verdankt und ursprünglich nur als der östliche Terminus der Isthmus=Eisenbahn diente, hat sich zu einem nicht unbedeutenden Handelsplatze mit etwa 6000 Einwohnern emporgeschwungen, der die benachbarten centralamericanischen Städte mit auswärtigen Waaren versorgt. An den Waarenhäusern der California=Dampfschifffahrtsgesellschaft hat der Ort recht ansehnliche Bauten aufzuweisen, welche jedoch getrennt von der Stadt am Hafen liegen. Da auch die englischen Dampfer, welche von Southampton aus über den Isthmus den Verkehr mit der südamericanischen Westküste vermitteln, sowie eine französische und eine deutsche Dampferlinie hier anlaufen, so bildet die Hafenpartie, namentlich beim Eintreffen der verschiedenen Seedampfer, ein recht anziehendes Bild. In der eigentlichen Stadt dagegen sieht es sehr abstoßend aus, insbesondere in dem Quartiere der Farbigen, welche hier die Noblesse bilden, und deren Hautfarbe von Pechschwarz durch alle nur denkbaren Nuancen bis ins halbdurchsichtige Gelb spielt. Die Bekleidung dieser Aristokraten erinnert an die glückliche Feigenblätterzeit unseres Ahnherrn Adam, an das goldene Zeitalter, als Eva noch ohne Crinoline im Paradiese Vergißmeinnicht pflückte.

Die reizenden „Damen von Farbe" lungerten in zerfetzten, jeglichen Schamgefühls spottenden Gewändern schaarenweise auf den schmutzigen Trottoirs, die Straßen waren voll von buntem Lumpengesindel und nackten Kindern, und Hunderte von häßlichen Aasgeiern wandelten beutesuchend unter ihnen umher oder saßen auf den Dächern der Häuser und den Zweigen der Palmbäume, wo sie ihren Fraß in ungestörter Ruhe verbauten. An allen Ecken und mitten in den Straßen lagen Unrath, zerbrochenes

Geschirr, Glas- und Porzellanscherben, zerschlagene Kisten und Kasten, Knochen und vollständige Gerippe. Dazwischen standen windschiefe Holzbuden, in denen die Herren Neger den Reisenden mit fortwährendem Geschrei Melonen, Ananas, Paradiesfeigen, süße Orangen, Limonen, Bananen und andere, mir unbekannte Südfrüchte feilboten.

Für die Kauflustigen gab es ferner Leckereien und Kuchen von verdächtigem Aeußern, kühlende Getränke, Branntwein und allerlei Curiositäten, worunter die aus bunten Seemuscheln verfertigten Kästchen ganz besonders nett sich ausnahmen, Korallen und Seegewächse, Affen und Papageien. Letztere waren namentlich zahlreich und in allen Größen da. Die kleinen Schreihälse machten durch unausstehliches Gekrächze mit den Schwarzen um die Wette Lärm.

Etwas ganz Neues für mich waren die sogenannten Elfenbeinnüsse, im Handel unter dem Namen „vegetabilisches Elfenbein" bekannt, die etwa doppelt oder dreimal so groß sind als eine Wallnuß und deren Fleisch durch und durch schneeweiß ist. Mit leichter Mühe kann man aus ihnen allerlei Schnitzwerk zurechtschneiden, welches in kurzer Zeit hart wird und alsdann vom feinsten Elfenbein kaum zu unterscheiden ist.

Die Neger benahmen sich gegen die Weißen im Wonnegefühl der Freiheit mit der raffinirtesten Grobheit. Eine Zahl unternehmender Yankees und Söhne Israels hatten in der Stadt eine Menge von Kaufläden, Kneipen, Billardsalons und Wirthshäusern errichtet, wo sie glänzende Geschäfte machen sollen. Ich meinestheils beneidete diese Herren nicht um ihr Glück und möchte für keine Reichthümer dieser Welt gezwungen sein, mein Leben in solch einem Platze zu verbringen.

Die romantische Tropennacht, welche ich in Aspinwall verlebte, habe ich, dankbar für diese Gunst des Schicksals, mit einem doppelten rothen Kreuze in meinem Lebenskalender angemerkt.

Die Wirthshäuser waren zum Erdrücken überfüllt und machten brillante Geschäfte. Ein elendes Abendessen nebst Logis kostete drei Dollars in Gold — das Reich der Greenbacks hatte hier ein Ende. Das Logis bestand einfach aus einer nichts weniger als saubern Matratze, welche ohne Ordnung irgendwo in einem der zum Ersticken mit Reisenden beiderlei Geschlechts vollgepropften Zimmer auf den Fußboden hingeworfen ward, — selbstverständlich ohne Kopfkissen oder leinene Ueberzüge dabei.

Da gute Betten von unserm Wirthe weder für Geld noch gute Worte aufzutreiben waren, und es nicht rathsam war, die Nacht im Freien zuzubringen, indem ein tropischer Regenguß auf den andern folgte und die Straßen von der betrunkenen, banditenähnlichen farbigen Bevölkerung unsicher gemacht wurden, so versuchte ich mein Heil damit, einen Negeraufwärter mit einem Dollar zu bestechen, um mir ohne Wissen des Wirthes ein erträgliches Nachtlager zu besorgen. Mit freudestrahlendem Gesichte brachte er mir schon nach wenigen Minuten die frohe Nachricht, daß das gewünschte Bett zu Befehle stehe. Schon freuten sich meine müden Glieder auf das sanfte Lager, da deutete mein schwarzer Wohlthäter auf ein Leinentuch, das augenscheinlich schon manchen Reisenden accommodirt hatte und welches er auf dem Fußboden ausgebreitet; an dem einen Ende lag eine umgekehrte Stuhllehne als Kopfkissen.

Dankbar für solchen Luxus zog ich mit meinem Staatsbette auf die Veranda, um die Kühle der Nacht zu genießen, wurde jedoch durch einen tropischen Regenguß bald wieder von dort vertrieben. Da es im Schlafzimmer, wo einundzwanzig junge Damen Quartier bezogen hatten, vor Hitze kaum auszuhalten war, empfahl ich mich, trotz reizender Aussicht, bald wieder seinen traulichen Räumen und schloß mich mehreren Leidensgefährten unter meinen Landsleuten an, um bis Tagesanbruch in den Salons nnd Straßen von Aspinwall umherzuschwärmen.

Mit lautem Singen und Hurrahrufen und öfterm Pistolenschießen marschirten wir die Straßen auf und ab und ergingen uns in zahllosen Thorheiten. Andere Gesellschaften suchten es uns im Lärmen wo möglich noch zuvorzuthun, und die „Herren von Farbe", welche uns mit weißrollenden Augen umschwärmten, schienen große Lust zu haben, ein kleines Scharmützel mit uns zu improvisiren. Da wir jedoch sammt und sonders geladene Revolver — wie fast alle californischen Reisenden — am Gürtel hängen hatten, so ließen uns die mit ellenlangen Messern bewaffneten Söhne Hams wohlweislich in Ruhe und begnügten sich damit, ihren Unwillen über unsere Lebendigkeit durch lautes Zischen und Grunzen zu erkennen zu geben.

Mitunter schlichen sich Patrouillen vorüber, um den Frieden zu bewahren; sie wurden von beiden Parteien jedesmal mit Hohngelächter begrüßt. Diese Grenadiere muß man mit leibhaftigen Augen gesehen haben, um den nöthigen Respect vor ihnen zu bekommen. Mit halb entblößten, durch die zerrissenen schmutzig-weißen Leinewandhosen hindurchschimmernden chokoladefarbenen Beinen, eleganten Fracks und riesigen Tschakos kamen sie, ihre mit Feuersteinschlössern versehenen Gewehre nach allen Richtungen der Windrose hinter den Ohren haltend, ohne Ordnung und gleichmäßigen Tritt daher marschirt, daß Einem vor Angst der Athem stillstand. Die Hautfarbe jener Krieger konnte man am besten nach ihren Beinen beurtheilen, wenn diese vom Regen reingewaschen waren. Die militairische Haltung dieser Söhne des Mars würde einen ihrer königlich preußischen Collegen unfehlbar sofort in Ohnmacht stürzen. Doch ließen sich die friedfertigen Patrouillen nur selten in den Straßen blicken, da ihnen das Schießen und der Lärm augenscheinlich wenig behagte.

Mitunter werden hier recht interessante kleine Gefechte von den Californiern gegen die Eingeborenen und Neger geliefert, wobei es auf beiden Seiten Todte und Verwundete giebt. In Panama war es vor nicht langer Zeit zu einem dermaßen blutigen Straßenkampfe gekommen, daß nicht Wenige der Betheiligten getödtet wurden.

An kleinen Raufereien fehlte es in Aspinwall auch diesmal nicht, und es war ein Wunder, daß diese nicht in etwas Ernsthafteres ausarteten. Tausend, nichts weniger als nüchterne Weiße, zweitausend von Branntwein begeisterte Farbige, mit einer Menge von liederlichen Weibsbildern und nackten Kindern im Gefolge, machten einen wahren Höllenlärm, und dazu fielen heftige Regengüsse alle Viertelstunde auf die erhitzten Häupter der bunten Menge, — eine romantische Nacht auf dem romantischen Isthmus, die ich Zeit meines Lebens nicht vergessen werde!

Froh war ich, als die Nacht vorbei war, und sämmtliche Passagiere um fünf Uhr Morgens an die Eisenbahn beordert wurden, um nach Panama befördert zu werden. Mit nicht geringen Schwierigkeiten machten wir uns Bahn durch das wüste Gedränge von tausend Passagieren und die uns dicht umschwärmenden Haufen der farbigen Bürger des noblen Freistaates Nueva Granada, und eroberten uns nebst unserm Handgepäck einen Sitz in einem nach americanischem Stil eingerichteten Waggon. Zum Uebermaß unserer Sorgen hatten wir uns in einem schwachen Moment noch verleiten lassen, die alleinreisende Hamburger

Heirathscandidatin unter unsern Schutz zu nehmen und
dankten Gott, als wir das zitternde Täubchen neben uns
im Coupé in Sicherheit gebracht. Die Freuden des Braut=
standes erschienen mir dabei eben nicht in allzu rosigem
Lichte, namentlich wenn der zarte Gegenstand der Verehrung
über den Isthmus befördert werden soll.

Dazu regnete es fast fortwährend Wolkenbrüche, und
man mußte so zu sagen die Augen zu gleicher Zeit hinten
und vorn offen haben, damit Einem nicht Uhr und Geld=
börse im Gedränge abhanden käme.

Diebereien sind hier etwas Alltägliches, und die dabei
entwickelte Gewandtheit und Kühnheit der Farbigen stau=
nenswerth. Die Gelben sind als Taschendiebe unübertreff=
lich, die Schwarzen dagegen weniger civilisirt und bedie=
nen sich offener Gewalt. Mitunter reißen sie den Passa=
gieren die Reisetaschen geradezu aus der Hand und laufen
damit fort, wobei man dann das Nachsehen hat. An Wieder=
erlangen des Gestohlenen ist selten zu denken, da Alles in
der wildesten Confusion drunter und drüber geht. So erging
es einem mitreisenden Franzosen, dem eine Reisetasche mit
angeblich 500 Dollars in Gold darin aus der Hand ge=
rissen ward und dessen gallische Beredsamkeit und haar=
sträubende Flüche auf das arme Afrika, den Isthmus und
die ganze Welt, statt Mitleiden zu erregen, ihm noch oben=
drein allgemeines Gelächter einbrachten.

Endlich, um sechs Uhr Morgens setzte sich der Bahn=
zug in Bewegung, und schon in wenigen Minuten sahen
wir uns in einen Sumpf und Urwald versetzt, die
ihres Gleichen suchten. Eine undurchdringliche tropische Ve=
getation schloß uns zu beiden Seiten ein, die von üppig
wuchernden Schlingpflanzen durchrankt war. Bald bildeten
diese offene, hochgewölbte Lauben und tiefe, schattige Alleen,
bald, sich an den bemoosten Stämmen emporwindend, hingen sie

in langen Büscheln an den knorrigen Aesten oder in schön geschweiften Guirlanden von Baum zu Baum. Dazwischen standen breite Fächerpalmen und baumhohe Farrenkräuter. Dann wieder ragten schlanke Palmbäume auf saftig-grünem Rasen in poetischen Gruppen hoch empor, mit gelben traubenartigen Beeren reich an Oel unter den dunkelgrünen Kronen, Bananenbäume oder vielmehr -Büsche zeigten sich mit saftigen, schilfartig geformten, hellgrünen Riesenblättern, die theilweise schön geschweift bis auf den Boden herabhingen, voll von grünen und goldgelben riesigen Fruchtbüscheln; Kokusbäume streckten ihre mit riesigen Nüssen gezierten Kronen über das Dickicht empor, und andere Bäume standen daneben, Eichen und verschiedene Species der nordischen Pflanzenwelt, welche sich in nächster Gesellschaft ihrer tropischen Nachbarn recht wunderlich ausnahmen. Lianen durchrankten den Urwald in unglaublicher Fülle und bildeten von Baum zu Baum hängend oft die herrlichsten Schaukeln. Große Blumen, in flammenden Farben und zarte Waldesblümlein wuchsen überall sogar bis dicht an die Eisenschienen heran.

Die Baumstämme, welche ich in diesem tropischen Urwalde sah, waren jedoch keineswegs so mächtig, wie ich mir sie vorgestellt und in den Wäldern am Missisippi oft bewundert hatte. Doch machte diese tropische Vegetation auf mich einen ungleich erhebenderen Eindruck, als der Pflanzenwuchs jener düsteren nordamericanischen Waldungen. Ein Gewirr stacheliger Cactusse, an denen hin und wieder große, in bunten Farben schimmernde Blumen beim raschen Vorbeifluge des Dampfrosses wie Juwelen glänzten, schien den Eintritt in das Hei'igthum der uns umgebenden Urweltsstille gleichsam zu verbieten.

Ja, Urweltsstille herrschte in diesen Waldungen, denn von lärmenden Affen und schreienden Papageien, den rechtmäßigen Bewohnern dieser Wildnisse, war nirgends eine Spur zu sehen, und nur das schrill pfeifende Dampfungeheuer und die über die Eisenschienen hinterdreindonnernden, menschenbeschwerten Waggons mit den tausend neugierigen Augen aus den Fenstern schauend, sausten wie ein wildes Geisterheer durch die Waldeseinsamkeit. Jene Urbewohner hatten sich längst vor den Schritten der Civilisation in das Innere des Landes geflüchtet, und man müßte sich mit der Axt Bahn brechen, wollte man sie in ihren Schlupfwinkeln aufsuchen.

Als wir den mit trägen Fluthen dahinströmenden schmutzig-gelben Chagresfluß erreichten, heiterte sich das Wetter unerwartet auf, und die höher steigende Sonne, welche zwischen den Baumstämmen hindurch eine Fluth des reinsten Lichtes in die dunklen Waldungen goß, ließ die noch frisch an den Blättern hängenden großen Tropfen vom letzten Regen wie Millionen von Diamanten uns entgegenfunkeln, — ein herrliches Schauspiel, das mich die Unannehmlichkeiten der letzten Nacht bald vergessen machte.

In fortwährenden Windungen lief die Bahn am Chagresfluß entlang, den sie weiterhin auf einer schönen, rothgemalten, eisernen Brücke überschritt. Ehe die Eisenbahn vollendet war, mußten die Reisenden auf gebrechlichen Kähnen den Chagresfluß langsam hinauffahren, der durch das seinen Namen führende tödtliche Fieber eine traurige Berühmtheit erlangt hat. Tausende legten dort den Keim zu frühem Tode, der sie an den Gestaden des ersehnten Goldlandes ereilte; andere Tausende schlafen den ewigen Schlaf im Schatten der Palmen an den Ufern des schlammigen Tropenstromes. Seit die Passage des Isthmus auf der Eisenbahn gemacht wird, ist aber für Reisende, die sich im Genusse tropischer Früchte mäßigen, gar keine Gefahr mehr vorhanden.

Auf den Uferbänken des Chagresflusses standen einige elende Dörfer, welche von Eingeborenen und gänzlich verkommenen Negermischlingen bewohnt wurden, die in denselben halbnackt umherliefen und einen äußerst widerwärtigen Eindruck machten. Mit geringem Aufwande von Arbeit könnten diese freien Farbigen, denen das hiesige Klima außerordentlich gut zusagt, aus den sie umgebenden Wildnissen ein Paradies auf Erden schaffen und den fruchtbaren Boden, auf dem sie wie Tagediebe umherstrolchen, zu ihrem eigenen Frommen und zum Nutzen der Menschheit in lachende Fluren umwandeln, — aber dazu sind sie zu träge, wie alle Abkömmlinge niederer Racen, die sich allein überlassen bleiben. Welch ein Gegensatz! Jene elenden Hütten am Chagresflusse dort, mit den halbnackten bejammernswerthen Gestalten, die aus niedrigen Thüren mit offenem Munde das vorbeirasende Dampfroß anstaunen, und diese Eisenbahn, auf der wir dahindonnern, welche zwei Oceane verbindet, mit deren Erbauen sich die weiße Race ein Monument ihres Fleißes, ihrer alle Schwierigkeiten überwältigenden Energie und ihrer geistigen Hülfsquellen gesetzt hat!

Den Yankees gereicht es zur Ehre, den Bau dieser Landstraße der Nationen unternommen und trotz unsäglicher Arbeit und nie enden wollender Hindernisse vollendet zu haben. Die trägen Centralamericaner hätten so Etwas nie zu Stande gebracht! Man muß die Berichte davon gelesen haben, um jener Energie die ihr gebührende Anerkennung widmen zu können. Im steten Kampfe mit der fabelhaft schnell empor wuchernden tropischen Pflanzenwelt und den unglaublich schnell zerstörenden Eingriffen der Myriaden großer Ameisen, Schritt vor Schritt durch anscheinend bodenlose Moräste vorwärts zu dringen! Die

Schwellen mußten aus lignum vitae gemacht und die Telegraphenpfosten mit Cement umgeben werden, um sie gegen Fäulniß und vor Insekten zu schützen; — das Baumaterial aus Tausenden von Meilen weiter Entfernung herbeizuschaffen, Schätze bei Millionen zu verschwenden und im unaufhörlichen Streite mit dem der weißen Race feindlichen Klima, dem tödtlichen Chagresfieber, das die Arbeiter bei Tausenden hinwegraffte, — trotz aller solcher und unzählig mehr Schwierigkeiten diese Bahn dennoch zu vollenden, welch schöneres Monument eigener Tüchtigkeit hätte sich eine Nation schaffen und einer dankenden Nachwelt überliefern können!

Die Rücksichtslosigkeit, mit welcher die Menschenleben beim Bau dieser Eisenbahn geopfert wurden, übertraf noch die scheinbare Gleichgültigkeit, mit der die Unternehmer dieses Riesenwerkes ihr Gold fortschleuderten. Tausende von Irländern und Deutschen brachte man mit enormem Kostenaufwande von Newyork, Neworleans und anderen Seehäfen nach dem Isthmus, um sie binnen weniger Wochen von anderen Tausenden wieder ablösen zu lassen. Die Einen gingen mit ein paar Dollars Gold in der Tasche und dem Fiebertode in den Adern wieder heim oder reisten weiter nach Californien, um ein Ruheplätzchen in fremder Erde zu finden; Andere, gesund aber arm, begegneten ihnen oder folgten ihnen nach dem Dorado ihrer goldenen Träume, nachdem auch sie ihre Gesundheit geopfert hatten. Aber — „Geld regiert die Welt!" — Sechs bis zehn Dollars pro Tag Arbeitslohn nebst freier Beköstigung und Beförderung nach Californien, sobald der Termin abgelaufen, waren eine Versuchung, der, wenn sie ihnen geboten wurde, nur Wenige zu widerstehen vermochten, die sich von ihrer Hände Arbeit zu ernähren hatten.

Trotz aller Verschwendung an Gold und der verlockenden Anerbietungen war es oft nicht möglich, weiße Arbeiter in genügender Zahl zu beschaffen, da nur Wenige die verlangte Arbeit länger als ein paar Tage auszuhalten vermochten, so daß man zuletzt versuchsweise ein paar Tausend freie Neger von der Insel Jamaica herbeibrachte, für die das Klima des Isthmus wie geschaffen schien. Diese zogen es aber vor, im Schatten der Bananenbäume zu schlummern, von denen ihnen die goldgelben Früchte so zu sagen in den Mund fielen, statt für schweren Lohn beim Bau der Eisenbahn behülflich zu sein. Eine Partie Eingeborener, die man von der Republik Neu=Granada requirirte, leistete besseren Nutzen, als jene trägen Schwarzen, die man nicht wieder los werden konnte, nachdem sie sich einmal auf dem Isthmus eingenistet.

In drittehalb Stunden durcheilten wir die herrlichen Wildnisse des Isthmus (welche kurze Fahrt beiläufig bemerkt fünfundzwanzig Dollars in Gold kostet), als plötzlich der wundervolle Golf von Panama mit der alten von einer Ringmauer umgebenen Stadt gleichen Namens, die sich an einen reizenden Palmenhain lehnte, mit hohen Ziegeldächern, zerfallenen Festungsbauten und hier und da mit Muschel=schaalen gedeckten, in der Sonne hell schillernden Thürmen, dahinter der sich zum Horizont erstreckende blanke Spiegel des Stillen Oceans, wie ein Zaubergemälde uns entgegen=lächelten. Vorläufig aber war uns keine Zeit gelassen, die von allen Seiten uns umgebenden Naturschönheiten zu bewundern. Die Behörden der Stadt Panama hielten aus Furcht vor Straßenkrawallen die Thore gegen uns geschlossen, und die Ebbe war stark im Fallen begriffen, so daß das kleine Dampfboot, welches uns von dem am Bahnhofe liegenden Quai nach dem draußen in der Bai ankernden Seedampfer „Constitution" bringen sollte, wegen niedrigen Wassers kaum noch fortkonnte und uns mit anhaltend heiserem Geschrei zur Eile ermahnte.

In romantischer Verwirrung ging es vom Bahnhofe auf das Dampfboot, wobei Jeder selbst für sein Gepäck sorgen mußte, indeß Schwärme von Negern, Gelben und Eingeborenen sich zwischen uns drängten, um zum Abschied wo möglich noch einmal ihre Diebsfinger in unsere Taschen zu stecken.

Ohne weiteren Unfall erreichten jedoch alle Fahrgäste das Dampfboot, mit Ausnahme der Hamburger Heirathscandidatin, die mit einem halben Dutzend riesiger Schachteln sich nicht schnell genug bewegen konnte und nun inmitten einer Bande halbnackter Panamaner händeringend und mit Zetergeschrei am Strande hin- und herlief. Gern oder ungern mußten wir die unglücklichste aller Bräute vorläufig ihrem Schicksale überlassen, indeß unser Dampfer lustig in die blaue Bai hineinbrauste, — und bald darauf legten wir an der hohen Schiffswand der prächtigen „Constitution" an, die im Schutze einer grünen Berginsel ruhig vor Anker dalag und ihre lebende Fracht erwartete, welche sie über den blauen Spiegel des Stillen Oceans nach San Francisco tragen sollte.

6. Von Panamá nach Acapulco (♀).

Willkommen! du herrliches Stilles Meer,
    von tropischer Fülle umgeben,
Wo die schwellenden Wasser im Sonnenglanz
    wie Wonne athmend sich heben,
Wo klar sich spiegelt der Berge Kranz
    im Schooße der Azurwogen,
Und dunkelblau darüber sich wölbt
    des südlichen Himmels Bogen.

Willkommen! du Golf von Panama,
    mit den Inseln voll duftender Wälder,
Wo am Fuße der grünenden Hügel stehn
    die rauschenden Zuckerrohrfelder;
Mit den alten Gemäuern so traulich dort
    im Schatten der Kokosbäume,
Wo die säuselnden Winde melodisch wehn
    wie im Zauberlande der Träume.

Einst sah dich staunend, ein neues Meer,
    der tropischen Urwelt Spiegel,
Der Spanier, blinkend im Panzerkleid,
    von des Isthmus schwellendem Hügel.

Nach Golde suchend irrte er weit
    gen Westen, gen Westen immer;
Auch mich verlockte vom Vaterland
    des Westlands goldener Schimmer.

Ihr blanken Gewässer, tragt mich sacht
    vom palmenumgürteten Strande,
Von Neu Granadas bläulichem Golf
    zum californischen Lande;
Wo der Waldstrom rauscht auf goldenem Sand,
    über funkelnde Felsenquadern,
Und die Felswand blitzt wie edles Gestein,
    durchflochten von leuchtenden Adern.

Ihr südlichen Lüfte, wehet lind
    und kräuselt die blinkenden Wellen
Und laßt am schlank aufragenden Mast
    die schneeigen Segel schwellen!
Beschleunigt des Dampfers brausenden Lauf
    auf des Weltmeers schäumenden Pfaden,
Bis der rasselnde Anker vom Bord sich stürzt
    an des Goldenen Thores Gestaden.

Doch wenn dereinst mit fröhlichem Muth
    in die Heimath wieder ich kehre,
Und mein jauchzender Kiel vom Goldland her
    durchfurcht die schimmernden Meere:
Da werd ich begrüßen doppelt froh
    auf's Neu' euch, schmeichelnde Fluthen,
Und die Meilen zählen zum Vaterland
    von des Isthmus sonnigen Gluthen.

Wenn die palmenumkränzten Inseln dann
  aus den glänzenden Wellen steigen,
Und die hohen Masten im Sonnengold
  wie freudetrunken sich neigen;
Dann werd' ich rufen: „O säh' ich schon
  die schattigen Buchenhallen,
Und könnte lauschen im kühlen Wald
  dem Trillern der Nachtigallen!

Hinüber, hinüber zieht es mich
  zur Heimath aus fernesten Weiten!
Nicht fesseln der Südsee Zauber mich
  und der Himmel tropischer Breiten.
Ihr duftenden Wälder lauschtet nie
  der Nachtigall Trilleraccorden,
Und grüner als Palmen von Panama
  sind Buchenhaine im Norden!

Auf einer einsamen Bank war es, auf dem hohen Kajütendeck des stolzen Südseedampfers „Constitution", wo ich Platz genommen und diese Strophen dichtete. Wer könnte sich einen schöneren Erdenwinkel zu poetischen Träumereien wünschen, als diesen, wo die Zauber der Tropennatur den blauen Wellenspiegel der herrlichen Südsee umrahmen! Daß ich dabei die alte Heimath nicht zu vergessen vermochte, daran war mein deutsches Herz Schuld, welches in der Fremde oft von solchen Gemüthserregungen ergriffen wird.

Fürwahr! Ein herrliches Panorama ist um uns ausgebreitet! Rings an den Ufern des Golfs, der zwei Drittheile eines Kreises bildet, dessen offene Seite das Meer schließt, ziehen sich malerische mit Wald bewachsene Berggruppen, bald näher, bald ferner, höher und höher hinter einander hin, im Süden von den Hochgebirgen von Nueva Granada übergipfelt. Im Golfe liegen eine Menge schön bewaldeter kleiner Inseln in poetischen Gruppen zerstreut, welche ihre hochgewölbten Kuppen dunkelgrün aus den himmelblauen Wellen heben. Am Ufer stehen hier und da schlanke Palmen, welche ihre vollen Kronen zu den hellen Fluthen leicht herniederneigen, als freute es sie, ihr Bild in dem Azurspiegel zu betrachten. Hier und dort ragen, vereinzelt dastehend, zackige Felsspitzen aus den Fluthen und warnen den kühnen Seefahrer, dem offenen Golfe nicht zu trauen, wenn der Sturm die Tiefen des großen Oceans aufwühlt und die schweren Wogen auf ihre nackten Stirnen schleudert, sondern Schutz zu suchen hinter jenen hohen Inseln, wo sie so sicher wie in einem Dock ankern können, bis sich die Wuth der entfesselten Elemente wieder gelegt hat.

Vom Ufer des nahen Festlandes blickt die alte Stadt Panama mit ihren zerfallenen Ringmauern und bemoosten mit Epheu durchwachsenen Ruinen, welche sich rechter Hand an einen reizenden Palmenhain lehnen, romantisch zu uns herüber.

Ruinen unter den Palmen der Neuen Welt. Ein seltsamer Anblick! — Könnten jene in Trümmer sinkenden Mauern reden, welch märchenhafte Dinge möchten sie uns erzählen von längst vergangener Zeit, — als noch die Flotten jenes Spaniens, deß Herrscher sich rühmten, es ginge die Sonne nie unter in ihrem Reiche, diesen wundervollen Hafen belebten, als stolze Gallionen, beladen mit den Schätzen des blutenden Peru, mit fliegenden Bannern bei diesen reizenden Inselgruppen vorbei segelten, um ihre Silberlasten an den von Menschen wimmelnden Quais der reichen Stadt Panama auszuladen, der ersten Handelsstadt am Stillen Ocean, deren Gewölbe und Speicher den Reichthum der von Europa ihr zuströmenden und für die spanischen Besitzungen beider Indien bestimmten Waaren kaum zu fassen vermochten!

Aber das Blut der gemordeten Incas und die Thränen der um feilen Mammon hingeschlachteten Bewohner des friedlichen Peru schrien zum Himmel um Rache. Die Stunde der Vergeltung kam, als der kühne Morgan mit 1300 beutelustigen Buccanieren unter Ueberwindung unglaublicher Strapazen, wie die Kriegsgeschichte nur wenig Aehnliches aufzuweisen hat*), durch die Wildnisse des Isthmus drang, 5000 spanische Söldlinge unter den Thoren der Stadt aufs Haupt schlug und Panama mit stürmender Hand eroberte, plünderte und verbrannte. Wohl mögen die Palmen dort ihre Kronen wie weinende Cypressen über jene verfallenen Mauern senken! Schrecklicher, als der blutige Tilly im eroberten Magdeburg hauste, wütheten diese Teufel in Menschengestalt in dem unglücklichen Panama. Das Weinen der Kinder, das Flehen geschändeter Jungfrauen, das Knirschen verstümmelter Männer, der Fluch der Greise, Alles, Alles wurde zum Hohn, — bis nach drei Wochen ununterbrochener Plünderung, vom Blute

---

*) Basil Ringrose, einer von Morgan's Begleitern, erzählt in seiner Beschreibung des Ueberfalls von Panama vom Jahre 1669, daß die Buccaniere ohne Lebensmittel neun Tage über den Isthmus marschirten und vor Hunger sogar ihre Ledertaschen verzehrten. Während der Schlacht vor Panama ließen die Spanier ein paar Hundert wilde Stiere gegen die Freibeuter los mit ungefähr demselben Erfolge, den die Elephanten des Porus gegen Alexander erfochten.

gesättigt und 600 Geißeln für fernern Raub mit sich schleppend, 175 mit Gold und Silber beladene Packthiere im Gefolge, klingenden Spiels und mit flatternden Bannern die Flibustierschaar ihren Rückmarsch antrat und das rauchende Panama sich von seinem Jammer ausweinen ließ.

Seit jenem Schreckenstage ist der Glanz der alten Zeiten auf immerdar von Panama geschieden. Wohl baute man 1671 mit ungeheuerm Kostenaufwande*) eine neue Stadt auf einer vor Ueberfällen geschützten Landzunge, anderthalb Meilen von den Trümmern der alten; aber Handel und Wohlstand flohen die vom Schicksal verfluchte Stätte**), — und Spanien, das stolze Spanien, das von Räubern aus seinen goldenen Träumen aufgerüttelt werden mußte, verlor nach und nach fast alle jene Besitzungen, welche es zum ersten Reiche der Welt gemacht, bis sein Name seinen Feinden zum Spott ward, und die rächende Nemesis seinen goldenen Thron zerbrach und es mit höhnender Faust in halbe Barbarei zurückstieß.

Die Isthmuseisenbahn und der Unternehmungsgeist der Americaner haben wieder etwas Leben in diesen prachtvollen Golf gebracht; aber der Hafen von Panama ist versandet, und die elende Mischlingsbevölkerung liegt wie ein Fluch auf der Stadt, so daß diese gegenwärtig weiter nichts ist, als ein Transitdepot und eine Dampferstation fremder Nationen.

Da die „Constitution" nicht vor dem nächsten Morgen abfahren sollte, hatte ich volle Gelegenheit, die uns umgebenden Naturschönheiten zu genießen. Die klaren

---

*) Die neu aufgeführten Wälle waren so kostbar, daß man in Spanien beim Einreichen der Rechnungen zu wissen verlangte, ob die Mauern aus Gold oder aus Silber gebaut seien.

**) Drei Mal brannte die Stadt Panama total ab; in den Jahren 1739, 1759 und 1784.

Wasser des Golfs, welche nur ab und zu ein leichter Lufthauch kräuselte, luden zu einem erquickenden Bad ein; aber die in der Nähe des Schiffes leise umherstreifende Gestalt eines riesigen Haies benahm mir die Lust zu einer solchen Excursion. So begnügte ich mich damit, eine Havana=Cigarre rauchend, auf dem hohen Deck des Dampfers auf und ab zu spazieren und bis zum Abend dem lebendigen Getriebe an Bord und auf dem Golfe zu= zuschauen.

Eine ansehnliche Dampferflotte verschiedener Nationen, die Landesflaggen träge an den hohen Masten hängend, lag draußen auf der Bai vor Anker, unter denen sich ein paar stattliche americanische Fregatten durch ihren schlanken Bau ganz besonders hervorthaten. Leichte Boote mit weiß gekleideten Matrosen bemannt, die bunten Sternenfahnen lustig hinter sich her flatternd, glitten in lebendigem Ruder= tacte pfeilschnell von Schiff zu Schiff, um Zeitungen und die neuesten Nachrichten von der civilisirten Welt zu überbringen. Wackelige aus Baumrinde gebaute Canoas, mit halbnackten Eingeborenen darin kauernd, tauchten hinter den Inseln hervor und eilten geräuschlos, von einem breiten Hinterruder fortbewegt, zu unserm Schiffe herüber, um den Passagieren Südfrüchte und allerlei Schnurr= pfeifereien zum Verkauf anzubieten. Die Schiffswinde knarrte, als die auf Leichtern vom Bahnhofe anlangenden Waaren unter dem taktmäßigen Gesange der fleißigen Matrosen an Bord gehißt wurden. Neben mir hatte der Segel= macher ein großes Segel auf dem Verdeck aus= gebreitet. Ich sah ihm zu, wie er eine schad= hafte Stelle ausbesserte, indeß er mir von einem Orkan erzählte, den unser Schiff auf der letzten Reise im Golfe von Tehuantepec auszuhalten ge= habt.

So verging der Tag schnell, und die Sonne neigte sich im Westen bereits tief herab, da plötzlich donnerte es ein, zwei, drei Mal — eine ganze Breitseite über die schlummernden Wasser herüber von einer der amerikanischen Dampffregatten. Die silbernen Wellen zertheilten sich langsam über dem Azurspiegel der Bai, und das Echo rief den Gruß des scheidenden Tages aus den fernen Gebirgen von Nueva Granada zurück. Dann wieder träumerische Stille, plötzlich unterbrochen von den fernen Klängen eines Musikchors, welches auf einem englischen Kriegsdampfer „Rule Britannia" spielte.

Noch lauschte ich den letzten, leise verhallenden Tönen, da fielen die länger werdenden Schatten von der zunächst liegenden hohen Insel über das Schiff; den Zenith deckte tieferes Blau, die Hochgebirge nahmen violettfarbene Tinten an, und im fernen Westen senkte sich der große Sonnenball schnell in ein Meer voll Purpur und Gluth. Bald kamen die silbernen Sterne leise aus den Tiefen des Aethers dahergewandelt, hin und her am dunkelnden Strande bewegten sich Lichter und Fackeln, und die Tropennacht hüllte Land und Meer in ihren Zaubermantel.

Einen letzten Blick noch warf ich auf die am Ufer zitternden Lichter von Panama und eilte dann hinunter in den hellerleuchteten Prachtsalon der ersten Kajüte, von wo ungebundener Jubel mir entgegenschallte.

Da saß unsere verloren gegangene Hamburgerin mit aufgelöstem Haar und erhitztem Teint und erzählte der Gesellschaft „von dat schauderhafte Panama und de tobringlichen, nakigen Indianer und dat se bannige Angst vor de Minschenfräters hev uhtstahn möhten"*). Wie

---

*) Von dem fürchterlichen Panama und den zudringlichen, nackten Indianern, und daß sie vor den Kannibalen große Angst gehabt hätte.

ein lieber Hamburger, der in Panama einen noblen Tanz=
salon halte, sich ihrer, die halb ohnmächtig gewesen, lieb=
reich angenommen und sie aus den Händen der Indianer
errettet. Wie er sie durch die räucherige Stadt, wo die
Straßen noch enger wären, als in der Fuhlentwiete, mit
nach Hause genommen, dort mit Kokosnüssen, Palmblätter=
salat und rothem Pfeffer tractirt und zuletzt in seiner
Staatsjolle glücklich zwischen den Haifischen hindurch an
Bord gebracht hätte, — was alles ihr keinen Schilling
gekostet.

Nachdem ich mich an der lieblichen Erzähluug der
Hamburgerin genügend erquickt und in lustiger Gesellschaft
zum ersten Mal in meinem Leben auf dem Stillen Ocean
zu Abend gespeist, suchte ich mein Schlafquartier auf, wo
ich bald in süßen Schlummer sank und im Reiche der
Träume mich verlor. Am frühen Morgen erweckte mich
das Geknarr der Ankerwinde und das Hohoi der Matrosen
— das ich im ersten Schrecken für einen indianischen
Kriegsgesang hielt — aus meinen Träumen. Sobald ich
zur Besinnung gekommen, sprang ich vom Lager empor
und kleidete mich rasch an, um das Schauspiel der Abfahrt
nicht zu versäumen, — und als ich das obere Kajüten=
deck betrat, sah ich den Dampfer bereits in voller Fahrt,
Panama weit im Rücken und die waldgekrönten Inselberge
schnell hinter uns zurückeilen.

Die Reise durch den Golf von Panama war herrlich
über alle Beschreibung. Langsam stieg die Sonne hinter
den Gebirgen von Darien empor und ließ das vor uns
liegende Meer wie einen Silberspiegel schillern und blinken.
Bergige, waldgekrönte Inselgruppen, mit schroffen, einsam
aus den blauen Wassern emporragenden Felsspitzen ab=
wechselnd, über denen mitunter ganze Wolken von See=
vögeln hingen, folgten ein paar Stunden lang fast ununter=

brochen auf einander. Dann wurden die Inseln seltener. Nur hin und wieder streckte ein einsamer Felsen seine nackten Wände aus der leise ihn umplätschelnden Azurfluth, die mit waldigen Bergen gekrönten Ufer, welche sich allmählich nach rechts hin zum Horizont entfernt hatten, indeß linker Hand die Hochgebirge von Südamerica wie ein violetter Dunststreifen eben sichtbar waren, näherten sich uns gegen Mittag, und bis Sonnenuntergang hatten wir die mit gezackten Felsinseln umgürtete grüne Küste wieder rechts in nächster Nähe. Hinter ihr ragten hohe Bergzüge in den blauen Aether, auf denen dichte Wolkenmassen in phantastischen Gebilden sich hin und her drängten, bis unser stolzer Dampfer gegen Abend um das letzte Cap aus dem Golf von Panama in das tief aufschwellende Stille Meer hinausbrauste, und wir mit verändertem Cours nach Nordwest dem Goldlande entgegeneilten.

Oft wanderten meine Gedanken an diesem Tage — es war ein Pfingstsonntag — nach der fernen Heimath, wo alle Häuser mit grünen Maibüschen geschmückt waren, und Jung und Alt zu Fuß und auf Wagen aus den Mauern in's freie Feld und den hellgrünen Buchenwald eilten. Die Wahl zwischen jenen Freuden der Heimath und dieser Pfingstfahrt durch den herrlichen Golf von Panama, im himmlischsten Wetter und an Bord des schönsten der Südseedampfer, wäre in der That schwer gewesen. Hätte ich die Meinen zu mir herüberzaubern können, ich würde diesen Pfingstsonntag den schönsten meines Lebens genannt haben.

Während wir so den Tag über die blauen Fluthen des Golfs von Panama mit brausenden Rädern durchfurchten, nahm ich mir Muße, unsern Dampfer etwas genauer in Augenschein zu nehmen. Ein wahrer Prachtbau war es, von 3315 Tonnen Gehalt, 368 Fuß Länge, 74

Fuß Breite und 44 Fuß Tiefe. Ein Salon, fürstlich ausgestattet, über 100 Fuß lang bei 35 Fuß Breite, war für alle Kajütenpassagiere offen, worin gespeist wurde und wo man sich die Zeit nach Belieben mit Lesen, Schreiben, Spielen oder sonstwie vertreiben konnte. Das obere Deck, welches über den Kajütenzimmern und dem großen Salon lag, das sogenannte Hurricanverdeck, war nach beiden Seiten über den Rumpf des Schiffes hingebaut und erstreckte sich über die ganze Länge und Breite des Dampfers. Mit schwerer, hellgrau gemalter Leinwand beschlagen, ringsum mit einem Geländer und mit Reihen bequemer Bänke versehen, und bei allzu heißem Wetter mit einem Zelttuche überdacht, gewährte es einen prächtigen Platz zum Spazierengehen, von wo aus man eine freie Rundschau genoß.

Wer einen besonders bequemen Sitz wünschte, war jedoch genöthigt, an seinen eigenen Stuhl zu appelliren, wie dieses auf den californischen Dampfern Sitte ist. Einen leicht transportablen Sessel, der zusammengeklappt werden kann, sollte Niemand, der diese Reise unternimmt, verfehlen, mitzunehmen. Man sieht solche in allen nur denkbaren, oft sehr originellen Façons, mit dem Namen der Besitzer darunter geschrieben. Wer in argloser Unkenntniß der traurigen Wahrheit, daß die californischen Dampfpaläste nur wenige oder gar keine Stühle besitzen, auf einem leeren Sessel Platz nimmt, solchem wird bald mit einem bestimmten „if you please, Sir" sein gesellschaftlicher Standpunkt klar gemacht und Stuhl nach Stuhl fortgenommen werden, bis er sich in schlechter Laune auf eine harte Bank oder auf den Fußboden setzt, wo er ungestört über seine Stuhlarmuth nachdenken kann.

Welch ein Unterschied zwischen diesem noblen California-Dampfer und dem elenden „Northern Light"! — Kajütenräume und Schlafstellen, Mahlzeiten und Bedienung, kurzum — Alles und Jedes auf unserm Dampfer war ganz untadelhaft. Der Capitain, ein tüchtiger Seemann und freundlicher Vorgesetzter, inspicirte täglich das ganze Schiff bis in die kleinsten Räume und war den Passagieren gegenüber gesellig und zuvorkommend, ganz das Gegentheil von dem Capitain des „Northern Light", der während der ganzen Reise von New-York bis nach Aspinwall sich nicht ein einziges Mal in der zweiten Kajüte oder im Zwischendeck blicken ließ und es unter seiner Capitainswürde zu halten schien, mit den Passagieren zu verkehren.

Unser Schiff war ein schwimmendes Prachthotel, zum Ueberflusse verproviantirt und mit allem erdenklichen Luxus ausgestattet. Es waren Stallungen für Rindvieh, Hammel, Schweine, Federvieh zc., mit einem Schlachthaus daneben, worin täglich geschlachtet wurde. Hühner und sonstiges Geflügel, Eier, frische Milch, tropische Früchte, und Leckereien in nie endender Menge gab es tagtäglich, und feine Weine, Biere und kühlende Getränke standen Jedem für klingende Münze zu Gebote. An Hungersnoth war bei der Fülle von Lebensmitteln gar nicht zu denken, sogar auf einer vierzehntägigen Seereise, auf der tausend Passagiere doppelt so viel als sonst je in ihrem Leben verspeisen.

Am folgenden Tage fuhren wir stets in nordwestlicher Richtung und Angesichts der Küste hin, die sich bald näher, bald ferner zu unserer Rechten hinzog. Der Himmel war leicht bedeckt und das Wetter frühlingswarm. Leichte Regenschauer zogen über den ruhig daliegenden Spiegel des Meeres, und silbergraue Wolken lagerten auf den Gebirgen Centralamericas. Unser stolzes Schiff glitt so leise über den fast wellenlos daliegenden Ocean, und schaukelte so wenig, als ob wir auf einem Mississippidampfer reisten. Sogar die Damen dachten nicht mehr an Seekrankheit. Wer Abends in den von vierundzwanzig strahlenden Glaskuppeln taghell erreleuchteten Saal trat, wo sich die Passagiere mit Schach, Dame, Domino, Karten und allerlei Gesellschaftsspielen, mit Lesen und Schreiben die Zeit vertrieben, brauchte nur wenig Einbildungskraft, um sich vom Stillen Meer auf einen der Prachtdampfer des Vaters der Flüsse versetzt zu wähnen.

Auf ähnliche Weise ging die Fahrt während der nächsten Tage durch den weitgeschweiften Golf von Tehuantepec, der von den Stürmen, welche mitunter auf ihm wüthen, diesmal nicht die leiseste Spur zeigte, und an der mexicanischen Küste entlang, immer Angesichts der Hochgebirge, die sich in wechselnder Gestalt dunkel an unserer Rechten in den blauen Aether thürmten, — eine wahre Vergnügungsreise, vom herrlichsten Wetter begünstigt.

In der Nacht vom 29. auf den 30. Mai näherten wir uns dem Hafen von Acapulco. Der Mond schien hell auf die finsteren Gebirgsmassen, welche sich drohend uns entgegenstellten, zwischen denen das Auge auch nicht den geringsten Anschein einer Hafenöffnung gewahr ward, so daß ich unwillkürlich erschrak, als wir scheinbar gerade auf die schroff emporsteigenden schwarzen Felsen losjagten. Ehe wir's dachten, bog aber unser Schiff um eine Gebirgswand und lief in eine kreisförmige, rings von hohen Bergen eingeschlossene Bucht ein, von deren Innerm man das Meer nicht sah, so daß es mir vorkam, wir seien plötzlich in einen Binnensee versetzt, — den Hafen von Acapulco, den sichersten an der ganzen Westküste des americanischen Continents von der Behrings- bis zur Magelhaensstraße, dem nur die Größe fehlt, um ihn zum besten Hafen der Welt zu machen. Es ist ein von der Natur in den Granitfels der Küste gehauenes Becken von fast 20,000 Fuß Breite. Die Einfahrt von Süd und Südost ist bequem, einerlei aus welcher Richtung der Wind weht.

Das Wasser ist tief und der Ankergrund ausgezeichnet, Linienschiffe können ohne Gefahr vor verborgenen Klippen hart an den felsigen Ufern hinlaufen und finden überall im Hafen hinreichende Tiefe.

Mit einem Paar Raketen, welche vom Verdeck hoch in die stille Luft zischten und ihre farbigen Sterne über das finstere Gebirge streuten, und einer donnernden Geschützsalve, die prasselnd von den nahen Felswänden zurückprallte, weckten wir die Stadt aus ihrem Schlummer, — und als unser Anker sich rasselnd vom Bord stürzte, ward es um uns bereits lebendig. Lichter tanzten am Strande hin und her, und eine zahlreiche Flottille von Canoas, von roth sprühenden Fackeln erleuchtet, glitt vom Ufer, unter lautem Geschrei der Eingeborenen, wie ein Geisterheer durch die Nacht zu uns herüber.

7. Von Acapulco zum Goldenen Thor. (☿)

Wer um die stille Mitternacht zum ersten Male in seinem Leben und zwar nur auf wenige Stunden einen Hafen des Wunderlandes Mexico besucht, der wird nicht an Schlaf denken, sondern begierig sein, von dem fremden Lande in der kurz zugemessenen Zeit möglichst viel kennen zu lernen. So erging es auch mir und den meisten der Passagiere, denen Mexico noch eine terra incognita war. Aufs Aeußerste waren wir gespannt, die „Nachkommen Montezuma's" von Angesicht zu Angesicht zu schauen.

Bald sollte unsere Wißbegier befriedigt werden. Während wir noch die Augen umsonst anstrengten, die Umrisse und Lage der vor uns liegenden Stadt Acapulco im unbestimmten Mondlichte zu erkennen, ward es schnell im Hafen lebendig, und bald war unser Schiff von einem dichten Gewirr von mit Kienspahnfackeln erleuchteten Kähnen umgeben, in denen die halbnackten Mexicaner — von den Americanern mit dem passenden Ehrentitel „Greasers" (Griesers, auf gut deutsch „Schmierfinken") benannt — wie toll lärmten und ihre Siebensachen unter fortwährendem Geschrei feilboten.

Bald hatte sich ein lebhafter Handel zwischen den Passagieren und der Kahnflottille entsponnen, der durch leichte Körbe vermittelt ward, die an langen Leinen von den Booten zum hohen Verdeck des Dampfers herauf= und hinunterglitten. Die Greasers, welche unserer Ehrlichkeit augenscheinlich nicht allzu viel zutrauten, beobachteten dabei die Regel, zuerst die betreffende Münze in einem der Körbe zugeschickt zu erhalten und sich von der Echtheit derselben zu überzeugen, ehe sie den gewünschten Handelsartikel im nächsten Korbe hinaufexpedirten.

Für Spottpreise legte ich einen großen Vorrath von Früchten ein, süße Orangen (zehn Cents das Dutzend) Bananen (einen halben Dollar für einen mit goldgelben Früchten behangenen Zweig, den ich kaum forttragen konnte), Ananas, Kokosnüsse ꝛc. — Andere, die mehr auf Auge und Ohr, als auf den Gaumen hielten, kauften ganz kleine, allerliebste Papageien, unartige Schreihälse, die mehr Lärm machten, als sie werth waren, allerhand Spielereien, Korallen, Muscheln, Seegewächse und ähnliche Dinge, — welcher interessante Handel durch ein barbarisches Gemisch von Englisch, Französisch, Spanisch und Deutsch nebst eleganter Zeichensprache vermittelt ward.

Da unser Schiff bis Tagesanbruch im Hafen liegen bleiben sollte, so beschlossen mehrere Passagiere, worunter auch ich, der Stadt Acapulco einen flüchtigen Besuch abzustatten. Bald waren wir mit einem Greaser handelseinig, der sich erbot, uns für einen halben Dollar die Person ans Land zu rudern. Vorsichtig stiegen wir in das wackelige Canoa und verhielten uns darin während der Ueberfahrt möglichst ruhig, da das Umschlagen des Bootes außer dem nassen Bade auch noch die Unannehmlichkeit in Aussicht stellte, daß ein zudringlicher Hai Einem einen Arm oder gar ein halbes Bein wegschnappen könnte.

Bald jedoch befanden wir uns wohlbehalten am Lande, wo es nichts weniger als romantisch aussah. Die Stadt bestand aus einer Raritätensammlung von schmutzigen Adobes (aus Stroh, Erde und Lehm gebaute Häuser mit dicken, gefängnißartigen Mauern) und elenden Holzhütten, die von außen geweißt waren, darunter nur wenige einigermaßen respectable Gebäude. Die Straßen waren nicht viel breiter, als ein gewöhnliches Trottoir in europäischen Hauptstädten. Am Hafen und auf der Plaza (einem offenen Platz inmitten der Stadt) hatten die Eingeborenen eine Reihe von Zelten und Tischen mit Muscheln, Schnurrpfeifereien und Eß- und Trinkwaaren als Bazar zum Handel mit den Fremden ausgestellt. Plumpe Weiber mit gemeinen Gesichtszügen und frühreife Mädchen, denen rohe Sinnlichkeit aus den Augen leuchtete, bedienten ihre Kunden mit spanischer Grandezza. Die wenigen hübschen Mädchen unter ihnen machten augenscheinlich die besten Geschäfte. Den Fremden gaben sie mitunter kleine Geschenke, wofür die so Bevorzugten sich natürlich glänzend revanchirten und den schönen Geberinnen einen blanken Dollar in die Hand drückten.

Da die düstere Stadt nur den Mond als Laterne ausgehängt hatte und für einen Fremden wenig einladend aussah, so fühlten wir uns nicht bewogen, lange dort zu bleiben. Ehe wir uns empfahlen, statteten wir noch dem in der Nähe der Stadt auf einer Landzunge erbauten, jetzt verlassenen Fort, welches vor Kurzem ein Bombardement durch ein französisches Flottengeschwader ausgehalten hatte, einen flüchtigen Besuch ab. Außer zerbröckeltem Mauerwerk und hier und dort von Hohlgeschossen aufgerissenem Rasen gab es jedoch auch dort nichts Besonderes zu sehen.

Die Einwohner waren noch immer in furchtbarer Aufregung wegen des eben erwähnten kriegerischen Besuchs der französischen Flotte. Man verdolmetschte uns den Hergang der Affaire, bei welcher sich die Greaser mit Ruhm bedeckt hätten. Nachdem sie die dreißig Kanonen, mit denen das Fort armirt war, ins Meer geworfen, wäre die Besatzung, 5000 Mann stark, über den Berg marschirt, hätte sich an der andern Seite desselben in Schlachtordnung aufgestellt und die Franzosen zum Kampfe herausgefordert. Diese hätten jedoch nicht den Muth gehabt, den Mexicanern dorthin zu folgen und sich nach einigen Tagen mit der ganzen Flotte wieder aus dem Staube gemacht, nachdem sie das leere Fort aus Bosheit ein wenig bombardirt.

Diese Renommage der feigen Mexicaner, welche beim ersten Kanonenschusse sammt und sonders über den Berg gelaufen waren, belustigte uns ungemein. Nur ein deutscher Kanonier, der ein am Berge aufgepflanztes Geschütz bediente, war in der Stadt geblieben und schoß sich auf eigene Faust mit der ganzen französischen Flotte herum, der er eines ihrer Schiffe bedeutend beschädigte. Die Franzosen, welche eine Truppenabtheilung gelandet, bemächtigten sich zuletzt dieses Geschützes, woraus der deutsche Kanonier noch schoß, nachdem man ihn bereits umzingelt hatte. Die Franzosen stellten unsern Landsmann grimmig zur Rede: was er damit meine, ganz allein auf ihre Flotte zu schießen, worauf er weiter nichts antwortete, als auf die feigen Mexicaner zu schelten, die ihn schmählich im Stich gelassen.

Der französische Flottencommandeur — zu seiner Ehre sei's gesagt — ließ den tapfern Deutschen in Anerkennung seiner Bravour sofort wieder in Freiheit setzen. Wären die Mexicaner dem Beispiele unseres Landsmannes gefolgt und hätten aus ihren Kanonen geschossen, anstatt dieselben in die See zu werfen, so wäre der kaiserlichen Flotte dieser Buccanierzug der „großen Nation" wohl theuer zu stehen gekommen, da der Hafen von Acapulco von der Natur zur Vertheidigung wie geschaffen ist und einige gut bemannte Batterien denselben mit Leichtigkeit gegen eine Flottenmacht uneinnehmbar machen könnten.

Die Stadt Acapulco, zur Zeit der spanischen Herrschaft nächst Panama der Haupthandelsplatz am Stillen Meer, ist gegenwärtig von fast gar keiner Bedeutung, und nicht einmal der Schatten früherer Größe ist ihr geblieben. In der ganzen Stadt ist kein Fuhrwerk zu finden, als höchstens ein Schubkarren, und es existirt keine einzige fahrbare Straße ins Land hinein. Eine elende Mischlingsbevölkerung von ein paar Tausend halbnackten Eingeborenen, trägen Negern und aufgeblasenen Mexicanern, die sich die erste Nation der Welt dünken — ein Kreuz von Negern und Eingeborenen, mit etwas Beimischung von spanischem Blut, eine famose Race! — bewohnt diesen von Cholera und giftigen Fiebern heimgesuchten Platz, wo die Hitze während der Sommermonate durch die von den naheliegenden nackten Bergen abprallenden Sonnenstrahlen für Europäer fast unerträglich ist.

Zur Zeit der Blüthe der spanischen Herrschaft brachte die in den Monaten Juli und August stattfindende Messe jährlich an sechstausend fremde Kaufleute hierher, welche die Ankunft der spanischen Gallione von den Philippinen abwarteten, Einkäufe und Verkäufe in europäischen und ostindischen Waaren besorgten und während der Messe von fünf bis zu sechs Millionen Piaster umsetzten, für die damalige Zeit eine enorme Summe. Gegenwärtig landen hier die californischen Dampfer, um Kohlen einzunehmen und den geringen Verkehr mit der Außenwelt zu vermitteln. Ihre Ankunft ist allemal ein großes Ereigniß für Acapulco.

Als wir unser Schiff wieder erreicht, machten wir es uns auf dem obern Deck bequem, um die Weiterreise abzuwarten, welche sich um mehrere Stunden verzögerte.

Wir unterhielten uns damit, dem Treiben der Greaser zuzuschauen und, sobald es Tag ward, die Stadt mit dem zerschossenen Fort, die felsigen Küsten und einige nahe am Ufer liegende allerliebste Palmenhaine durch Ferngläser zu betrachten.

Ein besonderes Vergnügen gewährte es, kleine Münzen ins Wasser zu werfen, welche, ehe sie den Boden erreichten, von den wie Enten um das Schiff schwimmenden Eingeborenen wieder herausgeholt wurden. Die Geschicklichkeit dieser Naturkinder im Schwimmen und Untertauchen war außerordentlich. Oft gab es urkomische Scenen, wenn mehrere von ihnen sich auf einmal aus ihren schaukelnden Canoas nach einer ins Wasser fallenden Münze in die See stürzten, untertauchten und um den Fang balgten. Die Damen lachten recht herzlich über diese mit poetischer Grazie sich im Wasser umhertummelnden dunklen Jünglinge, und mancher Dime fiel von zarter Hand ganz nahe an der Schiffswand ins Wasser, damit eine wißbegierige Schöne diese schlanken Gestalten mit dem Ideal eines Leander oder Lord Byron genauer vergleichen könnte. Unbekümmert um Haifische schwammen diese braunen Jünglinge stundenlang in der offenen Bai umher, mit einer Ungezwungenheit, als wären sie im Wasser großgezogen, was des Verfassers ehemaligen Stolz als Schwimmkünstler bald bis auf tief unter Zero abkühlte.

Ehe wir wieder in See gingen, beförderte man eine Partie Schlachtochsen auf die bequeme Weise ans Schiff, daß sie, an Stricken hinter den Booten herschwimmend, vom Lande herüberbugsirt wurden. Am Dampfer wurden sie vermittelst starker um die Hörner gewundener Taue mit einer Winde langsam an Bord gehißt. Diese Luftreise schien den armen Ochsen, nach ihren zappelnden Geberden und wild rollenden Augen zu urtheilen, nichts weniger als angenehm zu sein.

Um sieben Uhr Morgens endlich ward der Anker gelichtet, und schnell ging's wieder hinaus ins Meer, wo wir in derselben Weise, wie früher, Angesichts der gebirgigen Küste hinfuhren. Gegen Mittag brauste der stattliche Dampfer „St. Louis", von San Francisco kommend, uns vorbei und tauschte mit Böllerschüssen und dreimal aufgezogener Fahne Grüße mit uns aus, indeß die beiderseitigen Passagiere der Dampfpaläste mit Schwenken von Hüten und Tüchern sich bewillkommneten. Am Abend hatten wir das Schauspiel des prächtigsten Sonnenunterganges, den ich je in meinem Leben sah, selbst solche, die ich in der Schweiz gesehen, nicht ausgenommen.

Von solchen Naturschönheiten kann man sich in den farbenärmeren nördlichen Breiten kaum eine Vorstellung machen. Fast eine volle Stunde erglänzte der ganze westliche Himmel, vom Horizonte bis zum Zenith, wie vergoldet. Als die Sonne ins Meer sank, folgten und drängten sich großartige Wolkengebilde im herrlichsten Farbenschmucke, bald tief erglühend, wie feurige Bastionen, bald in rosigen Tinten, schwebenden Gärten ähnlich. Dabei funkelte das ganze vor uns liegende Meer wie flüssiges Gold, und rechts schlossen die mexicanischen Hochgebirge das Panorama mit schwarzglänzendem Rahmen, — ein Schauspiel, welches sogar die prosaischen Americaner zur Bewunderung hinriß. Und als dann die Nacht hereinbrach, die laue Tropennacht mit ihrem unnennbaren Zauber, wir Deutsche uns auf hohem Verdeck zusammenschaarten und „Steh' ich in finst'rer Mitternacht" und andere vaterländische Gesänge im Chor erschallen ließen, da fehlte Einem nichts, gar nichts, als eben ein bekanntes, liebes Gesicht aus der Heimath, Jemand, mit dem man diese Herrlichkeiten zusammen genießen könnte.

Während so unser stolzer Renner unermüdet über den glatten Spiegel des Großen Oceans immer Angesichts der Küste dem Goldlande entgegeneilte, verging die Zeit schnell, und bereits am nächsten Sonntage, dem siebenten Tage, seit wir Panama verlassen, näherten wir uns wieder dem Lande, und erspähten gegen die Mittagsstunde den breiten, weißen Felsen, der die Einfahrt in den mexicanischen Hafen von Manzanillo bezeichnet, in den wir bald darauf einliefen.

Dieser offene Hafen, an einer den Stürmen ausgesetzten Küste, gewinnt seine Bedeutung durch die weiter im Lande liegenden reichen Silberminen von Colima, deren Schätze von hier aus verschifft werden. Der in der Nähe der Stadt Colima liegende bedeutende thätige Vulcan gleichen Namens, welcher gegen 12,000 Fuß hoch ist, war wegen der ihn verdeckenden Wolkenschichten für uns leider nicht sichtbar. Feuerspeiende oder rauchende Berge sahen wir auf der ganzen Reise keine, obwohl wir oft danach ausspähten. Nur bei ganz heller Luft sind sie vom Meere aus sichtbar.

Die Gegend um Manzanillo sah, vom Schiffe aus betrachtet, schrecklich öde aus. Alle Vegetation auf den umliegenden Bergen war von der Sonne wie verbrannt, und der Boden sandig und felsig. Trinkwasser, erzählte man uns, müsse auf Packthieren aus einer Entfernung von zehn englischen Meilen herbeigeschafft werden. Da die Stadt wegen des Krieges von Räubern unsicher gemacht wurde, und es außerdem dort sehr ungesund sein sollte, so erlaubte unser Capitain Niemandem, ans Land zu gehen. Doch hatten wir Gelegenheit, die Elite der Mexicaner an Bord des Dampfers zu bewundern, wo sie in weiten, an der Seite aufgeschlitzten Beinkleidern und breiten Sombreros, mit ellenlangen Messern und großen Pistolen im Gürtel, schaarenweise in Gesellschaft ihrer recht hübsch und keck aussehenden Señoras und Señoritas auf und ab stolzirten.

5*

Während wir im Hafen lagen, brachte ein amerikanisches Kriegsschiff als Prise einen unternehmenden Yankee-Schooner ein, der beschäftigt gewesen, das Wrack des ungefähr fünfzehn englische Meilen nordwestlich von Manzanillo gestrandeten californischen Dampfers „Golden Gate" zu plündern, eine recht profitable Beschäftigung, da noch etwa 800,000 Dollars in Gold dort im Meere begraben lagen. Gegen Abend fuhren wir weiter und passirten bei Sonnenuntergang das Wrack jenes unglücklichen Goldschiffes, von dessen stolzem Bau nur noch eins der Räder und ein Theil der Maschinerie auf einem von der Brandung gepeitschten Felsenrisse zu sehen waren. Bei stürmischem Wetter soll die Brandung an dieser offenen, von Felsen umgürteten Küste wahrhaft Entsetzen erregend sein, und selbst bei ruhiger See, wie wir sie hatten, spritzten die schäumenden Wogen haushoch an den Felsen empor.

Der Brand und das Stranden des Oceandampfers „Golden Gate" an dieser Küste ereigneten sich am 27. Juli 1862 und bilden in der Geschichte der Seedampfschifffahrt eine jener schrecklichen Episoden, welche einen Schrei des Entsetzens durch die ganze civilisirte Welt erschallen lassen. 204 Personen fanden bei jener Katastrophe ihren Tod in den Flammen und Wellen. Von dem mit dem Schiffe gesunkenen Schatze von anderthalb Millionen Dollars in Gold wurden in neuerer Zeit bedeutende Summen bei ruhigem Wetter wieder aus dem Meere gehoben.

Unter den Passagieren befand sich eine junge un' liebenswürdige Americanerin, welche jene Katastrophe r erlebt, wobei ihre Eltern in den Wellen umkamen, und zu den Wenigen gehörte, welche dabei das nackte L gerettet. Die hellen Thränen des in tiefe Trauer gekleide. kaum sechzehnjährigen Mädchens, die außer sich war, sie jene Stätte des Schreckens wieder erblickte, und die über das einsame Wrack emporstürmende Brandung mit der öden Küste im Hintergrunde machten auf sämmtliche Passagiere einen schauerlichen Eindruck. An diesem Abende war der sonst von Gesang und heiterer Lust belebte große Salon wie ausgestorben, und tiefe Stille herrschte in den weiten Räumen des Dampfers, nur unterbrochen von dem monotonen Rauschen der Räder und dem ruhelosen Stampfen der Dampfmaschine.

Aber am folgenden Morgen schon war sie vergessen, die ernste Mahnung des Schicksals, wie ein böser Traum, und der alte Frohsinn, welcher unsere Reise bis so weit zu einer sehr angenehmen gemacht hatte, zeigte sich wieder auf jedem Gesichte.

Nur noch 1066 Seemeilen von Manzanillo nach San Francisco — so hatte der Capitain gestern gesagt. 1066, eine Zahl, die mir noch aus der Jugend als berühmte Jahreszahl in der Weltgeschichte in der Erinnerung war, — wie leicht gesagt und doch so viel bedeutend, wenn die Entfernung nach dem ersehnten Goldlande, welche vor Kurzem noch nach 5000 und mehr Meilen gezählt wurde, damit gemeint war! Täglich sahen wir um die Mittags= stunde auf der Schiffstabelle nach, wie viele Meilen der Dampfer in den letzten vierundzwanzig Stunden zurückge= legt, und freuten uns, wenn sich die Entfernung nach unserm Dorado um ein Ansehnliches mehr, als wir ausgerechnet, vermindert hatte.

Die Berge, welche während der Reise von Panama bis hierher unsere treuen Begleiter gewesen, entfernten sich jetzt zum östlichen Horizonte, und eines schönen Morgens war nichts zu sehen, als Himmel und Wasser. Aber sobald wir die Höhe des Caps von St. Lucas, das Südende der Halbinsel von Untercalifornien, erreicht hatten, das seine zerrissenen Ausläufer von Kreidefelsen weit ins Meer hinausschiebt, blieben die Berge bis nach San Francisco hin wieder bei uns. Die Küste von Untercalifornien sah sehr trübselig aus. Gelbe Dünen begrenzten den Strand, hinter dem sich kahle Berge emporhoben, und von menschlichen Bewohnern, von Niederlassungen oder gar Städten sah man keine Spur.

 Das Wetter, welches uns bis so weit außerordentlich begünstigt, ward plötzlich unangenehm, kalt und stürmisch, so daß wir eilig unsere Sommeranzüge mit Winterkleidern vertauschten. Die Zahl der Passagiere, welche sich auf dem Verdeck erging, ward zusehends geringer, und die stuhllosen Reisenden, welche dem Wetter trotzten, konnten sich jetzt ungestört in den elegantesten, mit Brüsseler Teppich ausgeschlagenen Klappsesseln niederlassen. Eine interessante Unterhaltung während dieser Tage gewährten die Tausende von Meerschweinen, — porpoises, zur Familie der Delphine gehörend, — welche stundenlang mit dem Dampfer um die Wette jagten, sich mit dem gehörnten Rücken possirlich im Wasser überschlugen und die See oft nach allen Richtungen hin buchstäblich bedeckten, so wie die Quatrillionen kleiner gallertartiger Thiere, die wie schwimmende Glasbläschen aussahen, von den Matrosen „Alligator Bubbles" genannt, welche sich vom Winde an der Oberfläche des Wassers hin- und hertreiben ließen. Auch mehrere Wallfische sahen wir, welche hohe Wasserfontainen emporspritzten, und ein paar Seehunde, die wahrscheinlich auf einer Entdeckungsreise nach dem Aequator begriffen waren. Ein Schwarm von fliegenden Fischen, wie ich sie in solcher Anzahl noch nie gesehen, welche sich mit silberschillernden Flossen von Welle zu Welle durch die Luft schwangen, wie ein flacher Stein über das Wasser hinschnellt, wurde mit Jubel begrüßt, und mancher von uns hoffte, obwohl ver=

geblich, es möchte einer oder der andere der unbekannten geflügelten Bewohner der salzigen Tiefe auf das Verdeck des Dampfers fallen.

Sobald wir die Küste von Ober-Californien erreicht hatten, wurde das Wetter wieder milde und angenehm, und bebaute Felder und Wohnungen gaben den deutlichen Beweis, daß wir einem civilisirten Lande näher kamen. In Schwärmen kamen die nicht seefesten Passagiere, die meisten von ihnen Damen, mit schmerzlichem Lächeln wieder aus den Cabinen hervor und wurden von uns mehr abgehärteten Seefahrern mit unerbaulichen Beileidsreden begrüßt. Doch bald waren der Groll der Elemente und die ausgestandene beklemmende Angst von ihnen vergessen, und der warme Sonnenschein und die stille See zauberten Rosenblüthen auf die bleichen Wangen unserer Schönen.

Den ganzen Tag über — es war der 6. Juni — fuhren wir in geringer Entfernung von der Küste hin, die wir eifrig mit Ferngläsern durchspähten und uns an ihrem schmucken Ansehen freuten. In fieberhafter Spannung erwarteten wir die Einfahrt in den Hafen von San Francisco, das Goldene Thor (golden gate); aber es ward späte Nacht, ehe wir dasselbe erreichten.

B.

Auf Kundschaft nach dem Columbia.

1. **Von San Francisco nach Portland in Oregon (♀).**

Es ist ein eigenthümliches, alle Nerven des Körpers und Geistes fieberhaft anspannendes Gefühl, ganz allein und nur auf die eigene Kraft hingewiesen in die Welt hinauszueilen und ferne Länder und unbekannte Meere zu durchstreifen, um sich unter fremden Menschen eine neue Lebensexistenz zu gründen.

Ein Reisender, der bloß zum Vergnügen die Welt besieht, kann sich von solch einem Seelenzustande nur einen schwachen Begriff machen — von der aufs Aeußerste gespannten Erwartung, die einen heimathlosen Geschäftstouristen ergreift, welcher sich dem nächsten Ziele seiner Reise nähert. Mögen Hoffnung und Phantasie die entfernte Küste auch noch so reizend mit farbigen, sonnigen Bildern geschmückt haben, dieselben nehmen sicherlich in der Erwartnng immer mehr düstere Tinten an, je näher und näher sie herankommen. Die Reize unbekannter und neu sich entfaltender Scenerien bleiben nur noch Nebensache, wenn der kalte Verstand erwägen muß, wie sich die gesellschaftlichen Zustände und Hülfsquellen des fremden Landes zum Wohl oder Wehe des Reisenden gestalten mögen. Und wenn sich alsdann, wie es bei der unruhigen Bevölkerung der Goldländer so erklärlich ist, die ganze zahlreiche Reisegesellschaft mehr oder weniger in derselben fieberhaften Aufregung befindet, indem nur Wenige derselben einem bestimmten Ziele entgegeneilen, und fast Niemand weiß, was er am morgenden Tage beginnen will — so kann von einer gemüthlichen Vergnügungsreise selbstverständlich gar nicht die Rede sein.

Das Leben in San Francisco, wo ich mich während mehrerer Monate aufhielt, gefiel mir im Allgemeinen recht gut; aber man hörte dort tagtäglich so viel von unerschöpflichen Goldminen und fabelhaften Schätzen in den „Diggings", die nur darauf warteten, gehoben zu werden, daß die verzeihliche Sehnsucht danach Einen geistig und moralisch gar nicht zur Ruhe kommen ließ und körperlich vollständig zu Grunde richtete.

Wenn ich sage, daß es meinen mit mir von Newyork gekommenen Geschäftsfreunden gerade so erging, so wird sich der mitleidige Leser wohl genügend in unsern Seelenzustand hineindenken können. Da wir — die Gesellschaft bestand aus drei teutonischen Kosmopoliten — jedoch von der Vorsehung eben nicht mit allzu viel Langmuth gesegnet waren, dagegen das Organ des Selbstvertrauens bei uns so ziemlich leidlich entwickelt war, so konnte ein solcher folternder Seelenzustand nicht lange Bestand haben. Es ward daher bei einer der fast tagtäglich vorfallenden Lebensplandebatten kurzweg beschlossen, San Francisco wieder zu verlassen, uns persönlich in den Goldminen nach Schätzen umzusehen und in irgend einer der zahlreichen Minenstädte an dieser Küste ein solides Geschäft zu etabliren.

Die Frage nun war — wohin? Eine äußerst kritische Frage, denn diese gebenedeiten Goldquellen lagen von San Francisco weit nach Süd, Ost und Nord entfernt, und es war eine finanzielle Lebensfraze, in einem Lande, wo man beim Reisen den Weg mit „Ducaten pflastern" muß, gleich die richtige Straße einzuschlagen, namentlich da die Wege nach den verschiedenen Gold= und Silberparadiesen Hunderte von Meilen fast schnurstracks einander entgegen= laufen und deshalb eine Veränderung der einmal einge= schlagenen Reiseroute äußerst schwierig und kostspielig machen würden.

Sollte die Reise nach den sonnigen Gefilden von Arizona gehen, wo der geschwätzige Coloradostrom so etwa tausend Miles südöstlich von San Francisco in der Gegend von Sonora über unerschöpfliche Goldlager dem Golfe von Californien entgegenmurmelt? Oder sollte man der Sonne und dem Vaterlande entgegenwandern, so an hundert Stun= den über die breitgipfligen Sierras nach dem Silberlande Washoe hinüber, nach Virginia City, Aurora, Esmeralda, Humboldt, — oder noch ein paar Hundert Meilen weiter über die Wüste nach dem idyllischen Reese River? Oder wären die an den Grenzen der Civilisation gelegenen Län= der Oregon, Idaho, Washington und Britisch Columbia vorzuziehen, nur so und so viele hundert Miles in nördlicher und nordöstlicher Richtung von San Francisco gelegen, wo das Gold wie Stroh — unter der Erde — liegen sollte?

Da die Temperatur in Arizona — dort am murmeln= den Colorado — für eine teutonische Constitution jedoch reichlich warm sein sollte, indem das Thermometer dort im Schatten nicht selten zu hundertzehn Graden Fahrenheit

Hitze steigt*); da das idyllische Washoe durch einen höchst interessanten Ausflug, den ich von San Francisco aus erst vor Kurzem dorthin unternommen hatte, bereits viel von den Reizen der Neuheit eingebüßt, und im Gegentheil die nördlichen Minen für uns noch gänzlich eine terra incognita waren und gerade deshalb doppelt viele Reichthümer versprachen, so wurde einstimmig beschlossen: „Nach Oregon!"

Meine Wenigkeit erhielt nun den ehrenvollen Auftrag, irgendwo in Oregon — oder da herum — einen passenden Geschäftsplatz für das wanderlustige, goldbürstende Kleeblatt aufzusuchen. So begab ich mich dann, in Gesellschaft von mehreren hundert San Francisco-müden Abenteurern, Goldjägern, Kaufleuten und Speculanten, an einem windigen Septembernachmittage 1863 auf den zwischen San Francisco und Portland fahrenden Dampfer „Brother Jonathan" und eilte wieder in die Welt hinaus, um einen neuen, wo möglich goldumbauten Lebenshafen zu entdecken.

Das vorläufige Ziel unserer Reise war die Stadt **Victoria**, 753 Seemeilen von San Francisco entfernt, die Hauptstadt der zu den großbritannischen nordamericanischen Besitzungen gehörenden Insel **Vancouver**.

Leider versperrte ein undurchdringlicher Nebel jegliche Aussicht auf die Küste, in deren Nähe wir, sobald das goldene Thor hinter uns lag, in nordwestlicher Richtung hinsteuerten, und dabei war das Wetter dermaßen kalt und unangenehm, daß ein Spaziergang auf dem Verdeck, selbst für einen abgehärteten Seereisenden, auf welchen

---

*) Einem vom Fort Yuma, nahe der Mündung des Coloradostromes, in Folge eines Pistolenduells unfreiwillig zum Tartarus expedirten Goldjäger wird nachgesagt, daß er sich seine Wolldecke aus seiner alten Heimath nachkommen ließ, weil es ihm in der Hölle recht ungemüthlich kalt war.

Namen ich nachgerade wohl mit einigem Recht Anspruch machen konnte, wenig Einladendes darbot. So begnügte ich mich damit, die Zeit mit Lesen, Essen und namentlich mit Schlafen hinzubringen, und zwischendrein den interessanten Erzählungen von einem Paar hoffnungsvollen Goldjägern zuzuhören, die einen kleinen Abstecher von etwa 1600 Meilen nach Boisé, den berühmten Goldminen im Territorium Idaho, machten und von Hunderttausenden und Millionen sprachen, als ob sie Vettern von Rothschild wären, trotzdem sie so zerlumpt aussahen, daß es einem unwillkührlich fröstelte, wenn man durch die polizeiwidrigen Oeffnungen ihrer Kleidungsstücke den nackten Adam hervorgucken sah.

Ich war herzlich froh, als wir nach einer breitägigen, höchst ermüdenden und langweiligen Fahrt in die Fuca-Straße einliefen, welche die Insel Vancouver von dem nordamericanischen Festlande trennt.

Die Insel Vancouver, eine bergige, theilweise mit Schneegebirgen, theils mit Fichtenwaldungen bedeckte Insel, 760 deutsche Quadratmeilen groß, führt ihren Namen nach dem berühmten britischen Seefahrer Vancouver, dem Mitreisenden vom Capitain Cook auf dessen zweiter und dritter Reise. Die Insel wurde vom Capitain Vancouver während seiner Erdumsegelungsreise in den Jahren 1791 bis 1794 besucht, welche den Zweck hatte, die sogenannte Nordwestpassage vom Westen her zu erforschen und die bis dahin noch wenig bekannte Westküste des nordamericanischen Continents genau aufzuzeichnen.

Von den einander nahe gegenüberliegenden Ufern des Festlandes und genannter Insel war vor lauter Nebel fast gar nichts zu sehen, ein paar sich in bedenkliche Nähe an uns herandrängende Felsspitzen ausgenommen, von denen die eine mit einem Leuchtthurm gekrönt war, dessen Licht durch den Nebel blutroth, ein feuriges Meteor, zu uns herüberleuchtete und uns vor den uns umgebenden tückischen Felszacken warnte.

Als ich am nächsten Morgen erwachte, fand sich unser Schiff im Hafen von Esquimault (Esquéimãlt), einer britischen Flottenstation und Nebenhafen von Victoria, vor welchem Hafen er den für Seeschiffe bedeutenden Vorzug größerer Tiefe hat, ruhig am Quai daliegend. Man war bereits emsig damit beschäftigt, Waarengüter auszuladen, und halbentblößte Neger mit weiß rollenden Augen schaufelten Kohlen aus einem Paar sich an unser Schiff anschmiegender Prahme unter wehmüthigem Gesange in den untern Raum des Dampfers.

Die uns zunächstgelegenen Ufer sahen sehr alltäglich aus und entsprachen keineswegs der Erwartung, die ich mir von einem Hafen mit fremdklingendem Namen, der am Ende der Welt liegt, gemacht hatte. Ein paar Fregatten of her most gracious Queen, der Namensschwester der sich hinter den Waldungen vor unseren Blicken verborgen haltenden Stadt Victoria, eine Landstraße, durch gelichtete Holzungen ins Innere der Insel führend, eine Reihe hölzerner Gasthäuser, Kneipen und Stores und ein wackeliger Holzquai, auf dem eine Gesellschaft dreiviertelangetrunkener Söhne der Smaragdinsel das Commando zu haben schien, — solches waren die Hauptsehenswürdigkeiten dieses See- und Kriegshafens, eines der äußersten Vorposten des britischen Weltreichs.

Auf nähere Erkundigung erfuhr ich, daß unser Schiff bis gegen Abend hier verweilen werde, um Steinkohlen einzunehmen und Waarengüter ein- und auszuladen. Da es jedoch außer Frage stand, in solch einer Localität einen ganzen Tag über freiwillig zu verweilen, so machte ich mich sofort auf den Weg, um die nur eine gute Stunde von unserm Landungsplatze entfernt liegende Stadt Victoria mit einem Besuche zu beehren. Nebenbei war wenigstens die Möglichkeit vorhanden, auf der Insel Vancouver — oder da herum — ein goldumbautes Heimathsasyl zu entdecken, da ich bereits auf der Reise von San Francisco her viel von dem fabelhaften Reichthum der „Gold Diggings" in den „British Possessions" gehört hatte, — was mich denn ziemlich nervös gemacht.

So schloß ich mich einer Gesellschaft von Cariboo- (Kerribu-) Goldjägern an, welche gleichfalls die Absicht hatten, die Namensschwester of Her most gracious Majesty heimzusuchen.

Der von uns eingeschlagene Weg führte uns theilweise durch stattliche Fichtenwaldungen, theils an geackerten Feldern hin, mit herrlichen Fernsichten auf die jenseits der Straße von Juan de Fuca gelegenen, langgestreckten Schneeberge im Territorium Washington. Bald sahen wir die schmucke Stadt Victoria mit ihrem Hafen, zwei Schiffswerften und den stattlichen Speichern der Hudsonsbai-Compagnie vor uns liegen. Ein rüstiger Marsch in frischer Morgenstunde durch den duftenden Tannenwald brachte uns nach Verlauf einer kurzen Stunde über eine stattliche Brücke in ihre gastlichen Mauern, wo dem Fremdling für gutes, solides Geld — nicht für hoffnungsfarbige Staatspapiere — echtes Londoner Pale Ale, delicates Vancouver-Rauchfleisch und ausgezeichnete Havana-Cigarren verabfolgt werden.

Namentlich über die Güte letztgenannter Commodität, die einem civilisirten Californier so unentbehrlich wie das tägliche Brot ist, wunderte ich mich außerordentlich, indem es in England fast ein Ding der Unmöglichkeit ist, für nur halbwegs humane Preise eine genießbare Havana aufzutreiben. Die Stadt Victoria war zu damaliger Zeit jedoch ein Freihafen, wo man die verschiedenartigsten Luxusartikel fast so billig als irgend sonst wo in der Welt kaufen konnte, und bildete hierin im Vergleich zu anderen Besitzungen John Bull's eine rühmliche Ausnahme*).

Die Stadt, welche etwa 4000 Einwohner zählen mochte, gefiel mir im Allgemeinen recht gut. Sie ist nach moderner Art erbaut, mit reinlichen, breiten Straßen und stattlichen Gebäuden und hatte ein recht geschäftsmäßiges Ansehen. Doch konnte der Tag meines Besuchs in dieser Beziehung nicht als normal gelten, da es der sogenannte „Steamertag" war, d. h. der Tag, an dem der Dampfer von San Francisco anlangt, welches Ereigniß die Straßen allemal doppelt lebendig macht. Man klagte auch dermaßen über Geschäftslosigkeit und schlechte Zeiten, daß mir bald jegliche Lust verging, mich hier häuslich niederzulassen.

Im Innern des britischen Festlandes, an dem durch das „Gold Excitement" von 1858 für manchen der damals bei Tausenden vom Goldfieber ergriffenen Californier übelberüchtigten Fraser River, und in dem neu entdeckten eisigen Goldlande Cariboo sollten sich allerdings noch unerschöpfliche Goldlager, unter Schnee und Eis, befinden und die Aussichten für einen unternehmenden Jünger des Mercur dort äußerst glänzend sein. Da der Winter jedoch dort an acht Monate anhält, und manchmal das Quecksilber in den Thermometern zu gefrieren pflegt, so daß man gar nicht einmal genau weiß, wie kalt es ist und wie viele Röcke man reglementsmäßig anziehen muß, und ich mich auch mehr zu einem sonnigen Klima, als zu einer

---

*) Im Jahre 1870 wurde British Columbia der Dominion of Canada einverleibt. Die Stadt Victoria hörte alsdann auf, ein Freihafen zu sein, und wird jetzt ein Eingangszoll von 17½% ad valorem auf jegliche Art von Kaufmannsgütern erhoben. Waarengüter aus England bilden hierin keine Ausnahme. Nur von der „Dominion" können solche zollfrei eingeführt werden.

derartigen vergoldeten Auflage eines englischen Sibiriens hingezogen fühlte, so konnte ich mich nicht wohl dazu entschließen, mich in solch eisigen Goldgefilden unter den Schutz der Klauen des britischen Löwen zu begeben.

Victoria ist als Hauptstadt der Insel Vancouver sowie als Depot der Hudsonsbai-Compagnie, welche hier ihr Hauptwaarenlager hat, vom Red River of the North bis zum Stillen Meer, sowie als Haupthandelsstadt der am nördlichen Stillen Ocean gelegenen britisch-nordamericanischen Besitzungen von Bedeutung. Es wird von hier aus ein sehr einträgliches Schmuggelgeschäft mit den nahen schwer zu bewachenden und ausgedehnten Küstenstrichen des Festlandes getrieben. Der Handel mit den bereits früher erwähnten Goldminen im Innern von Britisch Columbia ist sehr lebhaft, obgleich die Engländer aus Nationaleitelkeit, Mißgunst und Opposition gegen Oregon, Washington und Idaho von dem Reichthum jener Minen mehr Lärm machen, als Ursache dazu vorhanden zu sein scheint. Außerdem ist der Handel mit San Francisco bedeutend, und auch der überseeische Verkehr mit den Sandwichsinseln und China nicht unerheblich. Auch ein bedeutender Theil des Holzhandels vom nahen Puget Sound wird von hier aus vermittelt.

In früheren Jahren war in Victoria der **Pelzhandel** der Hudsonsbai-Compagnie mit den Indianern von großer Bedeutung, und noch jetzt bildet das Rauchwerk einen nicht unansehnlichen Exportartikel dieser Länder. Diese Indianer, welche meistentheils zu den mißgestalteten **Flat Heads** (Plattköpfen) gehören, lungern in ganzen Schwärmen in den Straßen herum und machen in ihrer **halbcivilisirten zerlumpten Kleidung** einen sehr widerwärtigen Eindruck. Durch systematische Verfolgung Seitens der Weißen, durch Branntwein und die ihrer Race so verderblichen Blattern sind sie in neuerer Zeit gänzlich entartet, und nur noch ein trauriger Schatten ehemaligen National= stolzes ist ihnen geblieben. Der Hudsonsbai=Com= pagnie wird sogar die monströse Grausamkeit nachgesagt, wollene Decken aus englischen Pockenhospitälern von Europa importirt und unter die arglosen, durch ihre Menge Gefahr drohenden Indianer geschenkweise vertheilt zu haben, um die lästigen Herren des Bodens schnell und sicher durch die Blattern zu vertilgen. Ob diese kaum glaubliche Beschuldigung begründet ist, habe ich jedoch nicht ermitteln können.

Außer den Indianern spielen die emancipirten Afrikaner hier eine große Rolle und benehmen sich wo= möglich noch roher, als auf dem Isthmus von Panama, und allen Weißen gegenüber mit der colossalsten Frechheit. Die Amerikaner ärgern sich noch besonders darüber, daß die Neger hier meistens die Stellen von Po= lizisten einnehmen und in ihrer neu gebackenen Würde nach= sichtslos die gehaßten Yankees für die allergeringsten Verstöße wegen fröhlicher Trunkenheit und kleiner unmoralischer Ex= centricitäten unter Schloß und Riegel setzen. Manche blutige Schlägereien sind schon die Folge davon gewesen. wobei insbesondere die Matrosen sich nie ein Gewissen dar= aus gemacht haben, ihren schwarzen Todfeinden gratis per Messerstich einen Paß ins Land ihrer Väter zu geben.

Ich wanderte den Tag über in der Stadt umher, be= suchte die prachtvollen Speicher der Hudsonsbai=Com= pagnie, in denen die verschiedenartigsten Handelsartikel, von Nähnadeln bis zu Schiffsankern, von einer Elle Kattun bis zu Ballen von Schnittwaaren, in ungeheuren Quantitäten zum Verkauf ausgeboten sind, beehrte mehrere äußerst elegant eingerichtete Billard=, Trink= und Speisesalons mit einem flüchtigen Besuche und gerieth zuletzt ganz zufällig in ein conföderirtes Gasthaus, wo man unter dem Schutze der den Vereinigten Staaten spinnefeindlichen Engländer den Yankees zum Aerger eine riesige Rebellenfahne ausgehängt hatte.

Der Wirth, ein alter Texaner Ranger, renommirte mit einigen farbenreichen Schlachtbildern von Bulls Run, dem americanischen Roßbach. Er behauptete in dieser interessanten Affaire auf Seiten der Conföderirten mitgefochten zu haben und erlaubte sich allerlei anzügliche Bemerkungen, wofür die erbosten Yankees ihm blutige Rache schworen, wenn sie bei passender Gelegenheit Victoria dem ungezogenen John Bull, seinem Protector abnehmen würden, zur Strafe für unberufene Einmischung in „unsere Nationalzwistigkeiten und hinterlistigen Seeraub unter fremden Farben."

Eigentlich sollte auch der ganze Ländercomplex, den die habgierigen Herren Engländer sich an diesem Erdenwinkel zugeeignet haben, seiner natürlichen Lage nach den Vereinigten Staaten angehören. Unsere lieben nördlichen Nachbarn scheinen dies im Allgemeinen auch sehr zu wünschen und fühlen sich weit mehr zur neuen, als zur alten Welt hingezogen. Man rechnet hier bereits nach americanischem Gelde und lebt auch ganz nach americanischem Stil, so daß eine derartige politische Umwandlung ohne besondere Störung bestehender socialer Verhältnisse sich leicht bewerkstelligen ließe. Wenn Victoria und Britisch Columbia einmal den Vereinigten Staaten sich anschließen werden, was sicherlich nur Frage der Zeit ist, und die Langsamkeit der unterm alten Zopfe lebenden Engländer dem Unternehmungsgeiste und „free and easy Go Ahead" der Yankees Platz macht, so wird sich dies an Hülfsquellen so reiche Land auch schneller entwickeln, Handel und Wandel werden einen neuen Aufschwung nehmen, und ich möchte mir keinen angenehmeren Wohnort, als die mit einem herrlichen Klima gesegnete Stadt Victoria wünschen.

Im Allgemeinen verbrachte ich einen recht angenehmen Tag an diesem äußersten Vorposten der Civilisation. Das Wetter war wunderschön, mit einem wahrhaft texanischen Himmel, Essen und Getränke gut, Cigarren Seele und Leib erheiternd und die Gesellschaft unter Indianern, Afrikanern, Yankees und John Bulls äußerst „gewählt".

Nachmittags schlenderte ich unter der Escorte von zwei indianischen Schönheiten, mit denen ich eine höchst interessante Zeichensprache anknüpfte, zum Landungsplatze unseres Dampfers zurück und langte wohlbehalten wieder im romantischen Esquimault an, gerade als eine Rauferei auf dem Quai zwischen einem Neger und einer Irländerin zur ungemeinen Belustigung unserer gesammten Schiffsgesellschaft im besten Gange war, der Steamer bereits ungeduldig zu werden anfing und die am Laude ungebührlich lange verweilenden Goldtouristen mit heiserem Geschrei wiederholt zur Eile ermahnte.

Am 21. Abends verließen wir wieder den Hafen von Esquimault, begleitet von den Klängen eines Musikchors, die von einer im Hafen liegenden britischen Fregatte melodisch zu uns herübertönten, und denen wir höflich mit einer von den fernen Gebirgen zurückhallenden Geschützsalve antworteten.

Allmählich hüllten die Schatten der Nacht die waldigen Gebirgsufer der Straße von Juan de Fuca in ihre dunklen Schleier, und bald schlummerten die zahlreichen Bewohner des schwimmenden Dampfriesen in enger Klause, unbekümmert um den gefesselten Vulcan, der unter ihnen tobte, und träumten von den Wundern des unbekannten Goldlandes, dem sie unbewußt schnell entgegeneilten, während unser stolzer Feuerrenner der schäumenden Tiefe unermüdet gen Süden sprengte, um mit der erwachenden Sonne neue Naturscenen vor unseren Blicken zu entrollen.

Herrlich stieg der Sonnenball am nächsten Morgen hinter den Gebirgen von Washington empor, unter denen die vom Fuß bis zum Gipfel ganz mit frisch gefallenem, blendendem Schnee bedeckten, über 12,000 Fuß hohen Bergriesen Mount Baker und Mount Rainier den Himmel selbst auf ihren eisigen Schultern zu tragen schienen. Die dichten Nebel, welche uns auf der Reise von San Francisco bis nach Victoria so sehr belästigt und jegliche Fernsicht auf die Küste abgeschnitten hatten, waren gänzlich verschwunden, und eine muntere Brise kräuselte die Wellen des großen Oceans. Hin und wieder zeigten sich die dunkelen Rücken riesiger Walfische, welche ihre blinkenden Fontainen hoch emporspritzten, und ganze Reihen von Tummlern überschlugen sich mit gehörnten Rücken im Wasser, in possirlichen Capriolen neben uns her springend und gleichsam mit dem Dampfer um die Wette rennend, der selber lustig auf- und abtanzte, als ob es ihn freue, so bei schönem Wetter über die im lichten Sonnenstrahle blitzenden und mit weißem Silberschaume gekrönten Wogenhügel dahinzubrausen.

Bei stürmischem Wetter soll dagegen das Fahrwasser an dieser offenen Küste außerordentlich rauh und gefährlich sein, namentlich an der mit Recht berüchtigten Einfahrt in den Columbiastrom, wo die Wogen bei Nordweststürmen haushoch emporschlagen und der Schrecken aller Seefahrer in diesen Meeren sind.

Bei Sonnenuntergang näherten wir uns dieser interessanten Stelle, der sogenannten "Columbia River Bar", wo die Brandung aus der Ferne einen imposanten Anblick darbot, wie sich die schaumspeienden Wogenberge, wilden Ungeheuern gleich, donnernd und brüllend über und durch einander dahinstürzten. Unser Capitain behauptete jedoch, daß das Fahrwasser daselbst an diesem Tage ziemlich ruhig sei. Wohl Tage lang wäre er schon genöthigt gewesen, vor der Barre zu kreuzen, ehe er mit dem Dampfer die Ueberfahrt hätte wagen können. Ich war froh, als ein Lootse uns glücklich durch dieses „ruhige" Fahrwasser gebracht hatte, wo schon manches Schiff elendiglich untergegangen, und der Paß zwischen den unterm Wasser verborgenen Sandbänken stellenweise kaum eine Schiffslänge breit ist. Während dieser ruhigen Einfahrt in den großen Nordweststrom stöhnte der Steamer in allen Fugen, als ob die Wogen ihm den Dampfathem ausquetschen wollten, und ein friedliches Wellenpärchen glitt kosend über das Verdeck, was meinen Enthusiasmus für diese romantische Brandung bedeutend abkühlte.

Schnell fuhren wir jetzt in nach meinen Landmanns-Begriffen ruhigem Fahrwasser weiter und durchkreuzten zunächst die von langgestreckten Hügelreihen und prächtigen Waldungen eingeschlossene baiartige Mündung des Columbiastromes, welche vom flachen südlichen Ufer bis zu dem am Nordstrande steil empor ragenden Cap Disappointment, auf dem ein Leuchtthurm erbaut ist, die stattliche Breite von drei Lieues hat. Vom Innern her gewährt diese, mit der halbmondartig den Ausgang umspannenden, wildbrandenden Barre, die sich bei Stürmen an 40 Fuß hoch emporhebt und die Höhe des dahinterliegenden Oceans dann ganz verdeckt, einen imposanten Anblick.

Der Columbia, mit einer Stromlänge von 340 deutschen Meilen und einem Stromgebiet von 15,940 deutschen Quadratmeilen, ist der Hauptstrom des äußersten amerikanischen Westens. Alte spanische und englische Seefahrer wurden wiederholt durch die Barre abgeschreckt, in die Mündung hineinzusegeln, welche sie für weiter nichts als einen Meereseinschnitt hielten. Dem kühnen americanischen Capitain Gray gelang es im Jahre 1792, mit dem americanischen Schiffe „Columbia", nach dem der Fluß von ihm benannt wurde, den Eingang über die schreckensvolle Barre zu erzwingen und der Menschheit die Thore eines neuen Weltreichs zu erschließen.

Etwas vor Dunkelwerden langten wir bei dem von dem Newyorker Millionair Astor, einem geborenen Deutschen, im Jahre 1810 als Pelzhandelsdepot am linken Ufer des Columbia gegründeten Städtchen Astoria an. Der Plan des Gründers, der damals den Grund zu seinem später fürstlichen Vermögen legte, diesen Ort zum Haupthandelsplatz des Columbiathals zu machen, ist nicht in Erfüllung gegangen. Der Platz hatte bereits in den ersten Jahren seines Entstehens mit allerlei Mißgeschick zu kämpfen. Die Briten nahmen schon 1813 in Folge des im Jahre zuvor zwischen den Vereinigten Staaten und England ausgebrochenen Krieges von der Niederlassung Besitz, die sie in Fort George umtauften. Später ging der Ort unter seinem ersten Namen in die Hände der Hudsonsbay-Compagnie über, bis derselbe nach der Regulirung der Nordwestgrenze, wodurch England im Jahre 1846 die Oberherrlichkeit von Oregon an die Bundesregierung zu Washington definitiv abtrat, den Vereinigten Saaten 1848 einverleibt wurde, als diese die sämmtlichen Besitzungen der Hudsonsbay-Gesellschaft im Columbiathale erwarben. Das Project, eine Stadt nahe der Mündung des Columbia an dessen rechtem Stromufer zu erbauen, wo sich eine ziemlich gute Hafenstelle befindet, setzte vor ein paar Jahren manche der speculationssüchtigen Americaner an dieser Küste in Bewegung, um sich dort Bauplätze zu verschaffen. Diese Zukunfts-Weltstadt, welche den Namen Pacific City erhielt, existirt jedoch gegenwärtig nur auf dem Papier, und die weiter oberhalb im Nebenthale des Willamette=flusses gelegene Stadt Portland hat bis jetzt das Geschäftsmonopol des schnell an Bedeutung gewinnenden Columbiathals behauptet.

Ohne uns lange bei dem wenig Anziehendes bietenden Millionairkinde aufzuhalten, fuhren wir die Nacht hindurch bei klarem Mondschein weiter, den von finstern, nebelumwallten Wäldern eingeschlossenen stattlichen Columbia hinauf.

Bei aufgehender Sonne fuhren wir noch immer mit Macht den prächtigen Strom hinauf, der breit und klar seine Wassermassen uns entgegen wälzte. Hin und wieder zeigten sich vereinzelt dastehende Wohnungen und cultivirtes Land, freundlich zwischen dunkelgrünen Wäldern daliegend, welche sich in üppiger Fülle bis dicht an die Ufer drängten, bis wir um sieben Uhr Morgens, in einer Entfernung von etwa 80 Seemeilen von der Barre, vor der Mündung des Willametteflusses Anker warfen, der sich zu unserer Rechten durch eine breite Niederung in den Columbia ergoß.

Sobald es die Fluth ermöglichte, welche den Strom noch bis an die 15 englische Meilen weiter oberhalb gelegenen Cascade=Fälle hinansteigt, fuhren wir in den Willamette hinein, der mich mit seinen von herrlichen Wäldern und saftig=grünen Wiesen eingefaßten Ufern und dem klaren, grünlichen Gewässer an den Vater Rhein erinnerte, dem er auch an Breite ziemlich gleich kommt. Stattliche Fichtenwaldungen, welche auf den höher gelegenen Bergzügen die mit dunkelgrünem Laubholz gekrönten niedrigeren Hügel überragten, gewährten mitunter herrliche Fernsichten, deren immer wechselnde Bilder ich vom hohen Verdeck des „Brother Jonathan" herab bewunderte.

Gegen Mittag langten wir wohlbehalten bei der etwa dreizehn englische Meilen oberhalb der Mündung des Willamette an seinem linken Ufer liegenden Stadt Portland an.

2. Von Portland nach The Dalles. (♀)

Nachdem ich mich in den gastlichen Räumen des großen Speisesaals vom „Denison House", wo ich in Portland Quartier genommen, gehörig mit Speise und Trank gestärkt, machte ich einen längeren Spaziergang durch die Stadt, welche mir vom Schicksal vielleicht als zukünftiger Wohnort bestimmt worden war. Das geschäftige Leben und das schmucke „Go-Ahead-Aeußere" des Ortes machten auf mich einen sehr vortheilhaften Eindruck, so daß ich bald bedeutende Lust verspürte, in seinen Mauern meine Heimath aufzuschlagen.

Allein — „der Mensch denkt, und der liebe Herrgott lenkt!" Sogar in Oregon, am Ende der Welt.

Während ich in den mit Holz gepflasterten und mit stattlichen Häuserreihen gezierten Straßen auf- und abwanderte, fiel mir unwillkürlich das mürrische Aussehen der Einwohner auf, welches um so auffälliger war, da die Sonne goldenklar aus den unumwölkten Tiefen des blauen Himmels herablächelte und Alles zur Freude einzuladen schien. Auf nähere Erkundigung nach der Ursache dieser höchst seltenen psychologischen Erscheinung an den Portländern erfuhr ich, daß es eben dieser helle Sonnenschein war, der die Leute so mürrisch machte. Alt und Jung hätten sich an das sonst hier zu Lande fast unaufhörliche Regenwetter so sehr gewöhnt, daß sie sich darüber ärgerten, wenn einmal den ganzen lieben langen Tag über die Sonne scheine. Im verflossenen Winter sollen die Leute vor Freuden ganz außer sich gewesen sein, da es — Gott sei Dank! — bloß 134 Tage lang ohne jegliche Unterbrechung Wolkenbrüche regnete.

Die glücklichen Bewohner dieses Regenlandes erniedrigen sich selten so weit, Regenschirme aufzuspannen, die hier unverkäuflich sind, sondern lieben es, beim heftigsten Platzregen wie Enten in den schwimmenden Straßen umherzuspazieren, weshalb man ihnen den Ehrentitel „Webfeet" (Schwimmfüßler) gegeben hat, auf welche Benennung sie nicht wenig stolz sind. Zu diesen sogenannten „Webfeet" gehören außer den Portländern auch noch die Bewohner des ganzen ausgedehnten Willamettethals, wo es noch mehr regnen soll, als in Portland.

Ich dankte einer gnädigen Vorsehung, daß ich noch bei Zeiten die Amphibiennatur des Webfoot-Landes entdeckt hatte; sonst hätte ich der Stadt Portland doch vielleicht die Ehre gegönnt, mich als neuen Mitbürger in ihren Mauern aufzunehmen.*)

So entschloß ich mich, lieber jenseits der Berge, am obern Columbia, mir eine neue Heimath zu suchen.

Die Moral der Kaufleute jenes „Entenhafens" soll durch das Handeln mit ihren Landsleuten, den sprichwörtlich knauserigen Webfeet, gänzlich untergraben sein. Wer sich an die gentile Kaufweise der alten californischen Minenarbeiter gewöhnt hat, denen die Ausgabe eines Zwanzigdollarstücks nicht halb so viele Sorge macht, als einem europäischen Kleinstädtler die eines Fünfgroschenstücks, dem ist es allerdings nicht zu verargen, wenn er den sparsamen „Schwimmfüßlern", die besser für Buxtehude als für Californien oder Oregon passen möchten, im Handel manchen

---

*) Eine eingehende Beschreibung von Portland und den Thälern des westlichen Oregon bringe ich in einer späteren Skizze.

verzeihlichen kleinen Schabernack spielt. Die Webfoot-Ladies sind fast noch knauseriger, als ihre Lords. Um eine Yard Kattun wird oft halbe Stunden lang gefeilscht. In neuerer Zeit haben die das Land überfluthenden Californier diese sonst von der großen Welt abgeschlossenen, in idyllischem Naturzustande lebenden „Schwimmfüßler" etwas verfeinert; aber einen honetten Handel abzuschließen ist heute noch für einen Webfoot ein absolutes Ding der Unmöglichkeit.

Die zahllosen Kniffe, welche die Portländer Kaufleute sich angewöhnt haben, um ihre Landsleute trotz deren Knauserei zu übervortheilen, sind, wenn auch nicht welt=, so doch oregon=berühmt:

Beim Speckabwiegen, während der Verkäufer die Stücke von der Straße in den „Store" hereinschleppt, gelegentlich einen ungewogenen Schinken die Kellerluke hinunterzuwerfen, — Einem statt eines verkauften Paares Zwölfdollarhosen aus Versehen ein Paar Zweiundeinhalbdollarhosen einzuwickeln, wenn der Dampfer, auf dem der Käufer abreisen will, bereits zum zweiten Mal gepfiffen hat, — beim Eierkaufen mit einer bewundernswerthen Fingerfertigkeit die Eier zu handhaben, und anstatt eines halben Dutzends in der Regel acht oder neun Eier auf einmal zu fassen und dabei die Dutzende und Schocks mit einer solchen Geschwindigkeit falsch zusammenzuaddiren, daß der bejammernswerthe Eierverkäufer dem Rede= und Rechnungsfluß des Kaufmanns gar nicht zu folgen vermag, — von falschen Gewichten, wobei die Gewichte von großen Wagschalen auf kleineren benutzt werden und goldene statt kupferner Gewichte beim Goldstaubwiegen sehr profitabel sind, und dergleichen abgedroschenen Kunstgriffen mehr, welche sogar die Portländer Zeitungen öffentlich rügen, will ich hier gar nicht reden. Ob aber mancher Webfoot, der eine Rechnung bezahlt, weiß, daß er dabei mitunter die Jahreszahl mitbezahlt, möchte ich bezweifeln!

N. N. hat z. B. seine Aussteuer zur Wanderung nach Boisé gekauft und bittet sich die Rechnung aus; da schreibt der Verkäufer oben an nach der Begrüßungsformel zunächst in möglichst nachlässiger Handschrift den Namen der Stadt Portland nebst Monats- und Jahresdatum daneben und dicht darunter die verkauften Artikel, — z. B. wie folgt:

Rechnung für Herrn N. N.
von Jonathan Miller u. Comp.

	Dollars.
Portland, Oregon, 1 September 1863	
1 grüne Wolldecke...................	8 00
1 brauner Sammethut	5 00
1 bunter Kittel	7 50
1 rothes Unterhemd und dito Hosen	3 00
1 himmelblaues Oberhemd	2 50
1 Paar genagelter Cavalleriestiefel	8 00
1 Paar Lederhandschuhe	75
1 Paar Webfoot-Socken, d. h. in Portland gestrickte Strümpfe	50
1 Paar grün- und blaucarrirter Hosen....	10 50
1 Paar Drell-Oberhosen..............	1 50
1 Ledergurt.......................	75
1 feingezahnter Kamm	25
1 Schlachtermesser..................	75
1 Revolver........................	21 00
1 Pfund Pulver	1 00
3 Pfund Pistolenkugeln..............	75
1 Kästchen Zündhütchen	37
4 Pfund Kautaback	4 00
1 Arkansas-Zahnstocher (Bowie Knife) ...	2 00
	96 75

Beim Addiren wird die Jahreszahl, wie bei obigem Documente, ganz einfach mitgezählt, was bei einer längern Rechnung nach dem Decimalsystem, wo die Jahreszahl 1863 für 18 Dollars und 63 Cents stände, nicht leicht auffallen wird. Sollte der Rechnungsfehler dennoch bemerkt werden, so ist er natürlich weiter nichts als ein Versehen gewesen, welches jedem ehrlichen Manne passiren könnte, und das der Verkäufer mit Vergnügen wieder gut macht. Wie bereits erwähnt, die sprichwörtliche Rechtschaffenheit der Portländer schließt selbstverständlich jeglichen Verdacht absichtlichen Betruges aus. Der Verfasser hat diesen feinen Industriekniff auch nur als Fingerzeig für „rechtschaffene" einwandernde Yankees mitgetheilt, damit sich dieselben vor dergleichen Schelmereien im Webfoot=Lande in Acht nehmen können.

Am folgenden Morgen hatte sich das Wetter bereits wieder geändert, der Himmel war mit einem undurchdringlichen Grau überzogen, und es regnete, als ob Jupiter Pluvius alle seine Schleusen aufgethan, um die Versäumniß vom vorigen Tage wieder gut zu machen. Von meinem Fenster aus sah ich lange dem Regen zu, der lustig auf dem Holzpflaster herumplätscherte, und beobachtete die schirmlos in Schaaren die Straße auf und ab wandernden Portländer. Vergebens hoffte ich, daß der Regen aufhören sollte. An den vergnügten Mienen der Schwimmfüßler erkannte ich, daß dazu keine Hoffnung vorhanden sei. Ich entschloß mich daher, mich möglichst schnell in ein trockneres Land zu versetzen.

Bald erfuhr ich, daß noch an demselben Nachmittag ein kleiner Flußdampfer nach der Stadt Vancouver gehe, von wo aus ich am folgenden Morgen auf einem größern Dampfboote nach Columbia weiter hinauffahren könnte, welche Gelegenheit ich denn auch sofort zu benutzen beschloß. Unter plätscherndem Regenguß wanderte ich an die

Landungsbrücke und begab mich an Bord eines Diminutiv-Dampfers, der ungefähr die Größe eines der Rettungsboote des „Great Eastern" hatte; — und bald darauf gings unter einem wahren Sündfluthsregen den Willametteflußwieder hinunter.

Bald lag die Mündung des Willamette hinter uns, und tapfer arbeitete unser kleiner Dampfer gegen die Wassermassen des großen Nordwest=Stroms. Die riesigen Waldungen an den Ufern des stattlichen Columbia, der hier ungefähr so breit ist, wie der obere Mississippi, aber weit schöner und mit hohen, schilflosen Bänken, auf denen majestätische Bäume — nicht verworren durch einander geworfene, halb verwitterte Baum= und Rohrmassen, wie beim Vater der Flüsse — sich bis dicht aus Ufer drängen, wurden bei dem abwechselnden Regen und Sonnenschein prächtig beleuchtet. Von dem Augenblicke unserer Einfahrt in den Columbia, bis wir das sechs englische Meilen weiter oberhalb am rechten Stromufer gelegene Städtchen Vancouver erreichten, stand ein flammender doppelter Regenbogen über den Cascade=Gebirgen gerade vor uns am pechschwarzen Himmel und überwölbte gleichsam den breit darunter hinströmenden Columbia, indeß rechts und links von uns finstere Schatten und helles Sonnenlicht sich über die dunkelgrünen Wälder jagten.

Mitunter, jedoch nur selten sahen wir die gewaltigen, mit blendend weißem Schnee bedeckten, isolirt dastehenden Kuppen des Mount Hood und Mount St. Helens, die in silberner Pracht aus dem dunkeln Gewühle der Wolken hervortauchten. Wie Schildwachen, aus der Ebene bis über das Wolkengewimmel in den Himmel emporragend, stehen diese Bergesriesen etwa dreißig englische Meilen rechts und links am Eingange des Felsenthales des Cascade=Gebirges da, durch welches der Columbia dem Meer ent=

gegenströmt, täuschen aber durch ihre riesigen Verhältnisse das Auge so sehr, daß man sie, besonders den Mount Hood ganz in der Nähe wähnt. Diese vereinzelt dastehenden Bergriesen, denen nach Norden Mount Rainier und Baker und nach Süden Mount Jefferson, Three Sisters und Shasta Butte fast auf demselben Längengrade folgen, lassen auf eine vulcanische Hebung schließen. Der Mount Hood gewährt dem Auge den imposanten Anblick einer ununterbrochen über 10,000 Fuß hoch isolirt aufsteigenden, schnee- und eisbedeckten Gebirgsmasse. —

Der einer kolossalen Schneepyramide ähnliche Hood und dessen weiter nördlich gelegener, etwas niedriger, kuppelförmig gebildeter und gleichfalls ganz mit Schnee bedeckter Schwesterberg St. Helens waren ehedem Vulcane. Letztgenannter Berg soll noch jetzt mitunter recht unruhig sein und warf, als Fremont diese Gegend im Jahre 1853 zum zweiten Male durchzog, einen feinen Aschenregen aus, welcher das Land weit und breit, bis nach Dalles hinauf, bedeckte. Auch dem friedlicheren Mount Hood wird nachgesagt, daß das unterirdische Feuer in ihm nur schlummere, und Manche behaupten, sie hätten Rauchwolken an seinem Gipfel gesehen. Von allen Bergsteigern, die seinen Gipfel erklommen haben, wird erzählt, daß unterhalb der höchsten Schneekuppe ein Krater liege, aus dem fast ununterbrochen Schwefeldämpfe emporsteigen. Nach der Angabe A. v. Humboldt's wurde der Mount Hood zuerst im Jahre 1853 von Lake, Travaillot und Heller erstiegen.

Unter den Indianern Oregons lebt noch eine alte Sage, wonach die Stelle, an welcher der Columbia gegenwärtig die Berge durchbricht und eine Reihe von Stromschnellen und Wasserfällen bildet, ehedem von einer kolossalen natürlichen Felsbrücke überspannt war. Mount

Hood (indianisch „Pattu") und Mount St. Helens („Lava-
letla d. h. die Schönste der Schönen) waren Mann und
Frau, lebten im besten Einvernehmen in ihren beiderseitigen
Bergschlössern und pflegten sich über die Brücke hin gegenseitig Besuche zu machen, während ihre Kinder, die rothen
Männer, in ihren Canoes unter der Brücke im friedlichen
Columbia Lachse fingen. Aber der eheliche Friede hatte
keinen Bestand. Mann und Frau erzürnten sich, schleuderten
sich gegenseitig ungeheure Felsblöcke an den Kopf und machten
ihrem Zorne mit göttlichen Donnerworten Luft. Die Brücke
brach von den darüber hin= und herrollenden gewaltigen
Felsblöcken zusammen und füllte das Bett des Stromes
mit ihren Trümmern, über welche die sonst so friedlichen
Gewässer sich nun brausend einen Weg suchen mußten.
Mann und Frau haben sich seit jener Zeit nie wieder
vertragen und stehen jetzt stumm grollend einander gegenüber.

Diese Sage ist unter den verschiedenen Indianer=
stämmen von Oregon und Washington so allgemein ver-
breitet, daß man sich des Gedankens kaum erwehren kann,
es lägen naturhistorische Thatsachen derselben zum Grunde.
Wahrscheinlich ist unter dem Zank der Berge eine gewaltige vulcanische Erdrevolution zu verstehen, welche das Bett
des Stromes mit Trümmern und Felsblöcken bedeckte und
Alles drunter und drüber warf. *)

*) Den Mount Hood hat vor nicht langer Zeit ein trauriges
Schicksal betroffen. Seit Oregon den Oregoniern gehört, waren
diese stolz auf den alten Bergriesen, als den höchsten Berg in den
Vereinigten Staaten und gaben ihm eine Höhe von 17,000 bis
19,000 Fuß. Jetzt denke man sich den Schrecken der braven
„Webfeet", welche den Mount Hood als ihr specielles Erbe betrachten und allen Fremden gegenüber so gern mit dem alten Hood
renommiren, als ein gewisser Williamson, Civil=Ingenieur der Vereinigten Staaten am 23. August im Jahre des Heils 1867 den

Etwas vor Sonnenuntergang langten wir in Vancouver, dem vorläufigen Ziele meiner Reise, an, wo ich in einer erbärmlichen, den Namen Hotel beanspruchenden Spelunke mein Quartier bezog.

In der Nähe der Stadt liegt ein sogenanntes Fort, d. h. ein unbefestigter Militairposten der Vereinigten Staaten. Ehedem war derselbe von Bedeutung und gewährte der sich in seiner Nähe ansiedelnden Stadt Schutz gegen die Indianer, und noch jetzt sieht der saubere Exercierplatz mit den gelben Kasernen und Garnisonsgebäuden dabei recht gut aus, obgleich nur wenig Militair dort liegt.

Berg genau vermaß und ihm eine Höhe von nur 11,225 Fuß über dem Meere gab.

Schon früher hatte man gemunkelt, daß die Höhe des Lieblingsberges aller Oregonier zu hoch angeschlagen sei. Die Californier behaupteten frecher Weise, daß der im Norden ihres Staates liegende 14,440 Fuß hohe Shasta Butte den Mount Hood bedeutend überrage. In Oregon glaubte dies natürlich kein Mensch und man bedauerte nur die unwissenden Californier. Daß der Mount Hood von seiner stolzen Höhe von 18,316 Fuß nach einer alten Messung plötzlich bis auf 11,225 Fuß herabsteigen mußte, war ein unerträglicher Gedanke, ein nationales Mißgeschick, das Jedermann in Oregon persönlich fühlte. Ein gewisser Congreve (auf den sich auch A. v. Humboldt bei Angabe der Höhe des Mount Hood bezieht) hat die Ehre, den hübschen Rechnungsfehler von 7091 Fuß gemacht zu haben.

Die „Webfeet" glauben immer noch nicht, daß die letzte Messung des Herrn Williamson richtig sei, und Mancher soll sich geäußert haben, daß die auf den Mount Hood neidischen Californier jenen Bergmesser bestochen hätten, um den Liebling aller Oregonier niedriger zu machen, als er wirklich sei. Wäre es möglich, den Mount Hood wieder höher zu machen, so würden die Oregonier dieses sicherlich thun und die nöthige Erde gern in Körben hinaufschleppen. Dieser Vorschlag, der wirklich in Portland gemacht sein soll, kam leider nicht zur Ausführung, und die braven Oregonier mußten sich fortan den Hohn ihrer californischen Nachbarn gern oder ungern gefallen lassen und ihren hübschen Hood halt nehmen, wie der liebe Gott ihn gemacht hat.

Der frühere Glanz des Städtchens gehört, seit die Goldlager am obern Columbia und namentlich die von Boisé im Territorium Idaho entdeckt wurden, zu den Dingen, die da gewesen sind. Die Einwohnerzahl ist in Masse nach den Minen gewandert, und nur solche, die durch die Gewalt der Verhältnisse zurückgehalten wurden, sind dageblieben. Ein trostloseres Städtchen, als dieses Vancouver, war mir bis jetzt auf allen meinen Reisen in America noch nicht vorgekommen. An den zusammensinkenden Häusern paradirten noch in Gold und bunten Farben gemalte Namen und Geschäftsfirmen längst verschollener Kaufleute, und an allen Ecken konnte man Aushängeschilder sehen, welche Salons, Hotels und Vergnügungsorte aller Art bezeichneten. Aber außer etwa Ratten und Mäusen gab es keine lebende Wesen mehr in diesen Salons. Eher möchte man wähnen, in ein zerfallenes Dorf des classischen Italien, als in eine nur wenige Jahre alte Stadt des jungen und blühenden Freistaates Oregon hineingerathen zu sein! Die meisten der hölzernen Häuser waren zugenagelt, bei vielen sowohl Fenster als Thüren eingeschlagen, auf den öden Straßen wuchs das Gras in idyllischem Naturzustande und wurde von dem frei umherlaufenden Vieh als Weide benutzt.*)

Auf einem alten Sprungfederbette, auf dessen sanften Ruhekissen ich jede Stahlfeder fühlen konnte, verbrachte ich eine ruhelose Nacht. Froh war ich, als ich am nächsten Morgen das Dampfsignal des Steamers Wilson G. Hunt hörte und diesen Platz der Verödung wieder verlassen konnte. Angenehm überrascht war ich, diesen stattlichen

---

*) In neuerer Zeit hat sich Vancouver von jener trostlosen Verlassenheit einigermaßen wieder erholt und bildet jetzt ein ganz respectables Landstädtchen.

Raddampfer mit dem Luxus ausgestattet zu sehen, wofür die americanischen Flußdampfboote mit Recht berühmt sind, was ich aber in einer so entlegenen Gegend nicht erwartet hatte. Wenn auch nicht ganz so glänzend eingerichtet, als die den Sacramentostrom befahrenden californischen Dampfboote, konnte dieser durch die Wildnisse Oregons brausende Dampfer sich doch mit manchem seiner europäischen Genossen an Comfort und Eleganz messen und war ohne Frage ein schwimmender Palast zu nennen im Vergleich zu dem soeben von mir verlassenen Hotel der berühmten Stadt Vancouver. Doch gab die auf einer Tafel mit goldenen Lettern in der Cajüte paradirende Anzeige: „Passengers are requested not to go to bed with their booths on," (Die Herren Passagiere werden gebeten, sich nicht mit den Stiefeln ins Bett zu legen) Einem eine eigenthümliche Idee von dem Statusquo der Civilisation in Oregon. Bald setzte sich unser schwimmendes Hotel in Bewegung und trug uns schnell stromaufwärts. Das Wetter war noch regnerisch, klärte sich jedoch immer mehr auf.

Die Uferbänke des Columbia zeigten sich dicht bewaldet, mit hier und dort von der Axt gelichteten Stellen, wo ein kühner Pionier sein Blockhaus hingebaut und der unaufhaltsam vorwärts schreitenden Cultur die erste Bahn brach. Allmählich nahm die Gegend einen wildern Character an. Die Spuren der Civilisation wurden seltener. Indianer in buntem Costüm, zu dem Stamme der Tschinuks gehörend, glitten mit ihren leichten Canoes geräuschlos hinter Büschen und Felszacken hervor oder starrten das vorüberbrausende Dampfungeheuer von kleinen, im Strome gelegenen Felseninseln an, wo sie Lachse zum Wintervorrath auf einfachen Gerüsten gedörrt und aufgeschichtet hatten. Dann ragten zu beiden Seiten schroffe, basaltgeformte Felssäulen auf, und hin und wieder drängte sich ein kühnes mit Fichten gekröntes Vorgebirge in den Strom hinaus, wie z. B. linker Hand die an 200 Fuß hohe, langgestreckte Felsmauer des Cap Horn, an deren oberem Ende ein sonderbar geformter Felskegel wie eine riesige Keule in der Fluth dastand. Einige Meilen weiter fiel rechter Hand ein Bach von schwindelnder Höhe über eine dichtbewaldete Bergwand herab und wallte wie ein silberner Schleier zwischen den grünen Tannen in die Tiefe: der Multnomah=Fall, der eine Höhe von circa 800 Fuß und eine Breite von etwa 20 Fuß hat. Am linken Stromufer begrüßten uns noch einige Katarakte, die, vom letzten Regen angeschwollen, brausend zwischen den waldbedeckten Gebirgskuppen thalwärts stürzten.

Je mehr wir uns den Cascade=Bergen näherten, um so romantischer wurden die Scenerien. Graue Wolken wälzten sich an den dicht bewaldeten fernen Gebirgszügen hin und her, und im Vordergrunde strebten burgenartige Felspartien kühn aus dem grünlich=klaren Wasser des Stromes himmelan. Mächtig ragte am rechten Ufer die theilweise mit Fichten bewachsene Basaltmasse des Castle Rock empor, deren 850 Fuß isolirt aufstrebender Felskegel sich herrlich ausnahm und Stoff zu manch seltsamen Märchen — vielleicht einer Lorelei des Columbia — geben könnte.

Wo der Columbia die sich dichter zu einander hinandrängenden Berge durchbricht, ist das Fahrwasser durch eine Reihe von Stromschnellen und Wasserfällen unterbrochen, die „Cascades" genannt, welche einen Gesammtfall von 90 Fuß auf einer Strecke von sieben englischen Meilen haben. Auf einer durch den Wald gebauten Eisenbahn umkreisten wir auf der Washington=Seite die brausenden Stromschnellen, welche sich uns dabei hin und wieder in überraschend schöner Aussicht ganz in der Nähe zeigten. Auf der Oregon=Seite des Stromes liegt ein alter, ganz in Verfall gerathener Schienenweg, der in früheren Jahren als Portage benutzt wurde. Die Scenerie am oberen Ende der Cascade=Eisenbahn ist von wunderbarer Schönheit. Der Fluß ist dort weit ausgebuchtet und spiegelt die prächtig bewaldeten, ihn umrahmenden Bergkuppen in seinen grünen Fluthen, die sich in geringer Entfernung von dort bei den Stromschnellen plötzlich in silbernen Schaum auflösen. Die Dampfer, welche den mittleren Stromlauf des Columbia befahren, legen direct am Endpunkte der Eisenbahn an, die ihren Schienenstrang auf geneigter Ebene bis ins Wasser hinab erstreckt.

Der Unternehmungsgeist der „Oregon Steam Navigation Company", welche den Columbia zuerst durch die Kraft des Dampfes dem Verkehr eröffnete, verdient alle Anerkennung. Wer die Schwierigkeiten zu würdigen versteht, in einem jungen, spärlich bevölkerten Staate, drei durch Stromschnellen von einander gesonderte Dampferlinien mit der Regelmäßigkeit, welche man in alten Staaten zu sehen gewöhnt ist, auf weit ausgedehnten, gefahrvollen Wasserstraßen bis tief ins Innere des Landes auf und abzusenden; Schienenwege durch Urwildnisse um die Stromschnellen — es giebt deren zwei: Cascades und Dalles — zu legen, Maschinenwerkstätten, Leichterprahme und Waarenhäuser zu erbauen, Quais aus den Felsenmauern zu sprengen, Telegraphenleitungen durch ungebahnte Gebirgswildniß zu legen, und alles dieses mit beschränkten Mitteln durchzuführen, — der wird jener Energie die ihr gebührende Achtung nicht versagen. Der oft ausgesprochene Plan, einen Schleusencanal durch die Fälle der Cascades zu bauen, wird jedoch bei der spärlichen Bevölkerung dieses Landes, für welche die dazu aufzubringenden Kosten fast unerschwinglich sein würden, wohl noch lange auf Verwirklichung warten lassen, ganz abge=

sehen von den technischen Schwierigkeiten, indem ein solcher Kanal inmitten des Flußbettes ausgesprengt werden müßte, und bei Hochwasser gar nicht benutzt werden könnte.

Ein seltsamer Anblick ist es, die Riesenschritte der Civilisation im Innern dieser Wildniß zu betrachten. Es ist dieses ein Hauptcharacteristicum americanischer Scenerien. Man mag kommen, wohin man will, überall über die endlose Breite dieses Continents verfolgt Einen dasselbe Bild: Urwälder, Eisenbahnen, Indianer, Dampfschiffe im nächsten Beieinander. Der freie Bürger im steten Kampfe mit der freien Urnatur, die er Schritt für Schritt bewältigt, vor keinen Hindernissen zurückschreckend, und immer vorwärts, vorwärts strebend.

Als wir auf den oberhalb der Stromschnellen uns erwartenden Dampfer „Iris" stiegen, langte ein langer Wagenzug deutscher Emigranten an der nahen Fähre an. Das Herz thaute mir ordentlich auf, als ich so ganz unvermuthet in diesem entlegenen Erdenwinkel die ehrlichen Gesichter meiner lieben Landsleute begrüßen konnte. Rüstige Männer waren es, junge Burschen, Frauen und Kinder, welche den weiten Weg vom Missouriflusse über Land durch die Wildnisse des Continents zurückgelegt hatten, um sich im Willamettethale eine neue Heimath zu suchen.

Die Bergpartien wurden immer grandioser, je weiter wir kamen, und bildeten ohne Frage das schönste Flußpanorama, das ich noch in America gesehen. Gewaltige, nackte Felsabhänge drängten sich zu beiden Seiten an den klaren, grünlichen Strom; langgestreckte Basaltfaçaden spiegelten sich mauerähnlich in den blanken Wellen und thürmten sich bastionenartig hoch über uns empor. An einer Stelle trat die gewaltige Schneepyramide des Mount Hood plötzlich wie hingezaubert zwischen den Bergen hervor und verschwand eben so schnell wieder hinter den näher gelegenen Felsmauern, als ob der Herrscher des Thals erstaunt auf das seinen Lieblingsstrom peitschende Dampfungeheuer herabgeschaut hätte. Die Fernsichten in das mitunter breit sich erweiternde Thal des Columbia mit den bewaldeten Berggipfeln, den kühnen Felspartien und grünen Abhängen waren bezaubernd; und dabei wurden diese herrlichen Scenerien durch eine prächtige Beleuchtung doppelt schön. Schwarze Wolken kamen und gingen, und dunkle Schatten und helles Sonnenlicht durchkreuzten abwechselnd die reiche Urnatur. Nur die traulichen Städte und bemoosten Burgen fehlten, um uns urplötzlich aus den Wildnissen des neuen Continents auf den alten Vater Rhein versetzt zu denken. Nie hätte ich es mir träumen lassen, solch einen prächtigen Strom in diesem entlegenen Erdenwinkel anzutreffen.*)

*) Die oft gemachte Parallele zwischen dem Columbia und dem Rhein, welche sich auch mir bei meinem ersten Besuche in Oregon unwillkührlich aufdrängte, ist durchaus nicht stichhaltig. Freilich ist der Columbia dem deutschen Strome an Großartigkeit der Fels- und Gebirgsscenerien nicht nur vollständig ebenbürtig, er übertrifft diesen sogar darin bei Weitem, und seine grüne Fluth ist so schön, wie die des Rheins. Dem Columbiathale fehlt aber die Anmuth des Rheinthales, und die Flußrinne des amerikanischen Nordweststromes könnte nie die Stätte einer höheren Cultur werden. Der ganze obere Lauf des Stromes ist von wüsten Ufern begrenzt, die des Anbau's ganz unfähig sind; sein mittlerer Theil ist von hochromantischen Felspartien umgeben, aber es wäre fast unmöglich, dort Raum für eine größere Stadt zu finden, die so wie so ohne culturfähiges Hinterland gar nicht bestehen könnte. Auf die Felshöhen könnte man allenfalls Burgen und Schlösser hinsetzen, die sich dort wunderbar prächtig ausnehmen müßten; aber es vermöchten keine Nebengebäude, keine anmuthigen Gärten und Wiesen, keine blühenden Dörfer und Städte an den Stromufern zu existiren. Selbst dem untern Columbia mit seinen flachen bewaldeten Ufern fehlt ein ausgedehntes, culturfähiges Hinterland. Die fruchtbaren Thäler

Als besondere Merkwürdigkeit muß ich noch die sogenannten „untergetauchten Waldungen (submerged forests)" erwähnen, von denen bereits Fremont in seiner Reisebeschreibung vom Jahre 1842 spricht. Es sind dieses auf tiefem Flußbette, mitunter ziemlich weit vom Ufer entfernt unterm Wasser stehende, halb vergangene Baumgruppen, deren Stämme man deutlich im klaren Wasser wie am Grunde hingepflanzt sehen kann. Fremont erklärt das Dasein dieser an fünf oder sechs Stellen vorkommenden Wälder im Flusse durch das Herabgleiten mit Wald bewachsener Erdmassen von den Seiten der nahe am Ufer liegenden Berge (also Erdrutsche, land slides). Er sah an einer Stelle Bäume im grünen Blätterschmuck unter dem gelben Laubwerk des halbvergangenen Wasserwaldes tief im Strombette stehen, wohin dieselben augenscheinlich durch einen solchen Erdrutsch von einem nahe gelegenen Berge versetzt waren. Die unter dem Volke gangbare Erklärung ist jedoch, daß diese Waldungen ursprünglich dort gewachsen, wo sie jetzt stehen, zu einer Zeit, als der Columbia noch ein niedrigeres Niveau hatte; daß der Fluß in verhältnißmäßig neuerer Zeit durch eine Erdrevolution bei den Cascades aufgedämmt worden und in Folge dessen diese Waldungen überschwemmte und in sein Strombett aufnahm.

Daß in dieser Gegend einmal eine furchtbare vulcanische Erdrevolution stattgefunden, kann sogar dem oberfläch=

im Stromgebiete des Columbia liegen alle an seinen Nebenflüssen, unter denen der Willamette der bedeutendste ist, und dort befinden sich allerdings alle Bedingungen zu einer höheren Culturentwickelung. Die Haupthandelsstadt von Oregon wurde deshalb auch nicht am Columbia erbaut, sondern im Nebenthale des Willamette, was jedem Fremden, der Portland besucht, zuerst eine Abnormität dünkt, das sich aber durch die geographische Vertheilung des ackerbaufähigen Bodens im Flußgebiete des Columbia von selbst erklärt.

lichen Beobachter nicht entgehen. Noch jetzt ist die Erdkruste hier herum, welche zum größten Theil aus verbranntem Gestein und basaltähnlichen Felsmassen besteht, in langsamer Senkung begriffen und macht mitunter allerlei seltsame Risse und Veränderungen sowohl an den Bergen als im Strombett. Wahrscheinlich haben verschiedene Ursachen zusammengewirkt, um diese Bäume ins Strombett zu verpflanzen, und vulcanische Hebungen und Senkungen des Bodens und Erdrutsche werden wohl beide ihr Theil dazu gethan haben.

Plötzlich erweiterte sich das Thal, und der ganze Charakter der Gegend veränderte sich. Die Basaltformationen traten weiter zurück oder verschwanden gänzlich, der Baumwuchs auf den Bergen wurde immer spärlicher, und diese gewannen mehr und mehr das Ansehen der Bergwüste von Washoe. Einen schroffern Uebergang in Scenerie und Klima habe ich nirgends sonstwo auf diesem Continent gesehen. Aus einem prächtig-romantischen, dichtbewaldeten Thale, wo der jährliche Regenfall von funfzig bis zu sechzig Zoll beträgt, wo schwere Wolken fast das ganze Jahr hindurch an den Bergen hängen und das Klima so mild ist, daß nur in seltenen Fällen im Winter der Strom gefriert, wurden wir gleichsam um eine Bergecke tretend, plötzlich in eine trockene, von der Sonne versengte und von fast aller Vegetation entblößte Bergwüste versetzt, in ein Land, wo der jährliche Regenfall nur etwas über vierzehn Zoll beträgt, wo im Sommer fast fortwährend heftig wehende, trockene Winde die heißen Lüfte mit Staubwolken füllen, und wo der Winter mit einer sibirischen Kälte auftritt. Ueppigen Baumwuchs findet man innerhalb seiner Grenzen nur auf den höheren Gebirgszügen, den Blue Mountains (blauen Bergen) und deren Verzweigungen, sowie in weit zerstreut liegenden Thälern und Thalkesseln und an den Flußläufen, welche hin und wieder Goldwäschereien enthalten, deren romantische Umgebungen, im Kleide einer frischen Vegetation das Auge um so angenehmer überraschen, da es solche Oasen in der Wüste oft ganz unerwartet erblickt.

Bei einer Biegung des Stromes bekamen wir plötzlich die Häuserreihen der 93 englische Meilen von Portland entfernt liegenden Stadt Dalles City zu Gesicht. Als die Sonne im Westen glänzend hinter die mit spärlichem Tannenwuchs gekrönten Berge sank, legte unser Dampfer am Dallenser Wharf Boat (Landungsprahm) an, und bald darauf kutschirte ich auf einem Gepäckwagen durch die Straßen nach dem fashionablen Globe Hotel, in dessen gastlichen Räumen ich vorläufig mein Hauptquartier aufschlug. In einem diminutiven Zimmerchen, worin die für den Comfort meines Hauptes bedenklich niedrige Stubendecke aus ungebleichtem Baumwollenzeug bestand, machte ich es mir den Umständen nach bequem; doch hatte ich bedeutende Mühe, für meinen Reisekoffer ein Unterkommen zu finden, da das Bett allein bereits die größere Hälfte meines Logis einnahm.

Die Stadt Dalles City, nach den oberhalb des Orts das Fahrwasser im Columbia unterbrechenden Stromschnellen, welche den indianischen Namen „Dalles" führen, meistens „The Dalles" genannt, zählte zur Zeit meines ersten Besuchs in seinen Mauern etwa 1800 Einwohner. Die „Oregon Steam Navigation Company" hatte daselbst ausgedehnte Maschinenbauwerkstätten errichtet und von hier aus einen Schienenweg zur Umgehung der oberen Stromschnellen erbaut. Der Geschäftsumsatz der Stadt belief sich dazumal auf annähernd zwei und eine halbe Million Dollars, meistens im Handel mit den weiter im Lande liegenden Minen und durchreisenden Minern. Landwirth=

schaft wird in der öden Umgegend, außer in den engen Thälern einiger „Creeks" (Nebenflüßchen des Columbia), nur sehr wenig betrieben.*) Die Stadt hatte sich, wie viele der älteren Städte des entlegensten Nordwestens, in der Nähe eines Forts, ähnlich dem bei Vancouver, angesiedelt, welches den Einwohnern in früheren Zeiten Schutz gegen die feindlichen Indianerstämme gewährte.

Der Platz, welcher so gesund sein sollte, daß man sprichwörtlich von ihm sagte, es sterbe Niemand dort, außer man erschieße ihn oder steche ihn todt, was allerdings mitunter vorkommt, gefiel mir recht gut. Von halbe Jahre lang dauernden Regenschauern, vor denen mir noch vom Web-foot-Lande her graute, war hier nichts zu befürchten. Ich erwog daher allen Ernstes die Vortheile, welche mir Dalles City als einstweilige Heimath darbot.

Außer den soeben erwähnten klimatisch-socialen Auszeichnungen sprachen noch mehr Gründe dafür, mich in diesem Goldhafen am Ende der Welt anzusiedeln. Ein Blick auf die Landkarte überzeugte mich von der glücklichen natürlichen Lage des Platzes als Centralort, wo der Verkehr von den fächerartig im Innern des Landes zerstreut liegenden Minendistricten als nächstem Auslaß nach dem untern Columbia zusammenfließen mußte. Man erwartete hier binnen Kurzem glänzende Geschäfte, da die Goldminen im verflossenen Sommer eine reiche Ausbeute gegeben hatten. Tausende von Goldgräbern, mit Massen von „Dust" (Goldstaub) beladen und fast kleiderlos, würden hier auf der Wintervergnügungsreise nach San Francisco demnächst durchpassiren und sich an diesem Vorposten der Civilisation

---

*) Doch bringt die Viehzucht den „Ranchers" einen vortheilhaften Erwerb, da das Hornvieh an dem auf den Bergen und in Thalmulden in Menge wachsenden Büschelgras (bunch grass) zu jeder Jahreszeit ein außerordentlich nahrhaftes Futter findet.

mit neuen Kleidern und anderen Luxusartikeln versehen. Außerdem wäre der Herbst, zu welcher Zeit viele Minenarbeiter die Golddistricte verlassen, indem man daselbst im Winter, wenn das zum Goldwaschen unentbehrliche Wasser gefriert, nicht in den Minen arbeiten kann, und folglich alsdann wenig „Dust" dort circulirt, die allerschlechteste Jahreszeit, um in solch eingefrornen Goldparadiesen ein Geschäft zu etabliren.

Die weiter oberhalb im Thale des Columbia gelegenen Plätze Umatilla, Wallula, Walla Walla ɾc. hatten nicht die geschäftliche Bedeutung von The Dalles, so daß nichts dabei zu gewinnen war, dorthin überzusiedeln; und die Reise über die Bergwüste nach dem vierhundert englische Meilen entfernten Boisé Basin oder nach dem eben so entlegenen Owyhee war mit allerlei Unannehmlichkeiten verknüpft, die keineswegs einladend waren. Außer der weniger angenehmen, als romantischen Uebersteigung der auf der Reiseroute liegenden Blue Mountains, gab es hier noch gratis unterwegs allerlei unschuldigen Zeitvertreib, der mir wenig behagt hätte. Die Landstraße sollte z. B. gegenwärtig von „Zollwächtern" besetzt sein, die sich sehr unmanierlich aufführten. Nicht damit zufrieden, von den friedliebenden Reisenden die üblichen Abgaben in Gestalt überflüssiger goldener Uhren, Ketten, Ringe, Busennadeln, Goldstaub, Klein= und Großgeld und ähnlicher Luxusartikel zu erheben, sollten sie die Herren Goldtouristen außerdem noch äußerst grob behandeln und sich ein Vergnügen daraus machen, dieselben höchst unpassender Weise zu Zielpunkten ihrer scharf geladenen Revolver zu nehmen.

Nach reiflicher Ueberlegung entschloß ich mich, vorläufig in The Dalles meinen Wohnsitz aufzuschlagen und suchte nun zunächst eine passende Localität für unser zu etablirendes Geschäft. Ich entdeckte auch bald wie gewünscht gerade an der Hauptstraße, dem Broadway von The Dalles, ein leeres Haus, einen verlassenen Holztempel des Mercur, auf dessen geheiligte Wände die Trauer der Einsamkeit gestempelt war, den ich mir für die bescheidene Summe von funfzig Dollars pro Monat Miethzins für das nächste Halbjahr als Heimath reservirte.

Nachdem ich die nöthigen Correspondenzen über den Erfolg meiner oregonischen Entdeckungsreise an meine Geschäftsfreunde nach San Francisco geschrieben, nahm ich mir Muße, meine neuerworbene Heimath etwas genauer zu recognosciren, um den reichlich antiken Tempel des Gottes der Kaufleute und Diebe in eine heitere Musenwohnung und ein respectables modernes Geschäftshaus umzuwandeln.

Wie Marius auf den Trümmern von Karthago setzte ich mich inmitten meines Palastes, nicht auf eine gefallene poetische Marmorsäule, sondern auf eine prosaische zerbrochene Tabackskiste und inspicirte den mich umgebenden Ruin.

Bald hatte ich ein paar Handwerker angestellt, welche den Fußboden aufrissen, die fußtiefen Löcher etwas ausebneten und neue Ladentische und Börter zusammennagelten, indeß ich selber, nachdem ich nach kurzem Scharmützel die langgeschwänzten Ureinwohner meiner Burg glänzend in die Flucht geschlagen, mit eigenen Händen die hölzernen Wände meines Palastes mit herrlichen, hellgrün geblümten Tapeten behing, um meiner neuen Heimath einen idyllischen Charakter zu geben.

Um die Mußezeit nützlich anzuwenden, versuchte ich mein Genie in der Malerkunst, namentlich auch, um mich zu prüfen, ob es sich in der Zukunft lohnen möchte, in die Fußstapfen des Apelles zu treten. Ich kaufte verschiedene Töpfe mit bleichen und flammenden Farben, nebst einer Auswahl von Pinseln, und decorirte meinen Musentempel zum Erstaunen aller Dallenser „in the latest style". Die Ladentische wurden mein Meisterwerk, mit einem saftigglänzenden Roth wie überhaucht.

Und so war ich nun ein Geschäftsmann in The Dalles. —

3. Ein Tag in The Dalles.

„Get up, John!" (Steh auf, Johann!) — so rufe ich meinem Bettgenossen an einem kalten Novembermorgen um halb acht Uhr zu, als der junge Tag wie verschämt durch das mit einem zarten rosafarbigen Vorhang verschleierte Fensterlein in unser oregonisches Schlafgemach blickt. Johann rührt sich aber nicht, obschon er meinen ermunternden Zuruf zweifelsohne recht gut gehört hat, da er sehr wohl weiß, daß ich heute du jour habe. Gern oder ungern, ich muß mich entschließen, zuerst aufzustehen, trotz der eisigen Luft, die durch zahlreiche Spalten in den Wänden aus allen Ecken in unser Boudoir dringt und die silbernen Schneeflocken mitunter bis auf die Bettdecke jagt.

Wir schlafen hier in Wolle. Federkissen, ausgenommen solche, zu denen wilde Gänse oder ähnliche ungezähmte Segler der Lüfte den Inhalt geliefert, sind in diesem naturwüchsigen Goldhafen verpönt. Wer sehr luxuriös zu schlummern liebt, der schafft sich, wie wir, eine Matratze an, die mit Pulu (Piulu) gestopft ist, einer von Honolulu importirten chokoladefarbenen Wolle, welche im Reiche Kamehameha's auf Bäumen wächst. Das allein Unangenehme bei dieser braunen Wolle besteht in ihrer Neigung, sich leicht in Staub zu verwandeln, der, durch das Bettzeug bringend, die Haut prickelt und sich mitunter auf lästige

Weise bemerkbar macht. Unsere Bettdecke besteht aus einer zehn Pfund schweren kakelbunt gestreiften Wolldecke, wie sie von den Indianern als Mantel getragen zu werden pflegen.

Ich habe also du jour, d. h. ich muß heute zuerst aufstehen, auskehren, einheizen und den Store für das Tagesgeschäft in Ordnung bringen.

In Amerika dient ein Kaufmann, zu welcher bürgerlichen Gesellschaftsclasse auch der Verfasser dieser Blätter gehört, der das Schriftstellern, um seinen guten Ruf nicht zu compromittiren, nur so ein Bischen nebenbei insgeheim zum Privatpläsir betreibt, — in diesem freien, erleuchteten Lande dient ein Jünger des Mercur nicht von der Pike auf, wie in Europa, wo er die verschiedenen Rangstufen eines Laufburschen, Tütendrehers, Copiisten, Commis, Verkäufers und Buchhalters mühsam und mit jahrelanger Geduld erklimmen muß, ehe er als wohlbestallter Handelsherr fungiren darf. Wie Pallas Athene vollendet aus dem Haupte des Zeus sprang, tritt ein americanischer Geschäftsmann, das selbstausgestellte Zeugniß des ersten Characters in der Tasche, als Glückscandidat in die Welt hinein. Wer einen ziemlich offenen Kopf hat und sich einen genügenden Waarenvorrath auf Credit zu verschaffen weiß, der ist ohne Weiteres zum Kaufmann qualificirt. Mit einem kühnen Satze überspringt er sämmtliche kaufmännische Rangstufen. Es wird als lobenswerthe Energie angesehen, wenn ein junger Kaufmann die in allen jenen Geschäftsabtheilungen vorkommenden Arbeiten selber übernimmt, deren Schwierigkeiten er durch die Praxis bald bemeistert. In America ist es durchaus nicht auffällig, wenn der Besitzer eines Engros-Geschäfts, ungenirt wie sein Tagelöhner, die Aermel aufrollt und im Speicher oder gar auf der Straße beim Verpacken, Abladen ꝛc. von Waaren mit Hand anlegt. Würde sich ein Schnittwaaren- oder Kleiderhändler hier zu

Lande schämen, seinen Kunden gelegentlich ein Packet mit gekauften Waaren in's Haus zu bringen, oder mit einem Bündel unterm Arm über die Straße zu gehen, so geschähe ihm besser, er wäre unterm alten Zopf im geknechteten Europa geblieben, als unter freien gleichberechtigten Menschen wohnen zu wollen, wo die Arbeit Niemandem Schande bringt. In einer solchen Lebensschule als Kaufmann installirt, war ich Laufbursche, Tütendreher, Copiist, Commis, Verkäufer und Buchhalter und zugleich wohlbestallter Handelsherr in einer Person.

Meine erste Sorge, nachdem ich mich rasch angekleidet, ist, die Hausthüren zu öffnen und eine schmucke Auswahl von Röcken, Hosen, Hüten, Stiefeln, Krinolinen, Damenkleidern, bunten Decken, scharlachrothen und himmelblauen Hemden, farbigen Tüchern und ähnlichen Zierraten als Lockspeise für das schau- und kauflustige oregonische Publicum auszuhängen. Sobald ich darauf den „Store" ausgekehrt und die Waaren etwas von Staub gereinigt habe, heize ich, der ich nunmehr fast dreiviertel erfroren bin, in dem bleieisernen Ofen ein, — worauf auch Johann, der das Feuer knistern gehört hat, behende unser Bett verläßt.

Gerade wie ich zum Frühstück gehen will, marschirt eine Gesellschaft von elegant bemalten Indianern beim Laden vorbei und bildet in ihren zerlumpten Kleidern, den im struppigen, schwarzen Haupthaar steckenden Hahnenfedern, den grünen oder buntgestreiften Wolldecken, welche sie wie römische Togas nachlässig schräge über die Schultern geworfen haben, den abgetragenen blauen Militairhosen und den perlenbestickten Moccasins eine zigeunerartige, pittoreske Gruppe. Die stolzen Herren der Wildniß haben mehrere, nicht gerade reizend aussehende Squaws im Gefolge. Einige Frauen tragen schwere Bündel mit muk — a — muk (Eßwaaren), mitunter einen, oder zwei je funfzig Pfund schwere Säcke mit Mehl, auf solche Weise auf dem Rücken, daß ein über die Stirn geschlungenes breites Band die Last hält, welche sie, mit vorgebeugtem Körper kurze Schritte machend, mit Leichtigkeit fortschleppen. Die Männer halten es unter ihrer Würde, irgend etwas zu tragen und überlassen dieses, sowie alle Art von Arbeit, ihren gehorsamen Ehehälften. Andere von den braunen Damen tragen papuhs (kleine Kinder) in Windeln oder in Korbgeflechten auf dem Rücken, und eine Anzahl junger Rothhäute trottet, Zuckerkand kauend, mit glotzenden Augen nebenher.

Alle in Oregon lebenden Indianer reden, wie ich hier einschalten muß, außer ihrer eigenen Sprache das sogenannte Jargon, das aus verdorbenem Englisch und indianischen Wörtern zusammengesetzt ist. Das leicht zu erlernende Jargon führte die Hudsonsbay-Compagnie im Nordwesten America's ein, damit sich die Weißen mit den Indianern, von denen jeder Stamm seine eigene Sprache redet, leichter verständlich machen könnten. Die in dieser Skizze vorkommenden indianischen Wörter sind Jargon.

Mit dem lauten Zuruf: czáko! (kommt herein)" rede ich die Bande an, welche meiner Einladung nach längerem Besinnen Folge leistet und im Gänsemarsch in den Store hereinmarschirt kommt. Die Waaren anstierend, steht die bunte Gesellschaft vor dem Ladentische und spricht lange kein Wort. Ungeduldig werdend, rufe ich einem meiner Kunden zu: „wa — wa! (sprich) — meike nan — nitsch Sicks (sieh dich um, mein Freund)!" — Endlich gurgelt ein rothbrauner Jüngling, der sich abseits geschlichen hat und im Store herumschnüffelt, mit der offenbaren Absicht, eine Gelegenheit abzupassen, um einige Kleinigkeiten zu stehlen — NB. eine Untugend, die allen Indianern angeboren ist! — „Kant-sche okuk pezé pu — sis — se (wieviel kostet diese grüne Decke)? —

Freund Johann durch einen Wink bedeutend, den Rest der tugendreichen Bande unter seine specielle Obhut zu nehmen, beginne ich mit meinem rothbraunen Kunden zu handeln, der die grüne Decke scheinbar sehr sorgsam prüft, in Gedanken aber die Möglichkeit erwägt, wie ein Paar in der Nähe liegende Lederhandschuhe unvermerkt unter seiner Toga verschwinden könnten. Gleichgültig werfe ich die Handschuhe hinter den Ladentisch und erwiedere auf die vorhin über den Preis der Decke gestellte Anfrage: „lock — et Dollars pr sit — kum (vier und einen halben Dollar)". Der Indianer, der die Handschuhe noch nicht vergessen kann, stößt über den horrenden Preis einen flötenden Ton des Erstaunens aus „h — üüüüüh!" — und ruft: „helo dschik — ka — ma (kein Geld)!" — Ohne mich auf diese offenbare Lüge näher einzulassen, indem ich sehr gut gesehen habe, daß er einen Lederbeutel mit hei — uh dschik — ka — ma (sehr viel Geld) in der Hand hält, mache ich ihm begreiflich, daß die „Pusisse" skukum (dick, stark) sei; und während Freund Johann eine Klutsch — man (Fräulein), welche einige Glasperlen, für die sie zu zahlen vergessen, mit ungenügender Fingerfertigkeit in den Busen gesteckt hatte, mit dem Zuruf „Klattawa! — Klattawa (Pack' dich)!", ziemlich ungalant auf die Straße befördert, werde ich mit meinem getäuschten Handschuhliebhaber handelseinig und nehme ihm den für die „Pusisse" stipulirten Preis in harten Thalern ab, — und die bunte Gesellschaft trabt im Gänsemarsche aus der Thüre.

Diese Indianer (sei — washes) gehören zu verschiedenen in Oregon- und dem Territorium Washington ansäßigen Stämmen, wo sie zum Theil auf den ihnen von den Vereinigten Staaten reservirten Ländereien (reservations) unter der Aufsicht von „Agenten" wohnen. Außer den ihnen von der Regierung ausgesetzten Jahresgehalten ver-

dienen sie nebenbei manchen Dollar durch Lachsfang, Pferdezucht, Jagd, Verkauf von Pelzwerk ꝛc. Täglich kommen
sie in großer Zahl nach der Stadt und sind gute Kunden
der dallenser Kaufleute. Ihr Geld verausgaben sie frei-
gebig für Mehl, Wolldecken ꝛc. und namentlich für allerlei
Spielwerkstand, z. B. Glasperlen, chinesisches Vermillon,
kleine Glocken, Spiegel, messingne Ringe und dergleichen
Dinge. Ihr Anzug besteht meistens aus alten Kleidungsstücken, welche sie entweder auf der Straße auflesen oder
die sie sich schenken lassen. Die „wilden Indianer", zum
Stamme der Snakes gehörend, kommen nicht nach der
Stadt; sie sind Todfeinde der Weißen und berauben, morden
und scalpiren die Reisenden und Goldjäger, wo und wann
sich ihnen eine Gelegenheit dazu darbietet.

Die indianische Noblesse putzt sich mit allerlei messingnen Zierraten, mit Glasperlen, Hahnenfedern, rother und
grüner Tusche und phantastisch gearbeitetem Pelz- und
Lederzeug möglichst bunt heraus. Wenn die halbgebändigten
Kinder der Wildniß, die Squaws nach Herrenmanier auf
den Gäulen sitzend, meistens zu zwei auf einem häßlichen
Kai — uhß-Pony durch die Straßen reiten, so bilden sie
mitunter höchst interessante Gruppen. Ich erinnere mich
eines tei — i (Häuptlings) der Yakima-Indianer, der in
einem mit farbigen Glasperlen überladenen und mit fliegenden Bändern, kleinen Glocken und Ledertrodbeln behängten
Anzuge auf einem jämmerlichen Pony in die Stadt geritten
kam, sein Antlitz mit grellen Farben bemalt, bunte Federn
wie ein Kakadu im Haar, den blitzenden Tomahawk schwin-
gend und Schlachtlust grunzend, — ein Bild kriegerischer
Größe, das den Ritter Don Quixote ohne Frage mit
gerechtem Neide erfüllt haben würde. Seinem bejammernswerthen Pony hatte der Häuptling den Schwanz glatt abgeschnitten und ihm dafür einen von bunten Hahnenfedern

angehängt. Stundenlang galoppirte der große Krieger, den armen Gaul mit Purzelbaumübungen maltraitirend, die Hauptstraße des Orts zum Jubel der Dallenser auf und ab, die ihn gelegentlich aus den Schläuchen der Wasserleitung mit Wasser bespritzten, um seinen Muth abzukühlen.

Also — „Klattawa!" — „Klattawa!" — und preste, — verschwunden sind die Rothhäute. Bald darauf verlasse auch ich den Store, um als du jour habender Compagnon zuerst, und zwar im fashionablen „Globe Hotel", zu frühstücken.

Die Eßtafeln im Speisesaal sind dicht besetzt von verwahrlos'ten Goldgräbern, welche die heißen Bissen mit einer staunenswerthen Geschwindigkeit zu sich nehmen und die einer civilisirten Gesellschaft sehr unähnlich zu sein scheinen. Aber nirgends in der Welt täuscht das Aussehen der Bevölkerung mehr, als in den Goldlanden. Oft trifft man bei näherer Bekanntschaft, namentlich unter den alten californischen Minern, gebildete Leute, welche den äußeren Firniß als etwas für ihre neue Lebensstellung Unpassendes abgestreift haben, und die man auf den ersten Blick für rothe Hinterwäldler, wenn nicht für schlimmere Charactere, halten möchte.

Fast ein Jeder unter der Tischgesellschaft hat lange Messer und geladene Revolver bei sich, und Alles lärmt, commandirt, spricht und ißt hörbar durch einander, als sei man soeben dem Hungertode entronnen. Hier bestellt z. B. so ein Lumpacius Auriferus mit sonorer Stimme Eier, Hammelsrippen und Ochsenbraten auf einmal und schnauzt den Aufwärter, der das Verlangte nicht schnell genug bringt, grimmig an. Dort erzählt ein Anderer, dem die unsauberen Hemdsärmel im spanischen Stil aus einem vielfarbigen Rock hervorgucken, dessen Zwölfdollarhosen mit Lappen von Sackleinwand geflickt sind, und dem das, wer weiß in wie vielen Monaten nicht geschnittene Haar bis auf die Schultern und der Bart bis auf die Brust herabreicht, seinen nicht minder räubermäßig gekleideten Tischgenossen haarsträubende Abenteuer von Gefechten mit Banditen und Indianern und von dem fabelhaften Reichthum der Boisé-Goldminen.

Da in den dallenser Hotels französische Speisekarten nicht existiren und auch keine Schüsseln unbestellt auf die Tafel gesetzt werden, so nennen die „waiters" (Aufwärter) mit lauter Stimme jedem Gaste, sobald derselbe Platz genommen, die Namen sämmtlicher in der Küche vorhandenen Gerichte. Nach empfangener Bestellung wiederholen diese Ganymede der Goldjäger die Namen der verlangten Gerichte den Köchen am nahen offenen Küchenfenster. Die lebendigen Speisekarten laufen dabei, mit Dutzenden von Tellern und Schüsseln auf dem Arm, fortwährend zwischen Küchenfenster und Speisesaal, wo der Ruf „waiter"!„ — waiter!" — jeden Augenblick laut und zornig erschallt, wie eine wilde Hetzjagd hin und her. Mit ihrem unaufhörlichen Geschrei am nahen Küchenfenster, wie z. B. „beefsteak, mutton chops and round for two (Beefsteak, Hammelsrippen und Beischüsseln für zwei Personen)!" — „buckwheat cakes, ham and eggs, pigs feet, french rolls and single round (Buchweizenpfannkuchen, Schinken und Spiegeleier, Schweinspfoten, französisches Brot und Beischüsseln für einen Mann)!„ — „fried livers, omelet, broiled eggs, veal cutlet, fried brains, stuffed heart and round for three (gebratene Leber, Omelette, gesottene Eier, Kalbscarbonade, gebratenes Hirn, gefülltes Herz und Beischüsseln für drei Personen)!" — wobei das r in round wie eine Haspelsäge schnarrt: — mit diesen Commandorufen machen die Aufwärter wo möglich noch mehr Lärm, als die hungerige Tischgesellschaft. Zu dem „round" gehören z. B. Pellkartoffeln, Ragout, warmes Brot, Zwiebeln, Radies und die gewöhnlichen Gemüsearten, was Alles nichts kostet und gratis auf den Tisch gestellt wird.

Bescheiden nehme ich in einem Winkel des Speisesaals einen leeren Platz, studire die interessanten Physiognomieen meiner laut redenden Tischnachbaren und verzehre meinen Morgenimbiß, den der aufmerksame Fritz mir schnell gebracht hat. Zwischendurch lese ich, um das Angenehme mit dem Nützlichen zu verbinden, die dallenser Morgenzeitung „The daily Mountaineer". Der Hauptinhalt dieses Blattes, wie der fast aller in den Minendistricten veröffentlichten Journale, besteht in plastischen Beschreibungen von neuen Minenstädten, in Aufzeichnungen von Diebstählen, Mord und Todtschlag, Prügeleien in Hurdy-Gurdy-Tanzsalons und Spielhöllen, Ueberfällen von Straßenräubern und Indianern, Lynchprocessen durch Vigilanten ꝛc. Damit wechseln ab Gedichte americanischer Sapphos, Anekdoten, Weisheitssprüche und blutdürstige Novellen, während interessante Leitartikel über Goldklumpen und Millionen von Goldstaub Einem die Bitterkeit der Armuth und die Ungerechtigkeit des Schicksals klar machen.

Wieder im „Store" angelangt, rauche ich zunächst eine Pfeife vom besten Virginia, während Johann im „Umatilla House" seinen Morgenimbiß einnimmt. Sobald mein Genosse wieder da ist, ordne ich als du jour habender Compagnon unser Boudoir, d. h. ich mache das Bett auf ꝛc. — und alsdann beschäftigen wir uns den Tag über mehr oder weniger mit den Kunstgriffen eines vielseitigen Handels.

Hier kommen z. B. zwei schäbig gekleidete alte californische Miner, die Mäcene der dallenser Kaufwelt, welche sich aus einigen Unzen Goldstaub mehr oder weniger blutwenig machen, ungenirt in den Laden hereinspaziert. Johann legt hurtig seine Stummelpfeife weg und bemächtigt sich mit gewinnenden Blicken zutraulich des einen unserer

Kunden. Im Handumdrehen und ohne viel um die Preise zu feilschen, hat er ihm einen nagelneuen Anzug nebst dazu gehörigem Unterzeug, Alles „A. No. I." (von der besten Qualität) verkauft. Der Goldjunge kleidet sich sofort im Store neu um und schleudert die abgelegten Kleider, worunter ein Paar Stiefel, die er kaum vierzehn Tage lang auf den Füßen gehabt, verächtlich auf den Hof, der bis an das Ufer des nicht weit hinter demselben fließenden Columbia mit alten Röcken, Hosen, Unterzeug, Stiefeln, Hüten, Schuhen ꝛc. ganz übersäet ist, — ein Assortiment von antiquirter Herrengarderobe, das die Habsucht eines jüdischen Altkleiderhändlers im höchsten Grade erregen möchte. Während des Umwandlungsprocesses jenes verwahrlos'ten Goldjägers habe ich mich seines Collegen mit brüderlicher Fürsorge angenommen und diesem einen schweren Marine-Revolver nebst Ammunition, einen fußlangen Arkansas-Zahnstocher (Dolchmesser) und eine grüne wollene Decke als Equipirung zu einem Ausfluge nach den Goldminen verkauft.

Nach gemachter Toilette stecken unsere zwei Freunde ihre Revolver und Zahnstocher in den Gürtel und ziehen aus der hinter dem Rockschooß an der Hose befindlichen Geldtasche langsam ihre ledernen Goldstaubbeutel hervor. Aus denselben schütten sie eine Portion Dust in den „Blower", eine viereckige auf der einen Seite offene flache messingne Schale, worin der Goldstaub kunstgerecht hin und her geworfen und dabei durch Hineinblasen von Sand, kleinen Quarzstücken ꝛc, gereinigt wird. Nachdem wir uns über den Marktwerth des „Dust", der im Preise zwischen zehn und achtzehn Dollars die Unze variirt, geeinigt haben, reinigen wir eine Partie davon und wiegen den uns zukommenden Theil auf der Goldwage ab, worauf sich die Herren, die noch einen Schluck aus unserer Reserveflasche hinter die

Binde gegossen und eine ächte Havana angezündet haben, freundschaftlich empfehlen. Johann's Kunde reis't nach San Francisco, in der löblichen Absicht, seine in Boisé durch schwere Arbeit erworbenen Schätze möglichst schnell unter die Leute zu bringen und sich dabei selber einen vergnügten Winter zu verschaffen. Sein Kamerad dagegen, der soeben halb bankerott von einer kleinen Spritztour nach Californien zurückgekehrt ist, wird sich morgen früh nach Oro Fino im nördlichen Idaho zu Fuß auf den Weg machen, um dort seinen Finanzen wieder aufzuhelfen.

Selten geht jedoch das Handeln so leicht von Statten. Die Race der noblen alten californischen Goldjäger verschwindet zum Leidwesen der Kaufleute immer mehr aus den Minenländern. Die meisten Goldkunden sind heutzutage so entartet, daß sie sich ein Vergnügen daraus machen, die Hälfte der Waaren in einem Store durcheinanderzuwerfen und nach dem Preise von allen nur denkbaren Handelsartikeln zu fragen, ohne die Absicht, ein Stück davon zu kaufen. Diese Art des Handelns oder vielmehr des Nichthandelns wird in Oregon mit dem technischen Namen „to look around (sich herumsehen)" bezeichnet. Unübertrefflich darin sind die sogenannten „Webfoot miners" aus dem regnerischen Willamettethale, welche nicht die geringste Anlage von der freimüthigen californischen Art und Weise des Handelns besitzen.

Mitunter hat man mit unendlicher Mühe und einem Aufwand von brillanter Redekunst, welche Calhoun oder Webster Ehre gemacht hätte, einem solchen herumschnüffelnden Webfoot eine Partie Waaren angehandelt. Soll dieser dann bezahlen, so bestreitet er zunächst die Richtigkeit der Goldgewichte und giebt Einem dann „Dust" von der allerschlechtesten Sorte, wofür er den höchsten

Preis beansprucht, und der entweder halb voll von roth-gelbem Sand ist, oder den er in Mußestunden mit fein ge-hobelten Kupferspähnen versetzt hat, was mit dem Kunst-ausdruck „doctern" bezeichnet wird. Geht man beim Em-pfang des Goldstaubs nicht mit äußerster Vorsicht zu Werke und prüft ihn genau mit Scheidewasser, so kann man durch den sauber gearbeiteten, dem ächten Artikel täuschend ähn-lichen „Bogus Dust (gedocterten Goldstaub) leicht arg be-trogen werden.

Unsere Kunden sind von außerordentlich mannig-faltiger Art. Außer unseren Mäcenen, den alten califor-nischen Goldjägern, und den „sich herumsehenden Web-feet", beehren uns americanische Ladies und spanische und mexicanische Señoras und Señoritas mit ihrem Besuch, oder es kommen Irländer, Franzosen, Deutsche, Neger, Halfbreeds (Mischlinge von Weißen und Indianern), Chi-nesen und „Greaser" (Mexicaner) in den Store, und wir radebrechen oft in verschiedenen Sprachen abwechselnd mit Kunden von verschiedener Nationalität. Dann erscheinen wieder Indianer und wir unterhalten uns im eleganten Jargon. z. B. „Kla-hoim sicks!" (ich grüße dich, mein Freund!) — „ich-te mei-ke ti-cke?" (was willst du kaufen?) — „Kant sche mu-kuhk o-kuhk?" (Wie viel kostet dies?) — „Kal-tasch ick-te!" (schlechte Waare!) — helo shame? (schämst du dich nicht?) — „wäk kum-tux!" (ich versteh' nicht!) u. s. f.

Giebt es weiter nichts im Laden zu thun, so stellen wir uns in die stets offene Hausthür, rauchen unsere Meerschaumpfeifen und beobachten das lustige Treiben in den Straßen. Mitten durch den Ort läuft ein Schienenweg, der nach dem oberhalb der Dalles-Stromschnellen am Co-lumbia liegenden Landungsplatze Celilo führt. Soeben rasselt eine Locomotive, blos zehn Schritt vor'm Store

vorbei und warnt mit Glockengeläute Jedermann,
ihr aus dem Wege zu gehen. Pferde werden wild von
dem Lärm und rennen mit kutscherlosen Wagen davon,
störrische Packmaulesel und Kaiuhß=Ponies mit giftigem
Temperament schlagen hinten und vorn aus, beißen nach
den Treibern, werfen sich hin oder spazieren auf den
Hinterbeinen umher, bis die Stricke, mit welchen die
Waarenballen auf ihrem Rücken befestigt sind, reißen, und
Kisten und Packete rollen im romantischen Durcheinander
auf die Straße.

Mitunter amüsiren sich die Dallenser mit den vor
fast jeder Hausthür angebrachten Schläuchen der Wasser=
leitung, bespritzen sich gegenseitig und lassen das Wasser
aus einem halben Dutzend Schläuchen hoch in die Luft
spielen. Oder es ist eine Hundeschlacht im Gange, wobei
die Zuschauer unter jauchzendem Geschrei die erbosten
Thiere an den Schwänzen zerren und auf einander hetzen.
Aber plötzlich ertönt der Ruf: „a fight! a fight!" (eine
Prügelei) — und der Hundekampf verliert allen Reiz.

Es ist eine Schlägerei zwischen zwei angetrunkenen
Irländern, welche sofort die ganze Einwohnerschaft von The
Dalles in eine ungeheure Aufregung versetzt. Auf das
erste Signal davon strömt die halbe Bevölkerung des
Orts zusammen, um das interessante Schauspiel zu ge=
nießen, und es ist zum Erstaunen, woher auf einmal so
viele Menschen kommen, die alle in größter Seelenaufre=
gung nach dem Kampfplatz eilen. Vielleicht hören wir auch
aus einem der zahlreichen Trink=, Spiel= und Hurdy=Gurdy=
Salons ein paar Pistolenschüsse herüberknallen. Der Tod
schreitet plötzlich in die Mitte der ausgelassenen Menge,
und kalter Ernst tritt an die Stelle der leichtsinnigen
Fröhlichkeit.

Fesselt sonst Nichts in der Stadt meine Aufmerksamkeit, so stelle ich mich an das Pult und arbeite emsig mit der Feder, um Dieses oder Jenes von meinen oregonischen Erlebnissen in leicht fließende Prosa zu gestalten, oder ich suche die Schwierigkeiten eines widerspenstigen Verses zu bewältigen, wobei ich aber daran gewöhnt bin, jeden Augenblick von rücksichtslosen Kunden z. B. von einem Indianer mit den Worten: „Kant-sche o-Kuhk" gestört zu werden. Oder ich nehme meinen Gemsenstock zur Hand und mache einen längeren Spaziergang, ersteige die in der Nähe von The Dalles liegenden Basaltfelsen und freue mich an den leuchtenden Schneekuppen des Mount Hood und Mount Adams. Müde vom Klettern setze ich mich zuletzt nieder auf einer einsamen Basaltsäule, welche den grünen Columbia hoch überragt, werfe Steine in seine Fluth und beobachte das kreisende Wellenspiel, und pflücke vielleicht ein hellblau Blümlein vom Rande des Abgrunds, das mich erinnert an des fernen Vaterlandes Blumen. —

Unwillkührlich kommen dann alte Bilder und liebe Gestalten der Heimath an dem Spiegel meines Geistes vorübergezogen und verwirren sich mit der Umgebung der Gegenwart. Die Wellen rauschen Melodie, die Blumen öffnen ihre bunten Augen weiter und weiter und blicken mich freundlich an, als wollten sie sagen: „Nun, genier' dich nicht und singe!" und eh' ich mich's versehe, beginnen die Reime zu klingen:

>Am Felsen plätschert der blanke Strom,
>Liebkosend, mit grünlicher Welle,
>Und birgt im Schooße des Himmels Dom
>Und die Sonne, goldenhelle.

Ein Blümlein pflück' ich vom Felsenrand
Und werf's in die schimmernden Fluthen,
Die tragen es weiter zum Vaterland
Durch Meere und tropische Gluthen.

Und welket im Meere die Blume auch,
So bringen doch lauschende Winde
Des sterbenden Blümleins süßen Hauch
Zu den Lieben der Heimath geschwinde.

Ihr Winde, meldet es, — leise nur,
Wie schmeichelnde Frühlingslüfte!
„Ich sandte hinüber von Goldlandsflur
Euch die wonnigen Blüthendüfte!"

„Und kann ich nicht selber bei Euch sein,
So kann ich doch an Euch denken
Und Euch Allabend ein Blümelein
Ueber Meere und Länder schenken!"

Aber ich muß mich beeilen, wieder nach The Dalles zu kommen, um die Ankunft des Passagierzuges von Celilo nicht zu versäumen. Hier kommt derselbe bereits mit Glockengeläute und Geheul der Locomotive durch die Straßen daher gedonnert, alle Waggons gedrängt voll mit wüst aussehenden Goldjägern. Sobald der Zug inmitten der Straße hält, ist derselbe von einer dichten und tobenden Menschenmenge umgeben, unter denen die Hotel-„Runners", welche den Goldtouristen die Vorzüglichkeit ihrer verschiedenen Gasthäuser mit lautem Geschrei anpreisen, einen wahren Höllenlärm machen. Hier und da treffen sich Bekannte, und solche, welche recht schwere Goldtaschen tragen, werden mit Hurrah begrüßt. Goldgräber und

Kaufleute von den Minen arbeiten sich durch das Gedränge, halb erdrückt von schweren Goldlasten, so daß die geplagten Menschen Einem ordentlich Leid thun.

Bald nach Ankunft des Bahnzuges von Celilo erschallt das schrille Dampfsignal des von den „Cascades" kommenden Flußdampfers, welcher Passagiere und Waaren von Portland und San Francisco und Briefe und Neuigkeiten von der äußern Welt bringt.

Der Expreßbote überliefert uns Geschäftsbriefe aus San Francisco, und bald darauf höre ich durch die Bretterwand des Store's die Stimme unseres Nachbars, des Postmeisters, der jeden Abend die Adressen der neuangekommenen Briefe den Dallensern laut vorliest, wie er den ihm unaussprechbaren Namen auf einem ausländischen Briefcouvert zur Ergötzung der anwesenden Americaner langsam abbuchstabirt: „Mister Dthi — o — bohr kä — ei — arr — — —". Da habe ich genug gehört und springe schnell um die Ecke in die Postoffice — und bald habe ich den meinen guten deutschen Namen verspottenden Postmeister und Oregon und The Dalles vergessen, wie die bekannten Schriftzüge der Meinen zu mir reden; und der kalte Herbstabend im fremden Lande wandelt sich in einen sonnigen Freudenabend für mich um. —

So lebte ich Jahrelang in den Wildnissen Oregon's — einsam unter dem ruhelosen Treiben und doch lebendig umgeben von den Gedanken und tausend Grüßen der Lieben des fernen Vaterlands, umtänzelt von schimmernden Bildern und lächelnden Phantasien, welche mir als köstlichste Heimathsgabe über Länder und Meere gefolgt sind und das Leben einer wüsten Gegenwart mit goldenen Erinnerungen versüßten.

Mein letzter Weihnachtsabend in Oregon.

Die Feier des Weihnachtsabends nach deutschem Vorbild hat sich fast überall in America eingebürgert. Wer heutzutage zur Zeit des Weihnachtsfestes eine der größeren Städte der Union besucht, der möchte fast glauben, er sei in Deutschland. Beinahe jede Familie hat ihren leuchtenden Tannenbaum, und die Americaner bemühen sich, es bei der Feier dieses schönsten Festes den Deutschen nach besten Kräften gleich zu thun und sich im gemüthlichen Beieinander mit der Jugend zu freuen. In den entlegeneren Ortschaften aber, wo deutsche Sitte noch geringen Einfluß auf die Eingeborenen ausübt, wird das Weihnachtsfest mehr nach dem Stil des 4. Juli (Datum der Unabhängigkeitserklärung) auf möglichst lärmende Weise gefeiert, wobei sich die Jugend — young America — ganz besonders hervorthut.

Bereits am frühen Morgen knattert und knallt es in allen Straßen, als ob eine Schlacht im besten Gange sei. Millionen sogenannter fire — crackers (an einander geheftete mit Pulver gefüllte Papierkapseln) verursachen diesen Höllenlärm. Hin und wieder werden von besonders Festlustigen diese fire-crackers massenweise in leere Tonnen gelegt oder an den Straßenecken aufgehäuft und auf einmal entzündet, was ein imposantes Getöse abgiebt. Die Buben unterhalten sich damit, den auf der Straße Spazierengehenben diese Teufelsdingerchen dicht an den Ohren oder vor den Füßen explodiren zu lassen, mitunter ein Dutzend auf einmal, oder eine neue Art Bomben abzubrennen, die wie kleine Kanonen knallen und den damit Begrüßten halb taub machen. Unwillig darüber zu werden, wäre Thorheit und würde den Angriff der muthwilligen Jugend nur verzehnfachen. Dazwischen wird von Alt und Jung mit Flinten und Pistolen den ganzen Tag über geschossen; mitunter werden vermittelst zweier aufeinander gelegter Ambosse, deren Bohrlöcher mit Pulver gefüllt sind, Artilleriesalven improvisirt. Zahlreiche ellenlange Blechtrompeten verursachen dabei die grauenhaftesten Dissonancen, so daß Einem, ehe die späte Nacht dem Höllenlärm ein Ende macht, der Kopf von all dem Festspektakel auseinander zu springen droht.

Die Sitte, sich am Weihnachtsfeste gegenseitig zu beschenken, ist auch in America eingeführt worden, obgleich in etwas veränderter Weise. Wer einen seiner Nachbarn — Freunde, Verwandte, Unbekannte oder Bekannte — in der Frühe überraschen kann, ruft ihm zu: „Christmas gift! (Weihnachtsgeschenk)" — was den Ueberraschten moralisch zwingt, Jenem ein Geschenk zu machen. Damen und Kinder besuchen die Läden, um den Kaufleuten auf diese sinnreiche Manier Geschenke abzuzwingen. Einfach — aber practisch! — Zwischendurch wird egg-nog (Eierpunsch, ein americanisches Nationalfestgetränk) massenweise genossen, um den Geist lebendig zu erhalten. Mitunter wird der Geist jedoch reichlich lebendig, Scherz verwandelt sich in Ernst, und Revolver treten an die Stelle der fire-crackers.

In The Dalles in Oregon war dies der Stil, das Weihnachtsfest zu feiern. Denke sich nun der Leser zu all diesem schauerlichen Spektakel einen echten oregonischen Wintertag — Hagel und Sturm, Eis und Schlossen, Regen und Schnee — alles durcheinander — und dabei gezwungen zu sein, halb erfroren von Morgens acht bis Abends zehn Uhr bei offenen Thüren in einer hölzernen Baracke mit Indianern und halbangetrunkenen Goldgräbern zu handeln, während Jungamerica sich damit amüsirt, Einem gelegentlich ein Paar Handvoll fire-crackers hineinzuwerfen, so kann er sich vielleicht einen richtigen Begriff von den Reizen eines Dallenser Weihnachtsfestes machen! —

Es war ein böser Winter, der des Jahres 1864, in Oregon. Seit Anfang November waren wir dermaßen eingeschneit und eingefroren, daß aller Verkehr mit der Außenwelt ein Ende hatte. Der Columbia war bis zur Mündung des Willamette hinunter fest zugefroren, und bei The Dalles pflegten schwere Frachtfuhren über den breiten Fluß hinüber und herüber zu fahren. Keine Post war seit zwei Monaten von Portland angelangt, die Telegraphendrähte lagen, von den auf ihnen angehäuften Eismassen zerrissen, am Boden in den Urwäldern, und nur gelegentlich wagte es ein Expreßbote, auf Schneeschuhen die gefährliche Tour über das Cascadegebirge zu machen. Kein Brief aus der Heimath in acht langen Wochen, und keine Aussicht, vor dem Frühjahr einen zu erhalten! was das bedeuten will, vermag nur Jemand zu würdigen, der, wie ich, gleichsam ein Leben der Verbannung in diesem wüsten Goldhafen führte. Was Wunder, daß mir dieser Weihnachtsabend wie eine Ironie auf das schöne deutsche Familienfest vorkam!

Des den ganzen Tag über bis in die Nacht hinein anhaltenden Weihnachtslärms herzlich satt, schloß ich ausnahmsweise bereits um neun Uhr Abends mein Lagerhaus, um wenigstens einen Versuch zu machen, den Weihnachtsabend, den Umständen entsprechend, gemüthlich zu feiern.

Zunächst warf ich einen Arm voll trockener Bretter in meinen blecheisernen Ofen, um die Kälte aus meiner Wohnung zu vertreiben. In die Nähe des bald glühend rothen Ofens stellte ich — nicht einen Mahagonitisch, sondern eine leere Kiste und davor als Sitz einen etwas lahmen, lehnlosen Holzsessel, der nach americanischer Sitte von den Taschenmessern meiner Besucher und Kunden halb zerschnitten war. Als Teppich legte ich ein goldgelbes, mit indianischen Stickereien reich verziertes Kuguarfell unter den Tisch.

Alsdann braute ich mit kunstfertiger Hand eine dampfende Blechbowle mit Eierpunsch, dessen herrliches Aroma mich sofort in eine gehobene Stimmung versetzte. Aber ich fühlte mich einsam; mein Herz sehnte sich nach theilnehmenden Freunden, um in geselliger Umgebung die Freuden des Festtranks zu genießen.

Ein Lichtgedanke erhellte meinen Geist. Hatte ich nicht ein messingbeschlagenes, dickes, hellgrünes Sammetalbum, ganz voll von lieben Bildern, eine Gesellschaft, wie ich sie mir nicht besser wünschen konnte! Bald saßen meine sämmtlichen Photographien vor mir im traulichen Kranze auf ihren Schnörkelstühlen auf der alten Waarenkiste.

Zufrieden mit mir selber und der ganzen Welt hüllte ich mich in meinen treuen deutschen Mantel, zündete den goldgelben Meerschaum an und feierte so meinen Weihnachtsabend, indem ich der Reihe nach das Wohl sämmtlicher im Kranze vor mir sitzenden Lieben aus der Heimath trank.

Allmählich schienen sich die bekannten Gesichtszüge vor mir zu beleben, mir wurde ganz heimisch und ich fing an zu singen:

„Wir sitzen so fröhlich beisammen,
Und haben einander so lieb u. s. w."

indem die Bilder mich immer freundlicher anschauten, indeß Boreas durch die Spalten des Hauses schnob und silberne Schneeflocken durch eine Wandritze mir bis dicht vor die Füße blies.

Die Zeit enteilte schnell. Auf der Straße knatterten nur noch hin und wieder einige fire — crackers, wie ersterbendes Rottenfeuer, und die in die Flaschenhälse sinkenden Festkerzen mahnten mich daran, daß die Geisterstunde nahe sei. Nachdem ich meine Blechbowle des letzten Tropfens ihres goldenen Inhalts beraubt und es anfing, ungemüthlich kühl in meiner Baracke zu werden, brach ich auf, legte meine Bilder wieder ins hellgrüne Sammetalbum und begab mich zur Ruhe.

Auf Flügeln des Traumes eilte ich schnell über Länder und Oceane nach der lieben Heimath, freute mich an dem Jubel der Kinder, die selig um den leuchtenden Tannenbaum tanzten, und lauschte den Weihnachtsliedern, die aus dem halbdunklen Hinterzimmer ins Festgemach herübertönten. Die fire-crackers rattelten und die Blechtrompeten heulten mitunter dazwischen, wie die Stimmen neidischer Kobolde, aber der Jubel der Kinder verscheuchte sie bald, bis Tannenbaum und Kinderjubel, Musik und fire-crackers sich in Nichts auflösten.

Das war mein letzter Weihnachtsabend in Oregon.

Die Indianer beim Lachsfang am Columbia.

Wer wird nicht mit innerem Wohlbehagen an manches saftige Gericht eines marinirten, geräucherten oder gebratenen Lachses denken, jenes seltsam erzogenen Kindes der Wasser, dessen röthliches Fleisch uns hungrigen Sterblichen oft so einladend, so delicat und so poetisch entgegenlächelt — wenn er die Ueberschrift dieser Skizze liest?

Ein echter Weltbürger, hat sich unser rosiger Fisch fast auf der ganzen nördlichen Hemisphäre eingebürgert und ist jetzt auch schon auf Entdeckungsreisen nach südlichen gemäßigten Zonen begriffen. Die tropischen Meere dagegen scheinen seiner durch ein kälteres Klima gekräftigten Constitution nicht zuträglich zu sein.

Nicht zufrieden mit dem weiten Reiche der salzigen Tiefe, eilt er alljährlich unzählige Ströme hinauf und gewährt die bei Fischen selten vorkommende Erscheinung, daß er abwechselnd im Salz- und im Süßwasser leben kann. Ein unermüdlicher Seefahrer, vor keinen Hindernissen zurückschreckend, scheint er sich dort am wohlsten zu fühlen, wo es gilt, Hunderte von Meilen stromaufwärts zu dringen, wilde Katarakte hinanzuspringen und sich durch brausende Stromschnellen, zwischen zerrissenen Felsmassen hindurch, einen Weg vom Meere bis in die fernsten Gebirge hinauf zu suchen, um dort, in idyllischem Stillleben, die Sorgen der Fortpflanzung seines Geschlechts zu übernehmen.

Alljährlich zieht er so von den Meeren die verschiedenen Stromläufe hinan, mit einer bewundernswerthen Energie die sich ihm entgegenstellenden Hindernisse bewältigend. Durch Stemmen des Schwanzes gegen das Wasser schnellt er sich mitunter bis zu vierzehn Fuß hoch empor und springt oft in langem Bogen über Felsenriffe oder künstliche Wehren hinüber. Auf Island durchschwimmt er sogar, nach Faber, mineralische, schwefelhaltige und milchwarme Gewässer, um zu seinen Laichplätzen zu gelangen, die er mit Sicherheit wiederfindet.

Wie America das alte Europa in der Natur an Ungeheurem überbietet, an riesigen Waldungen, Horizonte umfassenden Prairieen, endlosen Strömen, so auch mit unserm rosigen Segler der feuchten Tiefe, der hier in Heeressäulen stromaufwärts dringt, gegen welche die Armeen seiner transatlantischen Brüder wie Corporalswachen gegen die Völkerwanderung erscheinen. Hier am fernen nördlichen Stillen Ocean, von Japan im großen Bogen bis zum goldnen Thor bei San Francisco, scheint er seine Hauptreserven concentrirt und sich den Columbia, diesen Strom endloser Wildniß, dessen grünliche Wogen zwischen den goldburchflochtenen, nackten Gebirgen des unerforschten Oregon hinbrausen, als eine seiner Hauptheerstraßen auserwählt zu haben. In der Nähe der Insel Vancouver am Frazerflusse und namentlich in den Strömen Alaskas findet man den Lachs, von dem man in America bis jetzt siebenzehn verschiedene Arten kennt, in solchen Mengen, daß ihre Zahl alle Begriffe übersteigt. Hat man dort mit einem einzigen Netzzug doch schon dreitausend gefangen! Für die an dieser Küste wohnhaften Indianer bilden die Lachse fast ausschließlich den Lebensunterhalt. Sollte der Fisch einmal seine jährlich wiederkehrenden Wanderungen die Stromläufe hinauf einstellen, so würden die Rothhäute geradezu verhungern müssen. Ehedem, als die bekannte Hudsonsbay-Company noch ihre Pelz- und Handelsdepots in Oregon hatte, war der Lachshandel zwischen genannter Compagnie und den Indianern sehr bedeutend. Jetzt fangen die Indianer sie meistens zum eigenen Gebrauche, essen sie frisch und bewahren sie als Wintervorrath auf, versorgen auch die Städte und nahegelegenen Ansiedelungen der Weißen damit, was ihnen noch immer einen erklecklichen Erwerb abwirft.

Im Monat Juli ist die Hauptsalmenernte der Indianer. Es war Ausgangs dieses Monats (im Jahre 1865) und noch dazu blauer Montag, also ein Tag, an welchem ein guter Bürger sich Etwas zu gute thun soll; ich schlug daher einem wanderlustigen Freunde vor, zur Erholung von den Anstrengungen des Geschäftslebens einmal eine kleine Vergnügungstour zu machen und die etwa sechs englische Meilen oberhalb Dalles gelegenen gleichnamigen Fälle des Columbia zu besuchen, bei denen die Indianer ein Sommerlager zum Lachsfang aufgeschlagen hatten, um die Herren Rothhäute beim Fischfang dort persönlich zu beobachten.

Gesagt, gethan! Das Wetter war allerdings etwas windig, — leider ein unverbesserlicher Naturfehler dieser Gegend — und die Staubwolken zogen wie Höhenrauch das wilde, von fast aller Vegetation entblößte und von nackten Bergen eingeschlossene Thal des Columbia hinauf; aber daran hatte ein längerer Aufenthalt im goldenen Oregon uns gewöhnt, und wir hätten lange warten können, bis es hier einmal nicht wehte. Da das Wetter sonst zu einem Marsche über die Berge einladend und nicht zu warm war, so konnte der Wind uns nicht von unserem Ausfluge abhalten.

Bald hatten wir den nöthigen Proviant in Gestalt solider und flüssiger Magen- und Herzstärkungen eingelegt, eine wichtige Vorsichtsmaßregel, da wir uns nicht bei den

Wilden zu Lachs und Heuschrecken zu Gaste einzuladen wünschten, und dort auch keine Hôtels zu erwarten waren. Die goldgelben Meerschaumpfeifen wurden mit echtem Virginia gestopft, mein wanderlustiger Freund nahm seinen knorrigen Ziegenhainer und ich meinen Gemsenstock, dessen Heimath auf den silbernen Alpen am Weißen Berge ist, zur Hand, die Pfeifen wurden angesteckt, und lustig ging's, blaue Wolken emporwirbelnd, den Staubwolken zum Trotze, die uns umhüllten, auf dem Eisenbahndamm dem Ufer des Columbia entlang, dem Lager unserer rothen Freunde entgegen.

Der Weg auf diesem allen deutschen Eisenbahnbauten Hohn sprechenden, unebenen und in fortwährenden Biegungen sich hin- und herschlängelnden Eisenbahndamm war entsetzlich holprig. Besonders unangenehm war die Passage über ein paar luftige, sehr wackelige Holzbrücken, welche wir jedoch, ohne einen weiten Umweg über die mit Felsgeröll bedeckten Berge zu machen, nicht wohl vermeiden konnten. Der Leser denke sich eine Holzbrücke, die an sechszig Fuß hoch einen über Felsen dahinbrausenden Wasserlauf ein paar hundert Schritte weit überspannt. Schritt für Schritt mußten wir von einer Schienenschwelle zur andern, die mitunter unangenehm weit auseinander lagen — auf einer Stelle vier bis fünf Fuß weit von einander entfernt — über den Abgrund schreiten, dabei ab und zu von heftigen Windstößen berührt, mit einer höchst fatalen Aussicht in die felsige Tiefe unter uns, die sich zwischen den Schienenschwellen aufschloß. Gewiß wird er uns verzeihen, daß wir vorsichtshalber unsere Meerschaums in die Taschen steckten, bis wir wieder auf festem Boden anlangten!

Rüstig weiter marschirend, begegneten wir öfters Indianern in bunt-liederlichem Costüm, zu Fuß und zu Roß — meistens zu Zweien auf einem Pony reitend —

mit Packpferden im Gefolge, welche mit Binsenmatten, aus denen die Rothhäute ihre Hütten bauen, mit allerlei Apparaten zum Fischfang und „muk-a-muk" beladen waren. Auf unsere wiederholte Anfragen, ob es in diesem Jahre viele Lachse im Columbia gebe, erhielten wir jedesmal die freudige Antwort: „na-wit-ka! hei-ù-samon, sicks!" (Ja, ungeheuer viele Lachse, mein Freund!)

Wenn man glaubt, daß die Indianer heutzutage den prächtigen Heldengestalten aus Cooper's Romanen oder denen aus Longfellow's „Hiawatha" auch nur im Allermindesten ähnlich sind, so thut es mir leid, solche Phantasie durch Darstellung der Wirklichkeit grausam enttäuschen zu müssen. Anstatt jener stolzen Söhne der Wildniß, mit muthblitzenden Augen, prächtig tättowirt und mit Pantherfellen und buntgestickten Togas geschmückt, findet man vielmehr wahre Jammergestalten, ungewaschen und ungekämmt, in Kleidern, gegen welche die eines italienischen Lumpensammlers Galaanzüge sind, Geschöpfe, die vor Schmutz und Ungeziefer buchstäblich umkommen, und mit nichtssagenden, stieren Blicken und verdummten Gesichtern öfters halb blödsinnig aussehen.

Wer an die holde Min-ne ha-ha (lachendes Wasser) des Dichters Longfellow denkt und dann eine dieser Squaws betrachtet, welche von der schmutzigsten Zigeunerin verächtlich über die Achsel angesehen werden möchten, der wird sich eines Seufzers über den Verfall der Indianerrace nicht enthalten können oder vielleicht argwöhnen, daß die Herren Cooper und Longfellow ihre Indianer durch magisch verschönernde Brillen angeschaut haben, was — im Vertrauen sei's gesagt — nach des Verfassers bescheidener Ansicht gar nicht so unwahrscheinlich ist.

Der Boden, über den wir hinschritten, wimmelte von Crickets, in diesem Jahre hier zu Lande eine wahrhaft ägyptische Plage, welche den wenigen Farmern, die um Dalles herum ansässig sind, ungeheuren Schaden auf den Feldern zufügten. Die Seiten der Berge waren ganz lebendig von diesen sich sämmtlich nach einer Richtung mit eleganten Seitensprüngen fortbewegenden Heuschrecken. Für die Indianer sind die Crickets ein wahrer Gottessegen, da sie dieselben für eine große Delicatesse halten, — und manche Squaw sahen wir, die sich eifrig bückte und ihrem solche Arbeit verschmähenden Gemahl eine Hand voll der lustigen Springer als Imbiß einfing, welche er dann, die Lippen schnalzend, mit Haut und Haaren verzehrte.

Je mehr wir uns dem Indianerlager näherten, um so wilder ward die Gegend. Schwarze, lava- und basalt-ähnliche Felsmassen lagen in wüstem Chaos über- und durcheinander, immer lauter brauste der Columbia und stürzte sich schäumend durch sein zerrissenes Felsenbett, und der Wind, der sich augenscheinlich bemühte, uns umzublasen und aus allen Ecken des Himmels zugleich zu wehen schien, brachte manchen ungalanten Fluch beinahe bis auf unsere Lippen. Daß die Indianer den Schauplatz einer uralten Teufelssage, nach welcher der Böse, von grimmigen Feinden bedrängt, diese Berge mit seinem Schwanze auseinander-schlug, um sich durch die Oeffnung hindurch zu retten, hierher verlegt haben, macht der Phantasie der Rothhäute alle Ehre.

In der Felsenwildniß vor uns gab's Schaaren von Indianern, alle waren fleißig beschäftigt beim Fangen und Zubereiten der Lachse zum Wintervorrath. Rothe Männer standen mit langen Stangen und Netzen am Rande der zahlreichen, engeren Stromschnellen und ihre Ehehälften schleppten die gefangenen Fische weiter hinauf auf's Trockene oder nach den Binsenhütten, wo sie dieselben in der Sonne und am Feuer dörrten, räucherten, das Fleisch von den

Gräten schabten und zerstampften. Fischgräten und halb in Fäulniß übergegangene Salmen lagen, wo man nur hinsah, und wenn der Wind die Luft von den pestilenzialischen Gerüchen nicht etwas gereinigt hätte, so wäre es für civilisirte Nerven geradeweg nicht zum Aushalten gewesen. Aber auch so verging mir der Appetit zum Lachsessen auf lange Zeit!

Vorsichtig schritten wir über die von Lachsfett schlüpfrigen, schwarzen Felsmassen, es möglichst vermeidend, auf die zahllosen Gräten, Rogen und zerrissenen Fische zu treten, um zunächst an den Rand der Stromschnellen zu gelangen, und die rothen Herren Fischfänger dort zu besuchen. Am Felsenufer eines etwa zwanzig Schritte breiten Canals machten wir Halt, durch den sich die wilden Wasser, wie toll über- und durcheinander stürzend, hinzwängten und entlang tobten, mit einer Gewalt; daß es fast unglaublich schien, wie es den Fischen möglich ward dagegen anzuschwimmen.

Eine Gesellschaft von Rothhäuten im Feigenblätter-Costüm, die sich zum Fischfang am Rande des Canals zu beiden Seiten entlang postirt hatten, begrüßten uns mit einem freudigen „Kla-hoim sicks!" offenbar sehr geschmeichelt, daß die bleichen Gesichter sie besuchten, um ihre Geschicklichkeit im Lachsfang zu bewundern.

Die meisten der Indianer hatten lange, am untern Ende mit Eisenhaken versehene Stangen in den Händen. Auf's Gerathewohl steckten sie diese Stangen in's wild brausende Wasser und zogen sie, einen kurzen Ruck damit gegen die Strömung machend, augenblicklich wieder heraus. Alle paar Minuten zappelte ein Fisch am Haken, der lose an der Stange sitzt und abrutscht, sobald ein Lachs daran steckt, und wurde vermittelst einer am Haken befestigten Schnur aufs Trockene geschleudert, wo man ihn mit einem kurzen Knüppel unbeholfen auf den Kopf schlug und vorläufig beruhigte.

Hunderte von Indianern waren auf diese Weise dem Rande der zahlreichen Stromschnellen entlang in Thätigkeit, und wenn ich hinzufüge, daß der Lachsfang dergestalt Monatelang ununterbrochen fortgesetzt wird, so wird der Leser wohl über die Zahl der Salmen-Heerschaaren erstaunen, welche in jedem Sommer den Columbia hinaufziehen. —

In den Höhlungen zwischen den Felsplatten lagen hie und da die Lachse haufenweise aufgeschichtet, wo sie beim Fallen des letzten hohen Wassers sitzen geblieben waren und nicht zurückgelangen konnten. Da bei den Indianern jedoch der Aberglaube herrscht, daß der Große Geist es ihnen verbietet, diese unglücklichen Lachse zu benützen, so bleiben dieselben ruhig dort liegen, bis sie in der Sonne in Fäulniß übergehen und vertrocknen, wobei sie buchstäblich in ihrem eigenen, durch die Hitze herausbratenden Oele schwimmen.

Einige der Indianer fingen die Lachse in Handnetzen, welche sie ab und zu ins Wasser warfen, mit der Strömung hinuntergleiten ließen und dann wieder herauszogen; beiweitem die größere Zahl benützte jedoch die oben erwähnten Hakenstangen. Angeln werden gar nicht gebraucht, da die Lachse nicht anbeißen, indem sie auf der ganzen Reise, vom Meere bis nach den Felsengebirgen hinauf, gar nichts fressen.

Ein paar alte Bekannte unter den Indianern waren so freundlich, uns auf eine Zeit lang ihre Hakenstangen zu überlassen, damit auch wir unser Glück im Salmfang versuchen könnten. So einfach es nun auch aussah, die munteren Fische aus dem Wasser herauszuholen, so stand uns doch der Schweiß in großen Tropfen auf der Stirn, ehe es uns gelingen wollte, einen der Fische mit dem eisernen Haken unterm Bauch zu fassen zu bekommen.

Vor Freude emporspringend, endlich einen erwischt zu haben, kam ich auf der glitscherigen Felsplatte plötzlich in sitzende Positur, und als ich mich wieder aufgerichtet hatte und den gewaltig an der Schnur zappelnden schmucken Burschen mit einem graciösen Ruck ans Ufer schleudern wollte, da — Hohn des Schicksals! — schnellte der Fisch zu meinem nicht geringen Aerger vom Haken wieder ins Wasser hinunter, um seine Reise nach den Felsengebirgen fortzusetzen, was meinen rothen Freunden ein homerisches Gelächter entlockte. Glücklicher war mein Begleiter, der so lange fortfuhr, auf gut Glück im Wasser herumzuhaken, bis er einen sku-kum=Fisch herausgeholt, den ich, ihm zur Hülfe springend, mit einem freundschaftlichen Knüppelchen reglementmäßig über den Styx beförderte.

Unsern sku-kum=Fisch, der an zwanzig Pfund schwer sein mochte, dem tei-i überlassend, verabschiedeten wir uns von den rothen Männern am brausenden Columbia und wanderten nach den ein paar hundert Schritte vom Ufer entfernt gelegenen Indianerhütten, um den reizenden Squaws dort einen Freundschaftsbesuch abzustatten.

Da lagen sie in poetischem Negligé unter den langen Binsenmatten=Hütten, romantisch gruppirt und in zerlumpten Gewändern, sammt und sonders mehr oder weniger fleißig bei der Arbeit, die frisch eingefangenen Salme zum Wintervorrath zuzubereiten. Als Kopfbedeckung trugen sie aus Binsen geflochtene Hüte, die wie das stumpfe Ende eines halb durchgeschnittenen Zuckerhutes aussahen, nur etwas gelber und dabei schwarz geädert. Diese Hüte sind wasserdicht und werden auch noch als Kochtöpfe benutzt. Man füllt sie mit Mehlbrei und wirft einen glühend heißen Stein hinein; wenn dann die Speise gar ist, dienen sie auch noch als Eßschüsseln.

Behutsam, um nicht etwa die Bekanntschaft zudringlicher kleiner Hautkneifer zu machen, von denen diese Indianerwohnungen wimmeln, hoben wir eine der Binsenmatten von der Seitenwand der Hütte und nahmen auf einem losen Basaltblock Platz, indem wir uns von jeglicher Berührung mit indianischen Toilettengegenständen fern hielten. Unter dem niedrigen Dache der Hütte hingen an unzähligen Querstangen auseinandergeschnittene, gedörrte und geräucherte Salmen, aus denen die Eingeweide und Gräten entfernt waren, in Reihen nebeneinander, die kleinen und großen hübsch sortirt, deren liebliches Aroma und appetitliches Aeußere einem Lucull sicherlich das Wasser auf die Zunge gebracht haben würden. Die Kiemen und Kiefern, jede Sorte für sich, hingen, als besonders delicater muk-a-muk getrennt von den Fischen an besonderen Stangen. Neben uns stampfte ein Squaw-Fräulein getrocknetes, von ihren Schwestern mit den Fingern kleingerissenes, röthliches Lachsfleisch in einem großen mit Bärenfell überzogenen Steinmörser zu Pulver, aus welchem mit Zuthat von Eichenmehl delicate Kuchen gebacken werden.

Nachdem die Lachse gehörig getrocknet und geräuchert oder auch pulverisirt sind, werden sie in Körben und Matten zum Wintervorrath fest verpackt. Salz zum Aufbewahren der Fische wird von den Indianern wenig oder gar nicht gebraucht. Um das Fleisch leichter von der Haut abzulösen, werden die frischgefangenen Salmen zuerst im Freien auf einer Felsplatte ein paar Stunden lang dem brennenden Strahl der Mittagssonne ausgesetzt und dort so lange liegen gelassen, bis das Fett unter der Haut zu schmelzen beginnt; worauf die zarten Hände der Squaws die Fische auseinanderreißen und das Fleisch von der Haut und den Gräten mit einem Stück Holz herunterschaben — ein äußerst appetitliches Schauspiel!

An mehreren Stellen brannten oder vielmehr qualmten in der Hütte Holzstöße, über denen in Hälften zertheilte Lachse geräuchert wurden. Das dazu nöthige Holz wird von einer eigens dazu angestellten Squaw-Abtheilung aus einer Entfernung von mehreren englischen Meilen in Bündeln herbeigeschleppt, da nahe den Fällen des Columbia weder Baum noch Strauch gedeiht.

Während wir unsere Siesta auf dem Basaltblock vor der Hütte hielten, langte gerade eine Abtheilung solcher Holzträgerinnen im Lager an. Ein über die Stirn geschlungenes breites Band hielt die auf gebogenem Rücken getragene Last. Im Gänsemarsche kamen diese Squaws von den Bergen herunter und über die Felsen daherspaziert und bildeten in ihren zerlumpten Kleidern, aus deren Falten hier und da halb untergegangene Crinolinen verschämt hervorguckten, den mit Kochtöpfen bedeckten Köpfen und mit chinesischem Vermillon geschmackvoll decorirten Gesichtern eine äußerst reizende Gruppe. Eine andere Abtheilung von Squaws schleppte die von ihren Herren eingefangenen Salmen von den Stromschnellen herbei; der Rest der weiblichen Gesellschaft war, wie bereits erwähnt, beim Zubereiten der Fische in und bei den Hütten beschäftigt, so daß das ganze Lachsgeschäft ordnungsmäßig ineinandergreift.

Die Herren Rothhäute überlassen alle diese Geschäftssorgen ausschließlich ihren fleißigen Ehehälften und vertreiben sich die Zeit beim Lachsfang oder auch mit Rauchen, Essen und Schlafen, da sie die Arbeit eines Mannes unwürdig und für eine Schande erachten.

Im Innern der Hütte krochen eine Menge junger Indianer beiderlei Geschlechts auf dem Boden umher, von denen die kleinsten, welche eben erst zu sprechen (wa-wa) lernten, mit bunten Glasperlen und messingnen Ringen spielten oder mit kleinen Glocken (ting-tings) klingelten, indeß die älteren theils ihren Müttern beim Reinigen der Lachse halfen, theils die Anfangsgründe der Malerkunst auf ihren gegenseitigen Gesichtern mit flammenden Farben zu bemeistern suchten. Trotzdem alle Squaws mehr oder weniger beschäftigt waren, sah man ihnen doch in jeder ihrer Bewegungen die der rothen Race angeborene Trägheit an. Sogar die Hunde, wahre Scheusale von Häßlichkeit, mit struppigem Haar und weinerlichen Augen, schienen von der Faulheit der Indianer angesteckt zu sein und das Bellen ganz und gar verlernt zu haben. Eine Squaw-Matrone, welche sich die Runzeln im Gesicht mit feuerrothem Zinnober nach den Regeln der Wissenschaft linirt hatte, brachte uns ein pikant duftendes Gericht von Salmen und Heuschrecken in ihrem Hut als muk-a-muk und lud uns mit gewinnenden Blicken ein, nicht blöde zu sein, sondern nur tüchtig zuzugreifen. Unhöflicher Weise wiesen wir indeß die Einladung zurück und regalirten uns statt dessen mit unserm von Dalles mitgebrachten Boston-man muk-a-muk (Essen für Weiße).

Die meisten der Indianer, welche in dieser Gegend jeden Sommer beim Lachsfang beschäftigt sind, kommen aus weiter Ferne, sowohl aus Oregon als aus dem Territorium Washington, zum Theil bis zu zweihundert englische Meilen weit her, um sich den unentbehrlichen Wintervorrath einzufangen. Da jeder Stamm einen ihm eigens angewiesenen Platz zum Fischen hat, den er mit ängstlicher Genauigkeit inne hält, so geben die in zahlreichen Gruppen zerstreuten Indianer dem ganzen Bilde einen äußerst lebendigen Anstrich. Von der Regierung der Vereinigten Staaten sind ihnen die Fischereien an den Fällen des Columbia durch besondern Vertrag vorbehalten worden, und es ist den Weißen verboten, dort zu fischen. Wäre es diesen erlaubt, sich beim Fischfang an den Fällen zu betheiligen, so würde die Lachsernte hier Resultate liefern, deren Zahlen in's Unglaubliche gehen möchten, denn es wäre ein Leichtes die halbe Armee der Salme bei ihrem Marsche den Columbia hinauf mit Stellnetzen in den Strömungen einzufangen.

Nachdem wir unsere Meerschaumpfeifen ausgemacht hatten, beschenkten wir die Töchter der Wildniß mit bunten Glasperlen und hei-ù Tabak und nahmen würdig mit Handschütteln von ihnen Abschied. Einigen trägen Hunden, die uns nicht aus dem Wege gehen wollten, waren wir genöthigt, unsanfte Fußtritte zu geben, was sie jedoch kaum zum Aufstehen bewog, bis das allgemeine Geschrei von „Dschu! Dschu!" (das indianische Wort für „Hund") sie in Bewegung setzte. Durch die Felsenwildniß, denselben Weg, den wir gekommen, wanderten wir langsam zur Stadt zurück.

Von den Schienenschwellen auf der nächsten, an siebenzig Fuß hoch überm Wasser schwebenden hölzernen Eisenbahnbrücke herab hatten wir eine recht interessante Niederschau auf ein Dutzend tief unter uns wie Enten im Wasser umherschwimmender Squaws, denen wir so lange zuschauten, bis das sich schnell nähernde Donnergetöse des von Celilo kommenden Bahnzugs uns ermahnte, statt die Schwimmkünste der braunen Nixen zu kritisiren, lieber an unsere Sicherheit zu denken und uns so schnell wie möglich von der gefahrdrohenden Brücke herunter zu begeben. Kaum hatten wir diese glücklich hinter uns, als der Bahnzug, gedrängt voll von biedern Goldgräbern, die, mit Goldstaub beladen, vom obern Columbia und von Boisé kamen, bei uns vorbeiraste, dem wir dann möglichst schnell nach Dalles folgten, um von den braven Goldjägern noch vor Abend in unserem Store möglichst viel schnöden Mammon für elegante Kleidungsstücke einzutauschen.

Rückkehr nach Californien.

(In der Stagekutsche vom Columbia nach dem Sacramento.)

Es war gegen Ende des Monats October 1865, als ich nach einer Abwesenheit von über zwei Jahren wieder vom oberen Columbia in Portland anlangte, um über Land nach Californien zurückzukehren. Bald hatte ich es mir dort in einem großstädtischen Hotel bequem gemacht, wo die elegant gekleideten Negeraufwärter ein wenig elegantes Französisch sprachen, und mir für fünfzig Dollars in Gold einen Passagierschein nach Sacramento verschafft. Sechs Tage und sechs Nächte ohne Rast und Aufenthalt in der Stage zuzubringen, bot allerdings wenig Einladendes; aber ich war sicher, viel Neues und Interessantes auf dieser Reise zu sehen, weshalb ich diese Route der mir bereits bekannten zur See vorzog.

Am 25. October, Morgens um sechs Uhr nahm ich auf dem Kutscherbocke der mit vier Pferden bespannten Stage Platz und sagte Portland Lebewohl. Bald hatten wir die Stadt hinter uns, und lustig trabte unser Viergespann gen Süden, das Thal des Willametteflusses hinauf= und dem fernen goldenen Thore entgegeneilend. Silberner Reif, der erste Frost des diesjährigen Winters, lag auf den Gräsern und grünen Sträuchern nahe uns am Wege, und ein kühler Nordwind jagte die Erstlinge golde=

ner Blätter von den hohen Eichen spielend vor uns auf
der Landstraße hin. In der That, es war recht winterlich
kühl, so daß ich während der ersten Stunde unserer Fahrt
meine Oregon = Wolldecke sehr comfortabel fand. Bald
aber gewann die Sonne die Oberhand über den winterlichen
Lufthauch, der Wind legte sich, und das Wetter wurde
wunderschön.

Manchen Blick warf ich linker Hand, seitwärts hinter
mich, wo die gewaltige, schneegekrönte Kuppe des Mount
St. Helens majestätisch in den blauen Aether ragte und
mir ein Lebewohl vom grünlichen Columbia nachzurufen
schien. Ihr gegenüber, weiter gen Süden und uns gerade
zur Linken, stand der alte Mount Hood, eine blitzende, in
den Himmel ragende Eispyramide.

Mit wie ganz anderen Augen betrachtete ich jene
leuchtenden Gipfel, als sie vor zwei Jahren zum ersten
Male vor mir standen, auf ein mir noch unbekanntes, fabel=
haftes Land hinweisend, das Ultima Thule der Civilisation
des neunzehnten Jahrhunderts! Schnell dahingerollt waren
die Jahre, reich an Geistesfreuden und seltenen Abenteuern,
und die Namen und Wunder jener entlegenen Länder, an
deren Schwelle diese Bergkolosse stehen, waren mir zu etwas
Alltäglichem geworden. Ob ich sie jemals wieder begrüßen
sollte, jene Meisterwerke des ewigen Architekten? Wie ver=
mochte ich jene Frage damals auch nur annähernd zu be=
antworten! Und doch lag mir das Wiedersehen in näherer
Zukunft, als ich es ahnte. Oft noch sollte ich jene maje=
stätischen Gipfel bewundern, die mir leuchtende Denksteine
im Heiligthume der Erinnerung geblieben und mich in ent=
legenen Zonen an den zwischen ihren schneegekrönten Fels=
mauern hinbrausenden Riesenstrom Oregon's zurückdenken
ließen, der mir in vergangener Zeit goldene Bilder im

Schmucke der Heimath aus seinen grünlichen Wellen in die Seele spiegelte.

Ehe ich mit der Schilderung meiner Reise nach Californien beginne, will ich die Bemerkung vorausschicken, daß ich mich dabei so viel als thunlich auf die Beschreibung unserer nicht uninteressanten Stagefahrt beschränken werde, da ich mir vorbehalten habe, die Thäler des westlichen Oregon und die Eigenthümlichkeiten ihrer Bewohner, der dem Leser bereits bekannten „Webfeet", in einem späteren Abschnitt eingehend zu besprechen.

Unser Kutscher, ein ergrauter „Schwimmfüßler" schien von dem bei den Bewohnern dieses Regenlandes als Grundsatz geltenden uralten Sprichwort: „Nur immer langsam voran!" beseelt zu sein und es für Thierquälerei zu halten, sein Viergespann selbst auf dem besten Wege in einen schlanken Trab zu setzen. Stichelnde Bemerkungen meinerseits hatten nicht den geringsten Erfolg, seinen Ehrgeiz anzuspornen. Als ich ihm erzählte, wie die californischen Stagekutscher immer nur im Galopp führen, bemerkte er, daß das Leben dort wohl nicht viel werth sei. Mehrere mit uns reisende Goldjäger, worunter zwei aus dem Territorium Montana, die eine etwa 60 Pfund schwere, mit Goldstaub gefüllte „Cantena" (eine Art Satteltasche, worin der Goldstaub getragen wird) bei sich führten, wurden durch unseren phlegmatischen Rosselenker sehr bitter gestimmt und bemerkten, daß man in Montana solche Schlafmützen sehr bald lebendig machen, oder, falls dieselben unverbesserlich seien, sie als nutzlose Mitglieder der menschlichen Gesellschaft aus dem Lande jagen würde.

Im langsamen Schritte ging's weiter, bis wir uns am frühen Vormittage dem romantisch gelegenen Städtchen Oregon City näherten, wo die Schifffahrt auf dem Willamette durch eine Reihe von Stromschnellen unterbrochen ist. Unserer bedächtig fahrenden Stage zu Fuß voraneilend,

10*

marschirten die meisten Passagiere lustig auf der engen Fahrstraße hin, die brausenden Stromschnellen zur Rechten in nächster Nähe von einer Menge im Wasser watender und beim Sprengen eines Schleusenkanals beschäftigter Arbeiter belebt. Als wir aus dem Engpaß heraustraten, begegnete uns eine Bande von „Sciwasches" beiderlei Geschlechts, in zerlumpten Kleidern, zu dem Stamme der Callapoyas gehörend, welche vom Lachsspeeren kamen und mit mehreren, je vierzig bis funfzig Pfund schweren Salmen beladen waren, welche sie nach Oregon City auf den Markt brachten. Zum nicht geringen Erstaunen meiner Montanafreunde knüpfte ich mit den Rothhäuten in den euphonischen Klängen des „Jargon" ein lebhaftes Gespräch an und verabschiedete mich schließlich von dem Anführer der Bande mit dem Anstande eines Hidalgo.

Abwechselnd fahrend und marschirend, bald durch schattige Waldungen, bald über sonnige Prärien und an wohlangebauten Farmen, Obstgärten und freundlichen Niederlassungen vorbei, ging's bei dem schönsten Wetter munter vorwärts. Wir suchten uns auf der Reise die Zeit mit dem Vortragen von Abenteuern aller Art so gut wie möglich zu vertreiben. Meine beiden Montanafreunde erzählten gern von ihrer Reise in Damenbegleitung und mit den Goldsäcken sechshundert Meilen durch die Wildniß, ganz allein per Maulesel und nur ihre guten Henry=Büchsen und Revolver zur Hand, um sich die mitunter recht lästigen Indianer und „Straßenagenten" vom Leibe zu halten. In der Stadt Virginia in Montana hatten die friedliebenden Bewohner jenes entlegenen Goldhafens kurz vor der Abreise meiner neuen Freunde recht lustige Zeiten gehabt; indem das daselbst zu den stehenden Einrichtungen gehörende Vigilanz=Committee einer Räuberbande auf die Spur gekommen, deren Hauptmann der Sheriff des Countys war.

An einem Tage wurden blos 12 Banditen aufgeknüpft! Einer der Gevehmten, ein in idyllischem Stillsein außerhalb des Lärmens der Stadt wohnender „road agent", hatte sich in seinem Hause verschanzt und wurde daselbst von den Vigilanten förmlich belagert. Er tödtete mehrere seiner Angreifer, welche zuletzt eine alte Kanone herbeischafften, seine Veste eine Zeitlang bombardirten und alsdann ihm das Haus über dem Kopfe anzündeten. Als er von den Flammen vertrieben, in's Freie flüchtete, fingen sie ihn, nachdem sie ihn mit Schüssen verwundet, und warfen ihn schließlich in's Feuer, wo er lebendig verbrannte.

Unter dergleichen, den Geist anregenden Erzählungen, nebst interessanten Aufschlüssen über die neu entdeckten Blackfoot-Goldminen in Montana, verging die Zeit schnell. Ehe wir es dachten, zeigten die länger werdenden Schatten an, daß der Tag sich seinem Ende entgegenneige, gerade als wir das freundliche Salem, die Hauptstadt des jungen Freistaats Oregon, fünfzig englische Meilen von Portland entfernt, vor uns liegen sahen. Nach kurzem Aufenthalte daselbst ging's bei ungemüthlich kalter Witterung, wozu sich noch ein ächter „webfoot"-Regen gesellte, die Nacht hindurch weiter.

Eine Nachtfahrt in der Stage ist eins der unvermeidlichen Uebel für den Reisenden, der die Länder des fernen Westens von Nordamerica durchstreift. Freuen kann man sich, wenn das Innere des Wagens, wo auf drei Quersitzen für sechs und im Nothfall für neun schmächtige Passagiere Platz ist, nicht noch einen Zuwachs von einem Paar Zweihundertpfündern erhält, in welchem Falle es erstaunlich ist, wie die schmächtigeren Passagiere fast in verkörperte Schatten zusammen schrumpfen. Als die Nacht hereinbrach, hatte ich mir statt des Sitzes beim „Schwager" auf dem Bock einen Rücksitz im Innern des Wagens genommen, aus Erfahrung gewitzigt, daß auf einem Rücksitz ein Zuwachs an Reisenden wenig zu befürchten ist, indem derselbe wegen der an stürmische Seefahrt erinnernden schaukelnden Bewegung von den meisten Passagieren vermieden wird. Ich war daher zu der Hoffnung berechtigt, dort wenigstens ab und zu ein Viertelstündchen schlummern zu können.

Es währte auch nicht lange, als der Kutscher die Wagenthür öffnete und den Reisenden kurzweg andeutete, Platz für drei Damen zu machen. Da wir bereits acht Personen geladen hatten, so protestirten wir zuerst einstimmig und auf's Feierlichste gegen einen solchen Zuwachs unserer Familie, und betrachteten mit feindlichen Blicken durch den heftig strömenden Regen die drei, mit einer Menge von riesigen Hutschachteln und unnennbaren Bündeln ausgerüsteten, massiv anzuschauenden, bekrinolinten und bewasserfallten Töchter Eva's. Herren aber haben, wie bekannt, Damen gegenüber keine Rechte in America, am allerwenigsten in einer Stage. Meine beiden Montana-Freunde, welche sich's im Fond bequem gemacht hatten und eben aus einem behaglichen Schlummerchen erwachten, wurden von den drei Neuankömmlingen, die, wie verkappte Nixen, wohlbehaglich, ohne Schirme, im heftigen Regen vor uns standen, sehr bestimmt aufgefordert, ihnen Platz zu machen, da sie nicht rückwärts fahren könnten.

Mit schweren Herzen gaben die aus süßem Traume so unceremoniös Erweckten ihre Plätze auf, welche die drei Wasserdamen sofort in Beschlag nahmen, ohne unsere biederen Goldgräber auch nur eines Dankes zu würdigen. Da der unbequeme Mittelsitz bereits von drei „Schwimmfüßlern" eingenommen und der Platz neben mir gleichfalls besetzt war, so kletterten die beiden Montaner, welche unter so bewandten Umständen keinen Sitz im Innern des Wagens finden konnten, mit ihrer schweren Goldtasche oben auf die Stage, wo bei dem kalten Regen an Schlaf gar nicht zu denken war. Außerdem waren die dort Campirenden gezwungen, ein scharfes Auge auf die gelegentlich gegen das Dach der Stage anschlagenden Baumzweige zu haben, eine nichts weniger als interessante Lage, wenn so ein zudringlicher Ast gelegentlich dicht über das Kutschendach hinzupoltern beliebte.

Ihren Schatz ließen Jene nie aus den Augen. Auch zu den Mahlzeiten nahmen sie ihre „Cantena" regelmäßig mit sich, wobei sie dieselbe vor sich unter den Tisch legten, und Jeder die Füße darauf stellte. Solche Vorsicht war durchaus nicht überflüssig, da es keineswegs zu den Seltenheiten gehörte, daß einem so mit Gold beschwerten Reisenden mitunter auf unerklärliche Weise unterwegs die Last des Metalls erleichtert wurde. Daß jeder Reisende, um sich gegen offene Gewaltthätigkeiten in diesen zu damaliger Zeit das Eigenthumsrecht nur oberflächlich respectirenden Ländern zu schützen, wenigstens einen Revolver schußfertig im Gürtel stecken hatte, verstand sich von selbst. Unsere beiden Montana-Freunde führten außerdem noch Jeder einen mit Gold reich eingelegten Henry-Rifle mit sich.

Unendlich froh waren wir, als der junge Tag durch die mit menschlichem Dunste verschleierten Fenster in's Innere der Stage blickte, wo die verschlafenen Augen und die während der Nacht in unpoetische Unordnung gerathenen Wasserfälle der drei Grazien einen sehr melancholischen Eindruck machten. Wen unter so bewandten Umständen Gott Amor mit seinem Schmerzenspfeile verwunden kann, den bedaure ich aufrichtig! Liebe und eine Reise in der Stage sind zwei Dinge, die sich unmöglich vereinbaren lassen. In unserem Falle waren wir seelenfroh, als uns die zarten Geschöpfe mit ihren Hutschachteln und unnenn=

baren Bündeln, ihren Krinolinen und Wasserfällen, bereits beim nächsten Umspann wieder verließen.

Da unsere Montana-Freunde ihren alten Platz in der Kutsche auf's Neue einnahmen, um die verlorene Nachtruhe durch ein Stündchen Morgenschlaf einzuholen, so benutzte ich die Gelegenheit, wieder auf den Bock zu steigen und von dort eine ungehinderte Aussicht in's Freie zu genießen.

Interessant waren die Annoncen, welche ich öfters am Wege bemerkte, entweder auf Tafeln an die Bäume genagelt, an die Fenzen gemalt oder sonstwo angebracht, je nach der Erfindungsgabe der Anzeiger und wo sie sich dem Auge des Vorbeipassirenden am leichtesten bemerkbar machten. Hier lese ich z. B. an einer himmelanstrebenden Kiefer in großen, weißen Buchstaben auf einer schwarzen Tafel:

"Wer guter Beinkleider bedarf und sich nicht von principienlosen Händlern beschwindeln lassen will, sollte sich unfehlbar an die Herren Dusenberg, Moses und Alexander in Portland wenden. Pariser Eleganz und lächerlich billige Preise sind unsere Empfehlungskarte."

Weiterhin hat Jemand in großen rothen Buchstaben an die Fenz gemalt:

"Red Jacket Bitters, Universalmittel gegen den Tod!!! — zu haben bei Liwei, Rosenbaum & Co. in Salem."

Diese Art des Anzeigens, eine Yankee-Erfindung, wurde in früheren Jahren in ausgedehntem Maße auch in den älteren Staaten der Union als Sporn für das kauf- und schauluftige Publicum angewendet, bis es dort damit so arg wurde, daß die Besitzer von Gebäuden, Fenzen, Ställen, Schweinekoben, Bäumen ꝛc. sich über die Verhunzungen ihres Eigenthums ernsthaft beklagten und die Polizei gegen den Unfug einschritt. In den Minenländern am Stillen Meere steht diese Art des Anzeigens in höchster Blüthe.

In den Bergwüsten von Washoe sind die Anzeigetafeln, wie Meilenzeiger an Stäben befestigt, am staubigen Wege hingepflanzt, und der vor Durst fast umkommende müde Wanderer kann sich hier schon an den Bildern der Zukunft erfreuen, denn es stehet geschrieben, daß beim Aaron in Virginia City die besten Cocktails in der Welt, zu 50 Cents gemacht werden, und daß neben Aaron's, im Barbiersalon bei dem Herrn Cato, Sturzbäder, zu einem Dollar, dich erquicken werden.

Oben auf dem breiten Gebirgszuge der Sierra Nevada findet man diese Art von Anzeigen ganz besonders häufig; im Urwald an zwei- bis dreihundert Fuß hoch aufragende Riesenfichten oder an nackte Felsen gemalt. In der Nähe des Sees Bigler zog einst eine pittoreske Felswand meine Aufmerksamkeit durch ihre besonders schroffe und schwindelnde Höhe auf sich. Als unser Sechsgespann an derselben vorbeijagte, und ich in poetischer Begeisterung das Denkmal des ewigen Baumeisters betrachtete, das sich gewaltig hart am Wege über uns emporthürmte, gewahrte ich plötzlich zu meinem Schrecken ganz oben an der Felswand in weiß flammender Schrift die Worte:

„Belästigen dich Hüneraugen, mein Freund, so wende dich nur an den weltberühmten Operateur und Professor Monsieur de la Croix in Sacramento, und es soll dir geholfen werden!"

Meine poetische Begeisterung wurde erklärlicher Weise sofort bedeutend herabgestimmt. Seltsam war es, wie Monsieur de la Croix es möglich gemacht, seine Schrift dort oben anzubringen. Vermuthlich hielt Jemand den Professor, an einem Strick baumelnd, über dem Abhange, als er die Schrift malte.

In einer romantisch-düsteren Schlucht am Hood River in Oregon hatte sich eine Madame Proserpina sogar den Herren Goldtouristen als Wahrsagerin in San Francisco empfohlen. — „Autographische Zeugnisse ihrer Kunst von fast allen gekrönten Häuptern Europa's müssen selbst den Ungläubigsten überzeugen, daß er es hier nicht mit einem Charlatane zu thun hat."

Doch genug von diesem neuesten Industriezweige des erfindungsreichen neunzehnten Jahrhunderts!

Hier sehe ich einen Ritter kommen, der mich unwillkührlich in das Zeitalter des Daniel Boone zurückversetzt. Er hat einen Anzug aus Elkleder an, wozu er das Material selber geschossen, gegerbt, ausgeschnitten, genäht und ornamentirt hat. Die Beinkleider, welche reichlich eng gerathen, sind an den Seiten mit Lederfranzen geziert. Bei der Weste hat er die Haare, die er nach außen trägt, abwechslungshalber beim Gerben am Felle sitzen lassen. Vom Rock ist leider nicht viel zu sehen, da er seinen saumlosen Mantel darüber gehängt hat. Dieser besteht einfach aus einer roth und weiß gestreiften Wolldecke, in deren Mitte er einen geraden, etwa dreiviertel Fuß langen Schnitt gemacht hat, wodurch er den Kopf gesteckt, so daß die Manteldecke ihm graciös über die Schultern fällt. Auf dem Haupte sitzt eine schirmlose Mütze, aus Waschbärfellen verfertigt, die einer Baschkirenmütze in meines Herrn Vaters Polterkammer, einem Erinnerungsstück an den Russenfeldzug vom Jahre 1812, auffallend ähnlich sieht.

Der abenteuerlich ausstaffirte Reiter sitzt in einem mit halbgegerbtem Leder überzogenen, mit hohen Hörnern hinten und vorne versehenen hölzernen Sattel, in dem man auf noch so langer Reise gar nicht ermüdet. Die Steigbügel, gleichfalls aus Holz verfertigt, sehen entsetzlich kolossal aus, sind aber, wie der Sattel, äußerst praktisch. Dieselben haben die Gestalt eines umgekehrten Omega und sind roh zugeschnitzt. Der Fuß ruht darin so fest, als ob er auf dem Boden stände. Ein Stück starken Leders, das vor dem Steigbügel angebracht ist, verhindert das Hindurchschlüpfen des Fußes, so daß es ein Ding der Unmöglichkeit ist, bei vorkommendem Unfall im Steigbügel hängen zu bleiben. —

Um den Hals des Pferdes gebunden und am Sattelknopfe zusammengerollt hängt ein Strick aus Lederstriemen, der sowohl als Lasso dient als den Zweck hat, das Roß Nachts beim Grasen daran festzubinden. An den Füßen trägt der Reiter riesige mexicanische Sporen, deren Stacheln anderthalb Zoll lang sind. Kleine Glöcklein daran zeigen, daß er ein musikalisch ausgebildetes Ohr hat. Mit einem spanischen Stanzengebiß, das eine furchtbare Hebelkraft hat, vermag er den Uebermuth seines Rosses mit Leichtigkeit zu zähmen, und kann ihm nöthigenfalls mit einem kräftigen Ruck das Maul ganz entzwei reißen. Zwei große Revolver, die in Lederfutteralen vom Gürtel auf die Hüften hängen, und ein großer blauer baumwollener Schirm, den er aufgespannt hält, bilden den Rest der Staffage unseres Ritters — ein Reiterbild, das zugleich naturwüchsig und Don Quixote-artig aussieht.

Das mit großen weißen und schwarzen Flecken marmorirte Roß, ein heimtückischer Kainüß-Pony, thut nichts lieber, als nach jedem Vorübergehenden und zuweilen auch seines Herrn Füßen zu beißen, und stellt mitunter erstaunliche Capriolen auf den Hinterbeinen an.

Es wird dem Leser vielleicht nicht uninteressant sein, zu erfahren, wie diese halbwilden Mustangs zugeritten werden — „gebrochen" heißt es hier zu Lande in der Pferdezüchtersprache.

Nachdem der unbändige Sohn der Prairien mit dem Lasso eingefangen ist, schnürt man ihm zuerst die Kehle halb zu, wirft ihn nieder und verhüllt ihm die Augen. Dann läßt man ihn wieder aufstehen und bindet ihm den Sattel mit starken Lederriemen möglichst fest auf den Rücken. Der Reiter, meistens ein Halberwachsener, der sich schon im Voraus auf den Spaß des wilden Ritts freut, nimmt seinen Sitz und läßt sich gleichfalls mit Lederriemen, und zwar über die Schenkel auf dem Sattel festschnallen, worauf man dem Pferde das freie Athmen wieder gestattet und ihm die Binde von den Augen nimmt. Der erboßte Gaul springt, sobald er wieder frei athmen und sehen kann, zuerst, um die ungewohnte Last abzuschütteln, hoch in die Luft und kommt mit allen Vieren auf einmal mit steifen Knieen wieder zur Erde, dann krümmt er den Rücken und steckt den Kopf zwischen die Vorderbeine, wobei er ein halbes Dutzend Mal kurz nach einander ausschlägt und die unglaublichsten Kunstreiterübungen anstellt, während dessen der Reiter ihm mit den anderthalb Zoll langen Eisenstacheln seiner Sporen die Weichen blutig reißt und ihn unbarmherzig mit dem Lasso prügelt. Zuletzt rennt der Mustang, der zur Ueberzeugung gelangt ist, daß diese gymnastischen Kraftsprünge ihren Zweck, den Peiniger abzuschütteln, gänzlich verfehlen, aufs Wüthendste querfeldein, wobei die Schläge vom Lasso unaufhörlich auf ihn fallen. Dieses Kunstrennen wird so lange fortgesetzt, bis der Gaul todmüde und gänzlich zahm geworden, worauf der Reiter ihn nochmals tüchtig durchhaut und einsperrt. Der Mustang wird jetzt für tüchtig zugeritten erklärt und vergißt Zeit seines Lebens die ersten Prügel nicht. Ein heimtückischer Character aber ist ihm geblieben, der sich mitunter trotz aller Erziehung kund giebt.

Gegen Abend erreichten wir den Gebirgszug der Callapoya-Berge, wo uns Abwechselungs halber eine kleine Spaziertour zu Fuß im strömenden Regen vom Kutscher anbefohlen wurde, damit die Pferde nicht zu arg strapaziert werden möchten. Da dieses für uns die zweite schlaflose Nacht war, seit wir Portland verlassen hatten, so kann man sich denken, daß dieser Befehl eben nicht mit Enthusiasmus entgegengenommen wurde. Aber da half kein Protestiren! Schlaftrunken wankten wir durch die Pfützen und unter heftigen Regenschauern über die Callapoya-Gebirge, alle „Webfoot"-Kutscher aus tiefstem Grunde unserer Seele verdammend. Eigentlich hatten wir aber keine Ursache, uns über die Zumuthung des Rosselenkers, einige Meilen zu Fuß zurückzulegen, zu beklagen, da es bei allen Stagefahrten in America selbstverständlich ist, daß der Reisende auf besonders schlechten Wegen die Füße unter die Arme nehmen muß, um den Pferden das Ziehen zu erleichtern. Wer, wenn er sein Fahrgeld zahlt, voraussetzt, daß er während der ganzen Dauer der Reise im Wagen sitzen bleiben darf, ist in einem argen Irrthum befangen. Er kann von Glück sagen, wenn er bei einer Reise von etwa hundert Meilen nicht wenigstens zwanzig Meilen, und zwar auf den schlechtesten Wegen, zu Fuß gehen muß.

Am folgenden Tage, als sich das Wetter gottlob wieder aufklärte, gelangten wir in das Thal des Schurkenflusses (rogue river), ein äußerst zweideutiger Name. Doch sind in allen Minenländern dergleiche Kraftnamen sehr beliebt und dort keineswegs auffallend. Meistens stehen dieselben in genauer Beziehung zu den Tugenden der Bewohner solcher Districte. Bezeichnungen wie z. B. „Hangtown" — „Rascals Hollow" — „Murderers hole" — „Cat tail diggings" — „Stinking water" — ꝛc., die N. B. gar nicht zu den schlimmeren gehören, geben dem Lande, wo sie vorkommen, immerhin einen etwas zweideutigen Character. Schon an dem Namen Schurkenfluß erkannte ich, daß dieses Thal ein Minendistrict sein müsse, wofür die Anzeichen noch deutlicher wurden, jemehr wir uns der Stadt Jacksonville, dem Centrum der Minenlager vom südlichen Oregon, näherten. Am Schurkenflusse, sowie an seinen Nebenflüssen, dem Whiskey=Fluß, Maulesel=Bach, Pistolen=Fluß, und wie sonst die characteristischen Namen dieser Wasserläufe alle heißen mögen, findet man körniges Gold in bedeutenden Quantitäten. Diese Minen werden jetzt zum größten Theil von Chinesen bearbeitet. Hin und wieder begegneten wir langen Zügen solcher bezopfter „Johns", die nach Art der Indianer immer Einer hinter dem andern in einer langen Reihe marschirten, mit krummen Knieen im Tempo ausschreitend, wobei Jeder von ihnen eine Schaufel oder ein langes Bambusrohr mit zwei je von einem Ende desselben hängenden Bündeln auf der Schulter balancirte.

Als wir gegen Abend nur noch etwa sechszehn englische Meilen von Jacksonville entfernt waren, wo, wie es hieß, die Stage vier Stunden verweilen sollte, um den todmüden Passagieren Gelegenheit zu geben, vor der Weiterreise etwas erquickenden Schlummer zu erhaschen, machte unsere Stage plötzlich eine schiefe Bewegung nach hinten, in Folge deren sämmtliche Passagiere über= und durcheinander rückwärts in die linke Wagenecke rollten. Gottlob blieben die Pferde sofort stehen, so daß außer einigen zerschundenen Gesichtern und verrenkten Gliedern weiter kein Unglück geschah.

Als wir uns aus der zusammengebrochenen Stage hervorgearbeitet hatten, bemerkten wir zu unserm nicht geringen Aerger, daß eins der Hinterräder zerschellt sei. Jetzt war guter Rath theuer. Um noch zeitig genug für den Anschluß an die California=Stagekutsche nach Jacksonville zu kommen, mußten wir versuchen, wo möglich ein neues Fuhrwerk aufzutreiben.

Den Kutscher bei der jetzt nutzlosen Stage und dem Gepäck zurücklassend, wanderten sämmtliche acht Passagiere auf der Landstraße etwa zwei Meilen vorwärts, um Hülfe zu suchen, die Montaner, ihre sechzig Pfund schwere, kostbare „Cantena" mit sich schleppend, als plötzlich zu unserer Freude die Klänge einer Geige an unser Ohr schlugen. Diese Töne kamen aus einem an der Landstraße gelegenen Wirthshause, wo die Bewohner der Umgegend sich zum Tanze versammelt hatten. In der Vorhalle, welche als Tanzsaal diente, saß ein Negermusikant hoch auf einem Tische und strich ohrzerreißende Melodien von seiner Fidel herunter, zu welcher die Tanzgesellschaft sich in verschnörkelten Figuren, die wie auf der Wachtparade laut commandirt wurden, mit unnennbaren Pas steif hin und her bewegte.

Nur mit großer Mühe und Anwendung bedeutender Redekunst und mehr faßlicher blanker Ueberzeuger in Gestalt von Goldmünzen, gelang es uns, einen alten Bauerwagen aufzutreiben, dessen menschenfreundlicher Eigenthümer sich erbot, uns für die Kleinigkeit von zwanzig Dollars sofort nebst Gepäck nach Jacksonville zu schaffen. Es vergingen jedoch mehrere Stunden, ehe unsere Extrapost marschfertig war, und zehn Uhr war längst vorbei, ehe der Wagen mit dem Gepäck von der zusammengebrochenen Stage zurückkam und der Fuhrmann, der erst noch einen Virginia-Reel mitgetanzt, uns ersuchte, einzusteigen.

Dieses war leichter gesagt als gethan, da auf dem keineswegs geräumigen, federlosen Wagen keine Sitze angebracht waren. Durch geschicktes Ineinanderschlagen unserer Beine, und das Gepäck, so gut es sich machen ließ, als Sessel benutzend, gelang es uns zuletzt, sämmtlich in der Karosse ein Unterkommen zu finden. Endlich ging's bei Luna's blassem Schimmer auf der nichts weniger als einer deutschen Chaussee ähnlichen Landstraße weiter nach Jacksonville, wo wir um drei Uhr Morgens halbgerädert anlangten. Es währte jedoch geraume Zeit, ehe ich in meinen Beinen, die ich auf der Reise wie ein türkischer Derwisch unter mich gesteckt, wieder des prickelnden Gefühls eines neu erwachenden Blutumlaufs mich erfreute und mich getraute, fest auf die Muttererde zu treten. Da die California-Stage bereits in einer kurzen Stunde weiterfahren sollte, so war selbstverständlicher Weise an Schlaf gar nicht zu denken; eine grausame Enttäuschung für uns arme abgehetzte Goldtouristen!

Hohläugig und schlaftrunken taumelten wir wieder in die Stage und setzten unsere Leidensfahrt wieder südwärts fort. Bei Tagesanbruch kamen wir an die Gebirgsketten der Siskiyou-Berge, welche wir, um den Pferden die Last zu erleichtern, zu Fuß hinanstiegen. Auf dem Gipfel angelangt sah ich zum ersten Male die gewaltige Schneekuppe des 14,440 Fuß hohen Shasta Butte, der, wie Mount Hood im nördlichen Oregon, hier an der Nordgrenze von Californien auf hoher Wacht steht.

Lustig ging's auf gewundener Landstraße die Siskiyou-Berge wieder hinab. Sobald wir, etwa zwanzig englische Meilen südlich von denselben, die Grenze von Californien überschritten hatten, kamen wir unter ganz andere Menschen, die sich von den Oregoniern unterscheiden, als ob man urplötzlich unter eine fremde Nation versetzt sei. Unser Kutscher schon zeigte ein viel lebhafteres Temperament, als seine schläfrigen oregonischen Collegen; er sang frohe Lieder, war gesprächig und hieb tüchtig auf unser Viergespann ein. Fidele californische Goldgräber begrüßten uns an den Standquartieren der Stage-Compagnie. Sogar die Pferde waren munterer, und bei den Mahlzeiten, welche wir einnahmen, war der Unterschied unverkennbar.

Wer nur auf den Zucker und Kaffee achtete, konnte schon an diesen Luxusartikeln erkennen, daß er in ein civilisirtes Land gekommen sei. Anstatt des braunen sandartigen Zuckers der biederen „Schwimmfüßler" gab es fortan nur vom besten weißen raffinirten Zucker und statt des trüben, gekochten Kaffees, voll von halb zermahlenen, gebrannten Bohnen, schenkte man uns jetzt vom besten filtrirten Java ein.

Stets den Shasta Butte vor Augen, der, je näher wir ihm kamen, immer mehr gigantische Formen annahm, und alle Augenblicke die Spuren alter, ausgearbeiteter Goldlager in nächster Nähe, erreichten wir den wild brausenden Klamathfluß, den wir auf einer Fähre überschritten. Jenseits desselben gelangten wir auf eine baumlose Hochebene, die sich bis nach Yreka (Weirika) erstreckt. Der schneegekrönte Mount Shasta, aus dessen westlichem Ende ein Bergkoloß, der genau das Ansehen einer Bastion hat, gleichsam herausgewachsen ist, und um dessen Fuß dichte Wälder einen dunkelgrünen Mantel geschlungen hatten, machte sich, von hier aus gesehen, wunderbar schön.

Bald jedoch versteckte sich Mount Shasta hinter einer nahe gelegenen Hügelreihe, und das goldene Yreka lag vor uns, ehedem eine der reichsten Minenstädte Californiens; ich sage ehedem, denn jetzt bietet Yreka ein treffendes Bild einer ganz heruntergekommenen Minenstadt, mit verfallenen Häusern, zugenagelten Fenstern, langgezopften Chinesen und einer Legion von Spielhöllen, Hurdy-Gurdy- und Trinksalons, die theilweise leer standen, theils in bescheidenen Verhältnissen ihr Dasein fristeten und sich im Glanze der Vergangenheit sonnten.

Der Kutscher, welcher beim Scheiden von Yreka die Zügel unseres Viergespanns ergriff, gab mir, als ich mich über die Langsamkeit unserer bisherigen Reise beklagte, die erfreuliche Nachricht: „from now on we'll go like hell!!" — Und so war es in der That! Die Pferde galoppirten über die theilweise verlassenen Goldfelder, hie und da an alten, luftig gebauten Wasserleitungen und bei verfallenen Minerhütten vorbei, durch die wild=romantische Gegend, daß das Herz im Leibe Einem dabei lachte. Hin und wieder sah ich Goldwäscher an den Rinnen fleißig bei der Arbeit; und ein paar Mal begegneten uns lange Züge bezopfter „Johns", wie gewöhnlich im Gänsemarsche, und ein Jeder von ihnen eine mit zwei Bündeln beschwerte Schaufel auf der Schulter balancirend.

In der Nacht — der vierten seit meiner Abreise von Portland passirten wir die Scotts=Berge. Die Wege wa= ren schlüpferig von frisch gefallenem und halb geschmolzenem Schnee, so daß wir nur langsam vorwärts kamen und öfters wieder einmal die Beine unter die Arme nehmen mußten, um den Pferden das Ziehen zu erleichtern. Sobald wir jedoch, gegen Morgen, die Höhe erreicht hatten und es wieder bergab ging, suchte unser Kutscher die versäumte Zeit nachzuholen und fuhr, wie er versprochen, „wie die Hölle", selten anders als im schlanken Trab, oft im Galopp, und ohne sich viel um die gelegentlich im Wege liegenden, aber nicht kleinen Steine zu kümmern, über welche die Stage mitunter in förmlichen Sätzen hinsprang, so daß es mich wunderte, wie nicht Alles an ihr kurz und klein brach. Diese Fahrt, im Galopp die Berge hinab, wo die Felsen oft im wildesten Chaos tief unter uns an den jähen Ab= hängen dalagen, auf gewundenen Wegen um die Ecken herum= wirbelnd, an riesigen Frachtwagen vorbei, die mit einem Dutzend Jochen von Stieren bespannt waren, erinnerte mich lebhaft an meine halsbrechende Stage=Wettfahrt vor drei Sommern über die Sierra Nevada nach Washoe. Das Umspannen der Pferde nahm selten mehr, als drei Minuten in Anspruch, da die frischen Pferde bereits aufgeschirrt dastanden, wenn die Stages bei ihren Standquartieren anlangten.

Die Geschicklichkeit, mit der unser Kutscher sein Gespann leitete, hätte einem Wettfahrer in den Olympischen Spielen zur Ehre gereicht. Vermittelst eines Wagenradschuhs, den er durch einen Hebel mit dem rechten Fuße regulirte, vermochte er das Umdrehen der Räder nach Belieben zu hindern, eine äußerst praktische Einrichtung, da die Pferde beim Bergabjagen nicht genöthigt sind, den Wagen zurückzuhalten. Allerdings ist die Gefahr groß, wenn der Hemmschuh an solch einer Stelle nicht gut fassen oder gar brechen sollte, und die schwere Stage den erschreckten Pferden plötzlich auf die Hinterbeine rollte.

Unser Rosselenker ließ seinen Fuß fast nie vom Hebel. Gleitend und rollend ging's halsbrechende, steile Abhänge im schlanken Trab hinab, so sicher, als ob wir auf einer glatten Chaussee hinführen. Mitunter kommen jedoch Unglücksfälle vor. So zeigte mir unser Kutscher, um ein Beispiel anzuführen, eine Eiche, die am unteren Ende einer fast zwei englische Meilen langen geneigten Ebene, über welche die Landstraße schnurgrade herablief, mitten im Wege dastand, und gegen welche eine Stage, der das Gespann durchging, als unglücklicher Weise der Hemmschuh gebrochen, vor nicht langer Zeit, wie aus einer Kanone geschossen, anrannte, so daß der Fuhrmann nebst drei Passagieren augenblicklich getödtet wurden. Diese liebliche Historie erzählte er mir während unsere Stage wie rasend die geneigte Ebene, scheinbar gerade gegen den fatalen Eichbaum, hinabdonnerte, wobei ich nicht umhin konnte, dem Hemmschuh-Hebel, auf welchem der Kutscher mit der ganzen Last seines Körpers trat, manchen nervösen Seitenblick zuzuwerfen.

Wie bereits früher bemerkt, hatte ich während des größten Theils meiner Reise, wenigstens bei Tage, meinen Platz auf dem Bock genommen, um einer freien Umschau zu genießen. Meine Unterhaltung mit dem „Schwager" drehte sich um Pferde und Millionen von Goldstaub, um neue „excitements" und dergleichen interessante Themata. Der Telegraph begleitete uns treu durch die Wildnisse, eine der zahlreichen Arterien des Erdballs, durch welche die blitzgeflügelten Sendboten der Civilisation ihre Pulsschläge bis in die entlegensten Gegenden senden.

Als wir den Trinityfluß erreicht hatten, fuhren wir durch eine fast schweizerisch=romantische Gegend hart am Ufer dieses Bergstromes hin, der sich wildschäumend über zerrissenes Felsengeröll hintummelte. Die dunkelgrünen Nadelhölzer, mit den herbstlich goldenen Blättern der Laubbäume untermischt, welche die Abhänge der nahen Gebirgsketten zierten, gaben ein außerordentlich malerisches Bild, welches gegen Abend durch eine tiefglühende Beleuchtung doppelt schön ward.

Etwas nach Sonnenuntergang langten wir in der Minenstadt Trinity Centre an, wo meine beiden Montana=Freunde uns verließen. Ganz unerwartet kamen diese nach einer Abwesenheit von zwei Jahren, die sie in den Minen von Idaho und Montana zugebracht, während welcher Zeit ihre Angehörigen keine Sylbe von ihnen gehört hatten, wieder bei ihren Familien an. Das Jubelgeschrei, Lachen und Weinen, die hysterischen Verzuckungen der beiden Frauen von unseren Goldjägern, werde ich Zeit meines Lebens nicht vergessen. Als unsere Stage schon weit fort war von der Scene des ehelichen Glücks und bei hereinbrechender Dunkelheit die Berge hinanrasselte, konnte ich immer noch das Zetergeschrei des frohen Wiedersehens ganz deutlich hinter uns vernehmen, wobei die Worte „O my Jessie,

I thonght you was dead!" noch auf eine Entfernung von einer halben englischen Meile vernehmbar waren, von einem Gekreisch begleitet, als ob eine Indianerbande die Familie soeben scalpiren wollte.

In der folgenden Nacht ging's über die Trinity Berge; daß ich todmüde war, kann man sich vorstellen, da ich während der letzten fünf Nächte nur gelegentlich die Augen geschlossen, wenn der holperige Weg dieses nicht unmöglich machte. Diese Nacht war an Schlaf gar nicht zu denken. Der Fahrweg war außerordentlich rauh und so eng, daß man mit der einen Hand oft fast die Felsen und Bäume berühren konnte, während zur anderen Seite ein schwarzer Abgrund gähnte. Die Stage tanzte dermaßen hin und her, daß zwei Chinesen, die oben auf derselben als Passagiere Platz genommen, voller Entsetzen ihren wackeligen Sitz und das bezahlte Fahrgeld im Stich ließen und es vorzogen, zu Fuß weiter zu marschiren, statt ihr kostbares Leben der Gnade des Fuhrmanns länger anzuvertrauen. Unser Kutscher gab den feigen „Johns" einen kräftigen Peitschenhieb als Abschied und stieß, im Galopp weiterfahrend, ein indianisches Schlachtgeheul aus, bei dem sich die Chinesen mit gebückten Köpfen, an denen die sauber geflochtenen Zöpfe wie Wetterfahnen steif hinten ausstanden, erschreckt seitwärts in die Büsche schlugen.

Die Stage war durch den Aufenthalt in den Scott's-Bergen volle drei Viertelstunden hinter der ihr vorgeschriebenen Zeit zurück. Unser chinesenfeindlicher Kutscher erzählte mir bald darauf, als ich den Platz auf dem Bock dem drinnen vorzog, wo mir bei längerem Aufenthalte um die Solidität meines öfters mit der Wagendecke in Collision kommenden Schädels bange ward, daß er versuchen werde, die verlorene Zeit während der Nacht wieder einzuholen — kein geringes Unternehmen bei einer Fahrt wie die unfrige, wo die von den einzelnen Stages zurückzulegenden Entfernungen bereits nach Minuten abgemessen sind.

Vor Tagesanbruch passirten wir die alte Minenstadt Shasta, wo wir vorläufig die Golddistricte des nördlichen Californien verließen, und jagten dann durch ein flaches und sandiges Land nach Red Bluff am Sacramentofluß. Um neun Uhr Morgens — am sechsten Tage meiner Stagefahrt — erreichten wir die Stadt Red Bluff. Noch immer waren wir zwanzig Minuten hinter der vorgeschriebenen Zeit zurück, und unser neuer Kutscher schwur, er wolle Oroville, wo Anschluß an die Marysville=Eisenbahn war, früh genug für den Dampfzug erreichen, oder nie mehr mit Vieren fahren.

Fort ging es im lustigen Galopp, rechts weite Savannen, links die sich am Sacramentostrome hinziehenden Waldungen. Reiter und Fuhrwerke wurden jeden Augenblick von uns überholt. Vor uns erstreckten sich die Telegraphenpfähle, an denen wir hinfuhren, wie ein Zaun in endloser Linie über die Ebene. Dann wieder näherten wir uns den Ufern des Sacramentoflusses und fuhren durch ein reiches weites Thal, wo Wald und eingehegte Felder mit einander abwechselten. Bei dem Städtchen Tehama überschritten wir den Sacramentofluß auf einer Fähre, und lustig ging's auf dem anderen Ufer weiter. Hin und wieder passirten wir ausgetrocknete Flußläufe, voll von Kiesgeröll, die im Winter von reißenden Fluthen angeschwollen sind. Dann wieder auf der Prärie. Ein kalter Wind, der mich an einen Texas=Norther erinnerte, saus'te über die Ebene und sang in den Glaskapseln der Telegraphenstäbe wilde Lieder, und bewog mich, an meine Oregon=Decke als warmen Freund um Schutz zu appelliren. Tief in ihre Falten gehüllt, schaute ich unserem noch immer fernen Ziele entgegen und blickte hinab auf die mit Schaum bedeckten Rosse.

Verschwunden die Prärie. Milder wehten die Lüfte. Eichen standen parkähnlich auf grünen Fluren da. Eingehegte Felder, Gärten kamen, und donnernd rasselten wir durch die mit Baumreihen besetzten Straßen von Chico.

Chico ist ein ansehnliches Städtchen und war zu jener Zeit (die Pacificbahn existirte damals noch nicht) Nebenbuhler von Red Bluff für die Verbindung von Californien über Land mit Idaho, den Minen von Boise und Owyhee. Die Rivalen beider Plätze waren wieder die Stadt Portland in Oregon und der Columbiastrom. Tausende Meilen von einander entfernt, durch Bergketten und endlose Wildnisse, durch fruchtbare Thäler und die Wogen des Oceans getrennt, strebten alle jene Handelsconcurrenten danach, San Francisco mit den reichen Goldfeldern und Silberadern des nördlichen Ophir auf schnellstem Wege zu verbinden.

In Chico wurde zu Mittag gespeis't. Eben hatten die hungrigen Gäste sich an die mit Speisen wohlbeladene Tafel gesetzt, und ich bemühte mich, den Kaffee, mit dem ich mir bereits den Gaumen verbrannt, abzukühlen, um ihn genießbar zu machen, als schon das Horn des Kutschers wilde Fanfaren blies, zum Zeichen daß die Stage marschfertig sei. Einen mit Zwiebeln gefüllten Shanghai mit der Linken am gelben Bein zu packen, ein halbes Dutzend Biscuits, an denen ich mir die Finger verbrannte, und einen halben Pflaumen=Pie in die geräumige Rocktasche zu stecken, beim Wirth sechs Bit hinzuwerfen, und flugs hinauf auf den Bock, war mit mir nur das Werk weniger Secunden, und fort rasselte die Stage, ehe noch die Insassen derselben den Kutschenschlag hatten schließen können. Um eine Flasche „Eye Opener" ward ich schändlich geprellt. Der Bursche, dem ich einen Dollar gab, um mir den Sorgentröster von der „Grocery" zu holen, kam zu spät und schwang, vergeblich die Stage mit Geschrei zum Anhalten auffordernd und hinter derselben herrennend, zu meinem Aerger die bauchige Flasche. Der Kutscher antwortete mir auf meine Bitte, eine halbe Minute anzuhalten, nur mit einem haarsträubenden Fluche.

Jetzt — öde Ebene. Links die Vorberge der Sierra Nevada, und näher, vereinzelt dastehende Hügel mit scheinbar künstlichen Felskronen, wie Runenringe, als ob die Urbewohner des Goldlandes dort Schanzen aufgeworfen hätten; vor uns die endlose Reihe der Telegraphenstäbe, und weit hinter ihnen, am südlichen Horizont, die gezackte Kette der Marysville=Buttes — ein californisches Siebengebirge — isolirt aus der Ebene aufragend, — das ferne Ziel unserer Tagereise. Hier mußte es Tags zuvor stark geregnet haben. Breite Pfützen hatten sich im Wege gesammelt. Hindurch ging's im sausenden Galopp, daß das Wasser bis hoch über die Stage spritzte.

Dort der Feather River, den wir auf einer Fähre überschritten, von dessen unerschöpflichen Goldschätzen alte Miner so gern plaudern. Schlammig rollt er sein Wasser daher. Sein ganzer oberer Lauf, hundert Meilen weit, ist Eine Goldmine. Aber eisengepanzerte Maschinen und der Dampf haben längst schon die Arbeit fleißiger Menschenhände übernommen; Tausende von hydraulischen Preßströmen waschen die Erde von den Hügeln herunter und füllen sein Strombett mehr und mehr, daß es jetzt schon fast dreißig Fuß höher liegt, als vor einem kurzen Decennium.

Ringsumher wieder die Wahrzeichen alter und ausgearbeiteter Minen: Berge von Schutt und ausgewaschener Erde, zerfallene Wasserleitungen, Brettergestell, Hütten ꝛc. — und jetzt endlich rasseln wir durch die Straßen der alten Minenstadt Oroville, von wo uns das eiserne Roß nach dem 26 englische Meilen entfernten Marysville bringen soll. Wolken dampfend ruht unser Gespann. Siebenund=

sechszig englische Meilen, seit wir Red Bluff verlassen, haben wir in acht und einer halben Stunde zurückgelegt. Unser Roffelenker hat Recht gehabt, seine californischen Renner zur äußersten Eile anzutreiben, denn fünf Minuten später, und der Dampfrappe hätte uns schmählich im Stich gelassen.

Graue Nebelbänke lagern sich über die Ufer des finsteren Federflusses, an denen wir, dampfgeflügelt, hindonnern. Wie Inseln taucht das feste Land hin und wieder aus dem Nebelmeere empor. Der goldene Fluß hat sich in ein silbernes Meer verwandelt. Geister der feuchten Tiefe spielen auf seinem glitzernden Busen, und neckisch schaukeln grüne Zweige und nebeltriefende Baumkronen über seinem Spiegel. Donnernd rasseln die Eisenräder am Ufer des Silbermeeres dahin. Blinkender Spiegel, unter dir rollt der düstere Federstrom seine schweigende Fluth. In fernen Gebirgen hat er den Lärm kreischender Maschinen, das Keuchen schwerer Arbeit, den Jubel fröhlicher Lust, die Seufzer zu Grabe getragener Hoffnungen vernommen. Rolle dahin, leiser, schweigender Goldstrom! Wie kein anderer Strom dieser Erde hast du Freuden und Sorgen des Menschen belauscht. Trage sie mit dir, leise, begraben im träumerischen Fluthenschooße des silbernen Meeres, wo die nebeltriefenden Wipfel wie sinkende Cypressen ein Schlummerlied über dir rauschen!

Verschwunden die Fata Morgana der nebelnden Tiefe, — und seht! dicht vor uns zeigen sich plötzlich die stattlichen Häuserreihen von Marysville, vom blendenden Lichte Hunderter von Gaskerzen erleuchtet. Bald hatte ich es mir im „Western Hôtel" bequem gemacht und ruhte, seit sechs Nächten zum ersten Male wieder, meine zerschlagenen Glieder auf behaglichem Lager aus. Welche Wollust, auf solchem Lager ruhen zu dürfen! Wahrlich, es ist schon der Mühe werth, sich sechs Tage und Nächte in der Stage umher werfen zu lassen, blos um solchen Hochgenusses theilhaftig werden zu können!

Aber nur kurze Zeit schwelgte ich in solchem sybaritischen Genusse. Bereits halb sechs Uhr Morgens wurde ich aus diesem, dem behaglichsten aller meiner Schlummer, höchst unceremoniös geweckt, da die Stage binnen einer halben Stunde nach der Eisenbahnstation Lincoln weiter fahren würde. Alle Stages und Stagekutscher in den tiefsten Abgrund der siebenten Hölle wünschend, kleidete ich mich rasch an, und bald darauf rasselten wir durch die schweigsamen Straßen von Marysville, wo noch alle „Stores" geschlossen waren, dem Endziele unserer Reise entgegen.

Die nackten Berggipfel der „Buttes" zu unserer Rechten, kamen wir bald an den Yubafluß, den wir auf einer langen überdachten Holzbrücke passirten. Dieser Fluß hat ein außerordentlich schlammiges Wasser, in Folge der vielen hydraulischen Goldwäschereien an seinem oberen Stromlaufe, bei denen das Wasser von den Maschinen über und über benutzt wird. Weiterhin passirten wir den ebenfalls goldreichen Bärenfluß, gleichfalls auf einer langen überdeckten Holzbrücke. Dieser Strom bot dasselbe Bild wie der Feder- und Yubafluß, und ist wie diese tief mit Schlamm angefüllt, das Product der ausgewaschenen Erdmassen an seinem oberen Laufe.

Dann ging's weiter, über eine öde, rothe Sandebene, auf der Eichen vereinzelt dastanden. Öfters trafen wir Emigranten, die mit Hab und Gut nach Oregon zogen. Andere Emigrantenfuhren, die von Oregon kamen, begegneten jenen, beide Theile eine neue Heimath suchend; ein seltsames Schauspiel, aber in Californien etwas Alltägliches, wo ruhelose Tausende fortwährend von einem Platze zum andern wandern, um nach Reichthümern zu suchen. Um elf Uhr Vormittags fuhr unsere Stage endlich glücklich auf den Bahnhof von Lincoln, wo das eiserne Roß uns erwartete und schnell weiter nach Sacramento brachte, nach einer ununterbrochenen Fahrt von über siebenhundert englischen Meilen, seit wir Portland verlassen hatten.

Und hier will ich von dem freundlichen Leser für diesmal Abschied nehmen, in der Hoffnung, daß er mir nicht ungern auf dieser meiner 700 Meilen-Stagereise durch blühende Thalgründe, über hohe Gebirge und durch goldreiche Wüsteneien der Länder am fernen Stillen Meere gefolgt ist. Später werden wir uns noch einmal auf demselben Puncte dieser schönen Erde begegnen und wieder in Gesellschaft mit einander reisen. Hast du meine Bekanntschaft alsdann in wohlwollendem Andenken behalten, freundlicher Leser, nun, so wird das Wiedersehen doppelt freudig sein, und wir können ferner mit einander plaudern, wie eben nur treue Reisegefährten es zu thun verstehen.

Streifzüge im Nordwesten.

(1868 — 1876.)

1. Ueber die Blauen Gebirge in Oregon.

Der Staat Oregon wird durch den ihn nach Norden durchschneidenden Gebirgszug der Cascade Range in zwei ungleiche Hälften — das westliche und östliche Oregon — getheilt, von denen jenes ungefähr ein Drittel und dieses zwei Drittel seines Flächenraumes umfaßt. Während das westliche Oregon — die Thäler des Willamette, Umpqua und Rogue River, — vorwiegend auf den Ackerbau hingewiesen ist, findet das sich von der Cascade Range bis zum Schlangenflusse erstreckende östliche Oregon, welches aus vielfach zerrissenen Plateaus besteht, weite Einöden in sich schließt und nur in großen Abständen von einander entfernte, für den Ackerbau zu verwerthende Thäler birgt, seine Hülfsquellen besonders in Weideplätzen und den Ertrag von Goldplacers. Unter den zahlreichen Gebirgszügen des östlichen Oregons ist das gegen Süden 7000 Fuß hohe und weiter nördlich bis zu 5000 Fuß ansteigende Blaue Gebirge (blue mountains; es giebt auch ein Blaues Gebirge [blue ridge] im Staate Virginien) das bedeutendste. Im Jahre 1866 fand ich, nach meinem Besuche in dem Goldminenlager von Willow-Creek*), Gelegenheit, diesen Gebirgszug zu überschreiten, und will ich, an jene Skizze anknüpfend, jetzt meine Reise vom Buretflusse nach dem Columbia schildern.

*) Vergleiche 1. Band „Bilder aus dem Goldlande" pag 271 ff.

Am Morgen des 16. April nahm ich Platz in einer bequemen Stagekutsche, welche um acht Uhr von Boise City bei der Expreß Ranch anlangte, um meine Weiterreise über die Blauen Berge nach dem Columbia anzutreten. Ein klarer, frostiger Morgen war es, der einen schönen Tag in Aussicht stellte, und da mir das Aeußere meiner sechs Reisegefährten wohl gefiel, die sämmtlich mit einem lustigen Temperamente gesegnet zu sein schienen, so versprach ich mir von der bevorstehenden Reise viel Vergnügen, zumal wir nur bei Tage fahren sollten, und die Gasthäuser an dieser Landstraße in gutem Ruf standen.

Auf glattem Wege rollte unsere mit vier muthigen Braunen bespannte Postkutsche schnell dahin, zunächst dem Thale des Powder River entgegen. Die Gegend war sobald wir den Burntfluß verließen, weit und breit mit dürrem Salbeigestrüpp bewachsen. Als wir nach zweistündiger Fahrt durch eine Thalmulde in das Powder River-Thal debouchirten, begrüßte uns zu beiden Seiten eine romantische Gebirgsscenerie. Rechter Hand zeigte sich am Horizonte der schöne Eagle Creek-Pic, dessen Schneekuppe ich bereits früher oberhalb Rye Valley sah. Links zog sich in nicht weiter Ferne die dicht bewaldete, langgestreckte Kette der Powder River-Berge hin, hier die östlichen Ausläufer der Blauen Gebirge.

Die Powder River-Berge bilden, mit Ausnahme der Eagle Creek- und der Rockfellow-Goldminen, welche nördlich von der großen nach Umatilla führenden Landstraße liegen, gen Norden die Grenze der goldhaltigen Zone, die sich, bei einer Breite von etwa zweihundert engl. Meilen von West nach Ost im Süden bis nach Californien und Nevada erstreckt. Innerhalb jener Grenzen ist das ganze Land eine fast pfadlose Gebirgswildniß, in welcher einzelne

Minendistricte zerstreut sind. Die oft dicht bewaldeten Bergketten, welche jenes Land in verschiedenen Richtungen durchschneiden, schließen sich im Westen sämmtlich an die von Süd nach Nord laufende Hauptkette der Blauen Gebirge an.

Die uns zunächst liegenden Goldminen waren in südlicher Richtung nur 15 englische Meilen entfernt, die von **Auburn** am Powder River. Bereits im Herbste 1861 wurden dieselben entdeckt und eröffneten den Reigen neuer reicher Minenlager im Nordosten von Californien, durch Oregon und Idaho bis hin zum fernen Montana, dem Phönix der nördlichen Felsengebirge. Zur Zeit seines Glanzes hatte Auburn eine Geschäftsstraße von einer halben Meile Länge; nicht weniger als 40 Häuser wurden dort in einem Tage errichtet. Jetzt sind die meisten der wandersüchtigen Goldgräber, nachdem sie in den Auburn-Goldminen das Fett so zu sagen von der Suppe abgeschöpft, nach Idaho und Montana gezogen, und die Chinesen haben fast die unbeschränkte Herrschaft in jenen nur theilweise ausgearbeiteten und immer noch reichen Goldminen. Handel und Wandel sind aber vor den knauserigen Söhnen des Himmels geflohen, wie dieses in allen Minenlagern der Fall ist, wo sie sich in größerer Zahl einbürgern, und dem einst wie ein Phönix der Wildniß in blankem Golde prangenden Auburn ist nur ein Schimmer von Flittergold, ein Schatten seiner ehemaligen Größe, geblieben. Oberhalb von Auburn ist das Gebirge im Powder-River-Thale von unzähligen Quarzgängen durchflochten, welche bis jetzt noch nicht näher erforscht sind. Nach den naheliegenden ergiebigen Freigoldablagerungen zu schließen, sollte man dort an edlen Metallen reiche Erzgänge vermuthen, welche der heruntergekommenen Goldstadt durch eine neue Einwanderung von weißen Minenarbeitern vielleicht in nicht ferner Zeit eine zweite Aera des Ruhmes aufschließen möchten.

Dreiundzwanzig englische Meilen von der Expreß-Ranch erreichten wir gegen Mittag das am Powder River liegende schmucke Landstädtchen Baker City. Auburn ist nur zehn englische Meilen südlich von Baker City entfernt. Sieben englische Meilen nördlich von Baker City liegt die ergiebige Rockfellow-Quarz-Goldmine. In der zu jener Mine gehörigen Stampfmühle bei Baker City wurden von der Tonne (20 Centner) Erz 85 Dollars erzielt. Das dort gefundene Gold, das feinste in Oregon, hat eine Feine von 940 bis 953. Sein höchster Metallwerth ist 19 Dollars und $63^{82}/_{00}$ Cents per Unze. Der Besitzer dieser Goldmine, J. S. Ruckel, war einer der Pioniere von Oregon und früher Präsident der „Oregon steam navigation Company", durch welche Gesellschaft von unternehmenden Capitalisten die Wasser des Columbia und seiner Verzweigungen zuerst durch Dampf befahren wurden.

Eine holde Schöne vom süßen Sechzehn (sweet sixteen, wie sich der Amerikaner poetisch auszudrücken pflegt), welche im letzten Hause von Baker City einstieg, brachte durch ihren Esprit neues Leben in unsere etwas schweigsam gewordene Reisegesellschaft von Junggesellen, und wir wetteiferten bei ihrem Erscheinen damit, uns liebenswürdig zu machen. Nirgends in der Welt werden hübsche Frauenzimmer höher geachtet, als in den Goldlanden. Die Erscheinung eines derartigen süßen Engels, mit Ballon-Crinoline und zopfartig unter dem pariser Hut herabhängender Schmachtlocke, und in hohen rothberänderten Balmoral-Schuhchen, ist in diesen Wildnissen eine solche Seltenheit, daß seine ungewohnte Nähe die Gemüther der ihm nahekommenden Sterblichen vom rohern Geschlecht sofort mit einer Art von religiöser Begeisterung erfüllt. Wenn eine solche Jungfrau mit zierlichen Schritten durch die Straßen eines Minenstädtchens daher gewandelt kommt, so werden

Hunderte von Männeraugen sie unfehlbar respectvoll mustern und ihr sehnsüchtig nachschauen, was die holden Königinnen der Menschheit als einen pflichtgetreuen Tribut ihrer männlichen Vasallen mit hochgetragenem Haupte als selbstverständlich gnädig entgegenzunehmen geruhen.

Die junge Dame, welche von Baker City mit uns fuhr, war auf einer Freierin-Expedition auf eigene Faust begriffen und reiste gegen den Willen ihrer Eltern allein nach der an 300 englische Meilen entfernten Stadt Vancouver am Columbia, um dort einen keines Ueberfalls gewärtigen, im ungefesselten Junggesellenstil lebenden alten Bekannten im Hochzeitsnetze einzugarnen. Um den Erfolg ihrer Freierin-Expedition schien es unserer Holden nicht bange zu sein, da wohl der Mann in den Goldlanden nicht lebt, der Barbar genug wäre, einen solchen Antrag uneigennütziger Liebe seitens einer Schönen von süßen Sechzehn auszuschlagen. Selbstverständlich nahmen wir Alle sofort Partei für den schönen Lockvogel gegen die philiströsen Alten, welche ihn zwingen wollten, seine Jugendjahre einsam und allein unter den Salbei-Büschen am unromantischen Pulverflusse zu vertrauern, da er doch an den Ufern des „Rheins vom neuen Continent" spazieren gehen konnte, und schworen „bei unseren Revolvern", jede Attaque eines etwa nachsetzenden Detachements von Verwandten der jungen Dame aus der „Bäckerstadt" energisch zurückzuschlagen. Hierzu waren wir wohl im Stande, da wir als alte Bewohner der Goldlande sämmtlich Feuerwaffen mit uns führten und solche bei dem geringsten Anlaß ohne besondere Gewissensscrupel gegen Freund oder Feind in Anwendung gebracht hätten.

Außer einem Expreß-Schatzagenten, der eine schwere eisenbeschlagene Kiste mit so und so vielen zehntausend Dollars schnöden Goldstaubes in besonderer Obhut hatte, und meh=

reren Kaufleuten, die Alle Pulver gerochen, befand sich ein
junger Mann unter uns, ein Deutscher aus Silver City
in Idaho, der seine Tapferkeit erst vor Kurzem bei einem
Indianerüberfall der Stage=Kutsche zwischen Boise City und
Owyhee glänzend kund gethan und in Folge davon als
Held mit besonders sonnigen Blicken von der holden Hei=
rathscandidatin beglückt wurde. Die Specialia dieses für
die dabei Betheiligten nichts weniger als gemüthlichen Aben=
teuers bildeten für unsere Reisegeschaft einen nie endenden
Stoff zur Unterhaltung.

„Eine Bande von sieben halbnackten Snakes — so er=
zählte unser Held — überfiel unsere Stage=Kutsche in einem
felsigen Cañon auf der Landstraße, welche von den Owyhee
Silberminen in Idaho nach Boise City führt. Die erste
Salve, welche von den Rothhäuten aus einer Entfernung
von nur zwölf Schritten hinter einem großen Basaltfelsen,
der dicht am Wege lag, abgefeuert ward, verwundete den
Kutscher tödtlich, während die Stage von den Kugeln wie
ein Sieb durchlöchert ward, ohne daß jedoch wunderbarer=
weise sonst Jemand im Wagen getroffen wurde.

Einer von uns fünf Passagieren, der beim Kutscher auf
dem Bock saß, ergriff sofort die Zügel des wildgewordenen
Viergespanns, das wie rasend mit der Stage auf der fel=
sigen Straße dahinstürmte. Bereits nach wenigen Minuten
stürzte eins der Deichselpferde, und unser Fuhrwerk kam
plötzlich zu Halt. Schnell sprangen wir vier Passagiere,
die im Wagen gesessen, aus der Kutsche und bemühten uns,
das gefallene Pferd wieder aufzurichten, die anderen wild
hinten ausschlagenden zu beruhigen und das in Unordnung
gekommene Geschirr wieder in Stand zu bringen, um die
Flucht fortzusetzen.

Die Indianer, welche unter lautem Geheul wie Blut=
hunde die Stage verfolgten, ließen uns jedoch keine Zeit,

die erlittene Havarie wieder auszubessern. An eine Vertheidigung war nicht zu denken, da wir fünf Passagiere nur einen Revolver bei uns hatten, und die Indianer sämmtlich mit Büchsen bewaffnet waren. Keiner von uns hatte gedacht, daß hier auf der großen Landstraße von Boise nach Silver City die geringste Gefahr vor Indianern sei. Nichts blieb uns übrig, als die Pferde aus dem Geschirr loszuschneiden und auf ihnen zu flüchten. Hierbei lief eins der Pferde fort, so daß uns fünf Passagieren mit dem verwundeten Kutscher nur zwei Pferde zur Flucht blieben, da das gestürzte in der Eile nicht aufzurichten war.

Auf das eine Pferd schwang sich ein Americaner; dem Verwundeten, welcher uns flehentlich bat, ihn nicht zurückzulassen, half ich hinter jenem aufs Pferd. Als ich mich nach einem andern Pferde umsah, jagte ein zweiter mitreisender Americaner allein auf diesem fort, um, wie er rief, das fortgelaufene Pferd einzufangen, und ließ drei von uns, zwei Deutsche und einen Franzosen, im Stich. Wir nahmen natürlich die Beine bald unter die Arme und liefen fort so schnell wir konnten, von den wie Teufel jauchzenden Indianern, die uns gelegentlich eine Kugel nachsandten, hart verfolgt.

Der Franzose wurde bald eingeholt und dicht hinter mir scalpirt; meinem Landsmann, der eine halbe englische Meile weit mit mir um die Wette gelaufen, ging zuletzt der Athem aus, und er warf sich ins Salbei-Gestrüpp nieder, in der Hoffnung, daß die Indianer ihn dort nicht finden würden, welche eine Zeitlang mit der Verfolgung eingehalten und die Stage plünderten.

Bald begannen die rothen Teufel die Hetze aufs Neue, heulend und jauchzend und ihr hundegebellartiges, kurzes Kriegsgeschrei ausstoßend, wie eine Meute auf der Fuchsjagd, während mir ab und zu Einer eine nicht schlecht gezielte

Kugel nachsandte. Wer je gesehen hat, wie schnell die Indianer laufen können, wird sich nicht wundern, daß mir bei der wilden Jagd, die jede Minute näher kam, das Herz hörbar an die Rippen klopfte.

Zu meinem Glück ritt in diesem kritischen Momente der Americaner auf mich zu, welcher den Verwundeten vor sich auf den Sattel gelegt. Dieser bat seinen Retter, ihn ins Salbei-Gestrüpp zu legen und mich statt seiner aufs Pferd zu nehmen, da es doch mit ihm vorbei sei. Etwas seitwärts reitend, ließ jener ihn sanft hinter einem Felsen ins Gestrüpp fallen, damit die Indianer ihn nicht finden sollten, und forderte mich dann auf, schnell hinten aufzuspringen, was ich mir nicht zweimal sagen ließ, da die Wilden uns bereits auf dreißig Schritt nahe gekommen und ein Geheul ausstießen, das Steine hätte lebendig machen können.

Mein Landsmann, welcher sich, wie ich bereits erwähnte, im Salbei-Gestrüpp verborgen hatte, wo die Indianer ihn wahrscheinlich nicht gefunden hätten, sprang in diesem Momente unklugerweise auf, da er Freunde in der Nähe hörte, um sich als Dritter auch noch auf unser Pferd zu setzen. Hierzu war es jedoch zu spät, und das Letzte, was ich von ihm sah, war, wie er die Hände in kniender Stellung überm Kopfe hielt, während ein Indianer ein langes Scalpirmesser über ihm schwang.

Während uns die Kugeln dicht um die Ohren sausten, jagten wir zwei davon und erreichten glücklich die nächste Stage-Station am Schlangenflusse, wo wir den zuerst allein fortgerittenen Americaner vorfanden. Der Kutscher, den die Indianer nicht im Gestrüpp fanden, und den wir, mit verstärkter Mannschaft bald nach der Stätte des Schreckens zurückkehrend, aufsuchten und nach der Station brachten, starb vor Abend, so daß drei von uns sechs, die in der Stage gewesen, bei diesem Abenteuer ums Leben kamen." —

Diese Erzählung brachte das beliebte Thema über die Rothhäute in unserer Stage gründlich aufs Tapet. Die Ermordung von 94 Chinesen durch die Snake-Indianer, gleichfalls auf der Straße nach Owyhee — zwischen dort und dem Humboldtfluß —, hörte ich hier zum ersten Mal näher beschrieben. Auf die feigen Chinesen haben die Rothhäute eine besondere Malice und nennen sie wegen ihrer Aehnlichkeit mit sich im Gesichtstypus „**schlechte Indianer**". Die Chinesen, welche von den Snakes umzingelt wurden, waren gut bewaffnet, leisteten aber nicht den geringsten Widerstand. Freiwillig gaben sie den Indianern ihre geladenen Gewehre hin, indem sie in gebrochenem Englisch riefen:

„**Wir nicht fechten wollen! Hier, Gewehre nehmen! — Wir nichts haben, nichts Geld! — Gute Freunde sein! — Uns gehen lassen!**"

Den Indianern dünkte diese Feigheit unverzeihlich, und die leichte Gefangennahme der Chinesen ein guter Witz, den man wohl ausbeuten müsse. Nachdem sie sich aller Gewehre bemächtigt, nahm Jeder einen Himmlischen beim Zopf und schnitt ihm die Kehle ab.

Zwischen den Weißen und Indianern herrschte zu jener Zeit*) in den Gebirgswildnissen des östlichen Oregon und der angrenzenden Minendistricte von Idaho und Nevada ein wahrhaft satanischer Haß; jede Partei wartete nur auf eine Gelegenheit, ihre Widersacher erbarmungslos hinzuschlachten. Die Rothhäute halten die Weißen für unberufene Eindringlinge in ihre Wildnißheimath, wo diese das Wild rücksichtslos verfolgen und durch das Aufrühren des

---

*) Vergleiche den Abschnitt: „Die ersten Goldentdeckungen in Idaho und Oregon."

Wassers in den Bächen beim Goldwaschen sogar die Fische tödten, welche in den schlammigen Fluthen nicht leben können, so daß die Indianer ihren Lebensunterhalt mehr und mehr gefährdet sehen. Die Weißen sagen, daß sie die Rothhäute sicherlich nicht um Erlaubniß fragen werden, Rehböcke und Bären zu schießen und Gold zu suchen u. s. w., und ein Krieg aufs Messer ist die Folge gewesen, der schrecklicher nicht gedacht werden kann. Die Weißen, als die stärkere Partei, haben den Indianern jedoch die **Hölle heiß gemacht**; aber auch mancher von ihnen fiel den ergrimmten Rothhäuten zum Opfer. Diese, meistens zum kriegerischen Stamme der Snakes gehörend, wollten von Verträgen nichts wissen; sie zogen es vor, Flüchtlinge in ihrer eigenen Heimath zu sein, statt das Brod der verhaßten Bleichgesichter zu essen. Ihre Frauen und Kinder lebten in unzugänglichen Klüften in den Gebirgen, und sie selber durchstreiften das Land, nur auf Mord der Weißen bedacht, stahlen Pferde und Maulthiere, welche letzteren sie als Speise hochschätzten und plünderten und mordeten ohne Unterschied, wer eine weiße Haut hatte, und wo sich eine Gelegenheit dazu darbot.

Ein volles Decennium wüthete dieser erbarmungslose Krieg zwischen den Weißen und Indianern im östlichen Oregon. Die Vereinigte-Staaten-Regierung errichtete Militärposten zum Schutze der weißen Ansiedler an verschiedenen Punkten des Landes, und die Soldaten waren fast fortwährend im Felde gegen die Indianer. Diesen ist aber schwer beizukommen, da sie in der fast pfadlosen Wildniß zu Hause sind, und die ungeheure Ausdehnung derselben es unmöglich macht, sie in die Enge zu treiben. Auch sind sie in vielen kleinen Abtheilungen durchs Land zerstreut, und man findet selten mehr als ein Dutzend von ihnen beisammen, so daß die Vernichtung einer dieser Banden auf den Krieg im Ganzen und Großen keinen Einfluß hat.

Kleinere Abtheilungen von halbcivilisirten Indianern, indianische Kundschafter (indian scouts) genannt, wurden mit Erfolg zum Kriege gegen die sogenannten wilden Indianer verwendet. In Boise City sah ich mehrere Male siegreiche Banden von jenen durch die Stadt ziehen. In breiter Fronte ritten sie im Kriegerschmuck langsam die Hauptstraße des Orts auf und ab, die erbeuteten Scalpe dabei auf hohen Stangen tragend. Ihren allen Regeln des Generalbasses Hohn sprechenden Siegesgesang sangen sie dazu mit einstimmigem Chor in kurzen, abgebrochenen Lauten, in einer Tonart, die sich durch Noten unmöglich wiedergeben läßt, eine Art Zwischending zwischen einem Todtenmarsch und dem ärgerlichen Bellen eines räudigen Hundes, — ein Schauspiel, das einen außerordentlich widerwärtigen Eindruck machte, und die rohe, thierische Natur der Indianer, welche sich ein Geschäft daraus machten, ihre eigenen Brüder hinzuschlachten, so recht verdeutlichte.

Von Gnade war selbstverständlich zwischen Weißen und wilden Indianern keine Rede. Die mit den Weißen verbündeten zahmen Indianer thaten es ihren wilden Brüdern an raffinirter Grausamkeit gegen Verwundete und Gefangene wo möglich noch zuvor. Bei einem Zusammenstoß zwischen den streitenden Parteien handelte es sich allemal um Sieg oder Tod und — vae victis! —

Daß diese geselligen Verhältnisse des Landes für den Reisenden nicht besonders angenehm waren, wird dem Leser einleuchten. Die Indianer sind bei ihren Angriffen nichts weniger als wählerisch und scalpiren eben so lieb einen Dichter und Schriftsteller als einen Goldgräber oder Soldaten. Ob sie Männer, Frauen oder Kinder hinschlachten, bleibt ihnen ganz gleich. Ich habe in den Landeszeitungen öfters von Ermordungen wehrloser Frauen durch die Indianer gelesen, deren Einzelheiten entsetzlich waren.

Südlich von der großen Landstraße, welche von Boise City nach dem Columbia führt, fühlte sich der Reisende zu jener Zeit nie ganz sicher; Niemand wußte am Morgen, ob ihm nicht vor Abend ein schrecklicher Tod beschieden sei. Ohne Waffen in jenen Wildnissen zu reisen, galt für mehr als Tollkühnheit; aber auch mit einer achzehnschüssigen Henrybüchse auf der Schulter befand man sich in fast steter Gefahr, da die Indianer es nie auf einen offenen, ehrlichen Kampf ankommen lassen und nur dort angreifen, wo sie zehn gegen einen sind oder den Reisenden hinterrücks überfallen können.

Jedes Jahr forderte zahlreiche Opfer, und Indianerüberfälle waren in jenem Lande etwas so Gewöhnliches, daß nur die dabei Betheiligten sich besonders darum interessirten.

Seit jener Zeit ist aber Oregon zu seinem Glück ganz von dem Alp des Indianerschreckens befreit worden. General Crook, welcher in jüngsten Tagen die blutdürstigen Apaches in Arizona zum Frieden genöthigt hat, zwang, ehe er nach dem Süden abging, auch die Snakes in Oregon zu einem Vertrag mit den Weißen, welchem jene bis auf den heutigen Tag ziemlich treu nachgekommen sind.

Wir hatten das westliche Ende des Powder-River-Thals erreicht und fuhren durch ein neun englische Meilen langes Cañon, die natürliche Verbindung zwischen jenem Thale und dem des Grande Ronde (Round — durch die Nase zu sprechen), dem fruchtbarsten und ausgedehntesten Thale des östlichen Oregon.

Die Einfahrt in das Thal vom Grande Ronde, an dessen östlichem Ende, 35 englische Meilen von Backer City, wir gegen Abend das schmucke Städtchen Uniontown erreichten, war recht romantisch. Rings um das weite Thal erstreckten sich malerische Bergzüge, die theils mit Schnee bedeckt waren. Vor uns im Westen begrenzte den Horizont der langgestreckte dunkelviolette Kamm der Blauen Gebirge, welchen die so eben dahinter gesunkene Sonne scharf von dem helleren Blau des Himmels abzeichnete. Hübsche, wohlgepflegte Farmen, mit jungen Saaten, und das hellgrüne Wiesengras schienen mir nach den endlosen, öden und vergilbten Salbei=Ebenen doppelt schön.

Das fruchtbare Thal von Grande Ronde erstreckt sich in einer Länge von etwa 40 englischen Meilen von Süd nach Nord bei einer Breite von 16 bis über 20 Meilen von Ost nach West am östlichen Abhange der Blauen Gebirge hin. Hochgegipfelte Berge giebt es keine im Thal; die meisten sind langgestreckt und viele bewaldet, wie namentlich die Blauen Gebirge, welche ihren Namen nach den von fern dunkelblau aussehenden, sie dicht bedeckenden Kiefernwaldungen genommen haben.

Mehrere kleine Landstädte liegen im Grande=Ronde=Thal, unter denen Uniontown im Osten und La Grande im Westen die bedeutendsten sind. Der Grande=Ronde=Fluß, welcher in den Blauen Gebirgen entspringt, ein Nebenfluß des Snake, schlängelt sich durch die ganze Länge des Thales und hat einen außerordentlich mäanderartigen Lauf. Seine Länge im Thal von Grande Ronde beträgt nicht weniger als 100 englische Meilen. Im Frühsommer, wenn der Schnee auf den Gebirgen schmilzt, überschwemmt der Grande=Ronde=Fluß den größten Theil des Thales zwei bis vier Fuß tief und läßt nur das an den Bergen liegende höhere Land trocken. Aus diesem Grunde liegen sowohl Städte als Farmen rings an den Hügeln im Thal, während man die mittleren, der Ueberschwemmung ausgesetzten Flächen als Wiesengründe benutzt. Das Grande-Ronde-Thal soll etwa zwei hundert und fünf und siebzig tausend Acker cultivirbares Land haben.

Die Viehzucht im Thale von Grande Ronde ist bedeutend; zahlreiche und schmucke Rinderherden erfreuen das Auge des Durchreisenden. Weizen und Hafer, welche Kornarten an Ort und Stelle für 1 bis 1¼ Cents pr. Pfund verkauft werden, sind nächst der Heuernte die Hauptprodukte des Thales. Gerste wird weniger gebaut. Fünf Mehlmühlen liefern ein vorzügliches Mehl, das in großen Quantitäten nach den Goldminendistricten von Oregon und Idaho verschifft wird. Alle Arten von Gemüse gedeihen hier ganz vorzüglich. Bäume dagegen giebt es im Grande-Ronde-Thal so gut wie gar keine, und die Bewohner sind für ihren Holzbedarf ganz und gar auf die auf den umliegenden Gebirgen wachsenden Fichten- und Kiefernwaldungen angewiesen. Dieser Mangel an Baumwuchs im Thale hat seinen Grund in den hier ganz besonders heftig auftretenden Winden, welche in Oregon berüchtigt sind. Im Winter namentlich soll es fast unmöglich sein, hier im Freien den Hut auf dem Kopfe zu behalten, ohne ihn festzubinden. Diese heftigen Winde wehen strichweise; oft ist es an einer Stelle im Thal schönes und stilles Wetter, während eine Viertelstunde davon der Wind mit vollen Backen bläst.

Die Bewohner des Grande-Ronde-Thales führen einen ausgedehnten Handel mit den nahen Minendistricten in Cerealien, Mehl, Heu, Gartenfrüchten, Eiern, Butter, Hühnern, Schlachtvieh und ähnlichen landwirthschaftlichen Producten. Die meisten seiner Einwohner sind vom Willamette-Thale im westlichen Oregon eingewandert und wie die Bewohner jenes Regenlandes als echte Bauern= lümmel und knauserige Käufer berüchtigt. Ein „Webfoot" und ein Grandraunder bedeutet bei den biederen Gold= gräbern die Quintessenz aller Knauserigkeit und ungeschlach= ter Manieren.

Früh um vier Uhr am 17. April waren wir wieder auf der Reise und durchkreuzten schnell das Grande=Ronde Thal von Uniontown nach der 15 englische Meilen westlich davon gelegenen Stadt La Grande. Von den berüchtigten Grande=Ronde=Winden bekam ich zu meiner Zufriedenheit nichts zu spüren. Der Kutscher behauptete, es sei dies der erste windlose Tag seit fünf Monaten.

Das Städtchen La Grande liegt recht romantisch am Fuße der Blauen Gebirge und sein besonders schmuckes Aeußeres mußte ich loben. Die Physiognomie und die Manieren der Einwohner erinnerten mich aber unwillkühr= lich an die braven „Schwimmfüßler", gegen welche ich noch immer — ich darf es nicht verhehlen — einen versteckten Groll hege. Ich fühle mich daher als gewissenhafter Schriftsteller auch nicht berufen, ein ganz unparteiisches Ur= theil über die Grandraunders zu fällen, und könnte mich über ihre psychologische Beschaffenheit geirrt haben. Freuen sollte es mich, wenn Zukunftsreisende die Gast= freundschaft, Freigebigkeit und das ritterliche Benehmen der Grandraunders hochpreisen würden; aber etwas zwei= felhaft dünkt mich dieses dennoch zu sein.

Drei Straßen führen vom Grande=Ronde=Thal über die Blauen Gebirge nach dem Columbia, deren westliche Ausgangspunkte die Orte Umatilla und Walla Walla sind. Auf dem Gebirge liegen die Straßen etwa 15 englische Meilen eine von der anderen entfernt. Von denselben ist die mittlere, welche sich durch tief eingeschnittene Quer= thäler windet, die romantischste. An ihr liegen die weit bekannten warmen Quellen (warm springs), eine interessante Naturmerkwürdigkeit. Drei heiße, schwefelhaltige Quellen fallen dort vom Gipfel eines mehrere hundert Fuß hohen Felsens in Gestalt dampfender Wasserfälle in das Thal. Eine wohl eingerichtete Badeanstalt daselbst wird viel benutzt; das Wasser soll eine radicale Cur gegen rheumatische Beschwerden geben. Die nördliche Straße führt durch das fruchtbare Walla Walla=Thal, welches einen Theil des Territoriums Washington bildet, obgleich es seiner geographischen Lage nach zum Staate Oregon gehören sollte. Unsere Reiseroute lag über die südlichere Straße, Meacham's= (Mietcham's=) Straße genannt, welche meistens der alten Emigrantenstraße (old emigrant road) folgt, die vom Missouri über Fort Hall in Idaho nach dem nördlichen Oregon läuft. Die Meacham=Straße hat alle tiefen Querthäler glücklich vermieden und erreicht, erst dem sanft ansteigenden Thalgrund des Grande Ronde folgend, bald einen Gebirgsrücken, auf dem sie ohne nennenswerthe Terrainschwierigkeiten das breite Plateau der Blauen Berge überschreitet. Für den Bau einer Eisenbahn von Idaho nach dem Columbia scheint diese Route wie gemacht zu sein.

Zwei englische Meilen von La Grande überschritten wir bei dem Städtchen Oro Dell den Grande=Ronde=Fluß, der uns den Weg ins Gebirge zeigte. Brausend stürzte der wilde Bergstrom durch ein romantisches Thal uns entgegen, in einem dermaßen gewundenen Strombette, daß wir ihn während der nächsten drei englischen Meilen wenigstens ein Dutzend Mal überschreiten mußten. Die Fichten= und Kiefernwaldungen, welche das Gebirge dicht bedeckten, waren nach Art aller americanischer Waldungen voll von umgefallenen, verfaulenden, angebrannten und halbverkohlten Baumstämmen, von wüstem Gestrüpp und Unter-

holz durchwachsen, dazwischen hoben sich wahre Pracht=
exemplare von Nadelhölzern schlank himmelan — das Ganze
ein Bild chaotischer Verwirrung, welche das Auge zugleich
entzückte und beleidigte.

Das Gebirge hatte hier eine Breite von ungefähr 40
englischen Meilen; drei Viertel des Weges lag über ein
unmerklich ansteigendes dicht bewaldetes Plateau, das zum
größten Theil noch mit Schnee bedeckt war. Nur selten
hatten wir durch Lichtungen des Waldes Fernsichten auf
einige weiter nördlich liegende Schneegipfel. Die Land=
straße wurde immer schlechter, je mehr wir uns der Wasser=
scheide näherten; die letzten 14 englischen Meilen bis zum
Gipfel waren fast grundlos, und es nahm uns volle sechs
Stunden, um dieselben zurückzulegen. Allmählich wurden die
Bäume dünner, obgleich sich ihre Höhe unmerklich verrin=
gerte, und auf dem Kamme des Gebirges standen sie, wie
riesige Rohrstengel dicht gedrängt da.

Meacham's Hotel, 25 englische Meilen von La
Grande, erreichten wir gegen Abend und waren froh, bei
der kalten Witterung in der Gaststube ein riesiges Kamin=
feuer vorzufinden. Draußen sah die Gegend recht winter=
lich aus, hatte aber nicht den geringsten Anstrich eines Hoch=
gebirges. Schwer war es zu glauben, daß wir uns
hier volle 4000 Fuß über dem Meeresspiegel auf dem
Kamme der Blauen Gebirge befanden.

Unsere Bewirthung ließ nichts zu wünschen übrig und
wir waren wohl zufrieden, in diesem gastlichen Karawan=
serai unter den Wolken nächtlich der Ruhe zu pflegen.
Bei eintretender Nacht belebte sich das Gasthaus mit Rei=
senden, von denen die Umatilla=Stage=Kutsche eine volle
Ladung brachte. Draußen erfüllten ein paar Hundert
Maulthiere und Pferde von mehreren Packthierkarawanen,
die nach Willow=Creek, Boise und den Blackfoot=Minen

im fernen Montana unterwegs waren, den hohen Wald mit lustigem Schellengeklingel; mehrere Gesellschaften von mexicanischen „mulateros" hatten sich um hochflammende Bivouacfeuer gelagert und ließen die Wildniß von Jubel und Gesang wiederhallen.

Drinnen in der Gaststube waren wir Stagegäste nicht minder fröhlich und hatten uns traulich um den weiten Kamin geschaart, in dem die prasselnden Flammen ein Dutzend und mehr von je über zehn Fuß langen Baumstämmen hellauflodernd verzehrten. Unser Kutscher, ein lustiger Irländer, declamirte mit hohem Pathos mehrere komische irische Balladen und erntete, insbesonder durch die classische Romanze von „dem Recken O'Brien, der baumeln sollte, jedoch auf dem Schaffot den Henker durchprügelte und trotz der englischen Gendarmen von dort direct nach America verduftete" — donnernden Applaus ein.

Eine Freude war es, die schmucken Kinder unseres Wirths zu betrachten, denen die winterliche Luft des Hochgebirges prächtig zu bekommen schien, und Gesundheit aus Rosenwangen und hellblauen Augen leuchtete. Im Winter, erzählte unser freundlicher Wirth, sei es hier mitunter recht kalt; oft läge der Schnee zehn Fuß tief und das Thermometer zeige nicht selten 30 Grad Fahrenheit unter Null. Doch fehlte es ihm nie an guter Gesellschaft, da sein Haus, das einzige auf dieser Straße im Gebirge, der natürliche Haltepunkt aller Reisenden sei, die zwischen Idaho und Umatilla unterwegs wären.

Am nächsten Morgen trieb uns unser Herr Wirth bereits um vier Uhr aus den Federn und ermahnte uns zur Weiterreise, ehe die Sonne den Boden aufthaue und ganz grundlos mache. Die ersten zehn englischen Meilen in eisig kalter Morgenstunde, durch die winterliche Landschaft und auf dem hart gefrorenen Grunde hinkutschirend, während wir Passagiere ab und zu dem Wagen zu Fuß voraneilten, waren für unsere Reisegesellschaft nichts weniger als angenehm. Allmählich aber deuteten die an Umfang zunehmenden Bäume an, daß das Ende des Hochgebirges nahe sei; nach und nach verschwanden die Schneefelder und die Bäume öffneten sich mehr und mehr und erlaubten zwischen Lichtungen oft herrliche Fernsichten auf schwellende grüne Hügel und dichtbewaldete Bergabhänge.

Endlich hatten wir das Ende des Plateaus erreicht, und vor uns lag eine vier englische Meilen lange, mit schönem hellgrünen Gras bewachsene geneigte Ebene, deren obern Rand parkähnliche Baumgruppen umschlossen, — der Westabhang der Blauen Gebirge. Warme Frühlingslüfte veranlaßten uns, schnell die schweren Oberröcke abzulegen. Es war wie ein Schritt vom Winter in den Sommer.

Vor uns breitete sich ein herrliches Panorama aus. Bis zum 50 englische Meilen entfernten Columbia streifte das Auge über eine ungeheure bläulich-grüne Fläche, durch welche sich der Umatilla-Fluß wie ein Silberband hinschlängelte, und 50 Meilen weiter, bis wo die weißen Kegel der Bergriesen des Mount Hood, St. Helens und Rainier wie zierliche Zuckerhüte am Horizonte dastanden. Zahlreiche Pferde weideten an den grünen Abhängen der Blauen Gebirge, das Eigenthum der Umatilla-Indianer, welche am Fuße des Gebirges auf einer ihnen von der Vereinigten-Staaten-Regierung angewiesenen Reservation leben, — dort unten, wo die weißen Häuser liegen und der blaue Rauch aus dem Schornstein der ansehnlichsten Wohnung in die Lüfte steigt, ein Zeichen, daß der Herr Wirth unsere Kutsche bereits gesehen hat und uns einen köstlichen Morgenimbiß zubereitet.

Im Galopp ging's die ziemlich steil abfallende geneigte Ebene hinab, und ehe wir's gedacht, hielt unser schaumbe=

decktes Viergespann vor White's Hotel, inmitten der Indianerreservation und am Fuße des westlichen Abhanges der glücklich von uns überschrittenen Blauen Gebirge von Oregon.

Unser Herr Wirth war gleichzeitig Kaufmann und hatte einen Laden im Hotel eingerichtet, aus dem er die an 700 Köpfe starken Umatilla=Indianer mit den nothwendigen Kleidungsstücken und Putzsachen, wie z. B. Wolldecken, Glasperlen, chinesischem Vermillion, Kattun und allerlei Krimskram, versorgte und mit ihnen einen einträglichen Handel trieb. Die Indianer verschaffen sich das nöthige Geld durch Pferdezucht und den Verkauf von Pelzwerk; von der Vereinigten=Staaten=Regierung erhalten sie außerdem Jahresgehalte ausgezahlt, bekommen Ackerbaugeräthschaften, Sämereien ꝛc. geliefert und werden von eigens dazu angestellten Agenten in den Künsten des Friedens unterwiesen.

Den Indianern ist der Ackerbau aber eine langweilige Beschäftigung und kümmern sie sich blutwenig darum. Die Oregonier betrachten mit großem Neid die herrliche Besitzung der Umatilla=Indianer, welche 400,000 Acker des besten Bodens in Oregon enthält, und haben schon öfters, aber vergeblich, den Versuch gemacht, die Regierung der Vereinigten=Staaten zu bewegen, den Indianern die Reservation abzukaufen und das Land der Cultur zu öffnen. Die Umatilla=Indianer haben aber alle derartige Anträge zurückgewiesen und die Vereinigten=Staaten=Regierung will sie nicht zwingen, ihr Besitzthum zu veräußern. Alles, was jene Indianer bis jetzt für die Cultur gethan haben, besteht in der Züchtung von etwa 8000 Pferden, 2000 Stück Hornvieh, 150 Schafen und 25 Schweinen. Auf der ganzen Reservation befindet sich nicht eine einzige Farm von Belang. Die Weißen haben in dem angrenzenden

Walla-Walla-Thal ein kleines Paradies geschaffen und ihre prächtigen Farmen liegen bis dicht an die Reservation. Hier hört aber die Cultur auf und die Herren Rothhäute ziehen es vor, auf ihrem reichen Besitzthum herumzubummeln, statt dasselbe dem Staate, in dem sie wohnen, nutzbringend zu machen. Wie lange dieser abnorme Culturzustand dauern wird, läßt sich schwer voraussagen; aber aufhören muß er über kurz oder lang. Es ist eine Schande, daß ein paar hundert träge Rothhäute das beste Land im östlichen Oregon ganz uncultivirt behaupten wollen, wenn Tausende von fleißigen Weißen in nächster Nähe desselben kein herrenloses gutes Farmland mehr zu finden vermögen und, wäre es ihnen gestattet, jene Wildniß bald in ein Paradies umwandeln würden! —

Wir befanden uns wieder auf der Reise und eilten durch eine flache und uninteressante Gegend dem 44 englische Meilen entfernten Columbia zu. Allmählich ward das Land dürr und sandig und vergilbtes Salbei-Gestrüpp trat an die Stelle von grünem Gras. Nur am Umatilla-Fluß, dessen Lauf wir stellenweise folgten, wuchsen Bäume und ward auf einigen Ranches Ackerbau betrieben; sonst war die Gegend eine weite, baumlose Stage-Wüste. Eine Bande von Umatilla-Indianern, welche in buntem Costüm auf wilden Ponies reitend, rechts von uns eine Herde von Ochsen nach der Reservation trieben, und die uns ab und zu begegnenden Packthierkarawanen gaben auf dieser Stage-Fahrt von den Blauen Gebirgen nach dem Columbia die einzige nennenswerthe Unterhaltung.

Als wir uns dem Columbia näherten, zeigten sich im Umatilla-Fluß eine Reihe von kleinen Wasserfällen und brausende Stromschnellen. Im Sommer trocknet dieser Fluß fast ganz aus; jetzt aber rauschte er, ein echter Sohn der Berge, schäumend und sprudelnd zwischen Felsblöcken dahin und tummelte lustig seine hellen Schaumwogen. Sechs englische Meilen oberhalb seiner Mündung in den Columbia ist sein Grund goldhaltig und eine Anzahl von Chinesen sind in jedem Frühjahr, so lange der Wasservorrath ausreicht, dort mit Goldwaschen beschäftigt.

Gegen Mittag sahen wir endlich, nach einer Stage=Fahrt von 156 engl. Meilen, seit wir die Expreß=Ranch verlassen, die Häuser von Umatilla vor uns liegen, und bald darauf begrüßten wir den breiten Columbia, auf dem soeben ein Dampfer bei der Stadt anlegte, derselbe, welcher uns am folgenden Morgen stromab bringen sollte.

2. Eine Dampferfahrt auf dem oberen Columbia.

Eine Dampferfahrt auf den Gewässern des oberen Columbia hat einen eigenthümlichen Reiz des Abenteuerlichen. Im Gegensatze zu den prächtig bewaldeten Ufern am untern Columbia dünkt sich der Reisende hier wie in einen andern Welttheil versetzt, so fremdartig urwild ist die ganze Umgebung. Die Gefahr einer solchen Reise, sei es stromauf gegen die wilden Fluthen ankämpfend, sei es stromab mit schwindelnder Schnelligkeit zwischen den Basaltklippen hinsteuernd, stellt dieselbe ganz außerhalb des Bereichs des Alltäglichen. Dampfböte mit Seitenrädern wären nie im Stande, die gefährliche Passage zwischen den Felsen und durch die wirbelnden Stromschnellen glücklich zurückzulegen; nur mit einem leicht zu steuernden und von mächtiger Maschine getriebenen Hinterradbampfer ist dies möglich.

Ich lade den Leser ein, mich auf einer solchen Dampferfahrt von Celilo bis nach Wallula stromauf und stromab zu begleiten, wie ich dieselbe wiederholt zurückgelegt habe, und zwar diesmal auf einer Reise im Sommer 1872, welche mir besonders lebhaft in Erinnerung geblieben ist.

Mit Anwendung aller seiner Dampfkraft kämpfte der Hinterradbampfer „Tenino" mühsam gegen die Fluthen an und nahm seinen Weg von den „Dallesfällen" stromaufwärts. Wie verwitterte Riesenmauern ziehen sich dort die Felsabhänge auf beiden Ufern viele Meilen weit hin, von grau-gelben, kahlen Bergen überragt. Weder Waldungen noch Ansiedelungen oder bebaute Felder unterbrechen die Oede dieser Berg- und Felsenwüste; von Menschenwohnungen sieht das Auge nur hier und da ein indianisches Wigwam; schwarze basaltartige Klippen stehen oft im Strombett, zwischen denen die grünlichen, mächtig hinwirbelnden Fluthen der Stromschnellen, gegen welche der Dampfer anarbeitet, reißend hinbrausen; am untern Ende jener viele Meilen langen wüsten Felsenreihe des Columbia ragte die kolossale Schneepyramide des Mount Hood in den blauen Aether: das Ganze ist ein urwildes Bild, in dem unser schnaubendes und in allen seinen Fugen erzitterndes Feuerschiff, aus dessen hohem qualmenden Schornstein die halberloschenen Holzkohlenfunken fast fortwährend wie ein Platzregen auf das obere Verdeck herabfielen, das einzige Merkmal der Civilisation bildete.

Wenn der Dampfer eine der sich häufig wiederholenden Stromschnellen zu bewältigen hatte, so war es ein aufregendes Schauspiel, wie sich das Schiff mit dem Bug gegen die reißenden, wirbelnden Gewässer anstemmte und zwischen den niedrigen, nackten Felsen bald nach rechts, bald nach links hinüber in kurzen Wendungen vorwärts trieb, während die wild erregten Fluthen das Fahrzeug mit Gewalt gegen die Klippen heranzudrängen schienen und sich brausend und schäumend am untern Bord brachen. Mit sicherer Hand steuerte der Pilot den Dampfer durch das gefährliche Fahrwasser, bald schneller, bald langsamer, gleichsam seinen Weg fühlend, wo die geringste Unachtsamkeit das Schiff unrettbar dem Untergange geweiht hätte. Mitunter stand der Dampfer fast still in den tobenden Fluthen und machte, sich an dem gewaltigen, breiten Hinterrade wie auf einer Angel drehend, eine langsame Wendung, bis ein energischer Glockenzug des Steuermanns die Maschine zu erneuerter Kraftäußerung antrieb. Die Passagiere sahen dem aufregenden Schauspiel im Allgemeinen mit großer Gemüthsruhe zu, und nichts schien ihnen lieber zu sein, als wenn das Schiff an den gefährlichsten Punkten so zu sagen aus der Charybdis in die Scylla gerieth und nur so eben einem drohenden Felsriff entging.

Eine recht gemischte Reisegesellschaft fand ich an Bord: Herren und Damen in modischen Stadtkleidern und im Hinterwäldlercostüm durcheinander, Kaufleute, Miner, Packthiertreiber und Andere, deren gesellschaftlicher Standpunct schwer zu errathen sein möchte; auch eine ansehnliche Schaar von Chinesen war auf dem Schiff und Negeraufwärter hatten das Regiment bei Tafel und in der Kajüte. Nicht wenige Deutsche traf ich unter den Passagieren, die sich allmählich zusammenfanden; es war interessant, wie man oft in einem nicht gerade salonmäßig gekleideten Reisegefährten, mit dem man Erinnerungen aus dem Leben in den Minen und Anekdoten austauschte, ganz unerwartet einen Landsmann entdeckte. Die Unterhaltung, welche bis dahin in englischer Sprache geführt war, schlug dann plötzlich in gemüthlicheres Deutsch um.

Auf dem überdachten Verdecke des Dampfers bildete der Agent von der Reservation der Umatilla=Indianer den Mittelpunct eines ausgewählten Kreises von Herren und Damen, denen jener von den wilden Smocholla=Indianern (das heißt Solche, die zwischen vier Bergen wohnen) erzählte, die hier an den Ufern des oberen Columbia ihre Wigwams aufgeschlagen hatten. Dieselben sind ein Gemisch von vielen in Washington und Oregon ansässigen Stämmen, die dem Propheten Quintarleken, dem Bruder des großen Medicinmannes Ohei bei den Walla=Wallas, folgen.

Dieser Prophet machte den Agenten der Vereinigten-Staaten dazumal viel zu schaffen und hatte bereits eine große Anzahl von Indianern von den Reservationen fortgelockt. Derselbe prophezeite, daß die Erde sich nächstens aufthun und alle Weißen verschlingen werde, und daß dann das ganze Land wieder den rothen Männern zugehören solle. Bereits mehr als achtzehnhundert Indianer hatte er um sich versammelt, die sich von den Weißen ganz abgesondert hielten, von der Jagd, vom Fischfange und von den Beeren der wilden Sträucher lebten und sehnsüchtig das Oeffnen der Erde erwarteten.

Die Einzelheiten eines kleinen Romans, der sich bei dieser Gelegenheit abspielte, will ich dem Leser nicht vorenthalten.

Eine mit uns reisende hübsche junge Amerikanerin, welche den Erzählungen des Agenten zugehört hatte, bemerkte dazu, daß sie sich nicht fürchte, ganz allein unter diese fanatischen Indianer zu gehen, und daß sie sich, um dies zu thun, bei der nächsten zugänglichen Uferstelle an's Land setzen lassen wollte. Erstaunt fragten wir, was sie zu einem solchen Wagstück bewegen könne, und erfuhren dann, daß sie ihre Eltern besuchen wollte, welche etwa drei Meilen jenseits jener unwirthlichen Berge auf einer „Ranch" wohnten. Sie hatte gehört, daß ihre Mutter erkrankt sei, und war ganz allein von der zweihundert Meilen entfernten Stadt Salem hierher gereist, um an ihr Krankenlager zu eilen. Wir alle an Bord staunten die jugendliche Heldin mit ihren blonden Locken und ausdrucksvollen hellen, blauen Augen und den geistvollen Gesichtszügen an, wie dieselbe in eleganter Kleidung an der Brüstung des Dampfers dasaß und ruhig nach den am wüsten Ufer liegenden Wigwams hinüberblickte, wohin sie sich ganz allein begeben wollte.

Etwa fünfunddreißig englische Meilen oberhalb der Dallesfälle legte unser Dampfer am rechten Ufer, im Territorium Washington, an, wo ich in einiger Entfernung ein Indianerlager bemerkte. Mehrere mit Matten und Fellen bedeckte Zelthütten, aus denen nach indianischer Bauart die Stangen oben verkreuzt emporragten, standen am Strande, wo eine Anzahl von Ponies frei umherlief. Am Flusse waren einige Indianer mit Fischfang beschäftigt. Nackte Kinder kamen eilig aus dem Gestrüpp hervor. Squaws traten aus den Hütten, ihre Säuglinge in Korbgeflechtwindeln auf dem Rücken tragend, und Alle blickten erregt nach dem Dampfer hinüber, dessen Landen sie offenbar nicht wenig in Erstaunen versetzte. Die Gegend war hier entsetzlich wild und öde; nirgends vermochte ich eine Spur von einer Ansiedelung und Wohnung der Weißen zu entdecken.

An dieser Stelle ward auf ihren Wunsch unsere Heldin nebst ihrem Reisekoffer am sandigen Ufer ausgesetzt. Die Schiffsplanke wurde wieder eingezogen, und schnell entfernte sich der Dampfer und ließ jene ganz allein auf der Sandbank zurück, von wo sie zu Fuß, oder im günstigsten Falle auf einem indianischen Pony reitend, nach der in der Wildniß liegenden „Ranch" ihres Vaters und zu ihrer kranken Mutter gelangen wollte. Sie winkte den Indianern, welche langsam näher kamen und sie, als unser Dampfer schon ziemlich weit entfernt war, erreichten und sich um sie drängten.

Die Aufregung auf unserem Schiffe war groß. So etwas war selbst den seit vielen Jahren diese unwirthlichen Gegenden durchstreifenden und an alle Arten von Abenteuern gewöhnten Grenzern, Jägern und Minern noch nicht vorgekommen! — Dort stand die kühne jugendliche Americanerin in der eleganten Kleidung und mit den hellen, auf ihre Schultern herabfallenden Locken in stolzer Haltung ganz allein am öden Ufer unter der wilden Bande, wie eine Märchenprinzessin unter Räubern und Zigeunern, grüßte uns zum Abschied mit flatterndem Tuche und unterhielt sich, lebhaft gesticulirend, mit den Indianern. Der einsam auf der sandigen Uferbank daliegende feine Reisekoffer bildete die Seitenstaffage zu dem überaus interessanten Bilde. Alle an Bord befindlichen Ferngläser waren nach der Gruppe hingerichtet, als der Dampfer weiterfuhr, und wir folgten aufmerksam den Bewegungen unserer verwegenen Reisegefährtin und ihrer wilden Begleiter, bis eine Uferkrümmung jene unseren Augen entrückte. —

Während der Fahrt nach Umatilla in Oregon fand ich Muße, über die Verlassenheit dieser Gegend im Gegensatze zu früheren Jahren, als ein reger Verkehr sie belebte, Betrachtungen anzustellen. Damals brachte die große Straße, welche von Idaho nach Californien den Columbia hinabführte, Leben in diese Wildniß, wo jetzt Alles wie ausgestorben schien. Statt wie sonst öfters anderen Dampfern mit ihren Schaaren von goldbeladenen Boise-Minern zu begegnen, spähte das Auge jetzt vergebens nach den brausenden Sendboten der Civilisation. Die Pacificbahn hat den lustigen Goldtouristen eine bequemere Reiseroute nach Californien und den „Staaten" eröffnet, und die Waarentransporte ziehen den kürzeren Weg von den Depots an der Centralpacificbahn nach Idaho dem durch Oregon und den Columbia hinauf vor. Um dem Leser einen Begriff von dem regen Passagierverkehr zu geben, dessen sich die den oberen Columbia befahrenden Dampfböte noch in den sechsziger Jahren erfreuten, will ich nur erwähnen, daß die gewöhnliche Einnahme an einer „Bar" (Trinkstand) auf einem jener Schiffe während der Fahrt von Lewiston nach The Dalles 500 bis 2000 Dollars Gold betrug.

Der ganze für die Minenlager in Idaho bestimmte Waarentransport wurde damals durch jene Dampfschiffe befördert, und der eine halbe englische Meile lange Frachtschuppen in Celilo war oft kaum geräumig genug, um die Masse der stromaufwärts zu verschiffenden Waaren während weniger Tage zu lagern. Jetzt beschränkt sich jener Waarentransport auf den Bedarf der Thäler von Grande Ronde und Walla Walla; dahingegen sind die stromabwärts fahrenden Böte kaum im Stande, die Weizenernte des Walla Walla-Thales (dasselbe hatte im Jahre 1875 einen Ueberschuß von 18,000 Tonnen Weizen zum Export) zu befördern, und bildet dieser Weizentransport gegenwärtig den Hauptfrachtverkehr auf den Gewässern des oberen Columbia.

Bei der Weiterreise bot die Gegend an beiden Flußufern in der That einen traurigen Anblick. Außer gelegentlich einigen elenden indianischen Wickiups (Zelthütten) und hie und da an den Bergen grasenden und im Flusse tränkenden Rindern unterbrach nichts die traurige Einförmigkeit dieser Sand- und Felsenwüste. Vom Deck unseres keineswegs mit Frachtgütern überladenen Dampfers gewahrte man nichts von den weit landeinwärts liegenden bebauten Thälern.

Es ist eine traurige Ueberraschung für einen Reisenden, den seine Kreuz- und Querzüge wieder in eine Stadt führen, deren geschäftsthätiges Bild ihm von einem früheren Besuch her lebendig in der Erinnerung geblieben, wenn er in ihr kaum einen Schatten von ihrer ehemaligen Größe wiederfindet. Ist dieses schon in einem alten Culturstaate der Fall, wo die Ruinen der Vergangenheit oft in unmittelbarer Nähe von Neubauten gesehen werden, um wie viel peinlicher muß es den Wanderer in einem Lande berühren, dessen Städte ganz allein eine Schöpfung der Gegenwart und der jüngsten Vergangenheit sind, und wo der rege

Unternehmungsgeist seiner Bewohner blühende Ortschaften und Culturgebiete fast tagtäglich aus der Wildniß emporsprießen läßt. Ein solches Bild der Zerstörung zeigte mir die einst blühende Stadt Umatilla. Als wir am Landungsprahm bei diesem Orte anlegten und ich das sonst mit Waarengütern aller Art bedeckte und von Frachtfuhren und Menschen lebendige und jetzt ganz veröbete Flußufer nach den ersten Häuserreihen der Stadt hinaufschritt, traute ich kaum meinen Augen, denn, obgleich ich wußte, daß der Platz in Verfall gerathen war, hatte ich doch nicht erwartet, ein solches Trauerbild vor mir zu sehen. Die Zeit der Blüthe war für Umatilla, welcher Ort einst der Haupttransitplatz für die von Californien und dem westlichen Oregon nach den reichen Goldminenlagern von Idaho bestimmten Waarengüter war, und der bei einer Bevölkerung von kaum tausend Seelen den Verkehr einer deutschen Stadt von ihrer zehn= und zwanzigfachen Größe aufzuweisen hatte, längst verschwunden. Wo sonst in den lebendigen Straßen täglich die Peitschen von Hunderten von „Muleteers" knallten und das Schellengeklingel der Packthierkarawanen ertönte, dort sieht man jetzt in tagelangen Zwischenräumen höchstens eine einzelne Frachtfuhr auf der staubigen Landstraße ihren Weg die Blauen Berge hinaufnehmen, um das Thal von Grande Ronde zu erreichen. Den immer noch bedeutenden Handel des Goldminendistricts von Boise hat sich die Pacificbahn ganz und gar tributär gemacht und der Stadt Umatilla ihren Hauptlebensnerv dadurch unterbunden.

Ich machte einen Spaziergang durch die Straßen von Umatilla. Ein Bild des Verfalls bot sich hier meinen Blicken, wie es sonst in America nur eine ganz heruntergekommene Minenstadt aufzuweisen hat. In den wenigen bewohnten Häusern lebten kaum hundert Menschen. Die besten der früheren Gebäude waren von ihren ehemaligen Bewohnern, ehe diese ihre alte Heimath auf Nimmerwieder=kehr verließen, an die in der Umgegend angesiedelten Viehzüchter für Spottpreise verkauft worden. Die feinsten Häuser hatten einen Marktpreis von zwanzig Dollars pro Stück, schlechtere waren je nach der Qualität für zehn und selbst fünf Dollars zu haben. Die niedrigste Sorte konnte nicht einmal weggeschenkt werden.

Die „Ranchers", welche jene Häuser kaufen, brachen dieselben ab, und schafften die besten Theile davon nach ihren Wohnplätzen, wo sie dieselben aufbauten. Die Schindeldächer und halb verfaulten Bretter, sowie die schwer zu transportirenden Balken und Gerüste waren auf den alten Bauplätzen liegen geblieben und boten, auf den Sandbergen gruppirt, einen überaus traurigen Anblick. Die meisten Gebäude standen leer da: Fenster und Thüren waren zerbrochen; Berge von Sand, welche der in dieser Gegend fast stetig wehende heftige Wind durch die Spalten der Wände und die offenen Fenster in die Häuser hinein=getrieben hatte, lagen mitten in den veröbeten Stuben; die Dachverkleidungen der Verandas (Vorbauten) hingen in Fetzen herunter. An den Wänden, Fensterläden und Thü=ren der wenigen noch bewohnten Geschäftshäuser, deren Besitzer seit Jahren nicht einen Nagel zur Reparatur ein=geschlagen und nicht einmal die allernothwendigsten Ver=besserungen gemacht hatten, waren in großen Lettern die ominösen Worte hingemalt: „Selling out below cost" (hier wird die Waare unter dem Einkaufspreise losge=schlagen), ein deutliches Zeichen, daß die Bewohner bald=möglichst von hier fortzukommen wünschten. Wenn ich noch hinzufüge, daß es heutzutage weder Advokaten noch Richter in Umatilla giebt, so ist damit wohl das Todesurtheil über eine amerikanische Stadt ausgesprochen; denn, wo selbst für die Handhaber des Gesetzes in den Vereinigten Staaten Nichts mehr zu holen ist, dort muß es gewiß arg genug aussehen!

War die Umgegend von Umatilla schon in früheren Jahren, als sich der Ort noch eines regen Verkehrs erfreute, ein Wüstenrahmen um eine Oase, so zeigte sie sich jetzt dem Auge doppelt unerfreulich, da ihre Verlassenheit durch kein nahes lebendiges Culturbild mehr verschönert wurde. Es läßt sich kaum eine uninteressantere Gegend denken, als die, welche jene Stätte des Verfalls umgiebt. Rings um den Ort erstrecken sich kahle, nur von wildem Salbei spärlich bewachsene Sandflächen, die aller Cultur unfähig sind. Ein paar elende indianische Zelthütten blicken vom anderen Stromufer traurig auf die in Trümmer sinkende Stadt herüber. Dazu machten Einen hier die dichte Sandwolken vor sich hertreibenden heftigen Winde oft fast blind. Alle sechs Tage pflegt dieser Wind zu wechseln. Drei Tage lang jagt er dichte Sandwolken thalab durch die Stadt, treibt den feinen Sand in die Häuser und lagert ihn dünenartig auf den Seitenwegen ab. Dann ist drei Tage lang Windstille und die Einwohner haben Zeit zum Aufathmen und Reinigen, bis ein noch grimmigerer Wind denselben Sand thalauf wieder durch den Ort fegt.

Nach kurzem Aufenthalte bei Umatilla gab unser Dampfer sein schrilles Signal zur Weiterfahrt, und ich war froh, als ich jene, dem Untergange geweihte Stadt wieder verlassen konnte. Die Thalrinne des Columbia behielt ihr kahles und ödes Bild, bis wir gegen Abend nach einer überaus monotonen Fahrt die 216 engl. Meilen von Portland entfernten, am linken Stromufer liegenden nackten Sandstein-„Bluffs" von Wallula erreichten. Bei Sonnenuntergang saß ich in Gesellschaft von mehreren herumlungernden Yakima=Indianern auf einer alten Holzkiste vor einem Waarenspeicher und schaute dem Ausladen unseres Dampfers zu.

Mehrere sechsspännige Stages jagten ans Ufer herab und brachten Leben in die Reisegesellschaft, welche sich mit Schelten und Halloh einen Platz in den innen und oben bald überfüllten Wagen zu erobern suchte, um nach dem 28 engl. Meilen von Wallula entfernten ansehnlichen Landstädtchen Walla Walla weiter zu kutschiren. Die Menge von Koffern, Mantelsäcken und anderem Gepäck, welche auf den Stages Platz fand, übersteigt alle Begriffe. Die Chinesen nußten mit ihren langen Bambusstäben und großen Zeugbündeln alle oben auf dem Kutschendach ein Unterkommen finden und hingen mehr als sie saßen dort auf der gefährlich schaukelnden Höhe. Um die Stagereise nach Walla Walla beneidete ich die Passagiere wirklich nicht; denn die dorthin führende Fahrstraße ist eine der schlechtesten in America. Im Sommer füllt der Alcalistaub wie Mehl die vielen tiefen Löcher der Landstraße aus, in welcher die Räder alle Augenblick bis über die Achsen bald rechts bald links hineinfallen, während der Wagen von dichten Staubwolken umgeben ist, so daß man die vordersten Pferde kaum vom Kutscherbock zu erkennen vermag.*)

*) Im Herbste 1875 wurde eine enggleifige Eisenbahn von Wallula nach Walla Walla fertig gebaut, so daß die Reise zwischen jenen Plätzen jetzt ohne besondere Strapazen bewerkstelligt werden kann. Ich machte in genanntem Jahre die Eröffnungsfahrt auf dieser engspurigen Bahn mit, die in ihrer Art ein Unicum in der civilisirten Welt ist. Die Locomotive sah wie ein großer alterthümlicher Theekessel aus, der Waggon — es befand sich nur e i n Passagierwagen auf dieser Linie! — war einem Viehwagen treffend ähnlich. Wenn die Locomotive im Gange war, so lief sie ganz munter auf den schief und krumm gelegten Schienen hin, kam sie aber; was öfters

Während der Nacht nahm unser Dampfer eine volle
Ladung von Weizen in Säcken an Bord, welches Handels=
product, wie schon bemerkt, jetzt den Hauptfrachtverkehr für
die den oberen Columbia befahrenden Dampfböte bildet.
Um es den Farmern des productenreichen Walla Walla=
thales zu ermöglichen, ihren Ueberfluß namentlich von
Weizen nutzbringend auf den Weltmarkt zu schaffen und
mit den Erzeugnissen der Thäler des westlichen Oregon
concurriren zu können, hat die „Oregon Dampfschiffahrts=
gesellschaft den Frachttarif von Wallula nach Portland auf
sechs Dollars die Tonne herabgesetzt, eine sehr ver=
nünftige Anordnung, da der Anbau von Cerealien in jenen
entlegenen Culturdistricten dadurch einen frischen Impuls
erhalten hat, und die Dampfböte stets auf eine volle La=
dung stromab rechnen können. Die Berge von Weizen=
säcken, welche im Frachtspeicher bei Wallula aufgethürmt
dalagen, gaben deutlichen Beweis von der Fruchtbarkeit des
Walla=Walla=Thales, der Kornkammer des Nordwestens.
Sollte sich das Project, eine directe Eisenbahn von

passirte, in Stillstand, so war guter Rath theuer, sie wieder auf
die Beine zu bringen, und oft verging eine halbe Stunde, ehe sich
die Triebräder wieder in Umlauf setzten. Das Wasser wurde auf
eine höchst sinnreiche Weise aus einem das Bahnbett kreuzenden
Bache in den Dampfkessel geschafft. Ein Genie von einem In=
genieur hatte ein großes unterschlächtiges Wasserrad construirt, das
von den Fluthen des Bachs getrieben wurde. Um nun das Wasser
in den Kessel zu bringen, waren ein paar Dutzend alte Blechkannen
die einst zur Präservirung von Austern Dienste geleistet hatten,
rings an dem Schwungrad befestigt; diese schöpften das Wasser
eine nach der andern, wie sie herumliefen, unten aus dem Bach
und ließen es oben, wenn sie sich umdrehten, in eine Rinne fallen,
woraus der Dampfkessel gespeist wurde. Daß die Fahrt von 28
engl. Meilen zwischen Wallula und Walla Walla volle sieben
Stunden in Anspruch nahm, wird den Leser gewiß nicht in
Erstaunen setzen! —

Wallula nach Seattle an den Puget Sund zu erbauen, einst verwirklichen, so würde dadurch dem Walla Walla=Thale eine neue Absatzquelle für seine Producte eröffnet werden, die für die Entwickelung desselben von höchster Bedeutung sein müßte.

Etwas vor Tagesanbruch trat ich meine Rückreise nach Celilo an. Die Fahrt bis zu den Stromschnellen unterhalb Umatilla bot nichts Bemerkenswerthes. Sobald wir aber wieder zwischen die Felsriffe gelangten, wo der Dampfer mit fabelhafter Schnelligkeit durch die tobenden Wasser hinbrauste, so daß Einem der Athem oft fast stille stand, wenn wir nahe an den niedrigen Basaltklippen förmlich vorbeiflogen, gewann die Scenerie an Interesse bei jeder Meile und ließ das Auge nicht los durch ihre wild romantischen Bilder. Als wir uns dem Passe der Dalles näherten, gewährte die gleichsam am Ende einer mit tobenden Wassern angefüllten riesigen schwarzen Felsenstraße dastehende Schneepyramide des Mount Hood einen grandiosen Anblick. Durch eins der rothgemalten vorderen Kajütenfenster betrachtet, sah der Bergriese wie von einer vulcanischen Eruption beleuchtet aus und führte den Beschauer im Geiste unwillkührlich zurück in die Urzeit, als jener Koloß, eine hochauflodernde Riesenfackel, flammend am Ende der felsigen Stromenge dastand und seine Lava=wogen dampfend und donnernd durch die bebende Wildniß rollte.

Die Strecke von 110 englischen Meilen zwischen Wallula und Celilo legten wir in etwas über fünf Stunden zurück, eine Schnelligkeit, die der eines Eisenbahnzuges ungefähr gleichkommt. Bereits um neun Uhr Vormittags sahen wir die langen Speicher und Bahngebäude von Celilo vor uns liegen, am obern Ende der Dallesstromschnellen, welche hier in der sogenannten „Teufelsschlucht"

14

alle Schifffahrt auf dem Columbia unmöglich machen, und wo uns ein Eisenbahnzug erwartete, der uns nach dem dreizehn englische Meilen entfernten Orte Dalles City bringen sollte.

Bald jagte der Dampfzug durch den wild zerrissenen Engpaß. Links, nahe an den bastionenartig vortretenden Basalt= und Trachytfelsen rollten wir donnernd entlang; rechts brauste der schäumende Columbia in zahlreichen Canälen, Stromschnellen und kleinen Wasserfällen. Dann kamen hohe Sandhügel, wie Dünen am Ufer durch die hier herrschenden heftigen Winde zusammengeweht; Indianer ritten auf Ponies von den Stromschnellen nach der Stadt, mit Salmen beladen, welche sie an den Fällen mit Hakenstangen gefangen hatten.

Weiter jagten wir, hin über hohe, lange Holzbrücken, immer nahe unter den Felsen am Ufer des Columbia entlang. Vor uns zeigte sich nochmals die gewaltige Schneepyramide des Mount Hood, wie ein alter Bekannter mich in meiner früheren Heimath willkommen heißend. Dann kamen die Häuserreihen von Dalles City. Mit Glockengeläute und schrillem Pfeifen des Dampfes jagten wir auf schweren Eisenrädern dröhnend durch die bekannte lange Hauptstraße des Orts, und ich war wieder einmal in meiner alten oregonischen Heimath, hier am schönen, grünlichen, stolzen Columbiastrom.

3. Die Eishöhlen im Territorium Washington (♀)

Dem Reisenden, welcher sich nicht scheut, abseits von den großen betretenen Verkehrswegen in die Wildnisse des Territoriums Washington einzudringen, wird ein Ausflug nach den etwa vier Stunden vom Fuße des Mount Adams entfernten Eishöhlen von hohem Interesse sein. Auf einem Dampfer kann er von den „Cascades" nach der Mündung des White Salmon fahren, wo dieser in den Columbia fällt und auf einem Kaiuhß-Pony unter der Leitung eines Indianers die 25 englischen Meilen von dort in nördlicher Richtung unter ausgedehnten Feldern von porösem Basalt liegenden Höhlen auf einem Saumpfade erreichen. Auf dem romantischen Ritt durch die unbewohnte Wildniß werden ihm die Spuren gewaltiger Erdrevolutionen deutlich vor Augen treten, welche in der Urzeit jene Landstriche verheert haben, und auf die der ca. 9000 Fuß hohe Mount Adams mit seiner breiten Schneekuppe jetzt in majestätischer Ruhe herabschaut.

Von der Bergkette der Cascade Range, einer riesigen vulcanischen Erhebung, ergoß sich die Lava stellenweise 200 englische Meilen weit. In der Gegend, wo jene Höhlen vorkommen, hat sich der Basalt terrassenartig gelagert. Diese Terrassen laufen parallel mit der Cascade Range und folgen auf einander in Abständen von einer viertel bis einer halben englischen Meile. Die ersten von ihnen trifft man ungefähr 5 englische Meilen vom White Salmon, den man auf dem Wege zu den Eishöhlen, etwa zehn Miles vom Columbia überschreitet, und kann man von dort bis zu den Eishöhlen fünfundzwanzig bis dreißig Terrassen zählen. Die Lava muß sich in der Urzeit (die Basaltterrassen gehören der tertiären Periode an) in auf einander folgenden gewaltigen Wellen über das Land ergossen haben; wo die erkaltende feurige Masse zum Stillstand kam, ist die jedesmalige Grenze einer solchen Lavawelle. Die von zehn bis zu dreißig Fuß hohen Wände der terrassenartig über einander liegenden Basaltplateaus lassen sich trotz des nivellirenden Einflusses der darüber hingerollten Jahrtausende mit einiger Mühe ziemlich genau verfolgen.

Die Basaltfelder, auf denen sich im Laufe der Zeit stellenweise ziemlich viel Humus angesammelt hat, sind mit zerstreut und parkähnlich wachsenden Nadelhölzern bestanden, — Fichten (pine), Kiefern (fir) und Lärchentannen (tamarack); Unterholz findet sich dort gar nicht. Häufig sind die Felsen von üppig wachsendem Gras überwuchert Diese Waldungen beginnen etwa 10 Miles vom Columbia, wo die mit dichtem Unterholz und Gestrüpp durchwachsenen und spärliche Fichten zeigenden Eichenwälder am untern Laufe des White Salmon aufhören, und erstrecken sich bis zum Mount Adams und nach der Cascade Range.

Die Gestaltung der Höhlen auf dem Basaltplateau, dem wir unsere Aufmerksamkeit zuwenden wollen, ist beachtenswerth. Ihre Breite wechselt von 20 bis bis zu 100 Fuß, bei sehr ungleicher Höhe; oft sind sie bis zu 50 Fuß hoch. Ein innerer Zusammenhang dieser Höhlen, von denen die meisten zwei, drei und mehr Oeffnungen haben, läßt sich jetzt nicht mehr verfolgen, obgleich derselbe wahrscheinlich ursprünglich da war; durch einstürzende Basaltmassen sind dieselben im Laufe der Zeit zerstört worden. In eine derselben kann man hinein= und aus der andern wieder herausgehen, oder herauskriechen, und so, bald über, bald unter der Erde, diese Höhlen an 5 englische Meilen weit im Walde auf dem Basaltplateau verfolgen.

Die Höhlen sind, wie es scheint, durch ausfließende Lava entstanden, vermuthlich unter dem ungeheuren Druck einer neuen Lavaschicht, welche sich, bald nach einer frühern vulcanischen Eruption, über die erste nur theilweise erstarrte ergoß und die stellenweise noch flüssige Lava mit Gewalt aus derselben herauspreßte. Der Fluß, der an den Basaltwänden der Höhle hängen gebliebenen, mit Macht durch= strömenden Lava läßt sich deutlich erkennen. Wie lose ge= drehtes Tau und halbwarm ausgezogenem Zuckerkand zu vergleichen, so wie ihn americanische Hausfrauen zu machen lieben, ist die schwarze, breiartig hinfließende Lavamasse an den festeren Basaltwänden der Höhlen hier und da hängen geblieben, wo sie erkaltete, und mitunter hat die dick= flüssige Masse weichere Theile des dahinter liegenden Ge= steins nach sich gezogen. Die mit Gewalt umherspritzende und von unten gegen die Decke geschleuderte Lava zeigt sich dort in angeklebten Lavazapfen und in erkalteten Lava= tropfen, die mitunter traubenartig an einander hängen.

In mehreren dieser Höhlen hat man kleine An= häufungen von Eis gefunden, welche sich wohl im Winter dort gebildet haben. Eine der Höhlen kann man im wahren Sinne des Worts eine Eishöhle nennen, und diese ist es, mit der wir uns jetzt beschäftigen wollen. Das Eis darin hat eine Mächtigkeit von 200 Fuß Länge bei 20 bis 30 Fuß Breite und bis jetzt noch nicht ergründeter Tiefe. Die obere Decke der Höhle ist mit einer fingerdicken Eiskruste überzogen, an welcher eine Menge von Eiszapfen hängen, von denen manche bis an den Boden herabreichen. Hin und wieder stehen Eissäulen stalactitartig in der Höhle da. Der zwischen der Hauptmasse des Eises und der Decke befindliche Raum ist etwa acht Fuß hoch, verkleinert sich aber von Jahr zu Jahr, da das Eis, wenn auch sehr langsam, an Mächtigkeit zunimmt. Bei Fackellicht gewährt diese natürliche Eiskammer einen überraschend schönen Anblick; wie von Tausenden von Diamanten glitzert und blinkt es an der Decke. Die krystallhellen Eissäulen und Eiszapfen nehmen sich im Gegensatze zu den pechschwarzen Wänden der Höhle herrlich aus. In der heißen Jahreszeit verursacht das durch die hohlen Stalactiten rieselnde und von den Zapfen herabtröpfelnde Wasser seltsame Töne, so daß man glauben möchte, man sei hier in die geheime Werkstatt von Berggeistern eingedrungen.

Wie aber ist das Eis in diese Höhle gekommen und wie erhält es sich dort das ganze Jahr über? Nichts zeigt draußen an, daß Eis unter dem felsigen Boden verborgen liegen könne. Im Sommer ist es bei Tage in jenen Waldungen angenehm warm, wenngleich die Nächte fast immer sehr kalt sind. Hart am Eingange der Höhle wachsen Erdbeeren und eine Art wilder Heidelbeeren (whortle berry; hier zu Lande „Huckelbeeren" genannt). Besucher pflegen im Sommer Eisstücke aus der Höhle zu brechen und ins Freie zu tragen (wo sie schnell zerschmelzen), um Wasser zum Tränken für ihre Pferde zu erlangen. Betrachten wir das Innere der Eishöhle etwas genauer.

Die Hauptöffnung, durch welche man auf einer darin angebrachten 20 Fuß langen Leiter bis auf den Boden der Höhle gelangt, liegt ungefähr in der Mitte der Eishöhle. Unten erstreckt sich das Eis zu beiden Seiten wie ein gefrorener Strom, mit einer Gesammtlänge, wie früher bemerkt, von etwa 200 Fuß bei unregelmäßiger Breite, von 20 bis zu 30 Fuß.

An dem einen Ende der Höhle ist eine Spalte im Felsen, die weiter in das Innere der Erde führt. Dieselbe ist aber zum Theil von Eis verschlossen, verschließt sich von Jahr zu Jahr mehr, und ist so enge, daß sich ein Mann nicht hindurchzwängen kann. Was dahinter liegt, ob eine zweite Eishöhle oder ein leerer Höhlenraum, ist noch nicht ermittelt worden.

Am anderen Ende der Höhle, oben über der Haupteismasse, befindet sich eine größere Oeffnung, 4 bis 5 Fuß hoch und doppelt so breit, woraus ein auch im Hochsommer kalter Luftzug in gleichmäßigem Zuge hervorkommt. Dringt man durch diese Oeffnung vor, so gelangt man bald in einen zweiten kleineren höhlenartigen Raum, der hier und da Spuren von Eis enthält. Derselbe erweitert sich gegen die Mitte zu dem Umfang eines großen Zimmers, ist aber sehr unregelmäßig gestaltet, da die Felsen vielfach eingestürzt sind. Vom jenseitigen obern Ende dieser Höhle führt ein in schräger Richtung emporsteigender, spaltenähnlicher, gegen 6 Fuß langer Aufgang, der Oeffnung eines Kamins zu vergleichen, in einer Entfernung von etwa 150 Ellen von der großen Eishöhle in ein brunnenartiges, gegen 8 Fuß tiefes Loch, das wieder ins Freie mündet.

Der zuletzt beschriebene Ausgang ist so zu sagen das Zugloch, der Schornstein der Eishöhle. Er scheint die äußere Luft einzusaugen. In der kleineren Höhle kühlt sich diese ab und strömt dann durch die untere Oeffnung in gleichmäßig kaltem Zuge hinunter in die große Eishöhle und hin über die Haupteisfläche. Das Seltsame bei diesem Luftzuge ist seine auch im Sommer fühlbare Kälte; sonst erklärt er sich durch den zuletzt genannten kaminartigen Ausgang, in Verbindung mit dem schaftähnlichen Haupteingang zur Eishöhle, durch welchen die eingedrungene Luft wieder ausströmen kann.

Dieser Luftzug ist es ohne Zweifel, dem das Eis seine Entstehung und Erhaltung zu verdanken hat; er ist es, der in der Höhle als Refrigerator dient. Ueber der Eishöhle ist der Basalt voll von feinen Rissen, durch welche im Frühjahr das schmelzende Schneewasser langsam herabsickert und bei genügendem Kältegrad in der Höhle Material zu Eis die Hülle und Fülle giebt. Bei Tage im Sommer allerdings bildet sich in der Höhle kein Eis, dessen Oberfläche alsdann vielmehr feucht und im langsamen Schmelzen begriffen scheint; aber im Winter und im Frühjahr, wenn das schmelzende Schneewasser herabzusickern beginnt und in geringerm Maßstabe auch in den kalten Sommernächten findet jener Gefrierproceß ohne Zweifel statt. Als sich das erste Eis in der Höhle bildete, ist dasselbe wohl meistens im Sommer wieder weggethaut; aber im Laufe der Jahre, vielleicht durch kalte Sommer begünstigt, erhielt es sich mehr und mehr und gewann' allmählich an Mächtigkeit, bis es sich jetzt, statt weniger zu werden, jedes Jahr schneller anhäuft. In Folge seiner ungewöhnlichen Dichtigkeit, die es dem langsam und gleichmäßig auf seiner Oberfläche gefrierenden, nur tropfenweise herabsickernden Schneewasser zu verdanken hat, schmilzt jetzt auch in warmen Sommertagen nur sehr wenig davon fort.

Die Entdeckung jener Eishöhle verdankt man den Indianern. Dieselben behaupten, noch eine große Eishöhle in jener Gegend zu kennen, wollen aber ohne bedeutende Geldentschädigung, die zu zahlen man nicht geneigt ist, ihre Lage den Weißen nicht verrathen. Bereits im Jahre 1860 bezog der Vereinigte=Staaten=Militairposten bei Dalles von dorther seinen Eisbedarf für die Sommermonate. In späterer Zeit hat man angefangen, das Eis als Handels=

artikel von der Eishöhle zu verschiffen, namentlich in solchen Jahren, wenn bei besonders milden Wintern der Columbia nicht zufriert und sich auch sonst nur wenig Eis in dieser Gegend bildet, worauf man fast als Regel jedes dritte Jahr rechnen kann. Das Eis wird in Blöcken ausgebrochen und auf Packthieren, die man jedes mit 200 Pfund Eis beladet, Nachts in Säcken nach dem Columbia transportirt und von dort auf Dampfern nach Portland und Dalles geschafft. Wegen der Festigkeit des Eises schmilzt auf dem Landtransport nur sehr wenig davon.

Die Eisconsumenten ziehen das Höhleneis wegen seiner Klarheit und Dichtigkeit dem im Columbia ausgesägten Eise vor. In Portland und Dalles kann jenes aber nicht für weniger als 5 Cents per Pfund geliefert werden, wogegen das Columbia=Eis nur $1\frac{1}{2}$ bis 2 Cents per Pfund kostet. Wegen dieser großen Differenz im Preise lohnt sich die Spe= culation in Höhleneis nur nach besonders milden Wintern.

Die Ausbeute der Eishöhlen hat jedoch in neuerer Zeit fast ganz aufgehört. Durch Eis= und Condensir= maschinen wird jetzt das Eis den Consumenten in Portland zu $\frac{1}{2}$ Cent pro Pfund geliefert, und sowohl das Columbia= Eis, als das aus den Höhlen findet heutzutage dort fast gar keine Verwendung mehr.

4. Die ersten Goldentdeckungen im östlichen Oregon und im Territorium Idaho.

Bemerkung. Den Stoff zu den hier folgenden Aufzeichnungen, welche als Ergänzung zu den vorhergehenden Skizzen dienen sollen, erhielt ich während meines Aufenthaltes in Boise und The Dalles direct von den alten Goldjägern und Pionieren in Idaho und Oregon. Das Interesse, welches jene Herren von der Picke, der Goldwaschschale und vom Revolver daran nahmen, einer staunenden Nachwelt getreue Berichte über ihre ersten Abenteuer in diesen Ländern zu überliefern, war äußerst amüsant. Ueber Mangel an Mittheilungen, die in ihren Grundzügen alle miteinander übereinstimmten und ohne Frage den Stempel der Wahrheit trugen, brauchte ich mich entschieden nicht zu beklagen. Sobald es bekannt wurde, daß sich Jemand damit beschäftigte, die Jugendgeschichte dieser Länder zu schreiben, kamen jene alten Goldjäger meinen Wünschen mit lobenswerthem Eifer zuvor und erzählten mir interessante Abenteuer aus ihrem früheren Leben in den Minen. Wollte ich alle jene oft außerordentlich fesselnden Originalgeschichten von Abenteuern in den Minenlagern und Goldentdeckungszügen wieder erzählen, so könnte ich Bände damit füllen. Das Schwierigste bei solchen Unterhaltungen war für mich allemal, einen von jenen plauderfüchtigen Goldjägern beim Thema festzuhalten, da derselbe stets am liebsten von hunderterlei Dingen erzählte, die gar nicht zur Sache gehörten und die ihn erklärlicher Weise persönlich ganz besonders interessirten. Wenn der Leser aber bedenken will, daß die in diesen Aufzeichnungen geschilderten abenteuerlichen Goldentdeckungszüge in einer Urwildniß, welche ungefähr die Größe von halb Deutschland hat, ausgeführt wurden, so wird er vor jenen ehrgeizigen und plauderfüchtigen Pionieren der Cultur, die mit unverwüstlicher Ausdauer im Ertragen von Strapazen und von Gefahren aller Art die goldene Fata Morgana zu erhaschen strebten, sicherlich Respect bekommen. —

Als der Ruf von den ersten Goldentdeckungen in Californien bereits nach allen Ländern gedrungen war und eine Masseninimigration nach jenem neuen „Eldorado" aus den entlegensten Gegenden der Erde wach gerufen hatte, blieb Oregon und Idaho — mit Ausnahme des als Ackerbauland besiedelten Willamettethales — noch lange eine Terra incognita, eine pfadlose Wildniß, in welcher, außer Indianern und französischen Missionären, nur einzelne Trapper, Pelzhändler und verwegene Grenzler zu finden waren. Allerdings verbreitete sich bereits im Jahre 1852 in Californien das Gerücht von der Entdeckung reicher Goldlager am westlichen Abhange der nördlichen Felsengebirge, am oberen Laufe des Salmon-Flusses, in einer Gegend, die damals zum Territorium Washington gehörte. Eine Schaar von Goldjägern, welche auf die erste Kunde davon von San Francisco aus dorthin geeilt war, kehrte aber bald, durch Kämpfe mit den Indianern decimirt, nach Californien zurück. Die Nachrichten, welche jene Abenteurer von dem Reichthum der „nördlichen Goldminen" mitbrachten, waren nicht glänzend genug, um Andere zu veranlassen, wegen zweifelhaften Gewinns ihre Scalpe zu riskiren.

Dann kam das allen alten Californiern lebhaft in der Erinnerung gebliebene „Fraserfluß-Goldfieber (Fraser river gold excitement)" vom Jahre 1858. Zu jener Zeit haben Tausende in Californien den Grund zu ihrem späteren

Reichthum gelegt, indem sie zu Spottpreisen Grundeigenthum von den vom Fraserfluß=Goldfieber ergriffenen San Francisco=Müden kauften und wohlweislich daheim blieben, indeß Schaaren von Zehntausenden nach Britisch Columbia eilten, um das Gold von dort sackvoll fortzuholen. Der Stadt Victoria wurde damals das glänzende Prognostikon gestellt, daß sie bestimmt sei, die Handelsmetropole am nördlichen Stillen Meer zu werden; von San Francisco dagegen hieß es, daß das Gras dort bald in den Straßen wachsen würde. Daß heute gerade das Gegentheil von jenen Prophezeiungen zur Wahrheit geworden, ist gewiß eine bedeutungsvolle Laune des Schicksals! — Allerdings gab es Gold am Fraserfluß, aber es kostete mehr es herbei= zuholen, als es werth war. Von allen Goldjägern, Kaufleuten und Abenteurern, die dorthin geeilt, kehrte die ungeheure Mehrzahl, nach unsäglichen Entbehrungen und Strapazen in jenem sibirisch=ungastlichen Lande, mit leeren Taschen nach Californien zurück, und nur gelegentlich begegnete man in den Straßen von San Francisco einem Glücksvogel, der von Victoria mit einer respectablen Aussteuer von Mammon wieder gekommen war. Wer nach dem Fraserfluß= Fiasko noch in San Francisco von Goldminen im Norden zu reden wagte, der wurde allgemein für einen ganz unver= besserlichen Phantasten angesehen. Die Entdeckung der Goldplacers im südwestlichen Winkel von Oregon galt nur als eine Zugabe der berühmten Minen von Yreka im nördlichen Californien; sonst gab es für einen Californier absolut nichts, was ihn hätte bewegen können, in damaliger Zeit nach Oregon zu wandern, welches Land höchstens gut für uncivilisirte „Webfeet" sein mochte.

Das Jahr 1861 brachte den Ländern im Stromgebiete des Columbia den Herold einer neuen Zukunft in der Person des Capitän E. D. Pierce. Im Frühsommer jenes

Jahres unternahm derselbe in Gesellschaft einer kleinen Abenteurerbande einen Jagdzug im Thale des Clear Water, im nördlichen Theile des jetzigen Territoriums Idaho. Pierce war, beiläufig bemerkt, nicht ein Capitän in der Armee der Vereinigten Staaten, sondern nur ein einfacher californischer Pelzhändler, der sich nach americanischer Sitte den Convenienztitel Capitän beigelegt hatte. Heutzutage nennt er sich General.

Auf seinem Jagdzuge machte Capitän Pierce die Bekanntschaft eines den Weißen befreundeten Häuptlings vom Indianerstamme des Nez Percés, mit Namen Wish=le=nokka. Der Häuptling schloß sich der Jagdgesellschaft an und pflegte Abends im Bivouak mit seinen weißen Brüdern gemüthlich ein Pfeifchen zu rauchen, bei welcher Gelegenheit denn, wie dies unter den Grenzlern üblich ist, die unglaublichsten Abenteuer von Jagdzügen, Gefechten, Goldentdeckungen und ähnlichen Erlebnissen erzählt wurden. Als man gegen Wish=le=nokka mit dem Reichthum Californiens an Gold großthat, — wie Hunderttausende bereits aus allen Himmelsgegenden dorthin geströmt seien, um das kostbare gelbe Metall einzusammeln, schien ihm dies so unbedeutend, daß er nicht begreifen konnte, wie irgend Jemand einem so werthlosen Gegenstande, der nicht einmal zu Pfeilspitzen zu gebrauchen sei, nachlaufen könne. Er selber, sagte er, kenne einen Bach, der in nördlicher Richtung von ihrem damaligen Lagerplatze und nur drei Tagemärsche davon entfernt, vom Gebirge herabströmte, und wo man solches gelbes Metall in Menge im Sand und Kies unter der Fluth sehen könne.

Capitän Pierce und seine Genossen geriethen bei dieser Nachricht in die größte Aufregung und brachen schon am folgenden Morgen unter der Führung von Wish=le=nokka nach der von ihm bezeichneten Gegend auf, wo ihre sanguinischsten Erwartungen volle Bestätigung fanden. Reine

Goldkörner lagen in der That im Sande mehrerer Gebirgsbäche, selbst dem nackten Auge erkennbar, dicht zerstreut da. Sofort wurden die Minenplätze Pierce City und Oro Firo „ausgelegt", und während Einige von der Gesellschaft, alle Taschen voll Gold, auf dem kürzesten Wege nach Californien eilten, um ihre Freunde und die ganze Welt einzuladen, ihnen beim Einsammeln des Mammon in den von Indianern unsicher gemachten „Diggings" behülflich zu sein, richteten sich die Uebrigen dort häuslich ein und trafen umfassende Vorbereitungen, um die Placers kunst= und plangerecht auszubeuten.

Nach dem Sprichwort „Jeder sorge für sich zuerst!" nahmen Pierce und seine Freunde allen goldhaltigen Boden, den sie in der Umgegend von Oro Fino finden konnten, für sich in Beschlag, mußten aber die meisten „Claims" wieder abtreten, als mehr Abenteurer herbeiströmten und ungestüm gegen ein solches Raubsystem protestirten. Dem Capitän oder vielmehr General Pierce ist wenig mehr als die Ehre des Entdeckers der Goldminen im nördlichen Idaho geblieben. Wie es fast allen Herren unter den alten Goldpionieren in diesen Ländern ergangen ist, haben auch bei ihm die zeitlichen Güter nicht haften wollen, und der Credit des „Generals" ist heute kaum noch gut für ein Glas Whiskey.

Die Schwärme von müssigen Goldgräbern und sich nach neuen Abenteuern sehnenden Herumtreibern, welche sich in Folge der bis in's Unglaubliche gesteigerten Gerüchte von dem fabelhaften Reichthum der sogenannten Salmon River=Goldminen sofort von Californien aus in Bewegung setzten, waren eine Erneuerung des Schauspiels von der nicht lange vorher stattgehabten Massenauswanderung über die Sierra Nevada nach dem näher gelegenen Silberparadiese Washoe. Alle von Californien nach Norden und Nordost führenden Straßen belebten sich plötzlich mit Goldjägern, welche theils zu Fuß, mit Wolldecke, Feuergewehr, Goldwaschschale, Schaufel und Picke auf der Schulter, theils zu Roß oder per Maulesel und Wagen, oder wie sie am besten mobil werden konnten, dem neuen Goldkanaan zueilten. Die von San Francisco nach Portland und die von dort den Columbia hinauffahrenden Dampfer waren dermaßen mit Passagieren überfüllt, daß die Reisenden froh sein durften, für schweres Geld ein Quartier auf dem nackten Verdeck zu erhalten. Alte Minendistricte in Californien, deren Goldlager zum Theil ausgebeutet waren, veröteten plötzlich, da sich kein unternehmender Weißer mehr herbeilassen wollte, für sechs oder acht Dollars Verdienst den Tag zu arbeiten, wenn er bestimmt hoffen durfte, in den Salmon River-Minen so und so viele Unzen Gold per Tag einzusammeln. Thüren und Fenster der Häuser wurden einfach zugenagelt, weil an ein Verkaufen des Eigenthums nicht zu denken war, da eben Jedermann fort wollte; und wo sonst fidele Goldgräber in Saus und Braus gelebt hatten und Handel und Wandel blühte, rückten die knauserigen Chinesen ein, vor denen jeder unternehmende Kaufmann schleunigst das Feld räumte. Die in späteren Jahren aus dem Norden in Menge nach Californien zurückkehrenden Goldjäger haben allerdings hier und dort ihre frühere Heimath wieder aufgesucht, fanden aber dort Alles so verändert, daß sie meistens nach Nevada und anderen von Chinesen verhältnißmäßig freien Gegenden weiter zogen und den bezopften Asiaten ihre alten Lagerplätze als **Erbe** abtraten.

Als die in Schaaren von vielen Hunderten täglich aus Californien anlangenden Goldjäger sich durch die unerforschten Ländergebiete des fernen Nordwestens verbreiteten, folgten auf die von Capitän Pierce und seinen Genossen gemachten Goldentdeckungen andere von nicht geringerer Bedeutung in rascher Reihefolge*). Die nächsten Goldjäger fanden auf ihrer Entdeckungstour durch die Urwildnisse jenseits der Cascade Range und der Blauen Berge die Goldplacers im jetzigen östlichen Oregon. Die am Powder River schnell emporblühende Stadt Auburn, sowie die neuen Minenlager am Canyon Creek, in Mormon Bassin und am Eagle Creek wurden bald Rivalen der Salmon River=Minen. In der Regel entdeckte man die reichsten Placers an Stellen, wo man dieselben am wenigsten vermuthete. Eine Gesellschaft von Goldjägern aus Yreka lagerte z. B. auf der Reise nach Oro Fino — wohin sie quer durch die pfadlose Wildniß zogen — an einem heißen Sommertage in einer tiefen und schattigen Bergschlucht (Cañon), am Ufer eines muntern Baches, eines Neben=flüßchens von dem sich von Süden her in den Columbia ergießenden John Day. Ohne besondere Hoffnung, hier Gold zu finden, wusch Einer von der Gesellschaft eine Schale voll Sand, den er aus dem Bette des Bachs ge=nommen hatte, aus, wie die Goldjäger dies an jedem Bache, den sie in der Wildniß antrafen, zu thun pflegten. Man denke sich das freudige Erstaunen des Goldwäschers, als ihm, nach leicht vollbrachter Arbeit, 43 Dollars werth in wunderschönem körnigen Goldstaub vom Boden der Schale entgegenglänzten! Unsere Freunde aus Yreka, alte erfah=rene Goldgräber in jenem berühmten californischen Minen=lager, erkannten sofort den ganzen Werth der so unverhofft gemachten Entdeckung. Obgleich ihnen die Lebensmittel fast ausgegangen waren und das Schuhzeug bereits in Fetzen von ihren Füßen fiel, gingen sie doch sofort, hungrig und barfuß, an die Arbeit, um die Umgegend gründlich zu

---

*) Das Auffinden von Goldplacers durch die „Prospectors", sowie die verschiedenen Processe des Goldgewinnens habe ich im Ersten Band: — „Bilder aus dem Goldland" — ausführlich beschrieben.

erforschen. Ihre Anstrengungen wurden auf das Glänzendste belohnt, da sich fast alle nahen Bergschluchten reich an dem edlen Metall zeigten; und es entstand schnell in der noch nie zuvor von einem Weißen betretenen Gebirgswildniß die blühende Minenstadt Canyon City am goldreichen Canyon Creek.

Inzwischen folgten in der Nähe von Oro Fino einander schnell die Entdeckungen von neuen Goldablagerungen. Bereits im Sommer 1861 fand man reiche Placers am oberen Laufe des Clear Water, wo die Minenstadt Elk City entstand, und im Herbste desselben Jahres die von Florence, nördlich vom Salmon Flusse, im Frühjahr 1862 die von Warren's- und Miller's-Diggings, südlich vom Salmon. Am Zusammenflusse des Clear Water und Snake entstand die blühende Stadt Lewiston, welche mit der mehr südlich gelegenen Stadt Walla Walla der Ausgangspunct und das Haupthandelsdepot aller jener Minendistricte wurde. In Lewiston tagte die erste Regierung des neu organisirten Territoriums Idaho.

Im Jahre 1862 wurden unglaubliche Reichthümer aus allen jenen Minen gewonnen; namentlich bei Florence lächelte das Glück den Goldjägern oft auf eine so fabelhafte Weise, daß die Berichte davon wie Erzählungen aus Tausend und eine Nacht klingen. Das Gold wurde dort meistens haufenweise in „Taschen (pockets)" gefunden, deren zufällige Entdeckung den glücklichen Finder über Nacht zum steinreichen Manne machte. Einzelne „Goldtaschen" waren so reich, daß ihre Besitzer in große Verlegenheit geriethen, wie sie das Gold aufbewahren und fortschaffen sollten. Sie pflegten dasselbe in Stiefel zu schütten, die sie zu beiden Seiten über den Sattel ihrer Packthiere hingen, und schafften so den Mammon per Maulesel nach Lewiston.

Das Leben in jenen entlegenen Minenlagern war nicht nur ein sehr anstrengendes, sondern auch ein außerordentlich gefahrvolles. „Landstraßen-Agenten" (road agents), wie sich die Straßenräuber zu nennen liebten, lauerten den mit Schätzen beladenen nach Californien zurückkehrenden Goldjägern in der Wildniß auf und mordeten und plünderten dieselben, wo und wann sich ihnen eine passende Gelegenheit dazu zeigte.

Die Ermordung eines gewissen Magruder von drei „Straßenagenten", welche als Freunde mit ihm von Oro Fino nach Lewiston reisten und ihn dabei um 40,000 Dollars in Goldstaub beraubten, rief eine solche Entrüstung hervor, daß eine Anzahl von den Bürgern jener Stadt die Raubmörder bis nach San Francisco verfolgte, dort gefangen nahm, nach Lewiston zurückbrachte und am Orte ihrer Schandthat aufknüpfte. Hatte jedoch ein von Fortuna begünstigter Miner sein Gold an Bord eines der den Columbia befahrenden Dampfböte gebracht, so war er seines Reichthums dort ziemlich sicher; aber so lange er in den „Diggings" verweilte, konnte ihm jeder Tag den Verlust aller seiner Schätze bringen. In diesen Wildnissen traute Niemand seinem Nachbarn, und Jeder hielt seinen Goldgewinn so viel als möglich vor Aller Augen verborgen. Man vergrub den gewonnenen Goldstaub an abgelegenen Orten, suchte ihn unter der Erde im Zelte zu verstecken, bis die Zeit zum Fortgehen da war; und dann schlossen sich kleinere Gesellschaften von heimkehrenden bewaffneten Minern an einander an, stellten Nachts Vorposten aus und suchten neue unbetretene Pfade durch die Wildniß auf, um unbemerkt eine der Städte am Columbia zu erreichen.

Im nördlichen Idaho waren die daselbst ansässigen Indianerstämme, die Kootenais (Kuhtnäs), Pend d'Oreilles, Coeur d'Alénes, Spokans, Nez Perces, Shoshones und

Bannocks den Weißen im Allgemeinen zugethan. Bereits vor einem halben Jahrhundert hatten französische Jesuiten dort „Missionen" errichtet, Kirchen und Schulhäuser erbaut und die Indianer der äußeren Form nach zum Christenthum bekehrt. Diese Rothhäute waren arbeitsam und gastfreundlich. Für die in den Wildnissen umherstreifenden Goldjäger waren sie wie Engel mit Manna in der Wüste, und mancher Verirrter hat ihrer zeitlichen Hülfeleistung und aufopfernden Gastfreundschaft sein Leben zu verdanken. Die 3000 Köpfe starken Nez Perces sind der civilisirteste unter allen jenen Indianerstämmen. Sie wurden schon zu Anfang dieses Jahrhunderts von französischen Missionären, wenigstens dem Namen nach, zum Christenthum bekehrt. Interessant ist es, daß ein gewisser Spaulding im Jahre 1836 eine Druckerpresse in der Mission der Nez Perces aufstellte, die erste in den Küstenländern am nördlichen Stillen Ocean. Die Nez Perces rühmen sich, daß Keiner ihres Stammes je einen Weißen getödtet hat. — Anders ging es im östlichen Oregon zu, wo die gegen die Weißen feindselig gesinnten Snakes mit den Goldjägern jahrelang einen schrecklichen Krieg führten. Die haarsträubenden Abenteuer, welche die zwischen den Minenlagern hin und her ziehenden Goldgräber dort oft mit den Indianern zu bestehen hatten, würden den herrlichsten Stoff zu Schauerromanen abgeben*)! —

Außer den das Land unsicher machenden Räubern und Indianern war das Klima der größte Feind der Goldjäger, deren Entbehrungen während der langen Wintermonate oft fast unglaublich scheinen. Der Verkehr zwischen den verschiedenen Minenlagern konnte im Winter nur auf Schneeschuhen bewerkstelligt werden. Von der Außenwelt waren die Bewohner jener Plätze oft monatelang ganz

---

*) Vergleiche den Abschnitt „Ueber die Blauen Gebirge im Oregon".

abgeschlossen, und die Postverbindung gehörte zu den frommen Wünschen; nur die Expreßboten von Wells, Fargo und Comp. riskirten auch im Winter Leben und Gesundheit, um ihre Briefsäcke vom Colnmbia nach den Minen zu bringen. Die Lebensmittel wurden dort oft im Winter so knapp, daß der Preis derselben auf eine fabelhafte Höhe stieg. Mehl zu einem Dollar das Pfund war durchaus nichts Ungewöhnliches, und mancher Miner gab sein letztes Häuflein Goldstaub den Kaufleuten hin, um den Hungertod abzuwehren. Daß das gesellige Leben in den Bretterhütten bei 27 Fuß Schnee, 20 bis 30 und mehr Grad Fahrenheit Kälte und grimmigen Nordwinden nicht sehr einladend war, möchte mancher in die localen Verhältnisse der Minenorte Uneingeweihte wohl vermuthen. Und doch amüsirten sich die eingeschneiten Miner auf das Trefflichste. Wer je am lodernden Kaminfeuer bei einem heißen Glas Punsch einen Abend in Gesellschaft einer Anzahl von Goldgräbern und wilden Gestalten von Hinterwäldlern verbracht hat, wenn draußen der Sturm durch die Föhren rast und die Eisstücke krachend von den Aesten fallen, und dabei den Erzählungen von hochinteressanten Abenteuern und alle Lachmuskeln krampfhaft in Bewegung setzenden Anekdoten gelauscht hat, der wird den großen Reiz, der einem solchen Leben inne wohnt, begreifen und sich nicht darüber wundern, daß ein alter Goldjäger sein Loos nicht mit dem des Bewohners einer Großstadt vertauschen möchte. In allen bedeutenderen Minenplätzen giebt es selbstverständlich Trinkbuden die Hülle und Fülle, sowie Hurdy-Gurdy-Tanzsalons, Spielhöllen ꝛc., wo sich auch ein im Alltagsleben aufgewachsenes civilisirtes Menschenkind recht gut zu amüsiren vermag, wenn es im Stillen die Tollheiten der Goldjäger beobachtet. Die Gefahr, daß Einem dort ein Leids widerfährt, ist für einen friedliebenden Touristen nicht groß, denn selten wird es einem jener wilden Gesellen einfallen, ohne Ursache mit einem Fremden einen Zank anzufangen. Allerdings darf man sich keinen Insult ruhig gefallen lassen, da man dadurch in der Achtung der Goldjäger sofort so tief sinken würde, um die Zielscheibe des Spottes eines jeden schlechtgelaunten Abenteurers zu werden. Namentlich muß man, um den Respect nicht zu verlieren, mit dem Revolver gut umzugehen verstehen, den sich NB. Jeder Morgens umschnallt, als gehöre er zum Anzug, und von dem ein lustiger Goldjäger so leicht Gebrauch macht, wie man z. B. in Deutschland einen Ziegenhainer anzuwenden pflegt. —

Auf die vorhin beschriebene Entdeckung der Placerminen im nördlichen Idaho und im östlichen Oregon folgte bald darauf eine von viel bedeutenderer Tragweite, die der Gold- und Silberminen im südlichen Theile des Territoriums Idaho, welche ich jetzt näher verfolgen will.

Im Sommer 1862 unternahm eine Gesellschaft von sechs Americanern und sieben Portugiesen, unter der Führung eines alten Pioniers mit Namen Grimes, einen längeren Goldentdeckungszug, dessen Ausgangspunkt die Stadt Walla Walla war. Zunächst wanderten unsere kühnen Abenteurer nach der etwa 125 englische Meilen südlich von Walla Walla liegenden Minenstadt Auburn, die damals im Zenith ihres Glanzes stand, ohne jedoch unterwegs nennenswerthe Entdeckungen zu machen.

Nach kurzer Rast brachen die Goldjäger am 1. August von Auburn wieder auf und nahmen diesmal eine östliche Richtung quer durch die Wildniß, welche der Fuß eines Weißen vor ihnen noch nie betreten hatte. Wildes Salbeigestrüpp, verkrüppelte Bergcedern und Zwergcactusse gaben der wasserarmen Landschaft ein trostloses Aussehen. Trachytartiges Trümmergestein bedeckte den Boden; von lebenden Wesen scheuchten sie nur gelegentlich einen hundsföttischen

Coyote auf, der die neuen Eindringlinge mißtrauisch beobachtete. Von einer glühenden Sonne verbrannt und vor Durst halb verschmachtend, stiegen sie endlich in das tiefe Felsthal des Schlangenflusses hinab, wo sie kurze Rast hielten. Neugestärkt zog die kühne Abenteurerbande nun in dem tiefen felsigen Thalbett hinauf bis zu der Mündung eines von Süden kommenden Nebenflusses des Snake, des Owyhee (Oweihi). Hier trafen sie mit einer anderen Gesellschaft von vier „Prospectors" zusammen, welche unter der Führung eines gewissen Fogus gleichfalls auf einer Goldentdeckungstour begriffen war. Fogus und seine Genossen hatten bereits in einem Nebenflüßchen des Owyhee in einer Gegend, die durch ihren Gold- und Silberreichthum später zu hoher Berühmtheit gelangte, das edle Metall gefunden, ohne jedoch den Werth der neuen Entdeckung gewürdigt zu haben. Die zwei sich zufällig in der pfadlosen Wildniß zusammenfindenden Gesellschaften von Goldjägern machten nach kurzer Berathung gemeinschaftliche Sache. Siebzehn Mann, wie diese, welche den Teufel und seine Großmutter zu besuchen sich nicht gefürchtet hätten, hielten sich für stark genug, um ein paar hundert ihnen etwa in die Quere kommende feindliche Rothhäute glänzend in die Flucht zu schlagen! Die Spuren von diesen trafen sie öfters, ohne jedoch bis jetzt von den Herren der Wildniß belästigt worden zu sein. Auf einem schnell zusammengezimmerten Floß setzte die waghalsige Schaar über die außerordentlich gefährlichen Fluthen des reißenden Schlangenflusses, und dann ging's in nördlicher Richtung weiter, einem Gebirgszuge entgegen, wo sie — und diesmal sollten sie nicht getäuscht werden! — das „Eldorado" ihrer Träume zu finden hofften.

Zwanzig englische Meilen von dem Orte, wo jetzt Boise City steht, begegnete ihnen am Dry Creek eine

Bande von Indianern, welche es nach längerem Parlamentiren vorzog, die Friedenspfeife mit den wilden Bleichgesichtern zu rauchen, statt es auf einen Kampf mit den desperaten Kerlen, die sich unberufen in ihre Jagdgründe drängten, ankommen zu lassen. Als die Indianer in Erfahrung gebracht, was diese wüsten Gesellen hierher gebracht hatte, erbot sich einer von ihnen, sie nach einem Platze zu geleiten, wo das von ihnen gesuchte gelbe Metall gefunden werden könne. Unter seiner Führung setzten unsere Abenteurer, in der frohen Hoffnung, das Ziel ihrer Wünsche bald zu erreichen, die Wanderung fort und gelangten, nach Kreuz- und Querzügen von mehr als 400 englischen Meilen, seit sie Walla Walla verlassen hatten, am oberen Laufe eines goldführenden Bachs, den sie nach ihrem Führer „Grimes Creek" tauften, an die Grenze eines weiten Thalkessels.

Dem Laufe des Bachs folgend, drangen sie schnell in den von Quergebirgs- und Hügelreihen durchzogenen und mit herrlichen Waldungen von Lärchenbäumen, Fichten und Kiefern geschmückten Thalkessel vor, das Boise Bassin, wo sich ihnen körniges Gold an vielen Stellen zeigte. In der Nähe eines an Edelmetall besonders reichen Punctes ließen sich unsere Abenteurer häuslich nieder und gründeten dort die Minenstadt Hog'em, späterhin Pioneer City getauft. Den ersten Namen verdankte die junge Goldstadt dem Umstande, daß jeder ihrer Gründer für sich und alle seine abwesenden Freunde „Claims" in Beschlag nahm, welche engros-Plünderung von goldhaltigem Boden obige euphonische Bezeichnung in Hinterwälder-Englisch hat.

Leider ward die Entdeckung des Boise Bassin durch einen Mord getrübt, welchem der kühne Führer der Abenteurerbande zum Opfer fiel. Dem Portugiesen, der bei einem Streit seinen Hauptmann Grimes hinterrücks niederschoß, geschah jedoch weiter nichts, als daß seine Genossen ihn zwangen, allein in die Wildniß hinauszuwandern. Da man nie wieder etwas von ihm hörte, so liegt die Vermuthung nahe, daß er seinem verdienten Schicksal nicht entging und, ehe er wieder unter civilisirte Menschen gelangte, von den Indianern ermordet wurde.

Nur wenige Tage nach dieser Blutthat langte eine neue Abenteurerbande von siebzig Mann in Hog'em an, welche von Florence 150 englische Meilen quer durch die Gebirgswildniß gezogen war und gleichfalls ein neues Goldparadies aufsuchte. Der Jubel unter den wilden Goldjägern kannte keine Grenze, als sie sich so Alle zufällig an demselben Puncte trafen, wo man das edle Metall augenscheinlich millionenweise auflesen konnte. Vor feindlichen Rothhäuten brauchten sie sich jetzt nicht mehr zu fürchten, zumal die letztgenannte Schaar erst vor Kurzem ein siegreiches Gefecht mit den Payetteindianern bestanden hatte, welche ihr den Eintritt in's Boise Bassin verwehren wollte.

Der Thalkessel ward jetzt nach allen Richtungen hin erforscht, und fast tagtäglich fand man neue und erstaunlich reiche Goldfelder. Wie es bei allen solchen Entdeckungen der Fall war, machten sich Einzelne von den Abenteurern, welche ihre Säckel schnell mit dem edlen Metall gefüllt hatten, so bald als möglich auf die Rückkehr nach den älteren Minenlagern, um ihre Freunde nachzuholen, und mit Windeseile verbreitete sich die Kunde von dem neuen Goldparadiese über die ganze Länge und Breite der Küstenländer am nördlichen Stillen Ocean. Bald erschienen frische Heerschaaren von Goldjägern in Boise, worunter eine aus Walla-Walla unter der Führung eines Americaners mit Namen Marion Moore, welcher mehr als alle Anderen zur Entwickelung der reichen Placerminen beitrug. Handwerker, Kaufleute und desperate Abenteurer folgten schnell den Goldgräbern, und es währte nicht lange, so wuchsen mehrere sich schnell vergrößernde Minenstädte aus der Erde: zunächst die Plätze Centreville und Placerville, welcher letztgenannte Ort zuerst die Hauptstadt von Boise war. Die später am Zusammenflusse des Moore's- und Elkbachs entstehende Stadt Bannock lief jenen Plätzen aber rasch den Rang ab, und im Sommer 1863 wohnten dort bereits 7000 Seelen, eine Einwohnerzahl, welche, wenn man die außerordentlich dünne Bevölkerung dieser Länder in Betracht zieht, erstaunlich ist.

Dieser Phönix in der Wildniß wurde im Jahre 1864 in Idaho-City umgetauft. Jenseits der Felsengebirge hatte sich nämlich im Districte der „Blackfoot-Minen," in dem späteren Territorium Montana, eine Stadt Bannack etablirt, deren ähnlich lautender Name in einem Lande, das damals noch zu Idaho gehörte, fortwährend zu den unangenehmsten Verwechselungen Anlaß gab. Mancher, der nach Bannock oder nach Bannack reiste, erfuhr zu seinem Aerger, daß er, wenn er in Bannack oder in Bannock anlangte, noch just 400 Meilen von Bannock oder Bannack entfernt sei. Kaufmannsgüter und namentlich Briefe schienen gar nicht auf geradem Wege nach Bannack oder nach Bannock gelangen zu können.

Im Sommer 1863 hatten sich mehr als 15,000 Goldgräber, Kaufleute und Abenteurer in den Boise-Minen versammelt, eine wilde Menschenmenge, die von den unglaublich schnell erworbenen Reichthümern halb toll gemacht war, und es herrschte dort ein so wüstes Leben, wie es in America nur in den berühmten californischen Minenlagern von Yreka, am Featherfluß, in Mariposa ꝛc. zur Zeit ihres höchsten Glanzes ein Seitenstück gefunden hat. Als ich einige Jahre später*) diese blühende Goldstadt besuchte, war ihr Stern bereits im Sinken begriffen; aber es gehörte nicht viel Phantasie dazu, sich damals noch in jene urwilden Zeiten zurückzudenken.

Der Minimumverdienst eines Goldgräbers in Boise belief sich während der ersten zwei Jahre auf sechszehn Dollars Goldstaub per Tag. Im Bear Run, einem Bächlein, das durch Idaho-City fließt, wurden in der ersten Zeit oft 600 und 700 Dollars Goldstaub in einer „Wiege" in Einem Tage gewonnen. In mehreren Straßen wusch man aus dem Boden derselben von einer viertel bis zu einer halben Million Dollars werth Goldstaub aus. In Placerville waren die Geschäfte zuerst so brillant, daß Kaufleute, welche Waarenvorräthe im Betrage von 30,000 bis 40,000 Dollars dorthin gebracht, binnen vier Wochen Alles bis auf den letzten Nagel zu fabelhaften Preisen losgeschlagen und das Gold dafür in der Tasche hatten. Zur Zeit des Glanzes in den Boise-Minen pflegten die Kaufleute dort über schlechte Geschäfte zu jammern, wenn sie an einem Sonntage nicht mehr als 2000 Dollars für Baar verkauften. Die Einnahme eines Trinksalons betrug an einem Abende oft 1500 Dollars, und ein Goldgewinn von 30,000 bis 40,000 Dollars in Einem Sommer von einem glücklichen Goldwäscher in Boise war dort während der beiden ersten Jahre durchaus nichts Auffallendes. Daß fast alle jene alten Goldpioniere heutzutage wieder so arm wie Kirchenmäuse sind, ist nicht zu verwundern, da es als Regel galt, daß das Gold ebenso schnell wieder verjubelt wurde, als man es gewann. In dieser Beziehung hat Boise nur sehr Wenigen von seinen Bewohnern Glück gebracht; aber das aus seinen Schluchten und Bächen gewonnene Edelmetall ist befruchtend in alle Welt gegangen,

*) Siehe Band I. „In den Goldminen von Idaho."

und wer dem Mäanderlaufe seines goldenen Stromes zu folgen vermöchte, der würde schauen, wie Paläste und großartige civilisatorische Unternehmungen in dem wilden Thalkessel Idaho's ihre ersten Anfänge gehabt haben.

Alle jene Goldschätze wurden mit Packthierkaravanen nach dem Columbia gebracht und von dort auf Flußdampfern über die Städte Umatilla und The Dalles*) nach Portland und weiter nach San Francisco befördert. Jeder von den dreimal im Monat von Portland nach San Francisco fahrenden Dampfern hatte in jenen Jahren von einer viertel bis über eine halbe Million Dollars Goldstaub an Bord, das allein durch die Expreßgesellschaft von Wells, Fargo und Comp. verschifft wurde, wozu die meistens außer aller Berechnung liegenden Goldschätze hinzuzufügen sind, welche die Kaufleute und Miner auf der Reise nach Californien selbst mit sich führten. Ich glaube mich nicht der Uebertreibung schuldig zu machen, wenn ich die Behauptung aufstelle, daß aus den Boise-Minen so viel Gold zu Tage gefördert worden ist, als aus allen anderen Goldminen in Idaho, Oregon, Washington und Britisch Columbia zusammen genommen. Die größte Goldladung, welche je einer von den Columbia-Dampfern beförderte, brachte das Dampfboot „Nez Perces Chief (Häuptling der Nasendurchbohrten)" im Herbste 1863, von den Boise-Minen nach The Dalles, nämlich zwei Tonnen, d. i. viertausend Pfund Goldstaub. Hiervon besaßen sechs Goldgräber 800 Pfund (150,600 Dollars); sechs Andere 700 Pfund (134,400 Dollars); zwei Mann 300 Pfund (57,600 Dollars) und Einer 150 Pfund (28,000 Dollars). Es waren also 1,950 Pfund Goldstaub, im Werthe von 370,600 Dollars, das Eigenthum von nur funfzehn Minern. Der Rest von den 4000 Pfund Gold befand

---

*) Vergleiche „Ein Tag in The Dalles."

sich theils in den Händen von Kaufleuten, theils wurde das edle Metall durch die Expreßgesellschaft befördert.

Die Bearbeitung der Boise-Minen fand im großartigsten Maßstabe statt, und alle in Californien gemachten Erfahrungen und zum Goldgewinn angewandten Apparate kamen hier zur vollsten Geltung. Hunderte von hydraulischen Preßströmen rissen ganze Bergwände fort, um die goldhaltigen Tiefen bloszulegen, Tunnels wurden durch die Berge gebohrt, luftige Wasserleitungen über dieselben hingeführt und das ganze Land unterst zu oberst gekehrt. Wer heutzutage Boise besucht und dort die enormen Massen von ausgewaschener und umgeschaufelter Erde, die Berge von reingespülten großen und kleinen Steinen, die zahllosen riesigen aus dem Boden gerissenen Baumwurzeln, die abgehauenen Stämme und das Chaos von tiefen Gruben und Löchern, von Gräben, Rinnen, Tunnels, Kanälen 2c. gewahrt, möchte kaum glauben, daß 100,000 Menschen in 100 Jahren einen solchen Wirrwarr alles Bestehenden auf der Mutter Erde anrichten könnten, was weniger denn 10,000 Goldwäscher mit Hülfe des feuchten Elements hier in sechs Jahren fertig gebracht haben. —

Die Gold- und Silberminen von Owyhee, im südwestlichen Winkel des Territoriums Idaho gelegen, wurden in den Jahren 1863 und 1864 aufgefunden. Auch Owyhee hatte einem romantischen Zufall seine Entdeckung zu verdanken. Schon früher erwähnte ich, daß ein gewisser Fogus auf seinen abenteuerlichen Kreuz- und Querzügen mit Grimes im Jahre 1862 in einem Nebenflüßchen des Owyhee körniges Gold gefunden hatte, ohne jedoch seine Entdeckung zu würdigen. Die Sage hiervon und ein vages Gerücht, demzufolge Emigranten, welche einst in dieser Gegend gefischt und am Ufer eines Bachs mit den dort umherliegenden ihnen unbekannten Stücken eines gelben

Metalls ihre Angelschnüre beschwert hätten, um diese in dem reißenden Berggewässer zum Sinken zu bringen — wonach jener unbekannte Gebirgsbach den Namen Sinker Creek erhielt —; diese oft in Boise an Bivouakfeuern nächtlicher Weile von Goldjägern besprochenen und romantisch ausgeschmückten Berichte von einem nicht weit entfernten neuen „Eldorado" veranlaßten einen Americaner Namens Jordan im Herbste 1863 mit dreißig verwegenen Abenteurern einen Goldentdeckungszug nach jener von kriegerischen Indianern besonders gefährlich gemachten und außerordentlich unwirthlichen Gebirgsgegend zu unternehmen.

War nun schon die Reise dorthin durch eine trostlos öde Salbeiwüste äußerst anstrengend, so überstiegen doch die Strapazen und Gefahren in der Gebirgswildniß von Owyhee Alles, was jene abgehärteten Goldjäger jemals in ihrem Leben mitgemacht. Die feindlichen Rothhäute ließen ihnen Nacht und Tag keine Ruhe, das Leder vom Schuhzeug ward von dem harten lavaartigen Gestein bald in Fetzen zerrissen, Hunger, Durst und Kälte setzten unseren Abenteurern arg zu, und es raste alle paar Tage ein Schneesturm mit orkanartiger Wuth durch die Bergschluchten: — genug, die Mühsale wurden zuletzt so unerträglich, daß sich die Gesellschaft im November desselben Jahres entschloß, ihren Goldentdeckungszug, der bis dahin zu gar keinem Resultate geführt hatte, wieder aufzugeben und nach Boise zurückzukehren.

Die abgehetzten Goldjäger lagerten dazumal in wenig rosiger Stimmung am Ufer eines Flüßchens, der am Fuße eines hohen Berges hinströmte, des durch seinen Reichthum an edlen Metallen später berühmt werdenden „Kriegsadlerbergs" (war eagle mountain). Einige von der Gesellschaft bestiegen denselben, um sich von seinem Gipfel, dem höchsten in der Umgegend, in dem chaotischen

Berggewimmel zu orientiren, während Andere den im Thal fließenden Bach nach Gold untersuchten, ohne jedoch dabei besondere Hoffnung zu haben, hier das Ziel ihrer Wünsche zu finden.

Müde vom Klettern über das wüste Steingeröll setzten sich die den Berg hinanklimmenden Goldjäger in halber Höhe desselben auf ein Felsstück nieder, um wieder etwas zu Athem zu kommen. Einer von ihnen stocherte dabei, in Ermangelung eines Stück Holzes zum Schnitzeln (was bekanntermaßen allen Americanern ein Lebensbedürfniß ist!) mit seinem Taschenmesser gedankenlos an dem Felsen herum; da — o Wunder! schimmerten ihm Aederchen von reinem Silber und glitzernde Goldpunkte im hellen Sonnenlichte aus dem sich abbröckelnden Gestein entgegen. Es war „das Ausgehende" (croppings) des reichen Oro=Fino=Gangs, auf dem der Jüngling Platz genommen hatte, und welchen er so zufällig entdeckte. Als er und seine Genossen wieder vom Berge herunter eilten, um ihren unten am Bach nach Gold suchenden Kameraden die glorreiche Entdeckung zu verkünden, riefen ihnen diese bereits von ferne zu, daß hier unten der berühmte verloren geglaubte Sinker Creek fließe und der Sand im Bach ganz voll von Gold sei. Der goldreiche Bach mußte jedoch auf den Namen Sinker Creek verzichten und wurde nach dem Führer der Abenteurerbande Jordan Creek benannt; ein goldreiches Nebenflüßchen desselben erhielt den Namen Sinker Creek.

Die so unerwartet vom Glück begünstigten Abenteurer dachten jetzt selbstverständlich nicht mehr daran, nach Boise zurückzukehren. Obgleich der in dieser hochgelegenen Gegend schrecklich rauhe Winter bereits vor der Thür stand, gründeten sie doch sofort das Minenlager Ruby City*)

---

*) Diese Stadt wurde später nach einem günstiger gelegenen Platze hinüber transportirt und in „Silver City" umgetauft.

und machten sich rüstig an die Arbeit, das Gold aus dem Sande des Owyhee, des Jordan- und Sinkerbachs zu gewinnen. Im nächsten Frühjahr strömten neue Schaaren von Goldjägern nach Owyhee. Das in den genannten Bächen gefundene Freigold zeigte einen ungewöhnlich hohen Procentsatz von Silber und hatte eine Feine von nur 500, was ein deutlicher Beweis war, daß reiche Silbererzgänge in der Nähe sein mußten. Nachdem im Laufe desselben Jahres das meiste Gold aus den Stromläufen gewonnen war, wandte sich auch die Aufmerksamkeit der Goldjäger ganz dem Kriegsadlerberg zu.

Eine Anzahl von Stampfmühlen ward aus Californien herbeigeschafft und die zuerst damit erzielten Resultate waren in der That erstaunlich. Als man tiefer in die Gänge eindrang, fand man in allen außerordentlich reiche „Taschen", deren Erz sich durch seine für den einfachen Stampf- und Amalgamations-Proceß glückliche chemische Zusammensetzung leicht und vortheilhaft verarbeiten ließ. Erze, die von 2500 bis 7000 Dollars die Tonne in edlen Metallen enthielten, waren durchaus keine Seltenheit in Owyhee. Leider betrieb man aber den Raub-Bergbau hier in seiner schlimmsten Form, die unerhörtesten Schwindeleien waren an der Tagesordnung und die schnell gesammelten Reichthümer zerflossen wie Schnee in der Julisonne. Nachdem im Sommer 1866 eine „Tasche" im Poor Man-Gang noch 600,000 Dollars geliefert hatte, war die Freude vorbei; das edle Metall schien plötzlich verschwunden zu sein, die Minen-Corporationen fallirten eine nach der andern und beim Jahresschluß stellte sich ein allgemeiner Owyhee-Staatsbankerott ein.

Den kühnen Jordan, den zweiten und eigentlichen Entdecker der Minen von Owyhee, ereilte um dieselbe Zeit ein grausiger Tod. Als er eines Tages ganz allein seine

Pferde auf der Weide hütete, überfiel ihn eine zahlreiche Bande von Snake-Indianern, in der Absicht sich der Rosse zu bemächtigen. Der waghalsige Abenteurer, der hier wie immer seine Waffen bei sich führte, dachte aber nicht im Entferntesten daran, den diebischen Rothhäuten, die er gründlich verachtete, seine Thiere gutwillig zu überlassen. In dem sich entspinnenden mörderischen Kampfe tödtete er nicht weniger als **siebenundzwanzig** Indianer. Zuletzt überwältigten ihn diese, schnitten ihm beide Füße ab und scalpirten ihn bei lebendigem Leibe und ließen ihn so elendiglich auf seinem eigenen Felde umkommen.

Im Winter 1867—1868 erbarmte sich das Schicksal des schwer heimgesuchten Owyhee durch die Person seines ersten Entdeckers Fogus, welcher den reichen Ida (Eida) Elmore-Gang entdeckte, und aus ihm enorme Schätze zu Tage förderte. Fogus sollte aber seinen neuen Reichthum nicht ungestört genießen. Die Inhaber der nahen Golden Chariot-Mine machten ihm einen Theil seines Besitzthums streitig, das sie als eine Verzweigung ihres Erzganges beanspruchten. Der „Fogus-Krieg" war die Folge dieser Meinungsdifferenz unter den Quarz-Krösussen von Owyhee.

Jede der zwei streitenden Parteien verschanzte die Oeffnung ihres Hauptminenschachts, und es begann nun ein Krieg unter der Erde durch die Stollen, welche die zwei Minen mit einander verbanden. Die Stagekutsche von Idaho City und von Boise City brachten täglich Schaaren von wilden Gesellen als Rekruten beider kriegführenden Parteien nach Owyhee. Mit denselben Eilwagen, die oft eine Ladung von 20 bis 30 Passagieren drinnen und oben auf dem Kutschenbock mit sich führten, reisten die feindlichen bis an die Zähne bewaffneten Söldner zusammen nach dem Kriegsschauplatze. Unterwegs verkehrten dieselben auf das Kordialste, rauchten, zechten, machten schlechte und gute Witze, renommirten freundschaftlich über ihre Tüchtigkeit als Schützen und Halsabschneider gegen einander und trennten sich dann als Todfeinde in Owyhee je nach ihrer Wahl in die zwei feindlichen Heerlager. Fogus und sein Busenfreund Marion Moore, der alte Pionier von Boise auf der einen und die Americaner Grayson und Hill Beachy auf der andern Seite zahlten fabelhaften Sold für Rekruten. Die erprobtesten Kampfhähne erhielten von 100 bis 150 Dollars per Tag, um ihre Haut in diesem Minenkriege für jene modernen Raubritter zu Markte zu tragen.

Wie bereits erwähnt, hatten beide streitenden Parteien den Ausgang ihrer nahe bei einander liegenden Hauptschachte durch Brustwehren verschanzt. Dort lagen ihre Feldwachen Tag und Nacht drohend einander gegenüber. An interessanten Zwischenfällen fehlte es nicht bei diesen Minenkriegen. Ein Fogus-Mann wurde z. B. auf die amüsante Weise von seinen Gegnern aus einem zwanzig Fuß tiefen Schacht, der auf dem Gebiete der Golden Chariot-Mine lag, und den er vertheidigen wollte, delogirt, daß man Schnee in das Loch schaufelte, so daß der obstinate Kämpe, der nicht capituliren wollte, gezwungen war, um nicht lebendig begraben zu werden und den Kopf über dem Schnee zu behalten, diesen, so schnell er herabfiel, unter sich festzutreten. Allmählich stieg er höher und höher und kam zuletzt, jämmerlich pustend und sich schnäuzend, oben zum Vorschein, von wo man ihn alsdann mit einigen ungalanten Fußtritten nach dem Lager seiner Freunde hinüber beförderte.

Bei dergleichen Neckereien ließen es aber die streitenden Parteien keineswegs bewenden. Wo die beiden Minen unter der Erde durch Stollen miteinander in Verbindung standen, ging es heiß her. Schüsse von Büchsen, Jagdflinten und Revolvern knallten in den Gängen, wobei jeder Schuß allemal sämmtliche Grubenlichter auslöschte; das Blei pfiff höchst ungemüthlich durch die finsteren Stollen, und nicht wenige Kämpfer wurden getödtet und verwundet. Man machte sogar Anstalt, die Gegner mit heißem Dampf durch Schläuche von den Dampfmaschinen aus ihren Stellungen herauszubrühen und en gros darin zu ersäufen.

Als die Fogus=Krieger eines Tages oben am Schacht in ihrer Schanze eine wilde Bacchanalie feierten, gelang es den Söldnern der Golden Chariot, einen ihrer Gegner zu bestechen und sich durch Verrath der unteren Stollen der Ida Elmore=Mine zu bemächtigen. Die Armee des Fogus traf eben Anstalt, ihre Gegner durch einen Sturmangriff wieder aus dieser Position zu vertreiben, und ein schreckliches Blutbad schien unvermeidlich: da erschien zu guter Stunde der Gouverneur des Territoriums Idaho, D. W. Ballard mit zwei Compagnien V. St. Militair von Fort Boise auf der Wahlstatt, um dem verhöhnten Gesetze Achtung zu verschaffen. Die streitenden Parteien verstanden sich denn auch zu einem Compromiß, beide Heere wurden von ihren Feldherrn entlassen, und es fand eine allgemeine Verbrüderung bei vollen Whiskey=Flaschen in Owyhee statt. Unter den Getödteten befand sich auch der allgemein betrauerte Pionier Marion Moore aus Boise. Bestraft wurde selbstverständlich Niemand in Owyhee in Folge dieses interessanten Minen=Krieges.

Es würde hier zu weit führen, wollte ich über die noch nicht erwähnten Minenlager in Oregon und Idaho, welche meistens während der sechziger Jahre entstanden, nähere Mittheilungen machen. Die Willow=Creek=Minen im östlichen Oregon (siehe Band I., pag. 271 ff.), die von Süd Boise, in denen das Gold meistens vererzt in mächtigen Gängen vorkam (vergl. Band 1., pag. 202 ff.), die an der Grenze von Idaho und Montana gelegenen Placer-Minen von Lemhi und andere verursachten jede zur Zeit ihrer Entdeckung und Blüthe eins der sporadisch wiederkehrenden Goldfieber im fernen Nordwesten; aber ihre Bedeutung war im Vergleich zu den bereits genannten nur eine geringe.

Seit die vorstehenden Aufzeichnungen von mir gemacht wurden, ist ein neues Lustrum dahingeeilt, und die socialen und anderweitigen Entwickelungs-Verhältnisse der Länder im fernen Nordwesten haben wiederum einen radicalen Umschwung gehabt. Im östlichen Oregon trat die Viehzucht vor dem Bergbau bald in den Vordergrund, wogegen Idaho, obgleich vorwiegend ein Minenland geblieben, von seinem jüngern Rivalen Nevada ganz überflügelt worden ist. Die lustigen Goldgräber haben sich aus den in Verfall gerathenen Placerminen meistens zurückgezogen und sind nach anderen Gegenden, welche ihnen ein reicheres Feld zum schnelleren Erwerb von Schätzen boten, ausgewandert, und die von ihnen verlassenen alten Minenstädte wurden von Chinesen bevölkert. Das Goldparadies von Boise wird jetzt vorwiegend von Asiaten bewohnt, obgleich sich die Mehrzahl der von ihnen bearbeiteten „Claims" im Besitze von Weißen befindet. Der mehrmals durch verheerende Brände in Asche gelegten Goldstadt Idaho City ist kaum ein Schimmer von ihrem ehemaligen Glanze geblieben. Der Gesammtertrag der Boise Minen beläuft sich jetzt während der Winterzeit nur noch auf circa 50,000, im Sommer auf 200,000 Dollars Goldstaub pr. Monat. Die Placerminen im nördlichen Theile des Territoriums Idaho haben ihre frühere Bedeutung ganz eingebüßt, und heutzutage sind nur noch wenige Goldwäscher in jenen einst von Tausenden bewohnten Minenplätzen zu finden. Noch schlimmer ist es den Minen von Owyhee ergangen, deren Ertrag sich auf etwa 15,000 Dollars per Monat reducirt hat. Ein zweiter Owyhee=Staatsbankerott scheint nahe bevorzustehen. Die Erzgänge, in welche man bis zu tausend Fuß eingedrungen ist, werden immer schmäler, je tiefer die Schachte sie aufschließen, ein böses Zeichen im Bergbau, da dasselbe ein gänzliches Aufhören der „Ledges" in Aussicht stellt.

Alles in Allem genommen, haben diese Ländergebiete einen Rückschritt in ihrer Entwickelung gemacht, ganz im Gegensatze zu den rasch emporblühenden Küstenthälern des westlichen Oregon. Allerdings bedrohen keine feindlichen Indianerhorden heutzutage den Reisenden, der Idaho und das östliche Oregon durchstreift, aber die Bewohner dieser Länder würden gern die Unsicherheit von Leben und Eigenthum der früheren Jahre mit der Stagnation der Gegenwart vertauschen. Die Pacificbahn, welche den Platz der alten Verkehrsstraße des Columbia eingenommen hat, liegt jenen Gegenden zu fern, um ihnen von bedeutendem Nutzen sein zu können. Was diesem Lande mehr als alles Andere Noth thut, ist eine directe Eisenbahnverbindung mit den anderen Theilen der Union. Dann müßte bald ein neues gesunderes Leben dort pulsiren, neue Mineralschätze erschlössen sich, und mit gesitteteren Verhältnissen würde eine neue Aera des Fortschritts erblühen. An Plänen zu solchen Eisenbahnverbindungen fehlt es natürlich nicht, und will ich hier nur die sich auf dem Papier herrlich ausnehmende „Salt Lake City=, Dalles= und Portland=Eisenbahn erwähnen. Aber wann die Eisenbahn, der große Civilisator der Neuzeit, welche im westlichen Oregon längst eine bekannte Erscheinung ist, ihren

Weg durch die Thäler des Snake, des Payette, des Boise und Grande Ronde westwärts über die Blauen Berge nach dem unteren Columbia nehmen wird, das mit einiger Wahrscheinlichkeit vorauszusagen, möchte wohl nur den Eisenbahnmatadoren der Union= und der Central=Pacific möglich sein.

5. Zweite Reise nach Oregon (1871) (♀).
(Mit Ergänzungen bis in die neueste Zeit.)

I.
Zur See nach dem Columbia.

Sechs Jahre waren vergangen, seit ich meine erste in einem vorhergehenden Abschnitt geschilderte Stagefahrt von Oregon nach Californien machte, und acht Sommer waren entschwunden, als ich zum ersten Male eine Reise von San Francisco nach Oregon unternahm; und wieder lade ich den Leser ein, mich nach jenen entlegenen Gegenden zu begleiten. Damals begab ich mich in ein mir gänzlich unbekanntes Land und suchte mir einen neuen Wohnort; nun machte ich unter ganz veränderten Verhältnissen des Lebens einen neuen Ausflug nach Oregon, reiste zur See nach Portland und kehrte auf dem Landwege nach San Francisco zurück. Als ich das erste Mal meine Schritte von den Ufern des Columbia zurück nach dem goldenen Thore wandte, war ich ganz auf die primitive Beförderung einer Stagekutsche angewiesen, jetzt sollte ich einen großen Theil der Reise auf der Eisenbahn zurücklegen. Wer vor sechs Jahren dem Webfootlande eine Eisenbahn prophezeit hätte, den würden die biederen Schwimmfüßler sicherlich als geistesverwirrt bezeichnet haben.

Aber wir leben in einer rasch bewegten Zeit, deren Einfluß sich selbst das bedächtige Oregon nicht hat entziehen können.

Die Oregon- und California-Eisenbahn war seit meinem letzten Besuche in Oregon von Portland bis in das Thal des Umpqua fertig gebaut worden, und auf ihr sollte ich einen Theil meiner Rückreise nach Californien zurücklegen. Nicht wenigen deutschen Lesern werden sich beim Nennen jener Eisenbahn trübe Gedanken aufdrängen, denn es waren ihre Actien, welche, namentlich in Frankfurt, so manchen Vertrauenden um sein Vermögen gebracht haben. Aber die meisten werden nur durch Schaden gewitzigt, obgleich Jeder wissen sollte, daß er, wenn er sich auf Actienunternehmungen mit hohem Procentsatz in neuen, entlegenen Ländern einläßt, riskirt, nicht nur die Zinsen seines Capitals, sondern auch dies selbst einzubüßen. Solche von den arg übervortheilten deutschen Actieninhabern der Oregon- und California-Eisenbahn, welchen diese Blätter zu Händen kommen, werden zweifelsohne meine Beschreibung von dem Lande, wo ihre goldenen Träume (und leider wohl auch Thaler und Gulden!) begraben liegen, mit Bitterkeit lesen. Aber man lasse es dem Schriftsteller nicht entgelten, was gewissenlose Börsenspeculanten verschuldet haben. Ist ja auch die Leitung jener Unglücksbahn jetzt ganz in deutschen Händen, welche gewiß mit deutscher Gründlichkeit und Treue das Mögliche aus dem finanziellen Schiffbruch retten werden!

Manchem mag es seltsam scheinen, daß derselbe Schriftsteller schon früher von ihm besprochene Gegenden und das Leben und Treiben der dort wohnenden Menschen nochmals einem gebildeten deutschen Leserkreise ausführlich darstellen will. Bei Beschreibungen älterer Culturländer wäre dies allerdings ein seltsames Unternehmen; aber hier im entlegenen Westen, wo alles neu und im Werden begriffen ist, treten selbst in einem kurzen Zeitraume von sechs Jahren so viele nennenswerthe Veränderungen ein, die neu entstandenen Verkehrswege, und Handelsverbindungen, eine zahlreiche Immigration und viele andere Agenten haben einen solchen durchgreifenden Einfluß auf die gesellschaftliche und commercielle Entwickelung des Volkes, auf Land und Leute im Allgemeinen, daß zu jener Zeit gemachte Aufzeichnungen schon jetzt als veraltet erscheinen müssen. Es passirt einem Reisenden in diesen Ländern, welcher ihm bereits bekannte Gegenden wieder besucht, nicht selten, daß er, selbst nach einer kürzeren Abwesenheit als die oben genannte, die alten Grenzsteine kaum wiedererkennt. Außerordentlich interessant ist es, das Aufblühen neuer Culturgebiete zu verfolgen, die stattgehabten Veränderungen durch Vergleiche mit Sonst und Jetzt festzustellen und dadurch Schlüsse auf die Zukunft zu ziehen.

Am 10. September 1871, einem Sonntage, nahm ich im Hafen von San Francisco Passage auf dem der "North Pacific Transportation Company" gehörenden Dampfer "Idaho", welcher mich direct nach Portland bringen sollte. Leider gehören die Dampfschiffe, welche an dieser Küste den Verkehr vermitteln, immer noch zu den schlechtesten, die nur irgendwo in der Welt zu finden sind. Es sind meistens alte, abgedankte Fahrzeuge, "old tubs (alte Waschzuber)", wie sie von den Americanern nicht unpassend bezeichnet werden, welche oft mit verändertem Namen, und nachdem sie in anderen Ländern längst verkauft worden, hierher gerathen sind, wo sie oberflächlich renovirt wurden und nun munter in diesen gefährlichen Gewässern so lange herumfahren, bis sie durch einen "Accident" vom Schauplatz verschwinden. Man könnte sie wohlwollend als Dampfer zweiter Classe bezeichnen. Von

Bequemlichkeit kann auf denselben kaum die Rede sein, und selbst der größte von ihnen der alte „John L. Stephens", der den bezeichnenden Beinamen „The grashopper" führt, ist in dieser Beziehung nichts weniger als mustergültig. Von dem Dampfer „Ajax" machte eine americanische Zeitung einmal den originellen Vergleich, daß die Wellen ihn bei einem Sturme zu packen und hin und her zu werfen pflegten, „wie ein Terrierhund eine Ratte schüttelt." Der „Idaho", dem ich mich diesmal anvertraute, sollte wenigstens sicher sein, war aber dem Anschein nach ein alter Rumpelkasten von höchst bedenklicher Structur.

Wir hatten während der Reise von San Francisco nach der Mündung des Columbia viel Nebel, was die Fahrt nicht minder unangenehm als gefährlich machte. In einer Entfernung von einigen Seemeilen von der Küste Oregons laufen Felsriffe und vereinzelte Klippen auf einer Strecke von etwa hundert Meilen parallel mit derselben. Bei ruhiger See und klarer Luft pflegen die Dampfschiffe jenen sogenannten „inneren Cours", zwischen den Riffen und dem Festlande zu nehmen; bei nebeligem Wetter dagegen ist dies ein ganz außerordentlich gefährliches Fahrwasser. Es war hier, wo der Dampfer „Brother Jonathan", dasselbe Schiff, auf welchem ich meine erste Reise nach Oregon machte, am 30. Juli 1865 auf einem Felsriffe scheiterte, bei welcher Katastrophe 242 Menschen den Tod in den Wellen fanden. Wir wären, als wir bei trüber Luft jenen Cours verfolgten, auch einmal beinahe auf einen Felsen gerannt, was unsern Capitän veranlaßte, während der darauf folgenden Nacht sicherheitshalber die offene See zu suchen, um dort das Weichen des Nebels abzuwarten. Es ist aber ein eigenes Ding mit diesen Nebelbänken an der Oregonischen Küste; sie kommen, man weiß nicht woher, beim schönsten Wetter, und überraschen die Schiffe oft an den gefährlichsten Stellen. Der Rauch von den nicht selten zu dieser Jahreszeit in Oregon brennenden Wäldern pflegt sich mit dem Nebel zu vermischen und macht diesen oft so dick, daß man kaum eine Schiffslänge weit vor sich sehen kann. Mitunter ist es schwer zu sagen, ob Nebel oder Rauch die See bedeckt.

Als wir am 13. Morgens gen Ost steuerten, um uns wieder der Küste zu nähern, waren wir, ehe wir es dachten, auf's Neue im dichtesten Rauchnebel. Unser Capitän glaubte, er sei noch mindestens 5 Seemeilen vom Ufer entfernt, und ließ den Dampfer mit einer Geschwindigkeit von etwa 12 Knoten fahren, als plötzlich einige Passagiere zuerst Land entdeckten und ein warnendes Geschrei erhoben; dicht vor uns lagen riesige Felsmassen, an denen die Brandung hoch emporstürmte. Den Dampfer zu wenden und das Weite zu suchen, war das Werk von wenigen Minuten, und schnell wie sie erschienen, waren die Felsen wieder unseren Augen entrückt. Die bleichen Mienen der Seeoffiziere und der Mannschaft ließen uns erkennen, wie groß die Gefahr gewesen. Hätte das Schiff dem Steuer nicht sofort gehorcht, so wären wir unfehlbar gescheitert, und an Rettung wäre hier, wo die Felsen jäh und thurmhoch aus den Wogen aufragten, nicht zu denken gewesen. Nie werde ich das Schreckensbild der plötzlich schwarz aus dem Nebel hervortretenden sich dicht vor uns aufthürmenden Felsmassen vergessen, auf welche der Dampfer schnell gerade losfuhr. Es war das gefährliche Vorgebirge der „Tillamook Heads" (Tillamuht) gewesen, 16 Miles südlich von der Mündung des Columbia, dessen 500 Fuß hohe Felswände uns einen so unangenehmen Morgengruß gebracht hatten.

Während der folgenden 24 Stunden kreuzten wir wieder in offener See und wandten uns am 14. in der

Frühe, abermals im Nebel, der Küste zu, um die Einfahrt in den Columbia zu suchen. Der mit uns von San Francisco gekommene Pilot hatte an diesem Tage mehr Glück als am vorhergehenden, da er das Schiff im dichten Nebel gerade nach der Flußmündung steuerte; als sich gegen Mittag die Nebel etwas hoben, sahen wir rechter Hand den niedern bewaldeten Strand der sieben Miles breiten Flußmündung (Point Adams), links das hohe Vorgebirge von „Cap Disappointement" mit dem Leuchtthurm darauf, und vor uns die weißen Schaumwellen und die Sandbänke der gefahrdrohenden „Columbia River Bar," ein Bild, das mir von meinen früheren Reisen treu in der Erinnerung geblieben war. Die Barre hat aber viel von ihren Schrecken verloren, seit vor einigen Jahren ein mehr südlich gelegener breiterer Paß als der früher benutzte zwischen den Untiefen gefunden wurde, durch welchen die Schiffe jetzt ihren Weg nehmen. Dennoch überschleicht den Reisenden ein Gefühl der Unsicherheit beim Anblicke jener noch immer mit Recht berüchtigten Mündung des großen Nordweststromes, wenn er die regellos hin und her wogenden schäumenden Wellen, die niedere, hier und da mit Binsen und Gestrüpp bewachsene, quer vor der Flußmündung liegende sogenannte „Sandinsel (sand island)" betrachtet, und das forschende Auge die zertrümmerten Ueberbleibsel eines gescheiterten Schiffes und die lange weiße Linie der Brandung schaut, die sich dem Laufe des Dampfers entgegenstellt. Diesen lenkte der Pilot jedoch geschickt durch das schwierige Fahrwasser, und bald war Jeder froh, als die häßliche Barre hinter uns lag, und das Schiff unbehindert den hier einem Meeresarme ähnlichen breiten und majestätischen Columbia hinaufbrauste.

Bald lagen die am linken Stromufer erbauten Festungswerke der Erdbatterien von Fort Stevens hinter uns,

und mit einem donnernden Böllerschusse meldeten wir unsere
Ankunft den Bewohnern von Astoria, jener ältesten Stadt
am Columbia. Die kurze Zeit, während welcher unser
Dampfer am Holzquai von Astoria verweilte, benutzte ich
zu einem Spaziergange durch das Städtchen. Dasselbe
hatte sich seit meinem letzten Hiersein fast gar nicht ver=
ändert. Ein stattliches Zollgebäude der Vereinigten Staaten
und ein ansehnliches Hotel, welches im Sommer viel von
wohlhabenden Bewohnern Portlands besucht wird, die in
der Nähe von Astoria, bei Clatsop an der Youngsbai,
Seebäder nehmen, waren die einzigen Neubauten, welche
ich gewahrte. Sonst war Alles beim Alten geblieben.
Hier standen noch dieselben halb vermoderten Pfähle im
Wasser, welche einst das Fundament von seit vielen Jahren
verschwundenen Gebäuden bildeten. Ich fand ohne Mühe
noch denselben Austernsalon, den ich schon vor Jahren be=
sucht hatte, und erkannte in dem Wirthe, der mir die
schmackhaften Bivalven auftischte, die in der nahen Shoal=
water Bai, gleich nördlich von der Mündung des Columbia,
gefunden werden, denselben mexicanischen „Greaser", der
mich hier schon zweimal, vor acht und vor drei Jahren,
bedient hatte. In der Stadt war kein Leben, kein Handel,
Alles still wie auf dem Aussterbeetat. Die hinter dem
Orte liegenden Höhen hatten die Waldungen verloren,
welche sie ehedem zierten, und statt grüner Baumwipfel
sah das Auge dort ein Labyrinth von starren, abgeschlagenen
Stumpen. Man brauchte kein Prophet zu sein, um den
Ausspruch zu wagen, es werde aus diesem todten Platze
keine bedeutende Handelsstadt entstehen. Doch hat Astoria
Hoffnung, in einigen Jahren mit Portland durch eine Eisen=
bahn verbunden zu werden und wird dann der Seehafen
jener blühenden Inlandstadt sein, zu welcher das durch

Untiefen bedrohte Fahrwasser des Willamette für größere Seeschiffe einen schwierigen Zugang bildet.

Nach kurzem Aufenthalte in Astoria gab der Dampfer das Signal zur Weiterfahrt, und bald darauf brausten wir weiter den majestätischen Columbia hinauf, der bei Astoria noch die Breite von über fünf englischen Meilen hat und sich allmählich bis auf eine Meile verengt. Das Wetter war herrlich und doppelt schön im Gegensatze zu der kalten und nebeligen Seeluft, die wir noch vor wenigen Stunden geathmet hatten. Der breite, grünliche Columbia mit seinen dichtbewaldeten Ufern, den romantischen Höhenzügen und idyllischen Waldinseln schien mir so schön, wie vor acht Jahren, als er das erste Mal mein Auge entzückte, und aufs Neue zog sein herrliches, immer wechselndes Panorama an mir vorüber.

Ich hatte mit Erlaubniß des Capitäns meinen Standpunkt auf dem sonst den Passagieren verschlossenen hohen Quarterdeck genommen, von wo ich die herrliche Flußscenerie wie von einer Warte überschauen konnte. Die silbergrünen Cottonwoodbäume und dunkleren, breitgeästeten Eichen, die Erlen ıc., durchwachsen von dichtem Gebüsch und untermischt mit rothem und goldgelben Laubwerk der frühreifen herbstlichen Blätter drängten sich bis hart an das Ufer, an welchem wir nahe entlang fuhren. Das saftige Grün und die üppige Vegetation erinnerten an tropische Waldscenerieen. Oft waren die Laubbäume mit Nadelhölzern untermischt, insbesondere an solchen Stellen, wo die Ufer felsig und steil abfielen, während die ferner gelegenen Höhenzüge, auf welchen ein bläulicher Duft lagerte, mit dichten Fichtenwaldungen gekrönt waren. Wo die Fluthen des Columbia hin und wieder die Felsen am Strande unterhöhlt hatten, waren selbst jene ausgewaschenen Stellen mit Büschen bewachsen. Ueberall, wo die

Wurzeln einen Platz finden konnten, hatten sich diese eingenistet; Büsche sproßten unter den Felsen empor und bildeten mit grünem Blätterschmuck mitunter schattige und natürliche Lauben, die traulichsten lauschigen Plätze in romantischer Einsamkeit, welche sich ein zärtliches Pärchen nur wünschen möchte. Aber schwerlich hat dieselben je ein anderer Fuß als vielleicht einmal der eines rothen Mannes betreten.

Leider blieb das majestätische Bild der Schneeriesen Mount Hood und Mount St. Helens meinen Augen auf dieser Reise ganz verschlossen. Der Nebelrauch von den zur Zeit meines Besuches im Innern von Oregon in Brand stehenden Wäldern hatte seinen Schleier über die silbernen Gipfel geworfen.

Als etwas Neues fielen mir die an verschiedenen Stellen am Stromufer errichteten ansehnlichen Gebäulichkeiten von Lachsfischereien auf, große hölzerne Schuppen von etwa 100 Fuß Länge und 25 Fuß Breite, mit einer rings herumlaufenden Veranda und mit Landungsbrücken für die Fischerbote versehen. Der Lachsfang hat in den letzten Jahren am Columbia einen bedeutenden Aufschwung genommen. Am untern Stromlaufe wird derselbe jetzt systematisch im Großen ausgebeutet, und sind die Salmen bereits ein namhafter Handelsartikel für diese Gegenden geworden.

Der erste Versuch, die Columbia-Salmen als Handelsartikel auf den Weltmarkt zu bringen, wurde in den Jahren 1853 und 1854 gemacht; er bewährte sich so gut, daß jener Industriezweig Oregons sich seitdem zu ungeahnter Blüthe entwickelt hat. Während der Fangzeit von 1872 wurden 170,000 Lachse, von einem Gesammtgewicht von 2,700,000 Pfund und einem Geldwerthe von 432,000 Dollars in Blechbüchsen verpackt, und 162,000 Fische von 117,000 Dollars eingesalzen. Im Jahre 1873 betrug der Werth des Exports von Col. Lachs 949,000 und in 1874 anderthalb Millionen Dollars. Dagegen fiel das Product von 1875 auf 234,000 Kisten gegen 300,000 Kisten des vorhergehenden Jahres, weil der Markt über den Bedarf mit präservativem Lachs versehen war. Im Ganzen liegen 30 Fischereien und 13 Packanstalten am untern Columbia. Zwei Mal im Jahre, im Frühling und im Herbste, kommen jene Fische massenweise aus der See, ziehen stromaufwärts und in alle Nebenflüsse des Columbia, um weit im Innern des Landes, 800 bis 1000 engl. Meilen von der Strommündung, im östlichen Oregon und innerhalb der Grenzen des Territoriums Idaho zu laichen. Der Lachsfang beginnt im April und dauert bis Ende des Julimonds, da die Fische zu jener Jahreszeit am fettsten und wohlschmeckendsten sind. Man fängt sie, während sie vom Ocean den Fluß hinaufziehen, im Fluthwasser in Fallen und Netzen in ungeheurer Menge. Im Jahre 1876 sollen 300 Fischerböte im Columbia beim Lachsfang beschäftigt werden. Die Salmen werden theils in Blechbüchsen, theils in Fässern verpackt. In der Regel füllt ein Fisch zehn Blechbüchsen, die in Kisten von je 48 Pfund verpackt werden. Die eingefangenen Lachse werden, nachdem sie gereinigt sind, erst in große mit concentrirtem Salzwasser gefüllte Kübel geworfen, in denen sie einen bis zwei Tage liegen bleiben und auf die Hälfte ihres ursprünglichen Volumens zusammenschrumpfen. Dann werden sie gut abgewaschen und mit Zuthat von Salz in Fässer verpackt, indem sie durch Schrauben fest hineingepreßt werden. Die in Blechbüchsen verpackten Fische werden entweder frisch oder gepöckelt oder mit Zuthat von Gewürzen hineingelegt, worauf man die Büchsen luftdicht verschließt. Das aus den Fischen beim Zusammenschrauben in die Fässer herausgepreßte Oel kommt an Güte dem besten Spermöl gleich. In den Lachspackereien werden meistens Chinesen beschäftigt. Die Zahl der im Columbia gefangenen und meistens nach San Francisco, Südamerica, England, China und den Südseeinseln ausgeführten präservirten Lachse beträgt jetzt etwa anderthalb Millionen Fische im Jahre.

Den majestätischen Columbia ohne Aufenthalt weiter hinaufdampfend, passirten wir in den sogenannten „Narrows" einen hohen Hügel, der den Namen Mount Coffin (der Sargberg) führt. Dies war in früheren Jahren einer von den heiligen Begräbnißplätzen der Indianer, wo sie ihre Todten in Canoes beizusetzen pflegten. Dann präsentirte sich uns im Territorium Washington die erst sechs Monate alte Stadt Kaláma, das jüngste Kind der Northern Pacific-Eisenbahn, welche dort ihre Hauptniederlage des Materials für den Bau der Zweigbahn errichtet hatte, wodurch der Columbia mit den Gewässern des Pugetsundes verbunden werden sollte. Mit dieser nagelneuen S t a d t werde ich mich in einem folgenden Abschnitt („Ein Ausflug nach dem Pugetsund)" näher beschäftigen, und will ich hier nur erwähnen, daß Kaláma in allem Ernste das San Francisco des Nordens zu werden gedachte.

Bei einbrechender Dunkelheit passirten wir das am linken Stromufer liegende Städtchen St. Helens, wo eine große Dampfsägemühle, die täglich 40,000 Fuß Bauholz schneidet, in voller Arbeit war; bald darauf näherten wir uns der Mündung des Willamette in den Columbia, wo die beiden Flüsse ein weites Delta, mit niedrigen, zum Theil mit Weiden und Gebüsch bewachsenen Inseln, bilden. Der Nebel und Rauch von den auf den nahen Gebirgszügen in Brand gerathenen Wäldern lagerte sich jetzt immer dichter auf die Fluthen, und nur mit äußerster Vorsicht gelang es unserem Piloten, den Dampfer in der

Dunkelheit den Willamette hinauf zu bringen. Gegen Mitternacht landeten wir wohlbehalten vor der Stadt Portland, und ich durfte aufs Neue meinen Fuß in die Mauern der oregonischen Handelsmetropole setzen.

II.
Die Stadt Portland am Willamette.

Die Stadt Portland, deren Einwohnerzahl sich gegenwärtig (1876) auf etwa 13,000 Köpfe beläuft, ist die Handelsmetropole nicht nur von Oregon, sondern von dem ganzen Ländercomplexe des äußersten Nordwestens der Vereinigten Staaten, sowie der angrenzenden britischen Besitzungen. Die commercielle Stellung, welche San Francisco im Großen gegen alle sogenannten „Pacificstaaten" einnimmt, nämlich das ganze Ländergebiet, welches im Westen der Felsengebirge liegt, hat Portland speciell für den Staat Oregon und die Territorien Idaho und Washington. Die Lage dieses Platzes ist am Willametteflusse, 13 englische Meilen von seiner Mündung in den Columbia und 110 Miles von der See, unter 45° 30′ nördl. Breite und 120° 27′ westl. L. v. Gr. Auf den Besucher macht Portland den Eindruck einer schnell emporblühenden Handelsstadt, die einer bedeutenden Zukunft entgegensieht. Selbst Solchen, die zum ersten Male den Fuß in ihre Mauern setzen, muß dieses beim Anblick der vielen Neubauten und des regen Handels und Wandels, der daselbst herrscht, klar werden; um so mehr Jemandem, der, wie ich, ihr Wachsthum seit einer Reihe von Jahren kannte und diesen Ort noch als Hauptstadt des „Webfootlandes" und seiner bäuerischen Bewohner im Gedächtniß hatte, das mit dem aufgeweckten und thatkräftigen Californien einen so crassen Gegensatz bildete.

In Portland schien mir seit meinem letzten Besuche Alles wie umgewandelt. Doch war das Emporblühen dieser Stadt ersichtlich nicht ein momentanes, sondern ein auf gesunder Basis beruhendes. Die stattlichen Neubauten und prächtigen Handelshäuser, nicht minder wie die sauberen an der Seite mit Bäumen bepflanzten Wege und die vielen schmucken Wohnungen in der Umgebung des Ortes, welche von in bunter Flora prangenden Gärten eingerahmt waren, gaben augenscheinlichen Beweis, daß die Bewohner Portlands dem Fortschritte huldigten. Der Name „Webfeet" paßte entschieden nicht mehr auf die Bürger dieses Gemeinwesens. Nur gelegentlich bemerkte ich einige Farmer aus den Landdistricten, auf welche jener Spottname noch Anwendung finden konnte; tölpelhafte Gestalten mit verdummten Gesichtern, und Menschen, die seit zwei Decennien von dem civilisatorischen Einfluß der großen Außenwelt abgeschlossen gelebt hatten und sich noch nicht in die neuen Verhältnisse hatten hineinfinden können, welche die Eisenbahnen in ihre regnerische, aber mit großen natürlichen Hilfsquellen gesegnete Heimath gebracht hatten. Die vielen Neuankömmlinge aus Californien und den älteren Unionsstaaten werden jedoch schnell die letzten Spuren eines uncultivirten Wesens auch bei diesen Landbewohnern verschwinden machen, und der Spottname „Webfoot", den man schon jetzt nur noch selten in Oregon vernimmt, muß bald ganz der Vergangenheit angehören.

Die Stadt Portland ist in den letzten Jahren zum zweiten Male in eine neue Aera des Fortschritts getreten, welche ich als die des Eisenbahnbaues bezeichnen möchte, und die auf soliderer Grundlage angelegt ist, als ihre frühere durch die Goldentdeckungen in den nordwestlichen Territorien gehabte Glanzperiode. Während der ersten anderthalb Decennien seines Bestehens war Portland, welches bereits 1845, vier Jahre früher als San Francisco gegründet worden, weiter nichts als eine wohl situirte Landstadt, und der Hauptort des productenreichen Willamettethales. Jener Landstrich war aber dazumal von den großen Verkehrsadern abgeschlossen, und ein Handel nach außen existirte nur in sehr beschränktem Maßstabe. Die Einwanderung von den atlantischen und den Mississippistaaten nach dem fernen Oregon (damals wurde im Osten der Union mit dem Namen Oregon nur das Willamettethal bezeichnet) hörte in Folge der Goldentdeckungen in Californien fast ganz auf, und sowohl diese als die ihr nachströmende europäische Massenauswanderung wandte sich bei Hunderttausenden nur nach dem neuen „Eldorado"; und was für Oregon die nachtheiligste Folge hatte, auch die unternehmendere Classe seiner eigenen dünn gesäeten Bevölkerung ward vom Goldfieber ergriffen und wanderte ebenfalls nach Californien aus. Die Zurückbleibenden, meistens sogenannte Pikes (Peiks), d. h. solche, die aus Pike County in Missouri, das mit besonders dummen Menschen gesegnet ist, eingewandert waren, versauerten so zu sagen ganz und gar in ihrer vom Weltverkehr nicht berührten neuen Heimath. Der Regen, welcher im Willamettethale während der halben Zeit des Jahres von einem bleifarbenen Himmel stetig herabströmt, trug auch nicht viel zur Klärung der Geister bei, und obgleich die trockene Zeit des Sommers mit wundervollem Wetter in jedem Jahre reiche Ernten sicherte, so veranlaßte dieses die Landbewohner doch nicht, besonders thätig zu sein: für den eigenen Bedarf war leicht gesorgt, und der Ueberschuß der Bodenproducte konnte ja doch nicht verwerthet werden!

Baares Geld war in Folge dessen damals in Oregon den Bewohnern sehr knapp zugemessen; von Comfort des Lebens oder gar Luxus konnte selbstverständlich kaum die Rede sein; von außen fehlte jegliche geistige Anregung, und so entstand an derselben pacifischen Küste, wo im Nachbarlande Californien sich die Bewohner durch Thatkraft, leichten Sinn, Extravaganz und frischen, fröhlichen Lebensmuth auszeichneten, in Oregon der gar nicht americanische, abnorme Character des schläfrigen, mürrischen und geizigen „Webfoot".

Die Jahre 1861 bis 1864 brachten durch die Goldentdeckungen im Territorium Idaho, dem östlichen Oregon und in Britisch Columbia*) einen radicalen Umschwung in die ganze Lebensanschauung der „Webfeet". Wie ein brausendes Hochwasser rollte der Strom der Goldjäger durch ihr Land nach den neuen „Eldorados"; die Stadt Portland, welche mit Gold plötzlich gleichsam überschwemmt wurde, sah glänzende Zeiten und ward schnell eine blühende Handelsstadt, und alle Producte des Willamettethales fanden zu enormen Preisen einen mit geringer Mühe zu erreichenden Markt. Dabei wurden von den geistig aufgeweckten, lebenslustigen Californiern die schläferigen und mindestens um ein viertel Jahrhundert in der Cultur zurückgebliebenen „Webfeet" nach Gebühr verspottet, deren knauseriges Wesen und tölpelhafte Manieren den flotten Goldjägern ein Gräuel waren. Wie es nicht anders zu erwarten stand, nahmen die Bewohner Oregons allmählich manche Gewohnheiten und Lebensanschauungen der Californier an, und in Portland, wo diese schaarenweise überwinterten, um dem rauhen Klima in den Goldminendistricten zeitweilig zu entfliehen, erwachte ein reger Unter=

---

*) Vergleiche den Abschnitt: „Die ersten Goldentdeckungen im östlichen Oregon und im Territorium Idaho."

nehmungsgeist. Der Einfluß von außen zum Bessern hatte hier bereits tiefe Wurzel geschlagen, als um die Mitte der sechziger Jahre die Placers in den genannten Minendistricten sich theilweise als erschöpft zeigten, und in Folge davon der Durchzug der Goldjäger immer schwächer und auch einige Jahre darauf durch die Pacificbahn in neue Communicationswege geleitet wurde.

Im westlichen Oregon folgte jetzt eine Zeit des Stillstandes und es hatte den Anschein, als ob Portland sich aus einer schnell emporgeblühten Handelsstadt wieder in eine stille wohlbehäbige Landstadt umwandeln würde. Aber der in den Jahren des Wohlstandes durch den einträglichen Handel mit den Goldminendistricten wach gewordene Unternehmungsgeist spornte die Portländer an, neue Wege zum Emporkommen ihrer Stadt sowie zu einer gesunden volkswirthschaftlichen Kräftigung ihres wichtigsten Lebensnervs, des Willamettethales, zu suchen. Die Pacificbahn, als neue Handelsstraße durch den Continent, hatte die alten Verkehrslinien vollständig verrückt, und Oregon mußte sich auf die eine oder die andere Weise an das große nordamericanische Eisenbahnnetz anschließen, — das war, wie Jeder einsah, die Lebensfrage dieses Landes, und davon hing die Zukunft desselben ab.

Zunächst wurde eine Zweigbahn vom Ufer des großen Salzsees über die Ortschaften Boise City im Territorium Idaho und The Dalles am Columbiafluß nach Portland projectirt, um einen Anschluß an die Union- und Centralpacificbahnen zu erlangen. Das Unternehmen faßte jedoch nie rechten Fuß; freilich zeichneten eine Anzahl von Capitalisten bedingungsweise die zum Bau jener Eisenbahn nöthigen Summen, aber es geschah bis jetzt weiter nichts zur Verwirklichung dieses Planes, als ein oberflächliches Nivellement der vorgeschlagenen Route.

Ein anderes Unternehmen dagegen, der Bau einer directen Eisenbahnlinie von Oregon nach Californien fand um so mehr Anklang. Der unternehmende Capitalist Ben Holladay, welcher die durch eine Eisenbahnverbindung mit Californien für Oregon zu erwartenden großen Vortheile schnell erkannt hatte, gab diesem Unternehmen seine Unterstützung. Dieser Schienenweg, die „Oregon= und California=Eisenbahn", sollte das Willamettethal seiner ganzen Länge nach von Norden nach Süden durchschneiden, dann weiter südwärts durch das nicht minder fruchtbare Umpqua=Thal und das des Rogue River geführt werden, die Siskihouberge an der Nordgrenze von Californien überschreiten und, in das Thal des Sacramentoflusses hinabsteigend, sich dort an das Eisenbahnnetz von Californien anschließen. Diese Eisenbahnlinie, deren Länge 777 englische Meilen zwischen Portland und San Francisco beträgt, durchläuft, die nicht sehr ausgedehnten Gebirgsstrecken abgerechnet, ein außerordentlich productives Land, ganz im Gegensatze zu der vom Ufer des großen Salzsees über Idaho nach Portland projectirten Linie, welche nur wenige des Anbaues fähige Thäler, und eine traurige, fast aller sonstigen Vegetation baare Salbeiwüste und mit vulcanischem Gestein übersäete Einöden durchziehen würde.

Die Oregon= und California= Eisenbahn wurde gleichzeitig von Süden und von Norden in Angriff genommen, und die letzten Tage des Jahres 1871 sahen dieselbe in Californien bereits nördlich von der Stadt Red Bluff im obern Thale des Sacramento und in Oregon südwärts bis in das Umpquathal vollendet und dem Verkehr übergeben. Die noch zu erbauende Wegstrecke, als Verbindungsglied zwischen dem Sacramento und dem Umpqua, betrug beim Jahresschluß 1871 etwas über 300 englische Meilen.

Die auf eine schnelle Vollendung dieser Eisenbahn gestellten Hoffnungen gingen aber leider nicht in Erfüllung. In Folge der den deutschen Actieninhabern nur zu gut bekannten späteren Sistirung der Zahlungen ihrer Coupons fiel der Werth dieser Actien auf eine enorme Weise, so daß es unmöglich war, die zum Weiterbau der Bahn nöthigen Capitalien flüssig zu machen. Im Jahre 1876 war der südliche Terminus der Oregon= und California=Eisenbahn noch immer bei dem Städtchen Roseburg im Umpquathale, 200 englische Meilen von Portland, der nördliche Endpunkt der California= und Oregon=Eisenbahn bei Redding, 35 englische Meilen nördlich von der Stadt Red Bluff am Sacramentoflusse. Die Verbindung zwischen den beiden 280 englische Meilen von einander geschiedenen Endpunkten jener Bahnen findet vermittelst Stagekutschen statt. Zur Zeit sind die Aussichten für einen Weiterbau nichts weniger als glänzend und es werden wohl noch Jahre darüber hingehen, bis es gelingt, die dazu nöthigen Capitalien aufzubringen und der Oregon= und California=Eisenbahn durch eine Verbindung mit dem großen Eisenbahnnetze der Union neue Lebenskraft zuzuführen.

Eine zweite Bahnlinie wurde von Portland aus durch das Thal des Willamette, am westlichen Ufer dieses Flusses laufend, in Angriff genommen, deren Hauptinhaber gleichfalls der früher genannte Capitalist Ben Holladay war. Diese Eisenbahn, die „Oregon Central", führt gewöhnlich den Namen „west side railroad", im Gegensatze zu der östlich vom Willamette liegenden Hauptlinie, und soll eine Länge von 110 englischen Meilen haben. Dieselbe wird eine fruchtbare Gegend durchschneiden und ihren Weg über die Ortschaften Hillsboro, Mc Minville, Dallas (in Polk County) und Corvallis nach der vorläufig noch auf dem Papier stehenden Zukunftsstadt Junction City, 35

englische Meilen südlich von Corvallis, nehmen, wo der
Anschluß an die „Oregon= und California=Eisenbahn"
stattfinden soll. Auch liegt es im Plane der Ge=
sellschaft, eine Zweigbahn nach Astoria zu bauen, um dort
für Portland einen den größten Seeschiffen stets zugäng=
lichen Hafen zu gewinnen, da der Willamette, wie schon
erwähnt wurde, für tiefgehende Schiffe kein sicheres Fahr=
wasser hat.

Die Stadt Portland gab der „west side railroad"
einen Zuschuß von 100,000 Dollars Gold, damit der Bau
dieser Linie sofort beginne, und während meines diesmali=
gen Aufenthaltes in jener Stadt machte die erste Locomo=
tive die Eröffnungsfahrt auf einer kurzen von Portland
aus erbauten Strecke des neuen Bahngleises, unter dem
Jubel der Bevölkerung. Von den öffentlichen Ländereien
wurde beiden genannten Eisenbahn=Gesellschaften eine
Schenkung von 12,800 Ackern pro Meile in getrennten
Sectionen („alternate sections", die Section zu 640
Acker = 1 englische Quadratmeile) bewilligt, so daß den
Vereinigten Staaten immer eine Section zwischen zwei der
Eisenbahn geschenkten bleibt, welches Land innerhalb eines
Areals von 20 engl. Meilen auf beiden Seiten der Bahn=
linie genommen werden muß. Die Besitztitel werden den
Gesellschaften von der Regierung zu Washington für jede
dem Verkehr übergebene Meile nach correspondirenden
Sectionen ausgestellt. Diese Ländereien würden bei guter
Verwaltung genug Capital eingebracht haben, um die
Oregon= und California=Eisenbahn, deren Herstellung soweit
schwerlich mehr als 15,000 bis 18,000 Dollars per engl.
Meile gekostet hat, fertig zu bauen. Statt dessen betrugen
die für 200 engl. Meilen realisirten Bonds 6 Millionen,
die von Holladay ausgegebenen Actien sogar 10,950,000
Dollars, und ist der Bau der Bahn ganz in Stillstand

gerathen. Aus den Ländereien wurde herausgeschlagen, was sich in der Geschwindigkeit nur machen ließ. Wie ein Gewährsmann aus Portland einer in San Francisco erscheinenden deutschen Zeitung im Jahre 1875 mitgetheilt hat, sind die Ländereien der Oregon- und California-Eisenbahn von Einem zum Andern übertragen, verkauft und mit Hypotheken belastet worden, so daß es sich schwer sagen läßt, was der Werth des Uebriggebliebenen ist. Viele der werthvollsten Landstrecken sind verkauft worden, und der Erlös ist dahin gegangen, wo die übrigen nicht durch die Bahn repräsentirten Millionen untergebracht worden sind.

Trotz der schlechten Verwaltung der Eisenbahnen und des Mißcredits, in welchen der Staat Oregon dadurch im Auslande gekommen ist, ist die zweite Aera des Fortschritts der Stadt Portland auf die neuen Eisenbahnbauten zurückzuführen, welche die Hülfsquellen Oregons schneller und sicherer entwickeln, als der frühere stets schwankende und ungewisse Handelsverkehr mit den Goldminendistricten es gethan hat. Welchen Einfluß die Eröffnung der im Bau begriffenen nördlichen Pacificbahn auf das fernere Emporblühen der Stadt Portland haben wird, läßt sich gegenwärtig schwer berechnen. Speculanten, die auf die zukünftige Weltstadt „Pugetsound City" reflectiren, sehen die Handelsstadt am Willamette natürlich mit mitleidigen Blicken an und prophezeien ihr einen schnellen Untergang. Ich bin nicht der Ansicht, daß jene Eisenbahn und ihr fraglicher westlicher Terminus am Pugetsunde Portland arg beeinträchtigen wird. Der dieser Stadt zuströmende und stetig anwachsende Verkehr (durch ihre neuen Eisenbahnverbindungen) giebt derselben einen bedeutenden Vorsprung vor neuen Rivalen, und es möchte schwer sein, den Handel ganz in neue Bahnen zu lenken. Während der nächsten Jahre muß der Bau der westlichen Abtheilung der nördlichen Pacificbahn der Stadt Portland voraussichtlich eher Nutzen als Nachtheil bringen; die benachbarten Landstriche werden mehr und mehr angesiedelt, neue Hülfsquellen in ihnen entdeckt und ausgebeutet werden, und der Handel sucht allemal den Punkt, an welchem sich das größte Capital concentrirt hat: und das ist und bleibt in Oregon und Washington vorläufig unbestreitbar die Stadt Portland am Willamette.

Die Stadt Portland ist im Verhältniß zu ihrer Einwohnerzahl eine der wohlhabendsten Städte in America. Kaufleute, die hunderttausende Dollars werth sind, giebt es dort eine hübsche Anzahl, Halbmillionenleute gehören in ihr keineswegs zu den Seltenheiten, und verschiedene Millionäre vertreten die Noblesse der Geldmenschen auf eine respectabele Weise. Das Durchschnittsvermögen der Portländer beträgt nach der Steuerschätzung, die aber in America stets wenigstens 50 Procent zu gering angeschlagen ist, 750 Dollars in Gold per Kopf.

In den Jahren 1873 und 1874 ward der Aufschwung der Stadt Portland durch zwei große Feuersbrünste sehr gehemmt, und die gleichzeitige Unterbrechung des Bau's der nördlichen Pacificbahn, sowie die financielle Calamität der Oregon= und California=Eisenbahn trugen nicht minder dazu bei, der Handelsstadt am Willamette schwere Zeiten zu bringen. Doch scheint Portland auch jene Schicksalsschläge so ziemlich überwunden zu haben und blickt jetzt (1876) wieder mit erneuter Hoffnung in die Zukunft. Nach dem letzten großen Brande boten San Francisco, Philadelphia, New=York, Boston und andere große Handelsstädte America's dem schwer geprüften Portland eine hülfreiche Hand und fragten auf telegraphischem Wege an, wie viele Hunderttausend Dollars nöthig seien, um den durch die Feuersbrunst erlittenen Schaden wieder zu ersetzen. Die Portländer wiesen jedoch alle Geldunterstützung als beleidigende Zumuthung stolz von der Hand und erwiderten, daß sie selbst im Stande seien, ihre in Asche gelegten Straßen wieder aufzubauen; was sie denn auch mit lobenswerther Energie gethan haben.

Unter der Kaufmannschaft Portlands stehen die israelitischen Großhändler (fast Alle Deutsche) an Reichthum und Ansehen oben an. Wie zahlreich das jüdische Element unter den Kaufleuten Portlands vertreten ist, bemerkte ich recht deutlich am zweiten Tage meines diesmaligen Aufenthaltes daselbst, der mit dem des israelitischen Neujahrs zusammentraf. Es waren buchstäblich mehr als die Hälfte der Geschäftshäuser und fast sämmtliche große Handelsfirmen in der Stadt geschlossen. Die wohlhabenden Inhaber derselben gingen zur Feier des Tages entweder in Sonntagskleidern spazieren, oder hatten sich in den Synagogen zum Beten versammelt, oder sie vergnügten sich in den geschlossenen Hinterzimmern der „Stores" und in ihren Privatwohnungen bei einem interessanten Kartenspiel von „Poker" oder „Klabberjas". Geschäfte wurden an diesem Tage in Portland fast gar keine gemacht, außer es ließ ein nicht allzu orthodoxer Jude einen guten Kunden durch die Hinterthür in sein Waarenmagazin. Die Kaufleute christlichen oder gar keines Glaubens hätten eben so gut wie ihre mosaischen Brüder ihre Handlungshäuser schließen und spazieren gehen können, als sich in ihren offen gehaltenen „Stores" über die schlechten Verkäufe zu ärgern.

Mit Ausnahme der jüdischen Kaufmannschaft nimmt die deutsche Bevölkerung Portlands, etwa ein Fünftel der Einwohnerzahl, den Americanern gegenüber leider eine sehr untergeordnete Stellung ein. Ein geselliges Leben existirt unter ihnen nur in sehr beschränktem Maßstabe, ganz das Gegentheil, wie es sich bei den Deutschen in californischen Städten zeigt. Das Organ der deutschen Bevölkerung Portlands und das einzige im Staate Oregon erscheinende deutsche Blatt, „die Oregon deutsche Zeitung," ist eine kleine Wochenzeitung und mit den großen englischen Journalen dieser Stadt gar nicht zu vergleichen. Als bescheidener College im Literaturfache stattete ich dem Herausgeber der „Oregon deutschen Zeitung" einen pflichtgemäßen Besuch ab. Mein neuer Freund, der Redacteur, in dem ich einen intelligenten und liebenswürdigen Mann kennen lernte, beklagte sich bitter über die Indifferenz der wohlhabenderen Deutschen Portlands jedem literarischen Unternehmen gegenüber. Selbst die hier zahlreich ansässigen reichen jüdischen Kaufleute förderten die precäre Existenz seines Blattes fast gar nicht durch Abonnement oder Anzeigen; gerade das Gegentheil von den jüdischen Kaufleuten San Franciscos, welche dort die deutschen Journale sehr liberal unterstützen, fleißige Besucher von Theatern, Concerten und wissenschaftlichen Vorträgen aller Art sind und prächtige gesellige Vereinslocale unterhalten. Doch wird sich hoffentlich im Laufe der Zeit auch unter den Deutschen Portlands ein mehr geistiges sowohl als geselliges Leben entwickeln, und werden Wissenschaft, Kunst und Literatur daselbst nicht immer die Stellung eines Paria einnehmen. Die Sonne der neuen Cultur hat hier leider noch mit den Wolken zu kämpfen, welche ihr Licht eben erst zu zerstreuen begonnen hat! —

Im Verhältniß zu ihrer Einwohnerzahl hat die Stadt Portland mehr das Aeußere einer Großstadt, wie es wenige andere Städte von ihrer Rangstufe auf diesem Continente besitzen. Die Hauptgeschäftsstraßen geben namentlich ein lebendiges Bild. Durch dieselben laufen Pferdebahnen, wie in jeder bedeutenden americanischen Stadt. Die Banken und öffentlichen Markthallen, das Postgebäude, welches eine halbe Million Dollars gekostet hat, die eleganten „Stores" und Geschäftshäuser und andere Bauten würden jeder

Großstadt zur Zierde gereichen. Der Ort hat fünf öffentliche und acht Privatschulen und Seminare, verschiedene Bankgeschäfte mit einem Capital von mehreren Millionen, Wasser- und Gasleitungen (letztere allerdings nicht eben mustergültig!), zwei Dampffeuerspritzen und einen Feueralarm-Telegraphen, ansehnliche Bogen-Gebäude, mehrere vorzügliche Hotels, fünf Zeitungen, sechszehn Kirchen und eine öffentliche Bibliothek. Mit allen Theilen der Welt steht Portland in directer telegraphischer Verbindung. Die Stadt beschäftigt zwanzig auf dem Willamette und Columbia fahrende Dampfböte und besitzt zwei Linien von Seedampfern, die eine nach San Francisco, die andere nach dem Pugetsund, Victoria und dem fernen Alasca, und eine Flotte von Clipperschiffen bringt die bedeutende Weizenausfuhr Oregons direct von hier meistens nach England. Einige Großhandlungshäuser haben einen Geschäftsumsatz, der sich auf Millionen beläuft.

Die Handelsmetropole am Willamette würde jedoch weit schneller emporblühen, als sie es in dem letzten Decennium gethan, wollte sie ihr Augenmerk mehr auf die Anlage von Fabriken richten, und ist es in der That seltsam, daß ihre sonst so unternehmende Bevölkerung in dieser Beziehung bis jetzt noch so Geringes geleistet hat. Es wäre für Portland ein Leichtes, den Bedarf an Manufacturen aller Art für Oregon und die nordwestlichen Territorien zu liefern, statt daß es in dieser Beziehung noch ganz von San Francisco und den östlichen Unionsstädten abhängig ist. Die im Thale des Willamette etablirten Wollenwaarenfabriken bilden überhaupt in Oregon hierin fast die alleinige nennenswerthe rühmliche Ausnahme, falls man nicht etwa die Lachspackereien am Columbia mit in diese Kategorie rechnen will.

Was den Fremden in Portland besonders unangenehm berührt, sind die vielen namenlosen Straßen, der fast gänzliche Mangel an Hausnummern und die schlechte Gasbeleuchtung. Es ist ein Kunststück, in dieser Stadt, welche auf einem Bodenraum von zwei engl. Meilen Länge und einer Meile Breite erbaut ist, in einer winterlichen dunkeln Regennacht in den Nebenstraßen ein Haus zu finden. Viele von den Bewohnern Portlands kennen nicht einmal den Namen der Straße, in der sie wohnen. Sucht Jemand z. B. die siebente Straße, so muß er bis zur ersten Straße zurückgehen (wobei N. B. die Frontstraße nicht mitgerechnet wird) und dann die Straßen der Reihe nach zählen. Frägt man zuletzt einen Vorübergehenden, oder tritt in ein Haus, um sich nach dem Namen der Straße zu erkundigen, wo man gerade ist, so ist mit ziemlicher Gewißheit darauf zu wetten, daß man den Bescheid erhält, „I don't know, Sir!" — Im Sommer dagegen ist es hier reizend! Man möchte kaum glauben, daß dieser blaue italienische Himmel dieselbe bleierne Wolkendecke getragen hat, welche Einen hier während der Wintermonate fast zur Verzweiflung brachte. In den wunderbar klaren Mondnächten spaziert es sich herrlich unter den langen Baumreihen, und bei hellem Sonnenschein wird man nicht müde, die Pracht der Blumengärten und das saftige Grün zu schaun, und dabei die prächtigen Privatwohnungen der wohlhabenderen Portländer in der Umgebung des Ortes zu bewundern. Und wer an einem solchen sonnenhellen Sommertage die hinter der Stadt liegenden Höhen besteigt und die prachtvolle Aussicht auf die Bergkette der Cascade-Range mit den drei Schneeriesen Mount Hood, Mount St. Helens und Mount Rainier genießt, deren silberne Gipfel im Hintergrunde einer mit weiten Waldungen geschmückten Landschaft dastehen, während sich nahe unter Einem an den Ufern des grünlichen breiten Willamette das rege Leben der neueren Cultur entfaltet, — der erblickt ein Gesammtbild von ergreifender Schönheit! —

Schließlich noch einige statistische Bemerkungen über den Handel Portlands, welche ich einem im Jahre 1875 von dem „Oregon State Board of immigration" veröffentlichten Pamphlet entnommen habe. Darin wird gesagt:

„Die stetige Zunahme des Schiffsverkehrs von Portland liefert den besten Beweis, daß die Barre (an der Mündung des Columbia) kein Hinderniß für die Schiffahrt bildet. In dem mit 31. December 1874 ablaufenden Jahre clarirten nicht weniger als 71 Schiffe und Barken nach Häfen in Großbritannien, den Sandwich-Inseln, Australien und Brasilien. In derselben Periode beliefen sich die Eintragungen von fremden Schiffen im Zollamte auf 34,064.95, und diejenigen americanischer Schiffe auf 11,771.41, oder im Ganzen auf 45,836.36 Tonnen; die Clarirungen fremder Schiffe auf 42,439.17, und die americanischer Schiffe auf 17,576.75, oder zusammen auf 60,015.92 Tonnen. Die Eintragungen für Küstenfahrt beliefen sich auf 101,025.65, die Clarirungen auf 85,361.94 Tonnen."

Der Gouverneur des Staates Oregon drückt sich in seiner Botschaft an die Legislatur, vom 16. September 1874, wie folgt, aus:

„Der Werth unserer Ausfuhr (welche N. B. zum überwiegend großen Theile durch die Stadt Portland vermittelt wird) hat eine Summe erreicht, die zehn Millionen Dollars gewiß überschreitet. Ich schätze den Werth unseres Exports von Weizen und Mehl auf nahezu vier Millionen Dollars Gold; den von Hafer, anderem Getreibe und Obst auf eine Million; von Wolle, Häuten, Fleisch, Vieh und Pferden auf zwei Millionen; von Lachs auf eine Million fünfhunderttausend; von fabrizirtem Holz und Kohlen auf eine Million; von Gold, Silber und Eisen auf eine Million fünfhunderttausend Dollars."

Für eine Bevölkerung von ca. 100,000 Seelen*), die der Staat Oregon gegenwärtig an weißen Bewohnern hat, ist dieser Ausweis seiner Handelsbewegung gewiß ein erfreuliches Zeichen von einem blühenden Gemeinwesen; für den Wohlstand der Haupthandelsstadt des Staates, welche nur etwas über ein Siebentel seiner Bevölkerung zählt, sprechen jene Zahlen ein beredtes Zeugniß.

Portland, welches seine Weizenausfuhr in früheren Jahren meistens über San Francisco versandte, hat sich in letzter Zeit durch directe Segelschiff-Verbindung mit England hierin so ziemlich von der californischen Handelsmetropole emancipirt. Im Jahre 1875 wurden 1,336,882 Centals Weizen von Portland ins Ausland verschifft. Mit sonstigem Import und Export von Waaren und Producten ist es jedoch noch immer vorwiegend von San Francisco abhängig geblieben. In dieser Beziehung kann der Handel Oregons erst dann seine volle Entwickelung erlangen, wenn eine directe Eisenbahnverbindung mit dem Osten hergestellt worden ist. Für den Anbau von Weizen ist der Boden dieses Staates namentlich geeignet und muß jenes Ausfuhrproduct mit jedem Jahre an Bedeutung zunehmen. Voraussichtlich werden China und die Inseln der Südsee in Zukunft nächst England die Hauptabsatzquellen dafür bilden.

*) Zu Anfang des Jahres 1876 hatte Oregon eine Gesammtbevölkerung von 120,920 Seelen, worunter 16—18,000 Indianer und Chinesen.

Ob Portland auf die Dauer seine Stellung als Handelsmetropole des Nordwestens wird behaupten können, läßt sich nicht mit Gewißheit voraussagen. Von Rivalen am untern Columbia wird es weniger als — wie schon erwähnt wurde — von der Concurrenz des Pugetsundes und einer dort entstehenden größeren Handelsstadt zu befürchten haben, da jener Meeresarm einen dem Columbia weit vorzuziehenden und einen der sichersten und besten Seehäfen in der ganzen Welt bildet. Sollte sich das Project verwirklichen, die Oregon- und California-Eisenbahn nordwärts direct bis an die Gewässer des Sundes weiter zu bauen, so würde die Weizenernte der Thäler des westlichen Oregon vermuthlich bei den Thoren Portlands vorbei ihren Verschiffungsort am Sund suchen, wodurch dem Emporblühen der Handelsstadt am Willamette ein schwerer Schlag zugefügt werden müßte. Die Portländer behandeln derartige Pläne allerdings mit anscheinender Geringschätzung; aber eine Art von nervöser Unruhe können sie doch nicht ganz verhehlen, wenn die Rede auf die Zukunftsconcurrenz des Pugetsundes kommt.

III.
Ein Besuch beim Könige von Aurora.*)

Während meines diesmaligen Aufenthaltes in Portland fand ich Zeit und Gelegenheit, der 28 englische Meilen südlich von jener Stadt an der Oregon- und California-Eisenbahn liegenden deutschen Colonie Aurora,

---

*) Diese Skizze erschien zuerst in der „Gartenlaube" (1872 Nr. 6.); in englischer Uebersetzung in „Lippincotts Magazine" in Philadelphia (Januar 1873).

einer communistischen Gemeinde unter der Leitung des Dr. Wilhelm Keil, einen Besuch abzustatten und jene in ganz Oregon berühmt gewordene Colonie und den noch berühmteren Dr. Keil, den König von Aurora, persönlich kennen zu lernen. Schon oft hatte ich in früheren Jahren während meines Aufenthaltes in Oregon und wiederholt auf meiner letzten Reise von dieser Colonie und ihrem Autokraten reden hören und die unglaublichsten Dinge über die Regierungsweise jenes selbstgeschaffenen Potentaten vernommen. Alle Berichte stimmten darin überein, daß Dutchtown (mit diesem Namen pflegen die Americaner jene Colonie schlechtweg zu bezeichnen) ein Muster von einem Gemeinwesen sei, das sich vor allen andern in Oregon durch Ordnung und Wohlstand auszeichne. Das Gasthaus von „Dutchtown", welches früher an der Ueberland-Stagelinie lag und jetzt ein Stationshaus an der Oregon- und California-Eisenbahn ist, hat in Oregon einen beneidenswerthen Ruf erlangt und wird von allen Reisenden als eins der vorzüglichsten in jenem Staate gepriesen, und von der Colonie erzählte man mir nur Rühmendes. Ueber den Dr. Keil dagegen waren die sonderbarsten Gerüchte im Umlauf. Man hatte mir denselben in der Stadt Portland als einen ganz unnahbaren Charakter bezeichnet, der sich den Fremden gegenüber außerordentlich verschlossen zeige und Niemandem die geringsten Aufschlüsse über die innere Verwaltung seiner blühenden Colonie gebe, in der er wie ein souverainer Fürst das Regiment führe. Eingeweihte behaupteten, daß jener bedeutende Mann in Deutschland ein Schneider gewesen sei. Er wäre zugleich geistliches und weltliches Oberhaupt der Gemeinde, schlösse Ehen (stets mit Widerwillen, weil er nach den Regeln der Gesellschaft den Neuvermählten ein Wohnhaus anweisen müsse), wäre Arzt und Geburtshelfer, Prediger, Richter, Gesetzgeber,

General-Oekonom, Verwalter, unumschränkter und unverantwortlicher Finanzminister der Colonie und hielte alle die sehr werthvollen Ländereien der Ansiedelung mit Zustimmung der Colonisten in seinem Namen; seinen freiwillig ihm gehorchenden Unterthanen, die ihn wie ihren Vater verehrten, verschaffe er allerdings einen guten Lebensunterhalt, behalte aber den ganzen Profit der Arbeit Aller und den Werth des gesammten Eigenthums für sich, trotzdem die Colonie als eine communistische Gemeinde auf breitester Grundlage angelegt sei.

Diesen originellen Mann, einen Geistesverwandten des berühmteren Mormonenpascha Brigham Young, wollte ich von Auge zu Auge sehen und den Löwen so zu sagen in seiner Höhle aufsuchen. In Portland machte ich die Bekanntschaft eines deutschen Lebensversicherungs-Agenten einer Gesellschaft in Chicago, Namens Körner, der wie ich einen Besuch in Aurora machen wollte, und in dem ich einen angenehmen Reisegesellschafter fand. Derselbe hatte sich Empfehlungsschreiben an den Dr. Keil verschafft und den kühnen Plan gefaßt, mit demselben ein „Geschäft im Lebensversichern" zu machen; er wollte den Versuch wagen, ihn zu überreden, das Leben der ganzen Colonie, das heißt aller seiner freiwilligen Unterthanen, bei der Chicagoer Gesellschaft zu versichern, dafür als unverantwortlicher Schatzmeister der Colonie die gesetzmäßigen Prämien zu zahlen und bei Sterbefällen den Gewinn für seinen Nutzen einzucassiren.

Mein Reisegefährte hatte große Hoffnung, dem Doctor seinen Lebensversicherungsplan als eine vortheilhafte Speculation plausibel zu machen, und sich demzufolge mit den nöthigen Sterbetabellen rc. hinreichend versehen. Uns war in Portland eingeschärft worden, den früheren Schneider Keil, jetzigen „König von Aurora", stets mit „Doctor" anzureden, auf welchen Titel er sehr stolz sei, und ihm mit aller uns als souverainen Republicanern möglichen Ehrerbietung zu begegnen; sonst werde er uns gleich den Rücken zuwenden.

Am Morgen des 19. September brachte uns eine Dampffähre von Portland über den Willamette=Fluß nach dem Bahnhofe der Oregon= und California=Eisenbahn, und bald darauf entführte uns der brausende Dampfzug gen Süden, entlang am rechten Ufer jenes stattlichen Stromes. Nach einer angenehmen und interessanten Fahrt durch Waldungen und über fruchtbare, hier und da mit Farmen und Ansiedelungen, Obstgärten ꝛc. geschmückte größere und kleinere Prairien und Lichtungen erblickten wir das in romantischer Umgebung hart am Willamette liegende Städtchen Oregon=City. Später verlassen wir den Fluß und treten nun in eine weite waldumsäumte Prairie, in der sich hier und da schmucke Farmhäuser und zerstreute Holzungen zeigen; — und siehe! drüben winkt von schwellendem Hügel und inmitten einer von grünen Bäumen umgebenen wohlgehaltenen Ansiedelung der schlanke weiße Kirchthurm von Aurora herüber, und schon sind wir am Ziele unserer Reise.

Unser erster Weg, nachdem wir den Bahnzug verlassen hatten, war zu dem hart an der Eisenbahn auf einem Hügel erbauten Gasthause, wo sich die Passagiere zum „Lunch" versammelten. Dieses, wie bereits erwähnt wurde, in ganz Oregon rühmlichst bekannte sogenannte Hotel in „Dutchtown" möchte ich mit einer Herberge alten Stils vergleichen. Die lange, sauber gedeckte Eßtafel war mit schmackhaft zubereiteten, echt deutschen Gerichten übervoll besetzt, und sauber gekleidete schmucke deutsche Mägde warteten bei Tafel auf. Waren die Speisen nun allerdings nicht mit denen bei einer Mahlzeit im „Poodle Dog" (die

Restauration „zum Pudelhund" ist die feinste in San Francisco) zu vergleichen, so muß ich doch gestehen, daß sie unbedingt das Beste boten, was ich noch in Oregon genossen hatte, in welchem Lande die Köche ihre Gerichte sonst nicht nach einem Hamburger oder Pariser Küchenzettel zuzubereiten pflegen.

Nach beendeter Mahlzeit erkundigten wir uns, wo wir den Doctor Keil finden könnten, dem wir unsere Aufwartung machen wollten. Der Wirth zeigte uns des Doctors Wohnhaus, das von fern wie das Gehöft eines wohlhabenden niederdeutschen Landmannes aussah. Ueber einen langen Bretterstieg schreitend, schlugen wir den Weg nach der uns angedeuteten Wohnung ein. Unterwegs begegneten uns mehrere Arbeiter, die soeben von den Feldern kamen und augenscheinlich ein zufriedenes Leben führten: Mägde mit aufgeschürzten Kleidern, den Rechen in der Hand, und Knechte, die ihre Thonpfeifen gemüthlich rauchten, riefen uns einen deutschen Gruß zu. Alles hatte hier einen deutschen Zuschnitt; die von Bäumen beschatteten freundlichen Wohnhäuser, die Scheunen, Stallungen und wohlgepflegten Aecker, die Blumen- und Gemüsegärten, der weiße Kirchthurm von einer auf einem grünen Hügel erbauten Kirche; nur die Fenzen um die Felder erinnerten daran, daß wir uns hier in America befänden.

Des Doctors Wohnung war von einem hohen weißen Staket eingeschlossen; stattliche breitgeästete Eichen beschatteten sein Haus und der geräumige Hof hatte ein sauberes, nettes Aussehen. Die Hähne krähten und die Hennen zogen mit den Küchlein fleißig körnerpickend hin und her, Gänse schnatterten und einige wohlerzogene Hunde begrüßten uns mit freudigem Gebell. Eine freundliche deutsche Matrone wies uns auf die Frage, wo wir den

Doctor finden könnten, nach dem Obstgarten, wohin wir sofort unsere Spaziertour fortsetzten. Eine Pracht war dieser, dessen nach Tausenden zählende Bäume mit den herrlichsten Früchten dermaßen beladen waren, daß man die Zweige vielfach mit Stangen hatte stützen müssen, um ihr Niederbrechen unter der Last des Obstes zu verhindern.

Bald fanden wir den berühmten Doctor, den „König von Aurora", in nichts weniger als fürstlichem Anzuge eifrig beim Aepfelpflücken beschäftigt. Er stand hoch oben auf einer Leiter in Hembsärmeln, cattunener Schürze und Strohhut und pflückte das rothwangige Obst in einen Handkorb. Mehrere Arbeiter waren unter dem Baume beschäftigt, die gepflückten Aepfel auszulesen und die besten derselben, wahre Prachtexemplare dieses in Oregon zur Vollkommenheit gedeihenden Obstes, in Kisten sorgsam zu verpacken. Als der Doctor uns bemerkte, stieg er von der Leiter herab und fragte ziemlich barsch, was unser Geschäft sei. Mein Reisegenosse überreichte ihm die mitgebrachten Empfehlungsbriefe, welche der Doctor aufmerksam durchlas, und stellte ihm dann meine Wenigkeit als „californischen Literaten und Mitarbeiter der Gartenlaube" vor, der eigens deshalb nach Oregon gekommen sei, um ihn, den Herrn Doctor Keil, zu besuchen und seine Colonie in Augenschein zu nehmen, von der wir Beide so viel Rühmendes gehört hätten. Ohne des Doctors Antwort abzuwarten, fragte ich ihn, ob er, der Doctor, vielleicht ein Verwandter des Herausgebers der „Gartenlaube" sei. Eine gelegenere Frage hätte ich offenbar nicht stellen können, denn der Doctor schien durch dieselbe augenscheinlich erfreut und wurde gleich außerordentlich liebenswürdig gegen uns. Die Verwandtschaft, auf welche ich angespielt hatte, bedauerte er jedoch nicht beanspruchen zu können;

ich erfuhr von ihm, daß er Wilhelm Keil heiße und aus Bleicherode im Eichsfeld bei Nordhausen, Provinz preußisch Sachsen, gebürtig sei. Das Aepfelpflücken überließ der Doctor jetzt seinen Arbeitern und erbot sich, uns das Sehenswürdigste in der Colonie zu zeigen; über das Lebensversicherungsproject werde er zu gelegener Zeit mit Herrn Körner Rücksprache nehmen.

Der Doctor, welcher sich von jetzt an sehr redselig zeigte, war eine recht angenehme Erscheinung, ein stattlicher Mann, der seine Sechzig zählen mochte, mit weißem Haar, breiter, hoher Stirn und intelligenten Gesichtszügen. Er schien es sich angelegen sein zu lassen, einen guten Eindruck auf uns zu machen; jedoch bemerkte ich öfter an ihm einen lauernden Blick, als gebe er sich Mühe, unsere Gedanken zu lesen. Der Doctor führte die Unterhaltung fast ganz allein, und es hielt schwer, dem Sinne seiner Rede zu folgen. Er sprach in einem salbungsreichen Predigertone, mit einer fabelhaften Suade, meistens in ganz allgemeinen Sätzen, und wich allen directen Fragen geschickt aus. Wenn ich ihm zehn Minuten lang zugehört hatte, so war ich am Ende derselben oft nicht viel klüger als vorher. Besonders gewählt war seine Redeweise nicht, und er bediente sich häufig Redensarten, halb englisch und halb deutsch, wie ungebildete Deutsch-Americaner zu thun pflegen.

Während wir durch den Obstgarten wanderten, über dessen Schönheiten und praktische Anlagen ich staunen mußte, gab uns der Doctor eine Vorlesung über Colonisirung, Ackerbau, Gärtnerei, Obstzucht ꝛc., die er mit frommen Zwischenbemerkungen zu würzen liebte. Mit Stolz wies er darauf hin, daß alles Dieses sein Werk sei, und beschrieb, wie er die Wildniß in einen Garten verwandelt habe. Im Jahre 1856 sei er mit vierzig Nachfolgern als Abgesandter der communistischen Stammgemeinde von Bethel im Staate Missouri nach Oregon gekommen, um hier in dem damals wenig bekannten äußersten Westen eine Zweigcolonie zu gründen. Jetzt sei er Präsident sowohl von der Gemeinde zu Bethel als auch von der Colonie Aurora. Jene zähle gegenwärtig etwa vierhundert, die hiesige vierhundertzehn Seelen.

Als er zuerst diese Gegend betreten, hätte er das ganze Land, welches die jetzt so blühende Colonie Aurora besitze, von Sumpf und Urwald bedeckt gefunden. Statt sich aber auf den weiter südlich gelegenen Prairien zwischen fremden Ansiedlern niederzulassen, habe er einen Wohnsitz mit seinen deutschen Brüdern im Urwald vorgezogen; hier hätte er, der damals wenig bemittelt gewesen, genug freie Ländereien von der Regierung der Vereinigten Staaten als Heimstätten für seine Colonisten umsonst erlangen können und habe zugleich in dem Holze der Bäume ein Capital gefunden, das sich gleich verwerthen ließ. Zunächst hätte er ein Blockhaus gebaut zum Schutze gegen die damals in dieser Gegend feindlich gesinnten Indianer; dann habe er eine Sägemühle errichtet, Bauholz schneiden lassen und theils Häuser für seine Colonisten davon erbaut, theils damit einen einträglichen Handel mit seinen americanischen Nachbarn eröffnet, die, auf den Prairien wohnend, bald für ihren ganzen Holzbedarf auf ihn angewiesen worden wären. Das von Bäumen gelichtete Land habe er in Obstgärten und Aecker umgewandelt. Die besseren Obstsorten habe er zum Verkauf nach Portland und San Francisco verschifft, aus den sauern Aepfeln dagegen entweder Essig fabrizirt, oder dieselben an die älteren Ansiedler verkauft, die sich bald krank daran gegessen hätten. Dann wäre er als Arzt zu ihnen gegangen und hätte sie gegen gute Bezahlung vom Fieber wieder curirt. Diesen Scherz erzählte der berühmte Doctor mit besonderm Wohlbehagen.

Nach und nach, fuhr der Doctor fort, habe sich die Kopfzahl seiner Colonisten vergrößert; er hätte dann mit vermehrten Mitteln und Arbeitskräften eine Gerberei, eine Spinnerei, Webstühle, Mehlmühlen ꝛc. eingerichtet, mehr Wohnungen für die Colonisten gebaut, die Waldungen gelichtet und die Sümpfe trocken gelegt, seine Obstgärten vergrößert, neue Farmen angelegt, für Verschönerungen Sorge getragen, eine Kirche und Schulhäuser gebaut, den in der Nähe der Colonie ansässigen Americanern ihr bestes Land für Spottpreise abgekauft ꝛc. Alles betreibe er systematisch. Seine Colonisten verwende er stets zu solcher Arbeit, wozu sie ihm am tauglichsten schienen. Jeder finde für seine Fähigkeiten den angemessensten Platz. Wer nicht thue, was er wolle und wie er es anordne, der müsse wieder fort aus der Colonie. Widerspruch dulde er nicht. Er mache das beste Leder, die besten Schinken und ziehe das beste Obst in Oregon. Die Besitzungen der Colonie, welche er nach besten Kräften vergrößere, erstreckten sich bereits über zwanzig Sectionen (die Section über sechshundertvierzig Acker, gleich einer englischen Quadratmeile), und überall herrsche die schönste Ordnung auf denselben.

Unter derartigen Gesprächen durchwanderten wir den gegen vierzig Acker großen Obstgarten. Von den achttausend darin stehenden Bäumen werden jetzt bereits jährlich an fünftausend Scheffel ausgesuchte Aepfel und achttausend Scheffel der trefflichsten Birnen geerntet und der Ertrag wächst von Jahr zu Jahr. Der Doctor wies wiederholt auf den Vorzug seiner Anlagen hin, im Gegensatze zu ähnlichen bei den Americanern. Diese ließen überall das Unkraut unter den Bäumen wuchern, wie es wolle, und von Ordnung oder gar von gefälligem Schmuck sei bei ihnen nicht die Rede. Er dagegen halte nicht weniger auf Sauberkeit und Ordnung, als auf Schönheit. Und so war es in der That! Reinliche Wege durchschnitten die Anlagen; frische Rasenplätze, Blumenbeete, reizende schattige Lauben begleiteten uns auf Schritt und Tritt. Lange Beete waren mit den prächtigsten Büschen von Johannisbeeren, Stachelbeeren, Himbeeren ꝛc. bepflanzt, große Strecken mit Reihen von Rebstöcken besetzt, an denen einladend die saftigen Trauben hingen. Die Fruchtbäume standen alle nach Arten geordnet; hier viele Aecker voll von Apfelbäumen, dort andere mit Birnbäumen, Aprikosenbäumen ꝛc. bepflanzt, darunter das Unkraut ausgerodet und der Boden rein geharkt, — Alles in schönster Ordnung. Ein Hofgärtner eines deutschen Fürsten hätte seine Freude daran gehabt!

Wir nahmen in einer schattigen Laube Platz, wo uns der Doctor seine Religion zum Besten gab. Bei ihm, sagte er, gelte kein besonderer Bücherglaube, er habe Protestanten, Methodisten, Baptisten, Christen von allen Sorten, auch Juden in der Colonie. Jeder könne glauben, was er Lust habe; Er predige aber nur den reinen Naturglauben, und wer darnach handle, der sei glücklich. Dann sprach er mit großer Breite über den Wohlstand der Colonie, der durch den Glauben an die Natur begründet sei, über Demuth, Nächstenliebe, Gemüth, Religion im Allgemeinen und wieder über Natur und sich selbst, daß mir der Kopf davon zuletzt ganz wüst ward. Meine Zwischenfragen über die innere Organisation der Colonie hatte ich längst in der Verzweiflung ganz fallen lassen, da der Doctor entweder gar keine oder ausweichende Antwort darauf gab. Seine Colonisten, betonte der Doctor, liebten ihn wie einen Vater, und er sorge für dieselben. Beides war unzweifelhaft der Fall; die hohe Ehrfurcht, mit der die Colonisten, denen wir gelegentlich begegneten, vor dem „Doctor" den Hut lüfteten (eine Begrüßungsweise, die in America gar nicht Sitte ist), zeugte von ungemessener Hochachtung — uns grüßten dieselben als vornehme Fremde, die der Doctor mit seiner Gesellschaft auszeichnete, mit großem Respect. —; und den außerordentlich blühenden Zustand der Colonie mußte Jeder, der dieselbe sah, zugeben. Daß der Doctor bei Alledem hauptsächlich für sich selbst sorgte, war dabei ein Hintergedanke, der sich Einem von selbst aufdrängte.

Als wir den Obstgarten verlassen hatten, zeigte uns der Doctor mehrere in der Nähe liegende, mit deutscher Ordnungsliebe bebaute ausgedehnte Kornfelder, welche mit freundlichen Wohnhäusern abgeschlossene Farmen bildeten. Der Durchschnittsertrag des Bodens, bemerkte er, betrage fünfundzwanzig bis vierzig Scheffel Weizen und vierzig bis fünfzig Scheffel Hafer pro Acker. Dann führte er uns in den angrenzenden Wald, nach einem Platze, wo, wie er sagte, die Feste der Colonie abgehalten würden. An einem mit Rasen bedeckten Hügel, der mit einer Art Baldachin überdeckt und von einem Graben umschlossen war, machten wir Halt. Dieser sogenannte „Tempelhügel" bildete den Ausläufer für eine Anzahl sich fächerartig von ihm im Walde verzweigender geradliniger Wege. Nicht weit davon bemerkte ich einen Tanzboden unter einem ringsum offenen Dache, auch eine Tribüne für die Musik. „Bei Volksfesten," erklärte der Doctor, „lasse ich Nachts alle jene vom Tempel aus sich fächerartig verzweigenden Wege mit bunten Laternen erleuchten und illuminire den Tempel, der dann in seiner Flammenpracht einen überaus imposanten Anblick gewährt. Wenn wir hier unser Maifest feiern, so ist das nach Dunkelwerden ein Schauspiel wie aus

Tausend und einer Nacht, und wenn dabei die Musik spielt und fröhlicher Gesang erschallt und das junge Volk sich beim Tanze vergnügt, so ist das eine wahre Freude! Auf den Tempelberg darf aber Niemand hinaufsteigen und kann es auch so leicht nicht thun. „Warum glauben Sie wohl, meine Herren?" — fügte er fragend hinzu. Mein Freund Körner meinte, daß der Graben wohl die Ursache sei, über den man nicht leicht hinüberspringen könne, welcher Ansicht ich beipflichtete. — „Geradeso"! — bemerkte der Doctor. „Dieser Tempelberg hat eine sinnige Bedeutung. Er stellt das souveräne Volkshaupt vor, dem Niemand auf den Kopf treten darf, — deshalb ist der Graben da."

Nach einem Spaziergange von mehreren Stunden langten wir bei des Doctors Wohnung an, wo er uns zu einem Glase selbstgemachten Weines einlud. Da man uns gesagt hatte, daß der Verkauf und Genuß von Wein und Spirituosen in der Colonie verboten sei, so war diese Einladung gewiß ein unerhörter Ausnahmefall. Der Wein, von dem er uns zwei Sorten vorsetzte, einen aus wilden Reben und den andern aus Johannisbeeren gemacht, war recht schmackhaft und wurde uns in der Apotheke credenzt. Hier brachte Herr Körner sein Lebensversicherungsproject nochmals geschickt vor. Der Doctor gab ihm Hoffnung, daß er darauf eingehen würde; doch wollte er sich die Sache gehörig überlegen und die Vortheile und Nachtheile der Speculation einer genauen Prüfung unterwerfen, ehe er eine definitive Antwort darauf ertheile. — Und hiermit endete unser Besuch beim „Könige von Aurora."

Ehe wir die Colonie verließen, stellten wir noch allerlei Erkundigungen bei Mitgliedern derselben über innere Organisation und Leitung an, deren Resultate und was ich sonst darüber vom Doctor Keil erfuhr, ich dem Leser nicht vorenthalten will.

Wünscht Jemand Mitglied der Colonie zu werden, so muß er zunächst sein ganzes Baarvermögen in die Hände des Doctor Keil niederlegen. Er wird dann vorläufig auf Versuch angenommen. Gefällt der Candidat dem Doctor, so kann er bleiben und wird Theilnehmer der Gemeinde; sollte dies nicht der Fall sein, so erhält derselbe beim Austritt sein eingezahltes Capital ohne Zinsen zurück. Wie lange er „auf Versuch" in der Colonie arbeiten muß, hängt ganz und gar vom Doctor ab. Wenn ein Mitglied aus eigenem Antriebe wieder austreten will, ein Fall, der jedoch sehr selten vorgekommen ist, so erhält er sein eingelegtes Capital ohne Zinsen zurück und bekommt einen Prorata=Antheil von dem Verdienste, den die Colonie während der Zeit seiner Mitgliedschaft erzielt hat. Diesen schätzt wiederum der Doctor ab.

Alle gewöhnlichen Bedürfnisse des Lebens werden den Theilnehmern der communistischen Gemeinde unentgeltlich verabfolgt. Die gemeinschaftliche Kasse hat der Doctor in Händen, der daraus alle Einkäufe bestreitet und auch den Verkauf der Ackerbau= und Industrie-Erzeugnisse der Colonie für dieselbe besorgt. Braucht Jemand einen Rock oder sonstige Kleidungsstücke, Mehl, Zucker, Tabak 2c., so holt er sich, was er wünscht, unentgeltlich aus dem „Store", das Fleisch ebenso vom Schlachter, das Brot vom Bäcker 2c. Spirituosen werden nur bei Krankheitsfällen verabreicht. Dafür bestimmt der Doctor, wie sich jedes Mitglied zum Besten der Colonie beschäftigen soll; ob er sich als Ackerbauer, als Handwerker, gewöhnlicher Arbeiter oder wie sonst nützlich machen muß, und die Zeit und die Arbeitskraft des Colonisten gehört ganz dem Besten der Gemeinde — nach dem Dafürhalten des Doctors. Verheirathet sich ein Mitglied, so erhält dieses eine besondere Wohnung und Ackerland angewiesen, so daß die

Familien auf den Farmen in der Ansiedelung zerstreut wohnen. Die Aeltesten der Gemeinde unterstützen den Doctor bei seinen Amtspflichten mit Rath und That.

Die Ländereien der Colonie sind sämmtlich in Doctor Keil's Namen gerichtlich protocollirt worden, um, wie er sagt, Weitläuftigkeiten und verwickelte Schreibereien zu vermeiden. Vor seinem Tode soll jedoch hierin eine Aenderung eintreten, damit die Mitglieder der Colonie im Falle von des Doctors Absterben ihren Antheil an den Ländereien 2c. ohne Schwierigkeiten erlangen können. Würde der Doctor plötzlich mit Tode abgehen, ehe die Landtitel umgeschrieben sind, so könnten dessen natürliche Erben das ganze Besitzthum der Colonie für sich in Beschlag nehmen, und die Mitglieder der Gemeinde hätten das Nachsehen. In der Colonie heißt es natürlich, daß der ganze Grundbesitz 2c. den Mitgliedern gemeinschaftlich gehört. Ob aber der Doctor im Stillen dieser Ansicht huldigt, möchte denn doch sehr fraglich sein.

Der Doctor Keil ist zugleich Seelsorger und unumschränkter weltlicher Verwalter der Colonie Aurora und kann anordnen, mit Zustimmung der Aeltesten (die natürlich stets seiner Ansicht beipflichten), wie und was er will. Das sorgenfreie Leben, welches die meistens den niedrigen Ständen angehörigen und wenig gebildeten Mitglieder der Gemeinde führen, in der Niemand als der Doctor die Mühe nachzudenken nöthig hat, ist der Hauptgrund von dem ungestörten Fortbestehen der Colonie. Das eminente Organisationstalent, verbunden mit unbegrenzter Machtbefugniß, welches der mit Recht den Namen eines „Königs von Aurora" führende Doctor Keil besitzt, und der allen Deutschen innewohnende Fleiß ist dabei die Ursache von der Blüthe dieses Gemeinwesens, das sich ein communistisches nennt, aber eigentlich nichts weiter als eine große Farm ihres talentvollen Gründers ist. Die Colonie Aurora hat ihre Schulen, ihre Kirche ꝛc., — Zeitungen und Bücher, deren Auswahl und Anschaffen der Doctor besorgt, in beschränkter Zahl —, und an geselligen Vergnügungen, Musik, Gesang ꝛc. fehlt es auch nicht. Neben einem leicht zu erwerbenden Lebensunterhalte genügt dies den Ansprüchen der Colonisten vollständig — und der gute Doctor Keil sorgt für den Rest.

———

Um den Herrn Doctor Keil, der sich öfters darüber beklagt hat, daß ich ihn zum Danke für seine mir bewiesene Gastfreundschaft vor der ganzen Welt, nicht nur in deutscher sondern auch in englischer Sprache in ein zweifelhaftes Licht gestellt, und der sich besonders über den ihm von mir beigelegten imposanten Titel „König von Aurora" geärgert hat, Gerechtigkeit widerfahren zu lassen, will ich hier im Auszuge hinzufügen, was Herr Charles Nordhoff in seinem, im Harper'schen Verlag zu New-York 1874 erschienenen, vortrefflichen Werke „The Communistic Societies of the United States" über ihn und seine communistische Thätigkeit gesagt hat*)

Wie Herr Nordhoff berichtet, kam im Jahre 1830 ein junger deutscher Handelskommis mit Namen Keil nach New-York, zog es aber vor, sich hier, statt wie in der Heimath Elle und Scheere zu handhaben, als magnetischer Heilkünstler zu etabliren, wofür er sich durch das Studium von Mesmerismus und Somnambulismus vorbereitet hatte. Die magnetische Heilkunst scheint ihm aber in New-York keine bedeutende Praxis verschafft zu haben, da er das Feld seiner Thätigkeit bereits im folgenden Jahre nach der

*) Einem im New-Yorker belletristischem Journal Nr. 5 und Nr. 12. Jahrgang 1875 veröffentlichten Aufsatze entnommen.

Stadt Pittsburg in Pensylvanien verlegte, wo er als Wurzel- und Kräuterdoctor auftrat. Seinen Kunden zeigte er gelegentlich ein dickes Buch, das, wie er behauptete, von Dr. Faust mit menschlichem Blut eigenhändig geschrieben sei, und das unfehlbare Recepte gegen alle nur möglichen Krankheiten enthalte. Der medicinische Humbug muß aber auch in Pittsburg nicht den erwünschten Erfolg gehabt haben, da Keil sich bald darauf auf das Feld einer religiösen Speculation begab und als Apostel einer neuen Glaubenslehre auftrat, auf welche Idee er zuerst durch Bekanntschaft mit einigen Methodisten gelangt zu sein scheint. Seine Lehre, die sich im Allgemeinen nicht viel vom strengen Lutherthume unterscheidet, vertritt nebenbei manche recht weltliche Anschauungen; ihr Kardinalgrundsatz ist in den Worten „Liebet euch unter einander" enthalten. Eine glänzende Beredsamkeit und ein sicheres Auftreten führte ihm bald eine größere Schaar von Gläubigen und Anhängern zu. Selbst als er mit der Ankündigung, daß er wie Jesus Christus zu einer bestimmten Zeit als Märtyrer den Tod erleiden sollte, wozu er sich feierlichst vorbereitet, glänzend Fiasko machte, indem er ruhig am Leben blieb, wußte er sich mit der Behauptung zu helfen, daß der liebe Gott ihn zu etwas Großem bestimmt habe, und er deshalb vorläufig noch nicht sterben dürfe. Es braucht wohl kaum hinzugefügt zu werden, daß seine Anhänger, deren Glauben selbst ein solcher Humbug nicht erschütterte, nicht eben zu den gebildetsten Classen des pennsylvanischen Deutschthums gehörten!

Um jene Zeit — es war zu Anfang der dreißiger Jahre — hat sich die communistische Colonie bei Phillipsburg, welche ein Abenteurer Namens Graf St. Leon aus Anhängern der Rapp'schen Lehre gegründet hatte, in Wohlgefallen wieder aufgelöst und ihre arg getäuschten Mitglieder in ziemlich hilflosem Zustande zurückgelassen. Diese wurden von Keil, der die Idee gefaßt, selbst eine communistische Gemeinde zu gründen, wieder zum größten Theile vereinigt und für seine Lehre gewonnen. Es verging jedoch eine Reihe von Jahren, ehe es Keil gelang, ein paar Familien von seinen meistens ganz mittellosen Anhängern zu bewegen, mit ihm nach Missouri, das ihm ein besseres Feld für seine Thätigkeit zu bieten schien, auszuwandern, wo er im Jahre 1844 die communistische Colonie Bethel gründete. Zu sehr billigem Preise erwarb er dort 2560 Acker Land in einer damals nur wenig bewohnten Gegend, ein Besitzthum, das später auf 4000 Acker vermehrt wurde. Hier befand sich Dr. Keil als ein trefflicher Organisator in seinem wahren Elemente. Obgleich seine Anhänger arm waren und mit Entbehrungen aller Art zu kämpfen hatten, blühte unter seiner Leitung die Colonie, deren Kopfzahl sich durch Zuzug rasch vermehrte, doch schnell empor. In einfachen Fabrikanlagen und Werkstätten verschiedener Art wurden allerlei für den Bedarf von Farmern nützliche Gegenstände erzeugt, die bei der Bevölkerung von der sich mehr und mehr besiedelnden Umgegend guten Absatz fanden. Neben dem weltlichen Gedeihen der Colonie trug Dr. Keil auch Sorge für ihr Seelenheil, da er aus Erfahrung von anderen ähnlichen Gesellschaften wußte, daß nur ein gemeinschaftliches religiöses Band sie auf die Dauer zusammenhalten konnte. Er ließ eine Kirche erbauen, wo er selbst als Prediger fungirte und vertheilte so auf einsichtsvolle Weise seine Kraft als geistliches und als weltliches Oberhaupt der Gemeinde.

Nach Dr. Keil's Lehre sollte die Leitung eines jeden Gemeinwesens eine durchaus patriarchalische sein. Die Gemeinde muß darnach eine große Familie bilden, in welcher jedes Glied nach besten Kräften für das allgemeine Wohl arbeitet nnd dafür seine eigenen Bedürfnisse aus den gemeinsamen Mitteln befriedigt. Die conmunistischen Grundsätze sind aber nur auf Besitzthum und Arbeit ausgedehnt, das engere Familienleben bleibt davon ganz unberührt. Jeder Familie wird wo möglich ein eigenes Haus als Wohnung zuertheilt und die Ehe gefördert und unterstützt. Dem Oberhaupte der Gemeinde steht ein von ihm selbst erwählter Rath von vier Aeltesten zur Seite. Bei wichtigen Fragen ist jedoch die Zustimmung aller Gemeindemitglieder zur Entscheidung unerläßlich. Jeder muß sich, wie schon erwähnt wurde, nach Kräften für das gemeinsame Beste nützlich machen und kann sich diejenige Sphäre seiner Thätigkeit, welche ihm zusagt, aussuchen. Jedem ist dabei Einfachheit in der Lebensweise und Sparsamkeit zur Pflicht gemacht. Die Werkstätten stehen unter der Leitung selbst erwählter Vormänner. Der Gottesdienst, welcher nur einmal in der Woche am Sonntag Vormittag stattfindet, besteht aus Gesang, Gebet, Vorlesen von Bibelstellen und einer Predigt. Sonst gilt der Sonntag als ein Tag der Erholung, man besucht sich unter einander, es werden gemeinschaftlich Ausflüge gemacht, oder man amüsirt sich mit Tanz und Musik ꝛc. Alles Muckerthum ist auf das strengste verpönt und ist der Doctor ein entschiedener Gegner des religiösen Sectenwesens, das er für unchristlich erklärt.

Zu Anfang der fünfziger Jahre zählte die communistische Gemeinde Bethel bereits 500 Mitglieder — alle Deutsche — und erfreute sich eines über alle Erwartung günstigen Gedeihens. Aber der Ehrgeiz ließ ihrem Leiter keine Ruhe; dieser fühlte sich in der von neuen Ansiedlungen immer dichter umgebenen Colonie bereits eingeengt und verlangte nach einem unbeschränkteren Raume für seine

Thätigkeit. Da drang der Ruf von den Goldentdeckungen am Stillen Meere und von den dort noch fast menschenleeren überaus fruchtbaren Thälern auch bis in die Hinterwälder Missouri's und, rasch zur That bereit, entschloß sich jener, in dem fernen „Eldorado" eine Zweigcolonie von der zu Bethel zu gründen. Seiner glänzenden Ueberredungsgabe gelang es bald, zehn bis zwölf Familien zu bewegen, ihm nach der entlegenen Küste des westlichen Meeres zu folgen, und bereits im Jahre 1855 traten achtzig Personen von der Colonie Bethel, mit dem nöthigen Proviant, Haushaltungsgegenständen, Schlacht- und Zugvieh ꝛc., die mühsame Reise über die Ebenen an. Ein Nachtrab folgte den Vorangegangenen im Herbste desselben Jahres, wählte aber den weniger beschwerlichen Weg über den Isthmus von Panama.

Anstatt in Californien zu bleiben, das bereits von Abenteurern aller Art überschwemmt wurde, veranlaßte Dr. Keil seine Nachfolger, ihre Wanderung nach dem zu damaliger Zeit noch wenig bekannten Oregon fortzusetzen, wo sich die Gesellschaft nach manchen Kreuz- und Querzügen schließlich im fruchtbaren Thale des Willamette niederließ. Keil wählte eine waldige Gegend als Stammsitz für seine Colonie, wo das Land spottbillig war, und er sich mit Hülfe einer Sägemühle bald ein reichliches Baumaterial für eigenen Verbrauch und zum Verkauf verschaffte. Diese Speculation erwies sich als eine sehr glückliche, da es den in den benachbarten Ebenen angesiedelten Americanern ganz an Bauholz fehlte. Sie mußten dasselbe von Keil und seinen Deutschen kaufen, geriethen mehr und mehr in Schulden und waren schließlich froh, ihre bereits cultivirten Farmen um einen Spottpreis an jene abtreten zu können.

Die Colonie Aurora, welchen Namen die Gemeinde sich beilegte, blühte rasch empor, vermehrte sich durch Zuzug von der Muttercolonie Bethel und galt bald als eine Musterniederlassung in Oregon. Dr. Keil hatte volle Gelegenheit, hier sein eminentes Organisationstalent zu entfalten. Die Garten= und Obstcultur in Aurora gilt als die beste im Staate. Die Colonie besitzt eine Säge= und Mahlmühle, eine Gerberei, Webstühle zur Fabrication einfacher Wollwaaren und Werkstätten für die verschiedensten Handwerke. Während der Sommermonate wird Aurora oft von Vereinen und Gesellschaften aus Portland besucht, die Ausflüge dorthin unternehmen, um sich an den reizenden Gartenanlagen zu erfreuen und die vortreffliche Bewirthung zu genießen. Die Americaner bewundern im Allgemeinen die Betriebsamkeit und Sparsamkeit der Deutschen und lassen der trefflichen Küche im Hotel von „Dutchtown" volle Gerechtigkeit widerfahren. Ihre Kochkunst genießt im ganzen Staate einen solchen Ruf, daß man ihnen ein für allemal bei der jährlichen Staats= Ackerbau-Ausstellung die Führung der Restauration übertragen hat. Im Uebrigen gelten die Deutschen von Aurora bei ihren englisch redenden Nachbarn als seltsame Käuze, die Alles anders, als es sonst hier zu Lande Sitte ist, anfassen.

Die Organisation der Colonie Aurora gleicht im Allgemeinen ganz der zu Bethel, mit der Ausnahme, daß das ganze Vermögen der Colonie Aurora unter Keil's Namen verwaltet wird, wogegen eine Theilung des Gemeindevermögens in Bethel bereits im Jahre 1847 stattfand. Im Jahre 1872 nahm Dr. Keil jedoch auch eine theilweise Trennung des Eigenthums in Aurora vor und gab jedem Familienhaupte den Besitztitel von einem Stück Land nebst den darauf befindlichen Gebäulichkeiten. Als

Grund hierzu gab er an, daß er bei seinem etwaigen Ab=
leben alle Streitigkeiten vermeiden wollte, welche bei einer
Vertheilung des gemeinsamen Vermögens alsdann leicht
entstehen könnten. Das communistische Zusammenleben hat
aber dadurch bis jetzt keinerlei Störung erlitten. Jede
Familie bezieht nach wie vor ihren Bedarf an Lebensmitteln
aus den gemeinsamen Vorrathshäusern, und es wird darüber
gar nicht einmal Rechnung geführt, da man voraussetzt,
daß Niemand mehr Butter, Eier, Mehl ꝛc. verlangen wird,
als er wirklich verbraucht. Luxusartikel dagegen, wie Kaffee,
Thee, Zucker ꝛc. und Putzsachen für die Frauen werden
den Einzelnen in bestimmter Menge verabfolgt. Die
Producte der Colonie, welche die Mitglieder derselben
nicht selbst verbrauchen können, verkauft der Doctor zum
allgemeinen Besten.

Bei den Feldarbeiten und in den Werkstätten findet
auch eine Anzahl Arbeiter Beschäftigung, die nicht zur Ge=
meinde gehören, und pflegt sich die Colonie gerade aus
diesen Arbeitern zu rekrutiren, da nicht wenige derselben
später Mitglieder werden. Es ist nicht nöthig, daß der
Aufzunehmende Vermögen besitzt; falls er solches hat, muß
er beim Eintritt zu Gunsten der Gesellschaft darauf Ver=
zicht leisten, da deren Satzungen durchaus kein individuelles
Eigenthum erlauben. Die Frage, ob die communistischen
Einrichtungen nicht häufig zu Streit und Unzufriedenheit
Veranlassung geben, erledigt Dr. Keil auf folgende Weise.
„Früher", – so sagt er, — „war dies wohl manchmal
der Fall; jetzt sind die Leute aber mit den Grundsätzen
des communistischen Zusammenlebens besser vertraut und
haben den großen Segen desselben erkennen lernen. Wenn
ein Mann zu mir kam und sagte: Ich habe so und so viel
Capital eingeschossen; Dieser oder Jener hat Nichts mit=
gebracht, — warum ist sein Antheil ebensogroß wie der

meinige? dann pflegte ich ihm zu antworten: Hier ist dein Geld, nimm es und geh' deiner Wege. So lange du bei uns bleibst, verleiht dir dein Geld kein Vorrecht." Ein Anderer kam wohl mit dem Einwand: Meine Arbeit ist der Gesellschaft jährlich tausend Dollars werth; die eines Andern nur 250 Dollars. Warum steh' ich mit ihm auf gleichem Fuße? Diesem antwortete ich: Du solltest Gott danken, daß er dich um so Vieles fähiger und kräftiger machte, deinem Bruder zu helfen. Ueberhebe dich deshalb nicht, denn du weißt nicht, ob es nicht einst dieser weniger begünstigte Bruder ist, der dich unterstützt, wenn du krank oder arbeitsunfähig werden solltest."

Dr. Keil, der Schöpfer der Colonie Aurora, deren ganze Organisation durchweg sein alleiniges Werk ist, ist ein abgesagter Feind von allen Formalitäten. Er selbst hat das Ansehen eines gewöhnlichen Farmers und liebt vor Allem die Einfachheit. In seiner Kleidung und Lebensweise unterscheidet er sich durchaus nicht von seinen Anhängern und bewohnt ein Haus gemeinsam mit einer Anzahl bejahrter Männer, welches ebenso anspruchslos wie die übrigen Gebäude in der Colonie eingerichtet ist. Von Bildung oder Belesenheit ist bei ihm nicht die Rede. Selbst in der communistischen Literatur ist er nicht bewandert, wogegen mystische Schriften nebst der Bibel seine Lieblingslectüre bilden. In seinem religiösen Glauben ist er, soweit es ihn selbst betrifft, ziemlich streng und sogar fanatisch, aber er läßt dem Glauben seiner Anhänger den vollsten ungehinderten Spielraum. Alle protestantischen Secten sind bei ihnen vertreten, auch einige Juden befinden sich unter ihnen, aber keine Katholiken.

Die Colonisten sind ausschließlich Deutsche, und zwar vorwiegend aus dem Staate Pennsylvanien, schlichte Bauersleute und Handwerker, ohne Bildung oder Ver=

langen nach solcher. Lebenssorgen kennen sie nicht, weshalb früh geheirathet wird. Das Bewußtsein der Versorgung im Alter oder im Falle von Erwerbsunfähigkeit läßt die Zukunft heiter erscheinen; im Uebrigen sind sie zufrieden und anscheinend glücklich in dem Glauben, daß Dr. Keil Alles zum Guten führen wird. Erwähnung verdient noch, daß seit Gründung der Colonie nie ein Mitglied derselben eines Verbrechens angeklagt worden ist, und daß weder Advokaten noch Gerichte, Gefängnisse oder Wohlthätigkeits= anstalten im Staate jemals aufs Entferneste mit ihr in Berührung gekommen sind.

Eine Eigenthümlichkeit der Colonien zu Bethel und Aurora besteht darin, daß das Band, welches ihre Theil= nehmer zusammenhält, ein verhältnißmäßig so lockeres ist und sich doch schon auf die Dauer eines Menschenalters bewährt hat. Obgleich es den Colonisten, mit der alleinigen Aus= nahme des Dr. Keil, gänzlich an geschäftlichen Kapazitäten fehlt, haben sie doch einen für ihre Bildungsstufe ganz ach= tungswerthen geschäftlichen Erfolg errungen. Alles erwogen, kann wohl kaum in Abrede gestellt werden, daß das com= munistische Experiment hier bessere Resultate erzielt hat, als durch Einzelarbeit hätte erreicht werden können.

Soweit lasse ich Herrn Nordhoff reden, dessen Dar= stellung sich gewiß im Allgemeinen strenge an die Wahr= heit hält und in ihren Grundzügen auch mit der meinigen übereinstimmt. Ob die Colonie Aurora nach dem Ab= sterben des Dr. Keil fortbestehen wird, scheint mir aber doch sehr zweifelhaft zu sein, da mit seinem Tode Keiner da ist, der die Leitung derselben erfolgreich übernehmen könnte und zugleich das allgemeine Vertrauen der Mit= glieder besitzt.

Bei dem voraussichtlichem Zusammenbruche der Colonie nach Dr. Keils Tode werden wohl einige Mitglieder, die alle Selbstständigkeit und alles Vertrauen an ihre eigene Kraft verloren haben, da bleiben und sich der Leitung der wenigen bevorzugten Familien anbequemen, der Rest aber wird sich zerstreuen. Wie ich von einem in die inneren Verhältnisse der Colonie gut eingeweihten Gewährsmann in Erfahrung gebracht habe, herrscht bereits viel Unzufriedenheit unter den Mitgliedern, wovon Jemand bei flüchtiger Bekanntschaft keine Ahnung hat. Bemerkenswerth ist die Thatsache, daß die Frauen, welche für Keil schwärmen, weit mehr als die Männer das Fortbestehen der Colonie unterstützen. Jede der im Gasthause angestellten Mägde könnte z. B. irgendwo in Oregon in einer Familie einen Monatslohn von mindestens zwanzig Dollars erhalten, aber nicht eine einzige von ihnen hat je eine solche oft gemachte Offerte annehmen wollen und arbeitet lieber in Aurora so zu sagen umsonst. Was die materiellen Erfolge der Colonie anbetrifft, so bin ich ganz der Ansicht meines Gewährsmannes, welcher behauptet, daß dieselben nichts weniger als glänzend sind, und daß die darauf bezugnehmende Schlußbehauptung des Herrn Nordhoff ganz haltlos ist. Irgend ein gesunder Arbeiter unter den Colonisten hätte während derselben Zeit, die er in Aurora zugebracht hat, in Oregon eine Heimstätte von mindestens 640 Acker Land erwerben und comfortabel einrichten können, wogegen er bei einer Theilung des Gesammtvermögens kaum ein Zehntel von dem Werthe und der Größe einer solchen Heimstätte erhalten wird. Die ganze geschäftliche und materielle Wirthschaft in der Colonie Aurora ist, gelinde gesagt, eine höchst mittelmäßige gewesen, mit fast alleiniger Ausnahme der Obstcultur, in welcher Keil ohne Frage excellirt. Der von dem berühmten Doctor so hoch gepriesene Plan,

die Niederlassung in einem Walde angelegt zu haben, mag
Leuten, welche Oregon nicht kennen, höchst gescheit scheinen;
wäre die Colonie aber in der Prairie angelegt worden, wo
man zur Zeit ihrer Gründung Land zum Preise von 2½
bis 5 Dollars pro Acker hätte erwerben können, so wäre
der Besitz von Aurora heute das Zehnfache von dem
jetzigen Vermögen der Colonie werth. Es scheint mir,
daß Keil die Gründung der Colonie inmitten eines Waldes
besonders deshalb gewählt hat, um seine lieben Unterthanen
möglichst fern von der Berührung mit Americanern zu
halten. Die Sägemühle, welche er so hochpreist, bringt
nicht einmal die Zinsen von dem so enorm hohen Anlage=
capital von sage 15,000 Dollars ein.

Am meisten zu verwundern ist die Thatsache, daß ein
so ungebildeter Mann wie Dr. Keil es möglich gemacht
hat, seine Colonie so lange erfolgreich zusammenzuhalten.
Die große Mehrzahl der Colonisten sind weiter nichts als
Drohnen, welche für Keil und einige bevorzugte Familien
arbeiten müssen, und doch bleiben sie freiwillig in diesem
Zustande geistiger und materieller Erniedrigung, ohne je
nur den Versuch gemacht zu haben, das Joch abzuschütteln
und das Recht und den Stolz jedes freien Bürgers in
diesem Lande, der eigene Herr seines Schicksals zu sein,
für sich in Anspruch zu nehmen. Daß sie eine solche Be=
vormundung von einem so ungebildeten Manne, wie
Dr. Keil ist, ruhig ertragen konnten, ist der deutlichste Be=
weis von der niedrigen Culturstufe, auf der sie stehen
müssen.

Wer an der schlechten Erziehung des Autokraten von
Aurora zweifelt, der möge nur einer seiner Predigten bei=
wohnen, die das Nonplusultra von einer rohen Redeweise
sind. Ausdrücke wie z. B. „crepirtes Luder" — „Sau=
wirthschaft" und ähnliche kommen dem Doctor dabei jeden

Augenblick in den Mund; aber die Gemeinde nimmt nicht den geringsten Anstoß daran.

In wie weit mein Artikel in der „Gartenlaube" den von mir zum Könige von Aurora avancirten ehemaligen Schneider und magnetischen Kraut= und Wunderdoctor Keil veranlaßt hat, schon im folgenden Jahre eine Aenderung der Besitztitel des gemeinsamen Vermögens der Colonie wenigstens theilweise eintreten zu lassen, vermag ich nicht zu sagen. Durchgreifend ist dieselbe jedoch keineswegs gewesen, und noch weniger hat der „König von Aurora" bis jetzt daran gedacht, Krone und Scepter freiwillig niederzulegen.

IV.
Im Thale des Willamette.*)

Ehe ich mit der Beschreibung meiner Ueberlandreise von Portland nach Californien beginne, will ich in Kurzem einige allgemeine Bemerkungen über die geographische Lage, die physikalische und klimatische Beschaffenheit, die Ertrags= fähigkeit ꝛc. des westlichen Oregon, durch welches meine Reiseroute lag, voranstellen.

Das westliche Oregon umfaßt denjenigen Theil dieses Staates, welcher, zwischen der Gebirgskette der Cascade= Range und der Seeküste liegend, im Norden vom Columbia und im Süden von Californien begrenzt wird, und hat eine Breite von durchschnittlich 110 engl. Meilen von Ost nach West, bei einer Länge von 275 Meilen von Norden nach

---

*) Verschiedene von den in diesem Abschnitt enthaltenen stati= stischen und nationalöconomischen Notizen sind einem schon früher von mir erwähnten, von dem „Oregon State Board of Immigration" über den Staat Oregon veröffentlichten Pamphlet entnommen worden.

Süden; er enthält ungefähr 31,000 englische Quadratmeilen (der ganze Staat Oregon umfaßt 95,274 englische Quadratmeilen) und ist in jeder Beziehung der wichtigste Theil des Staates, mit nahezu neun Zehntel seiner Bevölkerung.

Das Klima des westlichen Oregon ist in Berücksichtigung seiner geographischen Lage ein außerordentlich mildes und ist dem des nördlichen Georgia ähnlich. Es herrschen dort nicht die plötzlichen grellen Witterungswechsel, welche sich östlich von den Felsengebirgen so oft unangenehm fühlbar machen, und die Temperatur wird sowohl in der heißen als in der kalten Jahreszeit durch die Passatwinde des Stillen Meeres gemäßigt. Die mittlere Temperatur ist für Westoregon $+52^0$ Fahrenheit im Frühling, $+67^0$ im Sommer, $+53^0$ im Herbst und $+39^0$ im Winter. Selten steigt das Thermometer in den heißesten Tagen des Sommers über $+90^0$ und fällt selten unter $+20^0$ im Winter. Dabei ist Westoregon beinahe frei von den in den östlichen Staaten so häufig vorkommenden heftigen atmosphärischen Störungen. Gewitter ereignen sich sehr selten und Hagelstürme und Orkane sind hier ganz unbekannt.

Es giebt im westlichen Oregon eigentlich nur zwei Jahreszeiten, eine nasse und eine trockene. Die Regenzeit beginnt in der Regel um Anfang November und dauert bis in den April. Die große Regenmenge, welche während dieser Zeit fällt, ist, obgleich während ihrer Dauer außerordentlich unangenehm, dennoch der größte Segen für Oregon; denn die Regelmäßigkeit des Regenfalles sichert immer reichliche Ernten und einen Ueberfluß an Natur-Weiden. Der periodische Regen tritt in besonders feuchten Jahren schon im October ein, und ist auch die trockene Jahreszeit davon nicht ausgenommen; doch ist der Mittsommer fast immer ganz regenlos, was das Einbringen der Ernten sehr fördert. Der jährliche Regenfall beträgt in

Westoregon 40 bis 50 Zoll, im östlichen Oregon dagegen selten mehr als 14 Zoll. Schnee fällt im westlichen Oregon nur wenig und bleibt fast niemals länger als einen oder zwei Tage liegen, bis die Sonne ihn fortschmilzt, und ein üppiges Grün kleidet dort das ganze Land zu allen Jahreszeiten. Das Vieh findet stets hinreichende Nahrung im Freien.

Eine Ausnahme hiervon hat der, auch in den östlichen Theilen der Union und in Europa mit außerordentlicher Strenge aufgetretene Winter von 1874—75 gemacht. Der untere Columbia fror damals theilweise, der Willamette ganz zu, und in Portland herrschte eine so intensive Kälte, daß der Platz monatelang von aller Verbindung mit der Außenwelt abgeschlossen war. In den Thälern kam eine Menge Vieh vor Hunger und Kälte um, und die Obstbäume erlitten namentlich großen Schaden. Jenes beispiellos strengen Winters werden sich die Bewohner Westoregons noch lange mit Schrecken erinnern!

Der genannte Winter war seit der Besiedelung des Landes durch die Weißen der einzige intensiv kalte in Westoregon; sonst hat man wirklich winterliches Wetter dort nur ein Mal jede acht oder zehn Jahre erlebt, und auch dann war der Boden nur zwei bis vier Wochen lang mit Schnee bedeckt. Im östlichen Oregon dagegen, wo die Sommer heiß und trocken sind, herrscht im Winter stets eine grimmige Kälte.

Die Bodenconfiguration des Landes erklärt diesen auffallenden Unterschied des Klimas in einander so nahe liegenden Gegenden. Der Gebirgszug des Cascade Range, der in einer Entfernung von etwa 100 Miles von der Küste hinläuft, hat eine Richtung von Süden nach Norden mit einer Bogenschwenkung nach Westen, und trifft unterm 60. Breitengrade an den großen Ocean. Dieser Gebirgs=

zug, der eine Durchschnittshöhe von über 7000 Fuß hat, bildet gleichsam einen Schild für die westlich von demselben liegenden Länder, — das westliche Oregon und die Gegenden um den Pugetsund. Die von Norden kommenden kalten und trockenen Winde treffen jenen Gebirgszug an seiner östlichen convexen Seite und werden von den Küstenländern ferngehalten, während die mit Feuchtigkeit geschwängerten Südwestwinde am innern westlichen Abhange nordwärts geleitet werden. Ein feuchtwarmes und der Vegetation außerordentlich zusagendes Klima ist die Folge dieser Luftströmungen in den Küstenländern, wogegen die östlich vom Gebirgszuge gelegenen vom feuchten Luftstrome abgeschlossenen Plateaus ein üppiges Pflanzenleben nicht zu unterhalten vermögen.

Die Hauptthäler des westlichen Oregon sind die des Willamette, des Umpqua und des Rogueflusses, unter denen das erstgenannte das bedeutendste ist. Diese Thäler liegen zwischen der Cascade Range und dem Küstengebirge (coast range). Letzteres, das aus einer Reihe von dichtbewaldeten Hügeln und Bergkuppen besteht, die der Küstenlinie folgen, mitunter nahe an dieselbe herantretend, dann wieder in weiterer Entfernung davon hinlaufend, erhebt sich nur selten 3000 bis 3500 Fuß; der Gebirgszug der Cascade Range dagegen, die nordwestliche Fortsetzung der Sierra Nevada in Californien, hat eine mittlere Höhe von 7000 bis 8000 Fuß, mit vereinzelt sich auf ihr erhebenden Schneegipfeln, alle vulcanische Hebungen, die bis über 11,000 Fuß (englische) aufsteigen. Die bedeutendsten derselben sind in Reihefolge von Süden, nach neuesten Messungen, in Oregon: Three Sisters (9420 Fuß), Mount Jefferson (10,200 Fuß), Mount Hood (11,225 Fuß); im Territorium Washington: Mount St. Helens (9750

Fuß), Mount Rainier (12,360 Fuß), Mount Baker (11,400 Fuß).

Das Willamettethal wird von dem Flusse, dessen Namen es führt, in seiner ganzen Länge (etwa 160 englische Meilen) von Süden nach Norden durchströmt. Die Breite desselben beträgt 30 bis 60 englische Meilen; es enthält ein Areal von etwa fünf Millionen Acker, wovon aber bis jetzt kaum ein Zehntel unter Cultur gebracht ist. Die wichtigsten Ortschaften des Staates und volle zwei Drittel der Bevölkerung Oregon's befinden sich darin. Die Ursache, warum bis jetzt verhältnißmäßig so wenig von dem fruchtbarsten Prärielande des Willamettethales unter Cultur gebracht worden ist, liegt darin, daß den ersten Ansiedlern Oregon's große unentgeldliche Landbewilligungen von den Vereinigten Staaten gemacht wurden, welche in großen Complexen bis auf den heutigen Tag gehalten werden. Die Eigenthümer dieser Landstrecken sind theils nicht gewillt oder im Stande, ihren ganzen ausgedehnten Besitz zu cultiviren, theils sind sie abgeneigt, ihre Ländereien deshalb in den Markt zu bringen, um mit der Zeit einen größeren Verkaufspreis dafür zu erzielen. Durch den Quergebirgszug der Calapooyaberge wird das Willamettethal von den Thälern des Nord= und Süd=Umpqua geschieden; weiter südwärts trennt eine Reihe von niedrigeren Höhen, die kaum den Namen einer Bergkette verdienen, das Umpquagebirge, die Thäler des Umpqua von dem des Rogueflusses, welches letztere das bedeutendere Siskiyougebirge von dem Thale des Klamath in Californien scheidet. Der Willamette, welcher in der Cascade Range entspringt, ergießt sich nordwärts in den Columbia, während die anderen genannten Flüsse alle einen westlichen Lauf nehmen und, die Coast Range durchbrechend, direct in den Ocean fallen.

Alle diese Thäler besitzen einen außerordentlich fruchtbaren Boden, bestehen aber nicht aus weiten Flächen, sondern haben mehr den Character sanfter Wellenform. Thal und Hügel, Wald und Prärie wechseln miteinander ab, außer in der Mitte des Willamettethales, welches südlich von Oregon City eine Alluvialebene von etwa fünfzig englischen Meilen Länge bei einer Durchschnittsbreite von dreißig Meilen bildet, deren Productivität den ergiebigen Thälern Californiens in keiner Weise nachsteht. Eine Eigenthümlichkeit des Landes ist, daß die sogenannten „Fußhügel" (foot hills), welche die Ausläufer der Gebirgsketten bilden, gemeiniglich mit fruchtbarer Erde bedeckt sind, und daß selbst die Oberfläche der Berge in beträchtlicher Ausdehnung ertragsfähig ist. In unmittelbarer Nähe der Wasserläufe findet sich ein tiefschwarzer Humus von unvergleichlicher Fruchtbarkeit. Die ersten Berichte von der ausnehmenden Ertragsfähigkeit des Willamettethales gaben die Veranlassung, daß Oregon bereits in den vierziger Jahren den Bewohnern der älteren Unionsstaaten bekannt wurde und eine starke Immigration hierherzog.

Die Bodenproducte Westoregon's sind die eines gemäßigten Klimas. Alle Kornarten, mit Ausnahme von Mais, gedeihen vorzüglich, namentlich Weizen, der hier häufig einen Ertrag von 40 bis 50 Scheffel pro Acker bringt. Dreißig Scheffel Weizen auf den Acker ist ein gutes Durchschnittsergebniß. Von Gerste wird 40 bis 60, von Hafer 50 bis 80 Scheffel pro Acker erzielt. Selbst auf den „Fußhügeln" sinkt der Ertrag nicht unter dieses Maß. Als Obstland zeichnet sich das westliche Oregon ganz besonders aus. Die Früchte sind saftig und wohlschmeckend und wachsen in so ungeheurer Menge, daß sich die Bäume, wenn nicht gehörig gepflegt, bald durch das Uebermaß der Production erschöpfen. Die Zweige der Apfel-, Birn-

Kirsch= und Pflaumenbäume müssen zur Zeit des Reifens der Frucht regelmäßig gestützt werden, damit sie nicht unter der Last zusammenbrechen.. Zwetschen, welche nirgend sonst= wo in America gedeihen und in den östlichen Staaten schon im zweiten Jahre in eine Art von Pflaumen ausarten, sind in Oregon so vortrefflich wie in Deutschland und Ungarn. Für Gartenfrüchte und Gemüse aller Art ist Westoregon nicht minder ausgezeichnet. Der Waldstand ist in den Thälern bedeutend und auf den Höhen und Gebirgen überaus üppig. In den Thälern wachsen verschiedene Arten von Eichen, Eschen, Ellern, Ahorn, Myrthen= und Wach= holderbäume, mit Nadelhölzern untermischt, während die Gebirge meistens mit letzteren, jedoch ohne viel Unterwuchs, bestanden sind. Fichten, Rothholz, Edeltannen, Föhren, Cedern, Kiefern, Lorbeer= und Lärchenbäume, — alle diese Bäume erheben sich hier zu seltener Höhe und bilden dichte Forste. Die rothe Kiefer wird von 200 bis 250 Fuß hoch, mit Stämmen von neun und mehr Fuß im Durchmesser, und von hundert bis zu hundertfünfzig Fuß hoch frei von Aesten. Hollunderstöcke, von achtzehn bis dreißig Zoll im Umfang und Haselbüsche bis zu fünf Zoll im Durchmesser sind ganz gewöhnlich.

Wie aus Obigem hervorgeht, ist das feuchte Klima von Westoregon, so unangenehm dasselbe während der nassen Jahreszeit für den Menschen ist, doch dem Pflanzen= wuchs außerordentlich zuträglich. Mißernten sind dort noch nie vorgekommen. Wer aus dem sonnigen Californien zur Winterszeit nach dem westlichen Oregon kommt, wo ein bleifarbener Himmel jeden Frohsinn tödtet, wo die ganze Luft voll von Feuchtigkeit ist, und Erde, Wald und Flur monate= und monatelang sich wie in einem Tropfbad be= findet, der wird das Land allerdings als eins der schänd= lichsten auf der Erde verwünschen; im Sommer dagegen ist dasselbe wie in ein Paradies umgewandelt und die Freude jedes Farmers und jedes Bewunderers von Naturschönheit.

Nach einem Aufenthalte von beinahe einer Woche sagte ich am 20. September Portland Lebewohl um meine Rückreise überland nach San Francisco anzutreten. Ich konnte nicht umhin, an die Zeit vor sechs Jahren zurückzudenken, als ich diese selbige Wegstrecke auf ganz verschiedene Weise zurücklegte*). Damals reiste ich ununterbrochen, eine volle Woche, in der Postkutsche von den Ufern des Willamette nach denen des Yubaflusses, — Tag und Nacht, als wäre ich ein Courier. November war es und es regnete fast unausgesetzt und mit einer Heftigkeit, als ob eine zweite Sündfluth hereinbrechen sollte. Die Wege waren beinahe grundlos; an Bequemlichkeit selbst der gewöhnlichsten Art war nicht zu denken; die Einwohner, dazumal noch unverfälschte „Webfeet", schienen mir das langweiligste Volk auf Gottes Erde; die Mahlzeiten, — ein wahrer Hohn auf die edle Kochkunst! — welche mir unterwegs aufgetischt wurden, hätten die Verdauungsorgane von Holzhackern in Verlegenheit gesetzt; schlafen mußte ich in der Stagekutsche, so gut es eben anging, — genug, es war, wie sich der aufmerksame Leser erinnern wird, eine Geschwindreise mit Verdruß, Strapazen und Unannehmlichkeiten aller Art verbunden. Diesmal reiste ich den halben Weg mit der Eisenbahn, ein Luxus, den man vor sechs Jahren hier zu Lande nur vom Hörensagen kannte; und obgleich mich im Umpquathale wiederum die „Stagekutsche" mit ihren Schrecken erwartete, so beunruhigte mich doch die Aussicht, ein paar Tage in jener alten Bekannten umhergeschüttelt zu werden, nicht im mindesten. Ich hatte nämlich beschlossen, mir auf dieser Reise gehörig Zeit zu nehmen und mich in allen bedeutenderen Ortschaften an der Route

*) Siehe den Abschnitt „Rückkehr nach Californien (1865)."

einige Tage aufzuhalten, um Land und Leute gut kennen
zu lernen.

Ein herrliches Wetter begünstigte den Beginn meiner
diesmaligen Reise, so schön, wie ich es mir nur hätte
wünschen können; ein wahrer californischer Himmel lag
über mir, tiefblau und sonnenklar. Sonderbarerweise hatte
es in diesem Lande seit drei Monaten gar nicht geregnet.
Anstatt Ursache zu haben, sich über zu viel Regen zu be=
klagen, hatten die Bewohner des Willamettethales vielmehr
guten Grund, einige Regengüsse vom Himmel herabzu=
wünschen, sowohl um ihre Wintersaat bestellen zu können,
als namentlich, damit die das Land verheerenden Wald=
brände gründlich gelöscht würden. Die in jedem Sommer
in Oregon und dem Territorium Washington ausbrechenden
Waldbrände entstehen meistens in Folge der Nachlässigkeit
von Fuhrleuten, welche Nachts ein Lagerfeuer im Busch
anzuzünden pflegen und sich fast nie die Mühe nehmen,
dasselbe, ehe sie weiterfahren, zu löschen. Auch kommt es
nicht selten vor, daß die Straßenaufseher einen quer über
einen Weg gefallenen Baum in der Mitte in Brand setzen,
statt ihn mit der Axt aus einander zu schlagen und dann
fortzuschaffen. Gerathen die unbehindert weiter brennenden
Flammen dann zwischen die trockenen Büsche und in das
dürre Laubwerk, so hilft keine später angewandte Mühe
mehr, dieselben zu ersticken. Das Feuer wird so lange
weiter brennen, bis der erste Regen es auslöscht. Der
Schaden, welchen jene Waldbrände alljährlich in diesen
Ländern anrichten, ist ein sehr beträchtlicher; aber es bleibt
trotzdem bei der alten Fahrlässigkeit. Jeder verwünscht die
unverzeihliche Nachlässigkeit Anderer, das Feuer nicht bei
Zeiten ausgelöscht zu haben, und bietet sich ihm eine ähn=
liche Gelegenheit, so macht er es aller Wahrscheinlichkeit
nach eben so wie sein Vorgänger.

Am Nachmittage des genannten Tages brachte mich eine Dampffähre über den breiten Willamette nach East Portland, eine Art Vorstadt von Portland, welche diesem gerade gegenüber am rechten Stromufer erbaut ist. Jener Platz verdankt seine Entstehung der „Oregon= und California=Eisenbahn", welche dort ihre Bahnhofsgebäulichkeiten errichtet hat. Der Ort vergrößert sich rasch und zählt bereits gegen 1500 Einwohner. Auf dem Schnellzuge der genannten Eisenbahn trat ich meine Reise nach Süden an, in der Absicht, an diesem Tage bis nach Salem, 53 englische Meilen von Portland, zu fahren. Stattlich breitete sich am jenseitigen Ufer die Stadt Portland aus, an deren Quais mehrere große und kleinere Segelschiffe und auch zwei schwarzgemalte Seedampfer lagen: der „Idaho", welcher mich von San Francisco nach Portland gebracht hatte, und der „Ajax", derselben Dampfschiffslinie ange= hörend. Doch bald entschwand die Handelsmetropole Ore= gons unseren Blicken; wir traten in eine abwechselnd mit Waldungen und Farmen besetzte Gegend und fuhren an der Seite von eingesenzten Feldern hin, die mit schwarzge= brannten Baumskeletten, Stumpen 2c. übersäet waren, wie sie jeder americanischen Landschaft eigenthümlich sind. Sechs englische Meilen von Portland passirten wir die an= sehnlichen Maschinen= und Wagenbauwerkstätten der Oregon= und California=Eisenbahn bei Milwaukee.

Je weiter wir kamen, um so häufiger zeigten sich die Spuren von den letzten verheerenden Waldbränden, ganz nahe an der Bahn und zu beiden Seiten derselben. Ver= kohlte und schwarz angebrannte Stämme und die Reste von Gestrüpp lagen theils am Boden in wildem Durchein= ander, oder das Feuer hatte alles niedrige Gebüsch ver= zehrt und die nackten Bäume wie dichtgeschaarte schwarze Säulen stehen gelassen, ein trauriges Bild der Verwüstung, bei dem noch hier und da der Rauch aus den weißen Aschenhaufen emporwirbelte. Ich bemerkte eine Dampfsägemühle inmitten der allgemeinen Zerstörung, mit einem bergehohen in ihrer Nähe liegenden Brettervorrathe, deren Gebäulichkeiten 2c. nur durch die äußersten Anstrengungen der in ihr beschäftigten Arbeiter der Vernichtung durch die Flammen entgangen waren. Bis in die unmittelbare Umgebung von Portland hatten sich diese Waldbrände ausgebreitet. 2000 Klafter Bauholz wurden dicht bei der Stadt von den Flammen verzehrt.

Die Waldungen, welche ich bis jetzt sah, bestanden größtentheils aus Nadelhölzern, bis wir den Clackamasfluß erreichten, dessen Ufer mit schönen Laubbäumen geziert waren. Auf einer hohen Trestlebrücke überschritten wir langsam den Thalgrund dieses rechter Hand in den Willamette fallenden Flusses. Neben prächtigen Obstgärten, in denen die Apfelbäume unter dem Segen der herrlichsten Früchte schier zusammenbrechen wollten, und durch wohlbebautes Ackerland hinfahrend, erreichten wir bald darauf, 15 englische Meilen von Portland, das in hochromantischer Umgebung am Willamette liegende Städtchen Oregon City.

Die Eisenbahn schlängelt sich hier dicht unter steilen Hügeln (Bluffs) hin; rechter Hand liegt in der Tiefe das freundliche Städtchen Oregon City mit seinen stattlichen Fabrikgebäuden, inmitten grüner Bäume am breiten Willamette, an dessen jenseitigem Ufer langgestreckte, mit majestätischen Fichtenwaldungen bestandene Höhenzüge sanft emporsteigen. Dicht oberhalb der Stadt ist das Bett des Flusses voll von schwarzen Felsmassen, zwischen denen sich die schäumenden Fluthen einen Weg suchen und an einer Stelle einen breiten, etwa 30 Fuß hohen Wasserfall bilden, „die Fälle des Willamette" (falls of the Willamette). Das Panorama, welches sich hier vor den Blicken eines von Norden auf der Eisenbahn Kommenden plötzlich entrollt, ist von fesselnder Schönheit. In der Ferne die zwischen den schwarzen Basaltfelsen daherstürmenden weißen Schaumwellen, drüben der breite grünliche Willamette mit den waldgekrönten Höhen des jenseitigen Ufers herüberblickend, und unter Einem nahe die Stadt idyllisch zwischen den grünen Bäumen, — Alles dieses giebt ein Gesammtbild, welches überaus pittoresk ist.

Diese sich so romantisch ausnehmenden „Fälle des Willamette" waren aber von jeher ein bedeutendes Hinderniß für die Dampfschifffahrt auf jenem Flusse. In früheren Jahren pflegte man die Waarengüter hier auszuladen, auf schwierigen Wegen mit Fuhrwerken durch eine „Portage" an den Stromschnellen vorbei zu transportiren und oberhalb und unterhalb derselben auf anderen Dampfbooten zur Weiterbeförderung wieder zu verschiffen. Um das Umladen der Waarengüter von einem Dampfer auf den andern zu erleichtern, wurde in späterer Zeit ein Damm gebaut, der unterhalb der Fälle erst eine Strecke weit in den Fluß hineinreicht und dann, mit dem rechten Ufer parallel laufend, sich bis oberhalb der Stromschnellen ausdehnt. Hierdurch ward am rechten Flußufer eine fahrbare Wasserstraße, deren Tiefe man durch Wegsprengen der Grundfelsen vermehrte, stromabwärts bis an die Wehre gebildet, wo sich das Wasser staut und im gleichen Niveau mit dem Spiegel des Flusses oberhalb der Fälle bleibt, während das überschüssige Wasser seitwärts von dem Längendamm über die Fälle einen Abfluß findet. Sowohl die den Fluß hinauffahrenden als die stromabfahrenden Dampfer finden hinreichend tiefes Wasser bis an den Querdamm. Zwei beladene Dampfboote, die hier von Norden und von Süden anlangen und ihre Fracht austauschen wollen, legen sich jenes an die untere, dieses an die obere Seite der Wehre, welche die beiden Schiffe trennt, wobei dann das von Norden gekommene Dampfschiff bedeutend tiefer als der Spiegel des ihm ganz nahen oberen Fahrwassers liegen wird. Vermittelst Hebemaschinen werden nun die Waarengüter aus dem einen Dampfer über den Damm zur Weiterbeförderung in den andern umgeladen, — eine sinnreiche Einrichtung, welche, obgleich einem Canal mit Schleusen nicht vorzuziehen, dennoch den frühern Transport auf der „Portage" bedeutend erleichterte. Nach dem neuesten bereits in der Ausführung begriffenen Plane soll ein Canal von 3600 Fuß Länge und 100 Fuß Breite seitwärts von den Fällen angelegt werden, der fünf Schleusen, jede von 210 Fuß Länge, und im Ganzen 40 Fuß Fall haben wird.*) Der in einer Mächtigkeit von 13 Fuß hier vorkommende Basalt giebt ein treffliches Baumaterial für Böschungen des Canals und für die Schleusen. Man zerschneidet ihn in Blöcke, die ein Gewicht von 500 bis 2000 Pfund haben.

Oregon City, welches, ehe der Sitz der Staatsregierung von dort nach Salem verlegt wurde, Hauptstadt von Oregon war, ist gegenwärtig eine Fabrikstadt. Die Wasserkraft des Willamette ist hier unerschöpflich zu nennen; sie soll eine Million Pferdekraft übersteigen. Es befinden sich in dem Städtchen, nebst zwei großen Mehlmühlen und einer Papiermühle, die täglich 2000 Pfund Papier liefert, die wegen ihrer trefflichen Fabrikate an der pacifischen Küste wohlbekannte Spinnerei und Wollenwaarenfabrik der „Oregon City Woolen Mills", welche etwa 100 Arbeiter beschäftigt und jährlich an 500,000 Pfund Wolle verbraucht,

---

*) Der Schleusencanal, dessen Herstellung 450,000 Dollars gekostet hat, wurde im Jahre 1873 fertig, so daß die Wiederverschiffung von Waarengütern auf dem Willamette nicht mehr vorkommt. Jetzt befahren Dampfschiffe den Fluß bei Hochwasser bis Eugene City, 138 englische Meilen von Portland, und bis nach Salem, 51 Meilen südlich von Portland, das ganze Jahr hindurch.

beinahe die Hälfte von dem Rohmaterial, das die gesammte Wollindustrie des Staates verarbeitet. Die Fabrik liefert vorzügliche Tuche und namentlich Blankets (Wolldecken), die man in America allgemein als Bettdecken benutzt. Oregon City zählt gegenwärtig etwa 1500 Einwohner.

Nach kurzem Aufenthalte verließen wir Oregon City und setzten unsere Fahrt südwärts durch das Thal des Willamette fort. Während mehrerer Meilen führte die Eisenbahn ganz nahe am Ufer des Flusses entlang, der hier etwa die Breite des untern Mains hat und mit seinen grünlichen klaren Fluthen und den am jenseitigen Ufer liegenden, mit stattlichen Fichten dicht bewachsenen Höhenzügen eine herrliche Aussicht gewährte. Verkäufer von Obst, namentlich von Aepfeln und Birnen, die ich saftiger und wohlschmeckender als diese selbst in Californien nicht genossen hatte, gingen häufig mit wohlgefüllten Fruchtkörben durch die Waggons. Der Reichthum dieses Landes an Obst ist in der That zum Erstaunen! In früheren Zeiten waren Aepfel hier, mit Ausnahme der feineren Sorten, die in Portland und San Francisco einen Markt fanden, fast gar nicht zu verwerthen, und pflegte man die Schweine damit zu füttern. Jetzt finden auch die Obstsorten geringerer Qualität in Folge des durch die Eisenbahn geschaffenen regen Personenverkehrs einen leichten Absatz. Als wir nach einigen Meilen den Willamette verließen, der sich hier in weitem Bogen rechts hinüber zwischen waldigen Höhen in die Ferne hinzog, begegneten wir einem riesigen von zwei Locomotiven geschleppten Frachtzuge, der mit Weizen in Säcken schwer beladen war und einen deutlichen Begriff von dem Reichthum dieser Gegend an jenem seinem Hauptbodenproducte gab. Nachdem wir die dem Leser bereits bekannte deutsche Colonie Aurora, die Residenz des „Königs von Aurora" passirt hatten, eilten wir weiter durch gelichtete

Fichtenwaldungen hinfahrend, bis sich eine weite, fruchtbare Prairie vor uns aufschloß. Ausgedehnte, abgeerntete Weizenfelder lagen hier zu beiden Seiten des Bahnbettes und zahlreiche Farmen zeigten sich in der Ebene. Schnurgerade durchschneidet die Eisenbahn diesen nach ihren ersten französischen Ansiedlern (meistens canadischen Pelzhändlern) den Namen „French Prairie" führenden offenen Landstrich. Derselbe hat eine Ausdehnung von 10 bis 12 Miles im Geviert, mit einem schwarzen, außerordentlich ergiebigen Boden. Hauptort darin ist das Städtchen Gervais, 39 englische Meilen von Portland. Die französischen Ansiedler haben, obgleich dies einer der ältesten Culturdistricte Oregons ist, fast gar keine americanische Sitten angenommen und reden meistens ein schlechtes Patois. Viele von ihnen sind mit Squaws verheirathet, und Alle pflegen nur wenig Umgang mit ihren americanischen und deutschen Nachbaren.

Die French Prairie verlassend, fuhren wir wieder eine Weile durch Waldungen und gelangten alsdann in die weite mit schmucken Farmen, Obstgärten und Holzungen dicht besäete, fruchtbare, vom Willamette durchströmte Ebene, in deren Mitte die ansehnliche Stadt Salem liegt. Nach einer Fahrt von 53 englischen Meilen erreichten wir gegen Abend die eine halbe Meile von genannter Stadt liegenden Bahnhofsgebäude, von wo eine elegante Hotelkutsche mich nach dem „Chemeketa House", dem zu damaliger Zeit vorzüglichsten Hotel in Oregon, brachte.

Die etwa 4000 Einwohner zählende Stadt Salem (Sälem) in Marion County, in welcher sich der Sitz der Regierung des Staates Oregon befindet, giebt im Gegensatze zu dem handelsthätigen Portland das Bild einer ruhigen, ansehnlichen Landstadt. Breite, ungepflasterte Straßen, deren Bürgerstiege von Ahorn- und Akazienbäumen beschattet sind, durchschneiden sich rechtwinklich in derselben; die Geschäftshäuser haben ein kleinstädtisches Aussehen, und das ganze Leben und Treiben im Orte hat einen bequemen Anstrich. Salem ist eine sehr fromme Stadt. Es giebt in ihr nicht weniger als 13 Kirchen, die acht verschiedenen Confessionen gehören, und der Platz ist voll von Temperenzlern. Die hier ansässigen 200 bis 300 Deutschen haben es noch nicht ermöglichen können, dem Gambrinus einen Tempel zu eröffnen, — ein in America unerhörter Fall. Nach Dunkelwerden ist die Stadt wie ausgestorben und man begegnet alsdann selten Jemandem in den Straßen. Trotz dieses geringen civilisatorischen Fortschrittes erfreut sich der Ort eines namhaften Wohlstandes. Seine günstige Lage inmitten einer ausgedehnten und fruchtbaren Ebene am schiffbaren Willamette, sowie die neue Handelsstraße, die „Oregon und „California-Eisenbahn", welche nahe an der Stadt vorbeiführt, machen den Platz zum natürlichen Centralorte einer betriebsamen Landbevölkerung. Außerdem geben die hier thätigen Fabriken vielen Arbeitern Beschäftigung und die zahlreichen mit der Regierung in Verbindung stehenden Beamten, Stellensucher und Drohnen im Staatshaushalte verzehren Alle Geld auf die eine oder die andere Weise, was den Bürgern zum Nutzen gereicht.

Die Stadt Salem ward bereits 1840 von mehreren aus dem damaligen „fernen Westen" (dem Missouriufer der jetzigen Staaten Jowa, Missouri und Kansas) überland eingewanderten Familien gegründet. Im Jahre 1849 entstand das Territorium Oregon mit dem Regierungssitze in Oregon City, von wo das Capitol, als im Jahre 1859 Oregon als Staat in die Federation eintrat, nach dem schnell emporgeblühten Salem verlegt wurde. In der Stadt Salem befinden sich manche ansehnliche Gebäulichkeiten und gemeinnützige Einrichtungen. Nennenswerth darunter sind die Staatsuniversität, welche im Jahre 1864 nach einem prachtvollen fünf Stock hohen Gebäude verlegt wurde; eine Taubstummenanstalt und mehrere gute Schulen; die Staatsbibliothek; ein Waisenhaus; Gas und Wasserleitungswerke; eine Bank und vier Zeitungen. Die Stadt ist sogar schon mit einer aus Neuengland eingeführten modernen Dampffeuerspritze versehen. Auch das Staatszuchthaus und alle mit der Regierung Oregons in Verbindung stehenden Bureaus liegen innerhalb des Weichbildes der Stadt Salem. Ein Opernhaus dagegen, welches Jemand als Privatspeculation erbaute, hat sich als ein gänzlich verfehltes Unternehmen herausgestellt. Der Erbauer desselben wurde bankerott, und die den Musen geweihten Hallen stehen öde und verlassen da.

Besseren Erfolg hatten gewerbthätige Unternehmungen, z. B. zwei Dampfmehlmühlen, welche täglich 60,000 Pfund Mehl mahlen, eine Fleischpackerei, drei Dampfsägemühlen, Fabriken für das Herstellen von Fensterrahmen, Thüren und Stühlen, eine Maschinenbauwerkstatt und eine Oelmühle. Unter den Fabriken ist eine hier im Jahre 1856 gegründete Spinnerei und Wollwaarenfabrik (Willamette Woolen Manufacturing Company) die wichtigste. Der rasch fließende „Mühlenbach" (Mill Creek), welcher in den Vorbergen der Cascade Range entspringt und bei Salem in den Willamette fällt, giebt für dieselbe eine vorzügliche Wasserkraft, welche der von Lowell im Staate Massachusetts gleichgeschätzt wird. Dieses blühende Etablissement verarbeitet monatlich 35,000 Pfund Wolle und ist wegen der Vortrefflichkeit der dort verfertigten Blankets und Tuche an der pacifischen Küste nicht minder berühmt, als die in Oregon City gelegene Wollwaarenfabrik.

Eine Zierde von Salem war das in einem Jahre erbaute „Chemeketa House", damals ein Hotel ersten

Ranges. Der seltsame Name des Gasthauses ist ein indianisches Wort aus der Sprache der Santiam= und Champoeg=Indianer, welche zur Zeit als Salem gegründet wurde, hier ihre Wohnsitze hatten, und bedeutet wörtlich übersetzt: unser Heim. In dem Hotel, dessen Bau 160,000 Dollars gekostet hat, befinden sich 165 Zimmer, worunter 36 doppelte (Parlor und Schlafzimmer, die alle auf das Glänzendste möblirt und mit reichen Teppichen, Vorhängen 2c. ausgestattet waren. Gas= und Wasserleitung befanden sich in jedem Zimmer und eine Telegraphenleitung, wie man sie jetzt in jedem großen americanischen Hotel antrifft, ging von jedem derselben nach der Office (dem Centralbureau im Hause). Wünschte ein Gast Bedienung, so brauchte er nur gegen einen an der Wand seines Zimmers angebrachten Metallknopf zu drücken, und in wenigen Minuten erschien ein Aufwärter. Durch den Druck am Metallknopfe wird der bis dahin unterbrochene electrische Strom auf dem Draht zwischen Zimmer und Centralbureau sofort hergestellt. Die Batterie steht in einem Verschluß hinter dem sogenannten „Indicator", einer großen Tafel mit Oeffnungen daran für alle Zimmernummern im Hotel. Sobald telegraphirt ist, läutet in der „Office" eine kleine Glocke, um die Aufmerksamkeit des Buchhalters zu erregen, und gleichzeitig fällt ein kleiner Magnet, von denen einer hinter jeder von den bis dahin leeren Zimmernummern am „Indicator" an einem Drahtgewinde hängt, herab, und schiebt die zu ihm gehörende Nummer in ihre Oeffnung wie die Klappthür bei einer Mausefalle, hinein. Der Buchhalter schickt dann sofort einen Aufwärter nach dem am „Indicator" angezeigten Zimmer. Ein Irrthum kann gar nicht vorkommen, und der Unterschied zwischen diesem Stubentelegraphen und der alten Klingelmethode ist nicht geringer als der zwischen einem Pullmanschen Hoteldampfzuge und einer Diligence

„zu Großmutters Zeit." Die Aussicht von dem flachen Dache des Gebäudes ist bei hellem Wetter, wenn die Schneeriesen der Cascade Range, Mount Hood und Mount Jefferson, klar herüberschimmern und sich die grüne, wohlangebaute weite Ebene, durch welche der Willamette seinen Silberfaden hinschlängelt, im vollen Sonnenglanze unter Einem ausbreitet, überaus prachtvoll.

Das Chemeketa-Hotel war zur Zeit meines Besuches von Fremden, welche die in den nächsten Wochen in Salem abzuhaltende Industrieausstellung des Staates Oregon (Oregon State fair) hergelockt hatte, in allen seinen Räumen überfüllt. Ich bemerkte im Fremdenbuche viele Namen von Besuchern aus den Neuenglandstaaten, welche den braven „Webfeet" bei diesen Ausstellungen allerlei werthlose Yankeeproducte für gutes Geld zu verkaufen pflegen und hier bei dieser Gelegenheit allemal eine gute Ernte erzielen. Zu gewöhnlichen Zeiten aber halten sich in diesem Hotel nur wenige Gäste auf. Der Erbauer desselben hat den civilisatorischen Statusquo von Oregon entschieden überschätzt und ist mit seinem Unternehmen der Entwickelung dieses Landes mindestens um ein halbes Menschenalter vorangeeilt. Einige Jahre später ward der Erbauer des Chemeketa-House, wie vorauszusehen, glänzend bankerott, der neue Besitzer verkaufte die eleganten Möbel und Teppiche auf Auction und das Hotel sieht jetzt (1876) wie ein heruntergekommener Parvenü aus, der nur noch einen feinen Cylinderhut im Besitz hat und den Rest seiner Kleidung einem Händler von alter Herrengarderobe entlehnt hat.

Nachmittags am 22. September setzte ich mit dem Expreßzuge der Oregon- und California-Eisenbahn meine Reise südwärts fort. Kaum waren wir eine halbe Stunde unterwegs, als unser Zug mitten in einem Fichtenwalde anhielt. Ein uns vorangegangener Güterzug war durch einen auf

dem offenen Bahndamme spazieren gehenden Ochsen, der es
sich in den Kopf gesetzt hatte, dem eisernen Rosse nicht Platz
machen zu wollen, zu Schaden gekommen. Sieben schwer-
beladene Frachtwaggons lagen neben und auf der Bahn wild
über einander geworfen da, die Schienen waren krumm ge-
bogen und das Bahnbett befand sich in einem schrecklichen
Zustande der Verwüstung. Glücklicherweise war Niemand
bei diesem „Accident" zu Schaden gekommen; nur der Ochse
hatte seine Thorheit mit dem Leben gebüßt.

Während die Angestellten beider Bahnzüge sich bemühten, das Geleise wieder fahrbar zu machen, und das
Wrack der zerschmetterten Waggons aus dem Wege zu
schaffen, suchten wir hundert mitgekommenen Passagiere
eine Menschenwohnung im Urwalde, wo wir für Geld und
gute Worte ein Abendbrod erhalten könnten. Wir waren
auch so glücklich, ein Blockhaus zu entdecken, dessen Insassen
sich bereit erklärten, uns gegen ein Honorar von einem
Dollar für die Person ein famoses Souper anzurichten.
Wer war froher als wir, denn die Aussicht, mit hungerigem
Magen die Nacht im Walde zubringen zu müssen, hatte
uns moralisch sehr niedergedrückt. Unsere Wirthsleute und
ihr Restaurant enttäuschten jedoch die gestellten Erwartungen
auf eine traurige Weise. Jene waren als unverfälschte
„Webseet" von der Cultur nicht im Geringsten berührt
worden und die Probe ihrer culinarischen Kunst, welche
uns die Frau vom Hause gab, war sicherlich nicht von
Pariser Art.

Nach genossener Mahlzeit suchten wir die Stelle des
Unfalls an der Eisenbahn wieder auf, wo es recht romantisch aussah. Riesige Feuer waren von den Arbeitern im
Walde angezündet worden und die Locomotiven schnoben
funkensprühend hin und her und halfen den Menschen bei
der Riesenarbeit, das Wrack aus dem Wege zu schaffen.

Dieses gelang denn auch bis Mitternacht so weit, daß unser Zug die Stelle des „Accident" passiren und seine unterbrochene Fahrt fortsetzen konnte. Nachdem wir den Santiam, einen Nebenfluß des Willamette, auf einer Brücke überschritten hatten, langten wir um zwei Uhr in der Nacht in Albany, einem 27 englische Meilen von Salem entfernten an der Eisenbahn liegenden Städtchen, an, wo ich ein gutes Unterkommen fand.

In Albany, welcher Platz etwa 1500 Einwohner zählt, blühten zur Zeit meines Besuches Handel und Wandel und die freundlichen Mienen von Jedermann gaben deutlichen Beweis, daß „die gute Zeit gekommen sei". In der Nähe des Städtchens sollte in einigen Tagen eine Industrieausstellung im Bezirke (county fair) stattfinden, und es befanden sich mehr Fremde als gewöhnlich im Orte. Die zwei in Albany erscheinenden Zeitungen, „The State Rights Democrat," und „The Albany Register" veröffentlichten elegant stilisirte Leitartikel über die glänzenden Geschäftsaussichten, Pferderennen, die Eisenbahn, den Zufluß der Fremden, die diesjährige reiche Ernte und hohen Kornpreise ꝛc. Der Werth des baren Geldes war bereits in Verwirrung begriffen. Schon am frühen Morgen erfuhr ich dies, als ich mir von einem Africaner die Stiefel putzen ließ, denn derselbe wies das ihm von mir dargebotene übliche Honorar von 10 Cents verächtlich zurück und verlangte einen Vierteldollar für seine Müheleistung. Am Frühstückstische unterhielten sich mehrere Kaufleute, die in meiner Nähe Platz genommen hatten, über flush times in the valley (die glänzenden Zeiten im Thale, — nämlich dem des Willamette). Die Hauptursache hiervon waren nächst der Ausstellung die gute Ernte und die hohen Kornpreise. Man erzählte mir, daß Linn County, in welchem Bezirke das Städtchen Albany liegt, in diesem Jahre (1871) mindestens für eine halbe Million Dollars Werth Weizen in den Markt bringen würde. Während der letzten Wochen seien 100,000 Scheffel dieses Getreides zur Weiterverschiffung nach der Stadt gebracht worden.*) Außerdem wurden hier in letzter Zeit mehrere hunderttausend Dollars durch den Verkauf einer im Bau begriffenen Wagenstraße an Capitalisten von San Francisco in Umlauf gesetzt, welche Straße über das Cascadegebirge und beim Harneysee vorbei nach dem Schlangenflusse, nahe der Mündung des Malheur in denselben, geführt werden soll. Diese 300 Miles lange Wagenstrecke wird eine directe Verbindung zwischen dem Boisethale in Idaho und dem Thale des Willamette herstellen und wurde den Actionären von der Regierung der Vereinigten Staaten ein werthvoller „Land Grant" (809,000 Acker Land) als Unterstützung für den Bau jener Straße bewilligt.

Albany liegt am rechten Ufer des Willamette, der im Winter von kleinen Dampfbooten noch einige vierzig englische Meilen weiter hinauf befahren wird. Der Callapooyafluß fällt bei Albany in den Willamette, und einige Meilen unterhalb strömt diesem der Santiam zu. Letztgenannten Fluß beabsichtigt man durch einen 12 Miles langen Canal bei Albany in den Willamette zu leiten, um damit eine vermehrte Wasserkraft für dort anzulegende Fabriken zu erlangen.**) Gegenwärtig sind hier nur zwei durch Wasserkraft getriebene Mehlmühlen im Betriebe, welche zusammen jährlich etwa 200,000 Scheffel Weizen gebrauchen. Sobald der Canal fertig ist, soll an ihm eine Wollwaarenfabrik

*) Im Herbste des Jahres 1875 lagerten in den Speichern von Albany nicht weniger als anderthalb Millionen Scheffel Weizen, zum Werthe von 90 Cents per Scheffel, welchen Preis die Eigenthümer, als zu gering erachtend nicht dafür annehmen wollten.

**) Dieser Canal ist bereits vollendet worden.

errichtet werden. Die Stadt Albany hat ein recht freundlches Aussehen und eine hübsche Lage; die nahen Flußufer sind von stattlichen Waldungen eingefaßt, während sich eine weite mit vielen Farmen besetzte fruchtbare Ebene ostwärts von ihr ausdehnt.

Ich wunderte mich darüber, den Bahnhof eine volle halbe englische Meile vom Geschäftstheile der Stadt anzutreffen, wozu augenscheinlich kein Grund vorhanden war, indem nicht die geringsten Terrainschwierigkeiten das Legen der Schienen dicht an der Stadt vorbei hinderten. Es war dieses, wie man mir erzählte, nach dem Dafürhalten des Eisenbahnfürsten Ben Holladay geschehen, weil die Stadt Albany ihm nur einen Zuschuß von 50,000 Dollars für das Anlegen eines Bahnhofes gezahlt hatte. 100,000 Dollars würden ihr, behauptete man, den Bahnhof ohne Frage in erwünschte Nähe gebracht haben. In den kleinen an der Eisenbahn liegenden Städten Oregons sprachen sich die Leute recht bitter über jenen Millionär aus; er lege, hieß es, jeder Stadt nach Belieben eine Geldcontribution für einen Bahnhof auf und thue am Ende doch, was er wolle, ohne die Wünsche und den Vortheil der Einwohner zu berücksichtigen. Da Holladay, der früher in San Francisco wohnte, erst seit einigen Jahren in Portland ansässig ist, so sieht man ihn in Oregon als einen verkappten Californier an, der ins Land gekommen, um dasselbe auszusaugen. Seit der Weiterbau in Folge der finanziellen Mißleitung jenes Unternehmens ganz in Stillstand gerathen ist, ist Ben Holladay selbstverständlich der Sündenbock geworden, der jetzt die leider ziemlich begründeten Verwünschungen aller Oregonier tragen muß.

Die Bewohner Oregons haben im Allgemeinen immer noch eine gereizte Stimmung gegen ihre californischen Nachbarn, weil diese ihren Staat gleichsam als Provinz von

Californien herabschätzend betrachten. Früher pflegte man z. B. die ganze Weizenausfuhr von San Francisco dort als californischen Weizen anzugeben, obgleich ein bedeutender Theil davon aus Oregon kam; und auch die vorzügliche oregonische Wolle ging sonst meistens als californisches Product auf die Weltmärkte. Obgleich sich dieses in neuerer Zeit geändert hat und man in Californien jetzt die Producte Oregons als solche bezeichnet, machen sich die Californier doch immer noch gern über die uncivilisirten „Webfeet" lustig und wollen an Oregon nur Weniges loben, was die biederen Oregonier schmerzlich empfinden und ihren mehr geschliffenen Nachbarn grollend nachtragen. Ich hörte in der Nähe von Albany einmal eine Lerche hübsch singen und äußerte ohne etwas Arges dabei zu denken, daß diese die erste sei, welche ich in Oregon hätte trillern hören. „O!", erklärte ein Californier, der meine Bemerkung gehört hatte, zum Aerger mehrerer anwesenden Oregonier, „die kommt sicher aus Californien!" — und so finden diese Reibungen oft bei jeder passenden und unpassenden Gelegenheit statt.

Auffallend war mir in Albany die geringe Anzahl der daselbst wohnhaften Deutschen; auf eine Einwohnerzahl von 1500 kommen nur etwas mehr als ein halbes Hundert Deutsche. Die Irländer sind hier in noch geringerer Zahl. Dasselbe numerische Verhältniß der Nationalitäten fand ich, mit alleiniger Ausnahme von Portland, in allen kleinen Städten Oregons, und unter den Farmern ist es eben so. Fremdgeborene sind bei dieser Classe der Bewohner in großer Minderzahl. Der letzte in den Vereinigten Staaten genommene Census (vom Jahre 1870) hat herausgestellt, daß die fremdgeborene Bevölkerung Oregons im Verhältniß zur eingeborenen dort, mit Ausnahme einiger Südstaaten, geringer ist, als in irgend einem Theile der Union. Californien z. B. hat nach jenem Census 350,416 geborene Americaner und 209,831 Fremdgeborene; Oregon 79,223 in den Vereinigten Staaten Geborene und 11,600 auswärts Geborene als Bevölkerung. Die im Lande geborenen Kinder deutscher Eltern werden dabei allemal als Americaner aufgeführt.

An einem Sonntage machte ich einen längern Spaziergang in die Umgebungen des Städtchens und besuchte zuletzt einen etwa eine englische Meile von der Stadt entfernten Eichenhain, wo ich mich am Waldessaum aufs Moos lagerte und die herrliche Aussicht genoß. Im Westen stand die hochgewölbte dunkelblaue Kuppe des etwa 3500 Fuß sich über dem Meere erhebenden dichtbewaldeten Mary's Peak, von den Americanern meistens „June moutain" genannt, weil im Junimond noch Schnee auf seinem Gipfel zu sehen ist. Der Mary's Peak liegt ungefähr 35 englische Meilen westlich von Albany, halbwegs zwischen dort und dem Ocean. Auf ihm entspringt der Mary's River, der sich in den Willamette ergießt. Ostwärts liegt die Yaquinabai, deren Gewässer vortreffliche Austern enthalten, die viel nach San Francisco gebracht und dort sehr geschätzt werden; im Uebrigen hat jener Landstrich nur eine geringe landwirthschaftliche oder commercielle Bedeutung, und die Bevölkerung in ihm ist sehr spärlich gesäet. Gen Osten erstreckten sich in langer, duftiger Reihe die Vorberge der Cascade Range. Bei klarer Luft sieht man von hier aus deutlich die Schneegipfel der Three sisters; doch war mir leider die Fernsicht auf das Hochgebirge durch den über dasselbe lagernden Nebelduft verschlossen. Zwischen meinem Lagerplatze und den Cascadebergen dehnte sich eine weite mit Farmen übersäete Ebene aus, die nach dem 14 englische Meilen von Albany liegenden Lebanon benannt wird und einer der productivsten Landstriche in Oregon ist.

Die Vorberge der Cascade Range erstrecken sich nach Westen weit hinaus ins Flachland und bilden mit ihren meistens bewaldeten Kuppen zahlreiche malerische Ruhepunkte für das Auge. Das Gebirge steigt von dieser Seite ganz allmählich auf, so daß die Mitte des Willamettethales an hundert englische Meilen vom höchsten Grat entfernt liegt. Gegen Osten fällt das Gebirge mehr abrupt ab, und beträgt die Entfernung vom Kamm desselben bis zur Thalsohle des Des Chutes River, der wie der Willamette nordwärts strömt und sich bei Celilo (oberhalb der „Dalles") in den Columbia ergießt, nur etwa 35 englische Meilen. Die Schneegipfel liegen alle auf der Ostseite des Gebirges. Die geologische Formation der Cascade Range ist ganz vulcanisch. In alter Zeit ergossen sich gewaltige Lavaströme von beiden Seiten des Gebirges herab, wogegen die späteren Eruptionen ihren Lauf sämmtlich gegen Westen genommen haben. Eins der größten Lavafelder trifft man in der Nähe des „Fischsees" (fish lake), nördlich von den Three sisters, welches jeglicher Vegetation bar ist und durch die nackte Lava den deutlichen Beweis seines neuern Ursprungs giebt. Die Natur ist dort wunderbar großartig. Am „clear lake", einem herrlichen Bergsee, ist eine Aussicht auf die dort ganz in der Nähe liegenden Three sisters, die dem schönsten Alpenpanorama auf dem Vierwaldstädter See in keiner Weise nachsteht.

Ehe ich meine Weiterreise nach Californien antrat, unternahm ich von Albany aus einen kleinen Abstecher zu Wagen nach dem 10 englische Meilen in südwestlicher Richtung von der Eisenbahn entfernt liegenden Städtchen Corvallis. Auf einer Fähre überschritten wir den Willamette und fuhren, den Fluß bald verlassend, auf einer vorzüglichen Straße durch eine wohlangebaute malerische Gegend. Ehe wir Corvallis erreichten, zeigte sich uns von

Neuem linker Hand der von prächtigen Bäumen beschattete Willamette, während der Mary's Peak in immer größeren Umrissen näher herantrat.

Corvallis, das seinen Namen nach dem Spanischen führt (das Herz des Thales), ist ein freundliches Städtchen in Benton County, am linken Ufer des Willamette und hat ungefähr die halbe Größe von Albany. Das Thal, welches jener Fluß in der Mitte durchströmt, hat hier eine Breite von etwa 16 Miles und ist idyllisch schön. Die vollbelaubten Bäume an den Straßen des Städtchens, die vielen hübschen Wohnhäuser mit den schmucken Gärten, die Haine in der ländlichen Umgebung und die Aussicht auf die nur drei Miles entfernten grünen Vorberge der Coast Range mit der sie mächtig überragenden Kuppe des Mary's Peak geben ein Gesammtbild, dem es an hohen Reizen nicht fehlt. Ich erfuhr, daß in Corvallis nur 20 Deutsche wohnten und sich doch zwei vorzügliche Brauereien im Orte befänden, -- ein Beweis, daß die Americaner dem braunen Gerstensafte nicht minder hold als unsere Landsleute sein müssen, da zwanzig selbst noch so durstige deutsche Kehlen denn doch nicht das Product von zwei Brauereien ganz allein vertilgen können. Ungefähr die gleiche Anzahl von Chinesen haben hier wie überall an der pacifischen Küste das Waschmonopol; ihre Schilder z. B. „Sing Sam — Washing and Ironing" bemerkte ich an verschiedenen Häusern. Auch ein landwirthschaftliches Institut (Agricultural college) ist im Orte, welches in Oregon einen bedeutenden Ruf hat und gegenwärtig 90 Schüler zählt, sowie ein Seminar für die literarische Ausbildung von jungen Damen. Eine Stagelinie verbindet Corvallis mit dem kleinen Hafenorte Elk City an der Yaquinabai. Ebendahin wurde vor Kurzem eine Eisenbahn projectirt, und lebte man in Corvallis der Hoffnung, daß mit dem Bau derselben bald (?) begonnen werde.

Wer ein Leben in stiller ländlicher Umgebung sucht, unter biederen Leuten, welche „Europens übertünchte Höflichkeit nicht kennen", dem kann ich mit gutem Gewissen Corvallis als Wohnort empfehlen. Der Herr Wirth im City Hotel konnte sein Städtchen nicht genug preisen und bot mir gleich ein Zimmer in seiner Privatwohnung an, wenn mir der Aufenthalt im Gasthause zu geräuschvoll sei, und ich einige Wochen hier verweilen wollte. Amüsant war es, wie er Corvallis stets mit Albany verglich, und ich merkte bald, daß die beiden Städte bittere Rivalen sind. Corvallis ist sehr eifersüchtig auf Albany, das sich in letzter Zeit bedeutend gehoben hat, während dieses auf die Prätensionen seiner Schwesterstadt mit großstädtischem Stolze verächtlich herabschaut. Der Wirth erzählte mir, daß Corvallis ganz fieberfrei sei, im Gegensatze zu Albany, wo die Einwohner schrecklich vom Wechselfieber geplagt würden; es erschienen zwei Zeitungen in Corvallis, eben so viele und bessere wie in Albany; die Umgebung sei viel schöner und das Land weit fruchtbarer bei Corvallis als bei Albany; die „West=side"=Eisenbahn von Portland käme direct nach Corvallis und würde Handel und Wandel hier schnell heben, wogegen die Oregon= und California=Eisenbahn, deren Bahnhof weit von Albany angelegt sei, diesen Platz sicher bald ganz ruiniren müsse.

Diese Prophezeiung meines biederen Wirthes ist aber durchaus falsch gewesen, da Albany jetzt (1876) unstreitig nächst Portland der lebhafteste Platz in Oregon ist. Als ich das Städtchen im Jahre 1875 zum letzten Mal besuchte, mußte ich über das rasche Emporblühen desselben erstaunen, denn ich kannte den Ort kaum wieder. Die Einwohnerzahl hatte sich fast verdoppelt, eine ganze Reihe von neuen, eleganten „Stores" war entstanden, und die Stadt war so voll von Fremden, daß ich diese Nacht im Freien hätte campiren müssen, wenn mir der Hotelwirth nicht aus alter Freundschaft ein Logis in seinem eigenen Zimmer eingeräumt. Zwischen Portland und Albany fährt jetzt an jedem Wochentage ein Expreßzug, um den Localverkehr zwischen den beiden Städten zu vermitteln und ganz getrennt von den Durchzügen der Oregon- und California-Eisenbahn. Sonntags fahren — wie ich hier erwähnen will — weder Dampfböte noch Eisenbahnzüge in Oregon, weil die Herren Locomotivenführer, Conducteure, Capitäne und Heizer dort zu fromm sind, um den Sabbath durch Arbeit zu entheiligen.

Im Allgemeinen schienen die Einwohner von Corvallis es sich angelegen sein zu lassen, auf jeden Fremden, der ihre Stadt besuchte einen möglichst günstigen Eindruck zu machen und ihm unaufgefordert über die landwirthschaftlichen Hülfsquellen dieser Gegend eingehende Mittheilungen zu geben. Der Werth des Bodens, erfuhr ich, betrage in der Umgegend von 10 bis 50 Dollars per Acker und sei im stetem Steigen begriffen. Vier englische Meilen von Corvallis wäre, um ein Beispiel anzuführen, eine Farm von 460 Ackern vor fünf Jahren für 3000 Dollars verkauft worden; ein Deutscher habe dieselbe zwei Jahre später für 9000 Dollars erstanden und in diesem Jahre wieder für 16,000 Dollars verkauft. Weizen könne man hier nach Belieben vom Herbst bis Mitte Mai säen und erhielte stets eine gute Ernte. Säete man im Spätsommer und Herbste, so pflegte man das Vieh bis zum nächsten Sommer auf die Aecker zu treiben und sich von den jungen Halmen nähren zu lassen, und später schössen diese um so üppiger empor und trügen volle Aehren. Oft säe man den Weizen gar nicht, und der bloße Ausfall vom Getreide des letzten Jahres gebe wieder eine gute Ernte. Es wären Fälle vorgekommen, wo dieses in drei auf einander folgenden Jahren geschehen sei, und jedes Mal mit gutem Erfolge. Gereifter Weizen stände im Sommer oft zwei bis drei Wochen lang in Aehren auf dem Felde, ohne dadurch im geringsten zu leiden. Oft hätte die Ernte eines Jahres einen höhern Werth als das Land, welches sie getragen, mit Einschluß der dazu gehörenden Gebäulichkeiten. Es sei etwas Gewöhnliches, daß einzelne Farmer 3000 bis 5000 Scheffel Weizen nach der Stadt brächten. Im Winter würde das Getreide auf Dampfbooten nach Portland verschifft, und es lagerten gegenwärtig nicht weniger als 200,000 Scheffel Korn in den Speichern von Corvallis, die auf Hochwasser und Transportgelegenheit warteten.

Am Nachmittage des 25. September fuhr ich von Corvallis zurück nach Albany, von wo aus ich meine Weiterreise noch am selbigen Tage antrat. Die Eisenbahn führte durch eine wohlangebaute ebene Gegend, welche zu beiden Seiten von Gebirbszügen begrenzt war. Links lagen im Nebelduft die Vorberge der Cascade Range, im Vorgrunde derselben viele vereinzelte grüne Hügel, „Buttes" genannt, während sich rechter Hand die violettfarbene Bergreihe der Coast Range, von der breiten, tiefdunkelblauen Kuppe des Mary's Peak überragt, hinzog. Die Massen von Weizensäcken, welche an jedem Halteplatze an der Eisenbahn im Freien aufgeschichtet waren, und die vielen Kornspeicher gaben einen Beweis von der Productivität dieser Gegend in Cerealien.

Bei Dunkelwerden erreichten wir das Städtchen Harrisburg, 25 englische Meilen von Albany und 105 Meilen von Portland entfernt, an welchem Orte die Eisenbahn zur Zeit ein Ende hatte. In der Nähe jenes Städtchens war man beschäftigt, eine Brücke über den Willamette zu schlagen;

sobald diese vollendet ist, sollten die Schienen auf dem bereits nach Eugene City fertig gebauten Bahnbett weiter gelegt werden, welchen Ort man in etwa vierzehn Tagen mit der ersten Locomotive zu erreichen hoffte. Hierauf wollte ich natürlich nicht warten. In Harrisburg, einem wüst aussehenden Platze, der von verdächtigem Gesindel, welches den jedesmaligen Endpunkt der Eisenbahn frequentirt, voll war, gefiel es mir durchaus nicht, weshalb ich meine Reise nach Eugene City noch in derselben Nacht in der Stagekutsche fortsetzte. Eine Fähre brachte unsere Fuhr über den Willamette, und mit sechs Pferden kutschirten wir, bald durch finstern Wald und bald neben offenem Farmland fahrend, lustig dahin, bis ich mein Ziel, das 18 englische Meilen von Harrisburg entfernte Städtchen Eugene City, gegen Mitternacht glücklich erreichte.

Eugene (Yu=dschien) City, in welchem Platze ich einen Tag verweilte, ist ein Städtchen von etwa 800 Einwohnern und der Sitz des Kreisgerichts von Lane County. In seiner Nähe verbinden sich die drei Hauptquellengebiete des Willamette, welcher während der Wintermonate mit kleinen Dampfbooten bis hierher befahren werden kann. Am M'Kenzie Arm (fork), der aus Nordost strömt, erstrecken sich die Niederlassungen 60 englische Meilen, an dem vom Küstengebirge herkommenden „Coast Fork" 40 Miles und am „Willamette=Fork", dessen Lauf aus südöstlicher Richtung ist, 80 Miles aufwärts von ihrer Mündung. Der Boden in den Thälern aller dieser Stromläufe ist sehr fruchtbar; das Hügelland bietet vorzüglichen Weidegrund, und die Flüsse geben eine leicht zu verwerthende Wasserkraft für Mühlen 2c. Der „Middle=Fork" des Willamette hat bei dem Orte Springfield, drei Miles östlich von Eugene City eine Wasserkraft, die so mächtig wie die des Mill=Creek bei Salem ist. Die Producte aller jener Thäler finden in

Eugene City ihren nächsten Markt. In diesem Städtchen drehte sich die Unterhaltung zur Zeit meines Besuches fast ausschließlich um die Eisenbahn, welche nächstdem dort erwartet wurde, und die auf dieselbe gestellten Hoffnungen für den Aufschwung dieses Platzes waren von der sanguinischsten Art.

Als ich Eugene City im Jahre 1875 wieder besuchte, fand ich das Städtchen in ungefähr demselben Zustande, wie ich es vor vier Jahren gesehen, wieder. Bei den Bewohnern fand das Project einer neuen Eisenbahn viel Anklang, welche Eugene City mit dem an der Central-Pacific-Eisenbahn östlich vom Gebirgszuge der Sierra Nevada liegenden Orte Winnemucca verbinden sollte und den Weiterbau der Oregon- und California-Eisenbahn über das Siskiyougebirge unnöthig machen würde. Die Eugene City- und Winnemucca-Eisenbahn würde eine Länge von circa 330 englischen Meilen haben und beim Goose Lake über Redding Anschluß an das californische Eisenbahnnetz erhalten, und gleichzeitig das westliche Oregon in eine directe Verbindung mit den östlichen Unionsstaaten bringen. Das Project ist, namentlich für Eugene City, so übel nicht, da diesem Platze dadurch ein bedeutender Verkehr zufließen müßte. Die südlich von Eugene City liegenden Ortschaften verlachen einen solchen Plan, der sie ganz außerhalb des Eisenbahnverkehrs legen würde, als ein tolles Hirngespinst der Eugener, die wahrscheinlich an Größenwahnsinn litten.

Ich will hier erwähnen, daß Eugene City der Geburtsort des Dichters Joaquin (Wah-kiehn) Miller ist, welcher durch sein zuerst in London erschienenes Werk „Song of the Sierras" einen bedeutenden literarischen

Namen in England und America erlangt hat und mit einem Male ein berühmter Mann geworden ist. Seine Stoffe sind meistens aus den westlichen Ländern gewählt und haben den Reiz des Neuen, und der reiche, volle Klang seiner markigen Sprache, sowie die großartig gezeichneten Bilder verdienen Bewunderung. Miller hat ein außerordentlich bewegtes Leben geführt: in seiner Jugend begleitete er die Indianer in Oregon und Californien auf ihren Jagd= und Raubzügen; war alsdann mit dem Flibustier Walker in Nicaragua und durchstreifte Arizona; war Herausgeber einer Zeitung in Eugene City, wo er eine Dame nach einer Bekanntschaft von nur drei Tagen heirathete und sich später wieder von ihr scheiden ließ; lebte darauf als Advocat in dem Minenorte Canyon City im östlichen Oregon und fungirte als Ochsentreiber in Idaho; ging dann nach London, wo er mit literarischen Celebritäten bekannt wurde und seine Gedichte veröffentlichte. Ob er die hochgestellten Erwartungen seiner vielen Bewunderer erfüllen wird, muß die Zukunft lehren. Interessant ist es, daß einer der bedeutenderen americanischen Dichter ein Kind des prosaischsten Landes der Welt, nämlich des regnerischen „Webfootlandes" ist. Der Verfasser erfreut sich der persönlichen Bekanntschaft dieses Genies. Joaquin Miller trägt langes blondes Lockenhaar und ist ein seltsamer Mensch. Es ist fast unmöglich, eine zusammenhängende Unterhaltung mit ihm zu führen, da er stets wie halb im Traume ist und wenig oder gar nichts sagt. Die bedeutenderen neueren poetischen Werke („Isles of the Amazon" — „Ship of the Desert") entbehren leider einer klaren Darstellungsweise. Er liebt es, sich in mystischen und sich oft wiederholenden Redensarten zu ergehen. Eine Dichtung, das Leben Jesu Christi behandelnd, von der er mir selbst einmal einige unverdauliche Verse vortrug, scheint er gottlob wieder ad acta gelegt zu haben. Ein Prosawerk, worin er die Medocindianer, deren Häuptling er einst war, verherrlicht, ist ein von überschwänglicher Romantik strotzendes Buch, das in Europa, wo man die „edlen rothen Männer" bewundert, ansprechen und in Ammenstuben entzücken mag, das aber in Californien als ein halb übergeschnappter Roman verlacht wird. Seit sich Joaquin Miller von seiner früheren Frau, einer Dichterin mit Namen Minnie Myrtle, hat scheiden lassen, belehrt diese das Publikum in öffentlichen Vorträgen über die Excentricitäten ihres ehemaligen Dichter=Gemahls und würzt ihre Reden mit allerlei Scandalgeschichten aus ihrer Ehe. Miller, dem diese Offenbarungen erklärlicher Weise wenig behagen, zog es vor, von San Francisco, welche Stadt er sich zuerst als Heimath gewählt, wieder nach Europa zu gehen und siedelte später nach Washington City über, wo er sich gegenwärtig (1876) aufhält.

Zu meinem Verdruß war in Eugene City mit mir ein echtes „Webfootwetter" eingezogen, ein Regen, „Oregon Mist", d. h. oregonischer Thau genannt, der allem Anschein nach wochenlang anhalten sollte, so gleichmäßig rauschte er vom aschgrauen Himmel herab. Für meine hier zu be= ginnende Stagefahrt nach Californien war dieser Wechsel der Witterung nichts weniger als aufheiternd, zumal ich durch die sonnigen Tage in den letzten Wochen ganz ver= wöhnt worden war und gar nicht mehr an den Webfoot= regen gedacht hatte. Die Bewohner von Eugene hatten aber entschieden andere Ansicht über das Regenwetter, und ich konnte an ihren freudestrahlenden Mienen leicht erkennen, daß sie jetzt recht in ihrem Elemente waren. Mein Wirth, den ich kleinlaut über die vermuthliche Dauer dieses schändlichen Regens befragte, bemerkte mir, sich vergnügt die Hände reibend, er glaube, daß derselbe wenigstens hundert Tage anhalten werde. Eine traurige Aussicht für einen Reisenden, der, wie ich, erwarten mußte, bei solchem Wetter während einer Fahrt von beinahe 400 Meilen in der Stagekutsche festgebannt zu sein!

V.

Die Thäler des Umpqua- und Rogue-River.

Um ein Uhr Morgens, am 27. September nahm ich meinen Sitz in der Stage, welche mich nach der 372 englische Meilen von Eugene entfernten am Sacramentoflusse liegenden Stadt Red Bluff bringen sollte. Es war eine matthelle stürmische Mondnacht, in welcher ich meine Reise antrat. Wilde Wolken jagten sich am Himmel, und heftige Windstöße pfiffen um das Gefährt, worin ich mit fünf Leidensgenossen Platz genommen hatte und auf der rauhen Landstraße dermaßen hin und her gerüttelt wurde, daß an Schlaf nicht zu denken war. Bald verdunkelten die fliegenden finsteren Wolken die Scheibe des Mondes und entluden sich in prasselnden Regengüssen, bald ergoß sich das matte Licht des Erdtrabanten über die waldige Landschaft. Froh war ich als der Tag anbrach und als Ersatz für die Strapazen der Reise wenigstens eine Umschau möglich machte. Wir traten soeben in den dichtbewaldeten Gebirgszug der Callapooya-Berge, welcher, in der Richtung von Osten nach Westen laufend, die Thäler des Willamette und des Umpqua scheidet. Diese Bergkette erhebt sich bis zu 2000 Fuß, bildet aber hier einen natürlichen Paß, der den Namen

„Paß=Creek=Cañon" führt und nur 300 Fuß über dem Spiegel des Meeres liegt.

Ich fand jetzt Gelegenheit, mit meiner Reisegesellschaft näher bekannt zu werden. Dieselbe bestand aus folgenden interessanten Persönlichkeiten: aus einem Lebensversicherungs=agenten, der von weiter nichts als von Prämien, Dividenden und Sterbetabellen sprach, einem blinden americanischen Musik=Professor, einem zanksüchtigen, kratzbürstigen Künstler, der keinen Widerspruch duldete und, wie er sagte, den oregonischen Ladies Singstunden gab und jedes Instrument perfect spielen konnte, von einer Maultrommel bis zu einem Steinway'schen Flügel; ferner aus einem Civilingenieur in Diensten des Staates Oregon, der mir manche werthvolle Aufschlüsse über die umliegende Gegend gab; aus einem Yankee=Rechenmeister, der sich den „lightning calculator" (Blitzrechenmeister) nannte, der mit einer unglaublichen Schnelligkeit die schwierigsten Rechenexempel im Kopfe löste und den biederen „Webfeet" in den kleinen Städten Vorlesungen über Arithmetik hielt, und aus einem Schweinekaufmann aus Chicago, einem rothhaarigen Irländer, der sich die Resourcen Oregons in Schweinen ansah und, wie er sich ausdrückte, nur dann wirklich wohl fühle, wenn er die Ferkel beim Abstechen schreien hören und in einem Schlachthause bis an die Knöchel in Blut waten könne. Daß die Unterhaltung in solcher Gesellschaft nie stockte, wird man mir wohl aufs Wort glauben!

Eine interessante Abwechselung gewährten bei unserer Fahrt durch die Callapooya=Berge die vielen Zelt= und Hüttenlager nahe an der Landstraße, in denen sich die Eisenbahnarbeiter häuslich eingerichtet hatten. Bald waren es Chinesen, bald Weiße, die uns einen frohen Morgengruß zuriefen, wie sie, Kaffee kochend oder ihre Morgentoilette machend, in Schaaren vor ihren Zelten und Hütten standen, welche sich oft in überraschend romantischer Lage in dem Hochwalde unseren Blicken zeigten. Die weißen Arbeiter erhalten von der Eisenbahngesellschaft 60 Dollars Gold per Monat und Beköstigung und können leicht 35 Dollars in jedem Monate erübrigen, wogegen sich der geringere Bedürfnisse habende John mit 30 Dollars Arbeitslohn per Monat begnügen muß. An den Bäumen in der Nähe der Landstraße bemerkte ich öfters große Placate befestigt, mit den Worten darauf: „railroad hands wanted!" — oder „One thousand laborers wanted!" 2c. Auf dieser Strecke bot der Bau einer Eisenbahn nur geringe Schwierigkeiten. Man brauchte nur dem von der Natur vorgezeichneten Wege durch das Gebirge zu folgen, und die prächtigsten Waldungen lieferten ganz nahe am Bahnbett Holz für Schienen, Brücken 2c. in unerschöpflichem Vorrath.

Nachdem wir auf einem $3\frac{1}{2}$ Miles langen Knüppeldamme der primitivsten Construction im Paß=Creek=Cañon halb gerädert worden waren, öffnete sich die Landschaft, und wir traten in das romantische Umpquathal, wohin uns der Paß=Creek (derselbe fällt in den Elk=Creek und dieser in den Umpquafluß) das Geleit gab. Bei der Stage=Station Hawley nahmen wir unser Frühstück ein, welches einzig in seiner Art war. Zwei irische Junggesellen in schrecklich verwahrloster Kleidung, die mit nackten Füßen in zerrissenen Pantoffeln umherschlürften, waren die Wirthe, der Koch ein Chinese, und es herrschte ein grauenhafter Schmutz in der auf den Namen eines Hotels Anspruch machenden Spelunke. Das Essen war dem Personal in derselben vollkommen entsprechend. Froh war ich, als der Kutscher zum Weiterfahren die Peitsche knallte, und ich dieses Hotel, hoffentlich auf Nimmerwiedersehen, verlassen konnte. Der Regen hatte jetzt aufgehört, und eine herrliche Landschaft lag im vollen Glanze der Morgensonne vor uns da. Grasreiche Ebenen, grünes Hügelland und malerische Waldungen wechselten mit einander ab; die Nadel= und Laubhölzer prangten in allen Farbenschattirungen des Herbstes, und jeden Augenblick öffneten sich zu beiden Seiten der Landstraße neue anmuthige Thalmulden und von grünen Hügeln umschlossene Thal=kessel, in denen sich mitunter Farmen in stiller Abgeschlossen=heit idyllisch eingenistet hatten. Die Waldungen zeigten meistens nur wenig Unterholz, welches die Indianer, um die Jagd zu erleichtern, hier im Sommer fortzubrennen pflegen, und gaben oft das Bild von natürlichen Parks. Der Boden war schwarz und fettig und soll außerordentlich productiv sein.

Wolle und Speck (bacon) sind die Hauptausfuhrartikel des Umpquathals. Mit dem Weizen pflegte man bis jetzt hier zu Lande die Schweine zu füttern, weil der Transport von Cerealien aus dieser abgelegenen Gegend wegen der damit verbundenen Unkosten keinen Nutzen abwarf. Die Hauptverkehrsader, der Umpquafluß, ist nur bis nach dem Städtchen Scottsburg, 30 Miles von seiner Mündung, für Schooner und kleine Dampfboote befahrbar. Auf Kosten der Vereinigten=Staaten=Regierung werden jetzt die die Schifffahrt hindernden Felsen in seinem Bette fortgesprengt; aber die Mündung des Flusses ist durch eine Sandbarre gefährdet und kann derselbe als Verkehrsweg nie von Be=deutung sein. Daß eine Eisenbahn für diese an natürlichen Hülfsquellen reiche aber entlegene Gegend von weittragenden Folgen sein und einen totalen Umschwung in alle Verhält=nisse bringen muß, liegt auf der flachen Hand. Jedermann redete denn auch von der Eisenbahn: wie bald die Ver=bindung sowohl mit Californien als mit dem Willamettethale hergestellt sein, und welchen Einfluß die Eisenbahn auf die Zukunft dieses Landes haben würde? 2c. In den kleinen Ortschaften lebten die Bewohner theils in der Hoffnung,

daß ihr Platz sich bald durch die Eisenbahn zu ungeahnter
Blüthe emporschwingen müsse, theils befürchtete man die
Concurrenz von neuen an der Bahnlinie entstehenden
Städten, und Schwarzseher prophezeiten, daß bald das
Gras in den Straßen der alten Ortschaften wachsen, und
die ins Land strömenden Fremden allen Handel an sich
reißen würden: und so war wechselnd Zweifel und
Hoffnung, Furcht und Freude in diesem Lande über den
nahen Advent des mächtigen Civilisators der Neuzeit, —
der Eisenbahn.

Nach einer ununterbrochenen Fahrt von 57 englischen
Meilen, die uns durch eine an landschaftlichen Reizen reiche
Gegend führte, erreichten wir um Mittag das Städtchen
Oakland.*) Dieser Ort liegt ganz zwischen Bergen versteckt
und, wie mir schien, auf einem höchst unpassenden Platze.
Ein heftiger Regen machte die steilen Straßen nichts
weniger als einladend, so daß ich froh war, als die Stage
den hohen Hügel, auf dem das Hotel lag, erklommen hatte,
und ich von der windschiefen Veranda desselben wie aus
einem Adlerhorste die schmierige, von Regen überfluthete
Umpquastadt in aller Gemüthsruhe betrachten konnte.
Der Ausdruck schmierig ist für das Umpquathal bei Regen=
wetter sehr bezeichnend, und den Umpqua=„Mud" hat
jeder Reisende in Oregon in schlimmer Erinnerung. Als
wir nach eingenommenem keineswegs sybaritischen Diner
Oakland wieder verließen und nach dem Städtchen Rose=
burg weiter fuhren, wurde mir eine bleibende Erinnerung
an den „Umpqua=Mud". Der schwarze Boden war nach
dem letzten Regen dermaßen fettig und klebrig geworden,
daß er die Oeffnungen zwischen den Speichen der Wagen=
räder ganz ausfüllte. Alle paar hundert Schritt mußten

*) Im Frühjahr 1875 wurden in der Nähe von Oakland
reiche Ablagerungen von Cinnober (Quecksilbersalz) entdeckt.

wir halten, weil die sechs Pferde, welche den Vorspann bildeten, die Stage nicht weiter vorwärts bringen konnten, und reinigten die Räder mit Fenzriegeln; eine sehr ermüdende Arbeit, von welcher nur der blinde Musikprofessor vom Kutscher dispensirt wurde.

Die Gegend behielt ihr anmuthiges Bild und dieselbe auf der Eisenbahn oder auf einer guten Chaussee, statt im „Umpqua-Mud", zu durchfahren, wäre ein Capitalvergnügen gewesen. Die kleinen von waldigen Hügeln und ansehnlicheren Bergkegeln eingeschlossenen grünen Thäler, von denen sich dem Blick alle paar Miles neue aufschlossen, bildeten meistens Heimstätten für nur eine Farmerfamilie, und es war eine Seltenheit, zwei oder mehrere Wohnungen in einem Thale zu sehen. Ein Farmer in Umpqua pflegt alles Land in einem dieser kleinen Thäler von der Regierung anzukaufen und hat dann die naheliegenden bewaldeten Hügel als vorzüglichen Weidegrund umsonst, weil diese allein keine Käufer finden. Wer, nachdem die Eisenbahn dieses Land mit der Außenwelt verbunden hat, ein solches kleines Paradies sein Eigenthum nennt, der ist in der That ein Glücklicher unter den Ackerbauern Americas!

Nachdem wir den North-Umpqua, der sich mit dem südlichen Arme des gleichnamigen Flusses unterhalb Roseburg vereinigt, bei der aus einem Hause bestehenden Stadt Winchester auf einer Fähre überschritten hatten, erreichten wir endlich gegen fünf Uhr Abends das Städtchen Roseburg, 75 Miles von Eugene City, die Hauptstadt von Umpqua, in welchem Orte ich bis zum nächsten Abende verweilte.

Roseburg, ein freundliches Städtchen von etwa 500 Einwohnern am South-Umpqua, gefiel mir recht gut. Die ungepflasterten Straßen allerdings waren in Folge der letzten Regengüsse in einem bedauernswerthen Zustande;

aber die Umgebungen des Ortes, die grünen Felder und
sanft anschwellenden Hügel, die Myrthen-, Eichen- und
Akazienhaine waren reizend. Das Städtchen ist der Regierungssitz von Douglaß County, welches einen Flächen-
inhalt von 5000 englischen Quadratmeilen hat. Die dünn
gesäete Bevölkerung des Countys bezieht von hier aus
ihren Bedarf an Waarengütern aller Art, und die Kaufleute in Roseburg haben das ganze Exportgeschäft der
Landesproducte in Händen. 800,000 Pfund Wolle,
400,000 Pfund Speck und etwa 4000 Stück Schlachtvieh
werden jährlich von Roseburg ausgeführt. Die im County
geernteten Cerealien werden im Lande selbst verbraucht.
Die Schafzucht ist bedeutend in dieser Gegend und eine
Quelle namhaften Wohlstandes für die Bevölkerung.
Douglaß County producirt mehr Wolle, als irgend andere
drei Counties in Oregon zusammengenommen. Im Jahre
1874 belief sich die Wollschur in Oregon auf drei Millionen
Pfund.

Deutsche trifft man in Umpqua, einige jüdische Kaufleute und Bierbrauer abgerechnet, fast gar keine, und diese
wenigen haben sich auf traurige Weise americanisirt. Ich
redete in Roseburg einen deutschen Schenkwirth in Gegenwart mehrerer Americaner auf Deutsch an. Der gute
Mann wurde ganz roth vor Scham, als ich ihn rücksichtslos
so vor den Americanern als einen Dutchman bloßstellte,
und antwortete mir auf Englisch, er habe sein Deutsch
längst vergessen. Roseburg ist sicherlich einer der gesundesten
Orte in der Welt. Ein Arzt, der hier von dem Honorar
leben wollte, das ihm etwaige Patienten zahlten, müßte
elendiglich Hungers sterben. Es ist in dieser glücklichen
Gegend eben nie Jemand krank und die Leute sehen alle
aus, als ob Jeder von ihnen noch ein Jahrhundert leben
sollte. Im Durchschnitt rechnet man hier einen Todesfall

per Jahr auf 500 Einwohner. Der letzte Todesfall fand in Roseburg, wie man mir erzählte, im Frühjahr 1870 statt. Oregon ist überhaupt ein sehr gesundes Land. Nach dem im Jahre 1870 aufgenommenen Census der Vereinigten Staaten, mit dem eine Sterblichkeits-Statistik verbunden ist, ist die Sterblichkeit in Oregon geringer, als in irgend einem anderen Theile der Union, mit alleiniger Ausnahme des Territoriums Idaho.

Selbstverständlich besitzt die Stadt Roseburg auch ihre Localzeitung; aber die geistige Speise scheint dieser kerngesunden Bevölkerung nicht sonderlich zu behagen. Nur eine Wochenzeitung, „The Plaindealer", fristet in Umpqua eine precäre Existenz. Der Redacteur einer hier früher erscheinenden zweiten Localzeitung, „The Ensign", wäre vor etwa anderthalb Jahren fast Hungers gestorben, da kein Roseburger mehr auf das Blatt abonniren wollte. Er kam deshalb zu dem vernünftigen Entschluß, ein Schafszüchter zu werden, und handhabt jetzt die Wollscheere statt der Papierscheere.

Wie zu erwarten stand, fand ich die Bürger dieser naturwüchsigen Commune über den nahen Advent der Eisenbahn in großer Aufregung, und um dieselbe drehte sich hier wie in ganz Umpqua das Tagesgespräch. Auf Herrn Holladay, der sechszig Acker werthvollen Bodens in der Nähe von Roseburg geschenkt haben wollte, um darauf einen Bahnhof anzulegen, war man wegen dieser Anmaßung fuchswild. Die Eisenbahn müsse doch Roseburg berühren, sagte man, und sie, die Roseburger, ließen sich durch keinen Millionär bange machen! sie nicht — Gott bewahre! — Aber man wird es hier wie in allen kleinen Städten Oregons an der projectirten Eisenbahnlinie voraussichtlich beim Raisonniren bewenden lassen und sich schließlich noch freuen, wenn Herr Holladay die Schenkung in Gnaden annimmt und nicht die Eisenbahn so und so viele Meilen von der Stadt entfernt bauen läßt und neue Oppositions=städte dort „auslegt."*).

Der für die Cultur den meisten Werth habende Theil des Umpquathales liegt zwischen der Cascade Range und dem Küstengebirge und hat eine Ausdehnung von etwa 40 Miles von Ost nach West und fast 100 Miles von Norden nach Süden. Dieser ganze Landstrich ist durch die zahl=reichen Verzweigungen des Umpqua, dessen Hauptstrom sich in nordwestlicher Richtung durch einen natürlichen Paß zwischen den Callapooya= und Umpquabergen einen Weg nach dem Ocean gesucht hat, sowie durch eine Menge von vereinzelt auftretenden Hügeln und kleineren Bergzügen in eine große Anzahl von Längenthälern und Thalkesseln gleichsam durchschnitten. Die schönsten und größeren von diesen sämmtlich sehr fruchtbaren Thälern führen Namen wie „looking glass valley" — „happy valley" — „garden spot valley" ꝛc. Sechszig Miles oberhalb Roseburg werden seit einer Reihe von Jahren bei dem kleinen Minenorte Bohemia ziemlich ergiebige Goldplacers am Umpqua bearbeitet. Die Ausfuhr der Landesproducte fand, wie schon erwähnt worden, bis jetzt auf dem für die Schifffahrt sehr unzuverlässigen Umpquaflusse statt. Doch werden sich für diese Gegenden bald neue und bessere Ver=kehrswege öffnen. Außer der schnell von Norden her vor=

*) Wie dem Leser bekannt ist, ist Roseburg bis auf Weiteres der südliche Endpunkt der Oregon- und California=Eisenbahn ge=blieben. Für eine kleine Inlandstadt ist eine solche Stellung natürlich von nicht geringer Bedeutung, da die Wiederverschiffung von Waarengütern dem jedesmaligen Terminus einer im Bau be=griffenen Eisenbahn viel Handel und Verkehr bringt. Die Roseburger sind wohl die einzigen Leute in Oregon, welche die finanziellen Schwierigkeiten, womit die Oregon- und California=Eisenbahn zu kämpfen hat, als ein Glück betrachten.

schreitenden „Oregon= und California=Eisenbahn" ist eine neue Wagenstraße über das Küstengebirge nach der 60 Miles westlich von Roseburg liegenden Coos= (Kuhs) Bai im Bau begriffen, deren Gewässer 20 Miles weit von der See ins Land einschneiden und einen vortrefflichen Hafen bilden. Binnen fünf Wochen, hieß es, sollte die Wagenstraße von Roseburg nach dem an der Coosbai liegenden kleinen Hafenorte Empire City dem Verkehr übergeben werden. Die Ufer der Coosbai sind mit majestätischen Fichtenwaldungen bedeckt, deren schlankaufragende Stämme für die vielen dort angelegten Sägemühlen ein Rohmaterial von unübertrefflicher Güte liefern. Auch vorzügliche Kohlen werden hart am Ufer jener Bai gefunden und direct aus den Gruben in Schiffe verladen.

Am Abende des 28. September verzögerte sich meine Abfahrt bis halb 10 Uhr, da die Stage wegen des Regenwetters sechs Stunden länger Zeit als gewöhnlich gebraucht hatte, um sich durch den „Umpqua=Mud" hindurchzuarbeiten. In heller Mondnacht fuhren wir am hohen Ufer des Umpqua hin. Silbern durchschlängelte tief unter uns der breite Fluß den Thalgrund, dessen jenseitiges Gelände sich in sanft ansteigenden parkähnlich bewaldeten Höhen emporbaute. Aber bald kamen wir in eine düstere Gebirgslandschaft. Während der nächsten 13 englischen Meilen führte die schrecklich rauhe Straße durch einen Engpaß der Rogue River Berge — Canyon Pass of Umpqua —, der die einzig mögliche Verbindung zwischen den Thälern des Rogueflusses und des Umpqua bildet. Vor etwa zwanzig Jahren, ehe die jetzige Straße gebaut war, war die Passage durch diesen Gebirgspaß der Schrecken aller von Californien nach dem Willamettethale ziehenden Emigranten, die oft fünf bis sechs Wochen Zeit gebrauchten, um durch die dicht bewaldeten Schluchten gelangen zu können. Die Spuren

der alten Emigrantenstraße sind heute noch sichtbar und ich
gewahrte an verschiedenen Stellen wild durch einander ge=
stürzte Haufen von Baumstämmen, wo sich die Emigranten
mit der Axt einen Weg durch den Urwald gebahnt hatten.
Finstere Waldungen bedeckten zu beiden Seiten des Eng=
passes die Abhänge; ein im Forste beutesuchender Panther
schrie mit dem diesem Raubthiere eigenthümlichen Laute
wie ein weinendes Kind mehrmals ganz in unserer
Nähe, so daß die Pferde, welche seine Nachbarschaft
witterten, kaum zu halten waren; dabei stieß der Wagen,
als ob Alles an ihm in Stücke brechen müßte.

Einer Gesellschaft von sieben Reitern, welche vor
einiger Zeit am hellen, lichten Tage durch eben dies
Cañon kam, passirte dort ein interessantes kleines Aben=
teuer, dessen Hauptactor ebenfalls ein Panther war. Ihre
Pfeifen rauchend und in reger Unterhaltung begriffen,
ritten sie, die Flinten auf der Schulter und nichts Arges
ahnend, unter einem dicht belaubten Eichbaum hin, als sich
plötzlich ein großer Panther vom Baume herab auf das
Kreuz eines Maulthiers stürzte, auf welchem Einer von
der Reitercavalcade gemüthlich dasaß. Die angenehme
Situation des Reiters, hinter dem der Panther den
Rücken des Esels, auf dem er saß, zerfleischte, läßt sich
denken! Keinem von der Gesellschaft kam der Gedanke,
auf das Raubthier zu schießen, aber Alle schlugen mit
ihren Flinten unter wüthendem Geschrei auf dasselbe los,
während die Pferde in wildem Gewirr hin und her sprangen,
sich erschreckt bäumten, hinten und vorn ausschlugen und
in die Zügel schnoben und knirschten. Dem Panther
wurden die Prügel, welche man ihm applicirte, zuletzt
denn doch zu arg und er empfahl sich plötzlich mit einem
Satze in ein nahes dichtes Gebüsch. Jetzt erst dachte die
Reiterschaar an ihre geladenen Flinten und man schoß aufs

Gerathewohl eine Salve ins Dickicht hinein. Dies that dem Panther jedoch augenscheinlich kein Leid an, da er sich bald darauf seitwärts am Berge in einer Lichtung zeigte, durch welche er in langen Sätzen hineilte und das Weite suchte. Dieses Raubthier muß entschieden sehr hungrig gewesen sein, um einen derartigen ganz unerhörten Angriff unternommen zu haben, wie Aehnliches hier zu Lande noch nie vorgekommen ist. Während uns der mitreisende Civilingenieur dieses Abenteuer mittheilte, traten wir, herzlich froh, daß der im nahen Dickicht umherstreifende Panther uns nicht auch einen ähnlichen Besuch zugedacht, endlich bei der kleinen Ortschaft Canyonville aus dem düsteren Engpasse heraus. In offener Gegend fuhren wir dann über die „Burnt Hills" und „Grave Creek Hills", welche niedrigen Bergzüge die Wasserscheide zwischen den Thälern des Umpqua= und des Rogueflusses bilden. Die Eisenbahn wird beim Ueberschreiten der Rogue=River= Berge ein schwierigeres Terrain als in den Callapoyabergen finden; es müssen, obgleich ihre Erhebung nicht bedeutend ist, dort tiefe Einschnitte gemacht und Trestlebrücken bis zu hundert Fuß Höhe gebaut werden. Die nivellirte Linie der Eisenbahn verläßt den Umpquafluß beim sogenannten „Bend of Umpqua" und läuft 2½ Miles südlich von Canyonville durch den Cow=Creek=Paß.

Bei Tagesanbruch traten wir bei der Stagestation Levens, 40 Miles von Roseburg, in das Quellgebiet des Rogueflusses, der sich 15 Miles nördlich von der califor= nischen Grenze in den Ocean ergießt. Das landschaftliche Bild hatte sich wesentlich verändert. An Wald war die Gegend reicher als das Umpquathal; aber der röthliche und lehmige Boden schien für Agriculturzwecke kalt und unfruchtbar zu sein. Nur selten bemerkte ich Farmen, und diese waren arg verwahrlost. An den verfallenen Fenzen und den augenscheinlich jahrelang brach gelegenen Feldern war deutlich zu erkennen, daß die Farmer es für verlorene Mühe hielten, Geld und Arbeitskraft zur Verbesserung ihres Besitzthums zu verwenden. Obst, welches in den nördlicheren Districten Oregons in unerschöpflicher Fülle wächst und dort für Spottpreise zu erlangen ist, war hier eine Seltenheit. Obgleich wir Passagiere uns öfters in den spärlich an der Landstraße liegenden ärmlichen Wohnhäusern darnach umsahen, blieben unsere Nachforschungen doch fast ganz unbelohnt.

Im schlanken Trabe ging es jetzt bergab, auf den schändlichsten Knüppeldämmen und über Stock und Stein, so daß wir bedauernswerthen Reisenden in der grauenhafte Sätze machenden Stage „wie lose Knochen durch einander gerüttelt wurden". Der blinde Musikprofessor und der Lebensversicherungsagent, mein Freund, der Civilingenieur, der Blitzrechenmeister, der rothhaarige Irländer und ich beschworen den Kutscher langsamer zu fahren. Aber dieser lachte uns aus und hieb noch toller auf die Gäule ein, um, wie er sich ausdrückte, die im „Umpqua=Mud" verlorene Zeit wieder einzuholen. Neben uns rauschte der Cow=Creek durch den Wald, als wollte er sich mit lautem Brausen über unsere Leiden lustig machen; mehrere Male passirten wir den gewundenen Bach auf den polizeiwidrigsten Brücken unter Gottes Sonne, — lose Knüppel, die auf runden Querbalken neben einander gelegt waren und beim schnellen Hinüberfahren wie vor Vergnügen klappernd hoch emporsprangen; die alten knorrigen Eichen streckten ihre mit langem Moos behängten Aeste mitunter neckisch in die Wagenfenster, oder rasselten damit über das Kutschendach, als ob auch sie ihre Freude bei der famosen Fahrt haben wollten. Als die Knüppeldämme hinter uns lagen, und wir auf glatter Straße eine offene Gegend erreichten,

athmeten wir freier auf. Ich nahm beim ersten Halte=
platze meinen Sitz neben dem Kutscher auf dem Bock, um
eine freiere Umschau zu genießen, als im Innern des Wagens
möglich war. Mit schlanken Fichten dicht bestandene Berg=
züge folgten jetzt in stets wechselnden Conturen auf einander
und erschlossen sich, beim raschen Weiterfahren sich allmählich
hinter einander hervorschiebend, dioramenartig dem Auge.
Das Wetter war, als die Sonne höher stieg, prachtvoll ge=
worden, und ein tiefblauer Himmel, klar und unbewölkt,
wölbte sich über die wildromantische Landschaft.

Auf der Höhe eines steinigen Bergrückens machte mich
der Kutscher auf einen links nahe an der Landstraße isolirt
daliegenden abgerundeten Felsblock aufmerksam, zu dem,
wie er mich belehrte, die Umpqua=Indianer mitunter pil=
gerten, um ihn anzubeten. Ich ließ den Wagen eine
Weile halten und stieg ab, um den heiligen Stein etwas
näher in Augenschein zu nehmen, bemerkte jedoch weder
eingeschnittene Zeichen noch sonst etwas Außergewöhnliches
an demselben. Ob die Indianer eine Gottheit in dem
Felsen verehren, oder was es sonst für eine Bewandtniß
mit demselben hat, konnte ich nicht in Erfahrung bringen.
Die Landstraße führte jetzt meistens durch Hochwald, in
welchem eine Menge von halbverbrannten umgestürzten
Stämmen, wild über einander geworfen, den Boden be=
deckten — die Spuren eines verheerenden Waldbrandes.
Auf den Hügeln wuchsen zahlreiche rothbraune Manzanita=
sträuche. Wir begegneten einer Fuhr, die mit diesem
Holze, das einen Exportartikel bildet, schwer beladen war.

Aus dem „Grants Paß", 65 Miles von Roseburg,
heraustretend, überraschte uns eine herrliche Fernsicht in
das Thal des Rogueflusses. Weit vor uns im Süden
erhob sich die mächtige dunkelviolette Bergkette der Apple=

gate= und Siskiyou=Gebirge, welches letztere nur 20 Miles nördlich von der Grenzscheide zwischen Oregon und Californien liegt, während das nähere Hügelland mit zerstreuten Laub= und Nadelholzwaldungen in verschiedenen Farben=schattirungen marmorirt war. Ab und zu kamen wir an verlassenen wüsten Goldplacers vorbei. Bald darauf er=reichten wir den Rogue=River und kutschirten mehrere Meilen auf seiner steinigen Uferbank hin. Mit schäumender, wirbelnder Fluth brauste uns der wilde Bergstrom entgegen, von dessen jenseitigem Strande sich prächtig bewaldete Berge emporbauten. Im Flusse waren Miner fleißig beim Goldwaschen beschäftigt. Ein halbes Dutzend große und kleine Wasserräder drehten ihre breiten Schaufeln in der reißenden Fluth und pumpten durch Mühlenkraft das Wasser hinauf in die bretternen Goldwaschrinnen, zu denen die Miner (Chinesen) die goldhaltige Erde hinaufkarrten und in dieselben hinaufschaufelten, — ein buntes und be=wegtes Bild!

Eine Weile verließen wir jetzt den Rogue River und durchkreuzten einen Nebenfluß desselben, den flachen und breiten Evans Creek. Das Wald= und Gebirgspanorama war hier außerordentlich großartig und erinnerte an die weltberühmten Scenerien in der Sierra Nevada. Die Beleuchtung der Gebirge durch die Strahlen der tiefer sinkenden Sonne, welche mit langem Schattenschlag die hohen Fichten in seltener Schärfe an den grünen Ab=hängen abzeichnete, trug nicht wenig dazu bei, hier ein Landschaftsgemälde von fesselnder Schönheit vor Augen zu stellen. Nur die häufiger auftretenden verlassenen Minen=lager drängten sich wie Denksteine einer rauhen Civilisation in diese prächtige Natur. Eine alte verfallene, aus ge=waltigen, aufrecht neben einander stehenden Baumklötzen errichtete Stoccade nahe am Wege erinnerte an die blutigen

Kriege der Indianer des südlichen Oregon mit den Weißen, welche noch in den funfziger Jahren hier mit teuflischer Wuth geführt wurden. Erst als die Indianer die Unmöglichkeit eines fernern Widerstandes gegen die bei Tausenden vom Goldfieber ins Land gelockten Weißen begriffen hatten, vergruben sie ihre Tomahawks und sind seitdem die friedlichsten Geschöpfe auf Gottes Erdboden geworden. Aber ihr alter Männerstolz ist ganz dahin, und wer jetzt in diesem Lande einer Gesellschaft von Rothhäuten in ihren Bettleranzügen begegnet, der kann sich in diesen Jammergestalten nur schwer die Nachkommen jener kriegerischen Umpqua- und Pitt-River-Indianer vorstellen, welche den Weißen hier viele Jahre lang jeden Fußbreit Bodens mit verzweifelter Tapferkeit streitig machten.

Aufs Neue erreichten wir das felsige Ufer des Rogueflusses, der in abwechselnder Breite von 50 bis 200 Ellen uns seine klaren reißenden Fluthen entgegenrollte, und ich bemerkte mehrere große Räder von Goldwäschereien, welche langsam in dem schnell fließenden Wasser ihre Drehungen machten. Wohlbestallte Farmen und schmucke Wohnungen lagen an beiden Ufern des Flusses und der Mais stand mit vollen goldgelben Kolben auf den Feldern, — ein augenscheinlicher Beweis, daß wir uns rasch einer civilisirteren Gegend näherten. Bei dem freundlichen Weiler Rock-Point, 13 Miles von Jacksonville, überschritten wir den Rogue-River auf einer hohen und langen Holzbrücke. Schon der Name des Ortes bezeichnet seine Lage. Das Bett des Flusses war hier von schwarzen Felsen gleichsam übersäet, und wie ein Vorgebirge hatten sich dieselben an einer Stelle am Ufer aufgethürmt. Die Brücke war keineswegs mustergültig. Ein Fuhrmann in Deutschland würde schwerlich sich und sein Gespann einer solchen elenden Structur über einen so reißenden Strom, wie den Rogue River, anvertrauen, dessen Bett unter der Brücke von Felsen starrt. Aber in Oregon nimmt man es nicht so genau mit der Sicherheit. Obgleich unser Kutscher sein Viergespann langsam mit der schweren Fuhr über die hohe Brücke trieb, knarrte und krachte dieselbe doch in allen Fugen auf eine höchst bedenkliche Weise.

Von der Brücke sahen wir das Rogue-River-Thal in Perspective, wie eine lange Vista, hinunter; in der Mitte der wildbrausende Fluß, an seinem Strande schwarzes basaltartiges Felsgetrümmer, zu beiden Seiten hochaufsteigende, prächtig bewaldete Berge, und die weißen Gebäude von Rock Point reizend am nahen Ufer, — eine hochromantische Aussicht. An dem Geländer der Brücke las ich, vielleicht zum tausendsten Mal die mit großen weißen Lettern hingemalte Anzeige einer Patent-Fiebermedicin „Unk Weed Remedy!" — ich sage zum tausendsten Mal, denn seit ich Portland verlassen, schienen mich diese Worte gleichsam zu verfolgen: an jeder Fenz, an jedem dicken Baume, auf jedem hervorragenden Felsblock, an Schweineställen, Häusern 2c., überall waren dieselben Worte hingemalt, um die Aufmerksamkeit der Reisenden zu fesseln „Buy it! — Buy it! Unk Weed Remedy! — Oregon Rheumatic Cure!" — Dem Fabrikanten der Medicin müssen diese Anzeigen, welche sich bis nach San Diego im südlichen Californien erstrecken sollen, ein bedeutendes Capital gekostet haben, aber in America belohnt sich nichts besser als der Humbug!

Einige Meilen weiter verlassen wir die Cañons am Rogueflusse und es öffnet sich vor unserm Blick die mit Bäumen, Feldern und Farmen übersäete fruchtbare Thalebene von Jacksonville. Meilenweit schweift das Auge hin über eine herrliche Landschaft bis nach der dichtbewaldeten,

2000 bis zu 5000 Fuß hohen Gebirgskette der Siskiyou=
berge. Etwas nach links und vor uns ragt die gewaltige
Schneekuppe des gegen 11,000 Fuß hohen Mount M'Laughlin
(Laflin), der ein Nachbar des 90 Miles entfernten großen
Klamathsees ist, hoch empor in den blauen Aether und
blickt, das silberne Haupt mit einem Wolkendiademe um=
kränzt, wie ein König herab in das grüne Thal. Schnell
jagen wir hinunter in die Ebene, und bald liegen die
Rogue=River=Berge im blauen Dufte weit hinter uns.
Die auf allen Feldern zerstreut wachsenden breitgeästeten
Eichen machen heimische Erinnerungen wach an das nahe
Californien, und der Anblick der Landschaft hat nichts
mehr mit Oregon gemein. In lustiger Fahrt auf glattem
Wege, zwischen wohlangebauten Feldern und fruchtbeladenen
Obstgärten hinkutschirend und vorbei an freundlichen
Wohnungen, geht es nun nach dem nicht mehr fernen
Jacksonville, dem Hauptort des südlichen Oregon; wir
passiren die ganz in der Nähe jenes Platzes liegenden,
zu dieser Jahreszeit nicht bearbeiteten, wüsten, ausgedehnten
Goldplacers und rasseln endlich, um fünf Uhr Abends,
durch die Straßen der ersehnten Stadt, nach einer ununter=
brochenen Stagefahrt von 95 englischen Meilen, seit wir
in der letzten Nacht Roseburg am Umpqua verlassen haben.

Die Stadt Jacksonville, welche am Jackson=Creek, einem
Nebenflüßchen des Rogue=River, liegt, 295 Miles von
Portland und etwa 130 Miles von der Seeküste entfernt,
zählt gegen 1500 Einwohner. Die Bevölkerung dieses
Platzes ist eine sehr gemischte. Chinesen sind dort unge=
wöhnlich stark vertreten, und fast ein Drittheil der Ge=
sammtkopfzahl besteht aus Deutschen. Irländer, Portugiesen
und Kanakas (Sandwichsinsulaner), welche letztere als fleißige
Arbeiter in den Goldminen sehr geschätzt werden, bilden
starke Bruchtheile der Bevölkerung.

Jacksonville verdankt sein Entstehen dem Entdecken von reichen Goldablagerungen im südlichen Oregon, welches sich bereits vom Jahre 1850 herdatirt. Zur Zeit seiner Blüthe rivalisirte dieser Platz mit der jenseits der Siskiyouberge liegenden californischen Minenstadt Yreka und noch jetzt ist der Ertrag seiner Placers bedeutend. Der Ort sieht übrigens nichts weniger wie eine Minenstadt aus, wo die Bevölkerung sich stets in einer Fieberhitze von geistiger Aufregung zu befinden pflegt, sondern hat vielmehr das Ansehen eines gewöhnlichen stillen americanischen Landstädtchens. Der in allen Minenplätzen Californiens stets rege Unternehmungsgeist scheint diesen schläfrigen oregonischen Goldgräbern ganz abhanden gekommen zu sein. Man klagte viel über die Trockenheit der letzten Jahre, wodurch der Ertrag der immer noch sehr reichen Placers sich von 300,000 Dollars Werth Gold im Jahre auf etwa 35,000 Dollars vermindert habe. Dem Mangel an Wasser würde jedoch durch das Herstellen eines großen Minengrabens von etwa 92 Miles Länge leicht abzuhelfen sein. Ein derartiges Unternehmen, das die verhältnißmäßig geringe Capitalanlage von nur 75,000 Dollars erfordert, wäre leicht auszuführen und müßte ungeheuern Nutzen bringen. In einer californischen Minenstadt wäre ein solcher Graben natürlich längst angelegt worden; aber in Jacksonville gilt das Motto: „nur immer langsam voran!" — und der große Graben figurirt hier seit einem Decennium nur auf dem Papier.

Die Gegend bei Jacksonville ist nicht nur reich an Ablagerungen von körnigem Freigold (Placers), sondern auch an gold= und silberhaltigem Quarz, und würde eine mit Benutzung der neuesten Betriebsmethoden im Bergbau auf energische Weise durchgeführte Bearbeitung dieser Erze erstaunliche Resultate liefern. In den Quarzminen bei

Gold-Hill, 7 Miles nördlich von Jacksonville, wurde das reichste Golderz an dieser Küste gefunden. Aus einer „Tasche" von nur 12 Cubikfuß gewann man dort 130,000 Dollars Werth an Gold. Silbererze, in Stücken von der Größe einer Wallnuß bis zu 25 Pfund Schwere und von großem Reichthum, sind über die ganze Gegend zerstreut; ein kleiner Haufen eingesammelter Quarzstücke hatte einen Metallwerth von 7000 Dollars in Silber. Aber die Ausbeute der gold- und silberhaltigen Gänge geschieht hier auf einem sehr primitiven Wege. Die zwei bedeutendsten der bei Gold-Hill angelegten Minenschachte haben nur eine Tiefe von 150 und von 80 Fuß, und sonst ist keiner in der ganzen Umgegend tiefer als 14 Fuß. Die Quarzpochwerke und die Amalgamationsapparate sind schlecht construirt, Schmelzöfen sind keine vorhanden, und die Minen werden sehr nachlässig bearbeitet. Eine thatkräftige californische Bevölkerung würde den Ertrag der Minen im südlichen Oregon leicht verzehnfachen. Im Winter 1874—75 wurden am Rogue River, 37 englische Meilen unterhalb Rock Point, gewaltige Quarzgänge entdeckt (Galice-Mines), die einen bedeutenden Procentsatz von Gold und Silber enthalten. Bis jetzt ist aber noch kaum ein Anfang zum Bearbeiten derselben gemacht worden. Vier Miles südlich von Jacksonville befinden sich große Marmorlager. Der Marmor kommt dort in drei Arten vor, von denen ein geäderter sehr schön, und ein ganz weißer dem von Carrara an Güte fast gleichkommen soll. Marmorbrüche existiren daselbst aber bis jetzt noch nicht. Ebensowenig hat man die Kupfer- und Cinnabarerze, woran dieses Land einen Ueberfluß besitzt, auszubeuten versucht. An Naturwundern ist dieses Land ebenfalls reich; aber man erfährt nur zufällig davon, und kein Mensch kümmert sich um dieselben. Sechzig englische Meilen östlich von Jacksonville liegt z. B. an der Straße

nach den Klamathseen ein birnenartig gestalteter, vier Miles
breiter und etwa sechs Miles langer merkwürdiger Landsee,
mit senkrecht abfallenden 800 bis 2000 Fuß hohen Fels=
ufern. Inmitten des Landsee's, der nur an einer Stelle
zugänglich ist, befindet sich eine kleine Felseninsel mit einem
tiefen Krater im Innern derselben. In der Nähe desselben
See's liegt ein sechs Miles langes Cañon, dessen doppelte
Felsreihe aus Basaltsäulen, die bis dreißig Fuß aufragen,
gebildet ist und ein ganz überraschendes Bild bietet.

Jacksonville ist nicht bloß als Minenort von Bedeutung,
nach eines der fruchtbarsten Thäler Oregons liegt in seiner
unmittelbaren Nähe und macht es zum natürlichen Stapel=
platze für seine Producte: das in einer Breite von 15 Miles
von Norden nach Süden und einer Länge von 50 Miles
von Ost nach West sich erstreckende Thal des Rogueflusses.
Weizen, Hafer und Gerste, sowie Aepfel, Birnen, Pflaumen,
Aprikosen und alle Arten von Beeren (Stachelbeeren, Him=
beeren 2c.) und von Gartenfrüchten gedeihen dort vortrefflich.
Ansehnliche, wohlcultivirte Farmen sind zahlreich in jenem
Thale. Ein lebhafter Handel findet mit dem 90 Miles
entfernten Fort Klamath statt, wo einige Compagnien Ver=
einigte = Staaten = Militär in Garnison liegen, die ihren
ganzen Bedarf an Lebensmitteln 2c. von hier aus erhalten.
Von auswärts werden die Waarengüter meistens durch den
120 Miles von Jacksonville entfernten am Meere liegenden
Hafenort Crescent City bezogen; doch wird mit dem Fort=
bau der Eisenbahn ein radicaler Umschwung in alle
Handelsverhältnisse kommen, und sich der Kostenpunkt des
Waarentransportes bedeutend geringer stellen. Gegen=
wärtig berechnen die Dampfboote von San Francisco nach
Crescent City 5 bis 6 Dollars per Tonne Fracht, außer
$2\frac{1}{2}$ Dollars per Tonne Hafengebühren, und der Wagen=
transport vom Landungsplatze nach Jacksonville kostet außer=

dem brei Cents fürs Pfund. Ich will noch erwähnen, daß die in der Stadt Salem tagende Legislatur des Staates Oregon dem Rogue=River (Schurkenfluß) den ihr civilisirter dünkenden Namen Gold=River (Goldfluß) officiell beigelegt hat. Aber den Bewohnern des südlichen Oregon scheint der hergebrachte Name passender zu sein und ist ihnen als Erinnerung an die gute alte Zeit lieb und theuer geworden; der neue Name wird hier nicht anerkannt, und als „Schurkenfluß" strömt der wilde Bergstrom auf goldhaltigem Grunde nach wie vor dem Ocean zu.

Am Abende während meines Aufenthaltes in Jacksonville brachte mein Reisegefährte, der Blitz=Rechenmeister, die ganze Bevölkerung des Ortes auf die Beine, redete bei Fackelbeleuchtung auf der Straße „das intelligente Publicum von Jacksonville" an, und hielt ihnen eine Vorlesung über Arithmetik und eine zu vereinfachende Rechnungsmethode. Mit Kreide rechnete er an einem schwarzen Brette die verwickeltsten Aufgaben fabelhaft schnell aus; addirte eine ellenlange Columne von langzifferigen Zahlen im Handumdrehen; multiplicirte in nur einer Reihe Billionen und Quatrillionen, daß es wie ein Hexenkunststück aussah; schlug sich an den Kopf und zog bei ihm gestellten Fragen die Zahlen wie mit einem Pfropfenzieher daraus hervor; machte Zinsenberechnungen, wie mir Aehnliches nie vorgekommen, und schwadronirte dabei mit einer unglaublichen Suade, erzählte Anekdoten ꝛc., daß das „intelligente Publicum von Jacksonville" ihn mit offenem Munde anstaunte und seinen Witzen entzückt zujubelte. Zum Schluß verkaufte er seine Rechenbücher, die alle jene Zahlengeheimnisse enthalten sollten — 114 Seiten brochirt, zu drei Dollars die Copie — so schnell wie warme Semmeln. In jedem kleinen Platze Oregons hatte ich während der letzten Woche allabends dasselbe ergötzliche Schauspiel gehabt, aber in Jack=

sonville übertraf der „Yankee=Ligthning Calculator" sich selbst.

Während meiner letzten Reise von Oregon nach Californien — im October und November 1875 — kam ich auch wieder nach Jacksonville, wo mich ein wahrer Sündfluthsregen acht und vierzig Stunden lang gefangen hielt. Die Landstraßen waren in einem grauenhaften Zustande. In Jacksonville, wo das Hotel abgebrannt war, fand ich Quartier bei einer Französin, die ein entsetzliches Englisch radebrechte und einem irischen Waschweibe weit mehr ähnlich sah, als einer Hebe. Ihr zartes Töchterlein pflegte, während die fast ungenießbaren Mahlzeiten servirt wurden, auf einem verstimmten Piano herzbrechende Phantasien zu spielen, um uns den Appetit zu würzen, eine Tafelmusik, die ganz einzig in ihrer Art war, aber unter den Tischgästen stets ein bewunderndes Publicum fand. Die Stagekutsche, welche uns weiter bringen sollte, saß beim Cow Creek in einem Sumpfe fest. Als ich um Mitternacht auf hartem Lager vergeblich nach einem Ruheplätzchen suchte, das weicher als eine zerbrochene Springfeder wäre, hörte ich auf einmal zwischen dem Geräusch von Sturm und Regen, der um das Haus tobte, ein lautes Gerassel, das ich für die von Cow Creek anlangende Stage hielt. Meine Reisegefährten hatten dieselbe Idee wie ich. Als wir uns nun in Hast in die Kleider geworfen hatten und in den Hausflur stürzten, um die Stage nicht zu versäumen, kam uns die dicke Französin im reizendsten Negligée entgegen und rief in gebrochenem Englisch: „Only di dog, Schentlemen! only di dog" (nur der Hund, meine Herren). Es war Nero, der sich losgerissen und die schwere Kette durchs Haus schleifte, ein Geräusch, das wir für Wagengerassel der Stage gehalten hatten. Die Scene war so urkomisch, daß wir Alle unsere Leiden zeit-

weilig vergaßen; und heute noch wetteifert dieses nächtliche
Abenteuer mit dem Blitzrechenmeister meiner früheren
Reise um den Preis meiner liebsten Erinnerung an Jack=
sonville.

VI.
Ueber das Siskiyougebirge nach dem Sacramentothale.

Am Morgen des 1. October setzte ich bei herrlichem
Wetter meine Stagefahrt fort, deren nächstes Ziel die 62
englische Meilen von Jacksonville entfernte californische
Minenstadt Yreka war. Durch eine wohlangebaute Gegend,
in welcher die Felder mit zerstreut wachsenden breitgeästeten
Eichen malerisch bestanden waren, kutschirten wir lustig auf
guter Straße dem bewaldeten Gebirgszuge der Siskiyou=
berge entgegen. Der Name Siskiyou ist ein indianisches
Wort und bedeutet „bob tailed horse", zu deutsch „Pferd
mit Stutzschwanz." Die äußere Form des Gebirges soll
einem solchem Pferde ähnlich sein; daher der Name. Mir
war es nicht möglich, eine derartige, auch nur entfernte
Aehnlichkeit zu entdecken, welche die lebhafte Phantasie der
Rothhäute sich ausgedacht hatte.

Funfzehn Miles von Jacksonville passirten wir eine
rechts nahe am Wege liegende warme Schwefelquelle, an
der ein Badehaus errichtet war, und erreichten bald darauf
das in freundlicher Umgebung liegende Städtchen Ashland,
die südlichst gelegene Ortschaft Oregons, in deren Nähe
die Ausläufer der Siskiyouberge beginnen. In Ashland
bemerkte ich die ansehnlichen Gebäulichkeiten einer Woll=

waarenfabrik und eine Steinhauerei, und der Platz hatte
ein hübsches Aussehen. Hier verließ uns zu meiner Freude
der zanksüchtige blinde Musikprofessor und räumte seinen
Platz einem Mitgliede der Legislatur Oregons ein, der mit
uns nach Yreka reiste. Leider zeigte sich dieser Personen-
wechsel in der Folge nicht so angenehm, als ich erwartet
hatte, denn jener oregonische Staatsmann machte sich
durch seine rohen Manieren bald ganz unleidlich. Er entwickelte im Laufe der Unterhaltung unter Anderm die
barocke Ansicht, daß Kinder nicht vor dem Alter von 14
Jahren zur Schule gesandt werden sollten; es sei weit
besser, sagte er, sie liefen so lange im Busch herum, um
ihren Körper zu entwickeln, als daß sie auf den Schul-
bänken säßen, wo sie, wie bekannt, nur Dummheiten und
Liederlichkeit lernten! Die meisten seiner Collegen in Salem,
fügte er hinzu, seien derselben Ansicht wie er, und er hoffe,
daß der Staat Oregon bald ein diesen gesunden Grundsätzen entsprechendes Schulgesetz erlassen würde. Er habe
erst nach dem funfzehnten Jahre angefangen, die Schule zu
besuchen, und doch noch genug gelernt, um ihn ins Reprä-
sentantenhaus seines erleuchteten Staates zu bringen.
Gegen derartige Beweisgründe ließ sich natürlich nicht an-
streiten, und wir andern Reisenden schwiegen beschämt vor
jenem oregonischen Solon.

Nachdem wir bei der Stagestation „mountain view"
unser Mittagsmahl eingenommen hatten, wo vor dem
Wirthshause auf einer gewaltigen quer über den Weg angebrachten Tafel die falsch buchstabirten Worte „Tole road"
statt „toll road" (Schlagbaum=Straße) Einem entgegen-
starrten und polizeiwidrige Gedanken gegen den erleuchteten
Staat Oregon wach werden ließen, ging es mit einem
Vorspann von sechs Rossen ins Gebirge. Die trefflich
angelegte Straße wand sich zwischen den mit herrlichen

Nadelholzwaldungen bestandenen Abhängen allmählich empor. Auf der Höhe angelangt hatten wir eine prachtvolle Fernsicht auf dichtbewaldete bläuliche Bergketten, über welche sich uns zur Linken die schneebedeckte Gebirgsmasse des 14,440 Fuß hohen Mount Shasta (auch „Shasta Butte" genannt) emporthürmte — ein herrliches Bild! Jetzt ging es auf gewundener Straße rasch bergab. Linker Hand ragte eine isolirt dastehende, kegelförmig gestaltete Felsmasse auf, Pilot Rock genannt, die von Fremont bei einer Landvermessung als Grenzstein benutzt ward. Neue Aussichten auf das Gebirge, eine schöner als die andere, entzückten das Auge. Hier lagen hellgrüne Wiesen idyllisch zwischen den dunkeln Tannenhölzern, dort brauste ein Bach schäumend thalab, dessen Ufer mit Ahorn und Cottonwood, weißstämmigen Birken und dem goldgelben Laube der Sumpfeschen reizend umrahmt waren, während sich in der Ferne die dunkelvioletten Bergzüge malerisch hinzogen, und der alte Shasta Butte darüber seinen Silberdom hoch im blauen Aether emporgebaut hatte.

Bei der Station Coles, 35 Miles von Jacksonville, lag die Hauptkette der Siskiyouberge hinter uns. Das freundliche Stationsgebäude mit dem langen weißen Stacket nahm sich ganz sommerlich aus, die Luft war südlich warm, und die Landschaft mit den braunen Hügeln hatte bereits ein echt californisches Aussehen. 400 Yards jenseits Coles Station überschritten wir die Südgrenze des Staates Oregon, welche auf den 42. Grad nördlicher Breite gelegt worden ist. Auf staubiger Straße kutschirten wir weiter, kamen an verlassenen Placers vorbei und kreuzten ausgetrocknete weite Flußbetten, welche im Winter von brausenden Fluthen angefüllt sind, bis wir nach einer Fahrt von 8 Miles das Minenstädtchen Cottonwood erreichten. Nach eingetretenem Winterregen herrscht hier ein reges Leben, aber zu dieser Jahreszeit fehlt das Alles belebende zum Bearbeiten der Minen unumgänglich nothwendige Wasser und die Placers liegen ganz verödet da. Zweieinhalb Miles jenseits Cottonwood trafen wir den Klamathfluß, einen reißenden Strom mit felsigen, baumleeren Ufern, den wir vermittelst einer Fähre passirten. Es ist der natürliche Abfluß des kleinen und des großen Klamathsees — jener 35, dieser 60 Miles in nordnord= östlicher Richtung von hier entfernt und ergießt sich west= wärts in den Ocean. Am Nordwestufer des großen Klamathsees erhebt sich der 11,000 Fuß hohe Mount M'Laughlin (auch „Mount Pitt" genannt), den ich zuerst vom Thale des Rogueflusses aus erblickt hatte, der aber von hier, durch dazwischen liegende Höhen verdeckt, nicht gesehen werden kann. Der Klamathfluß hat ein sehr tückisches Gewässer voll von Wirbeln und Stromschnellen, das schon manchem verwegenen Schwimmer einen gewalt= samen Tod gebracht hat. Die Fähre über denselben, welche an der Hauptstraße zwischen Oregon und Californien liegt, ist ein einträgliches Monopol; einen Wagen und zwei Pferde hinüberzuschaffen kostet z. B. 2½ Dollars. Als die Goldminen im südlichen Oregon zuerst entdeckt wurden, und Miner, Kaufleute und Abenteurer zu Tausenden von Californien dorthin strömten, war diese Fähre eine echte Goldgrube und soll ihrem Besitzer zu damaliger Zeit durchschnittlich 300 Dollars per Tag eingebracht haben.

Wir fuhren jetzt über ein viele Meilen breites baum= leeres Plateau, wo der Boden überall Gold enthält, das aber wegen der gänzlichen Abwesenheit von Wasser nicht ausgebeutet werden kann. Rechter Hand lagen die gleich= falls an Gold reichen „Oregon Hills", deren Minen nur im Winter während der Regenzeit bearbeitet werden, jen= seits des Klamath der Höhenzug der „Bogus Hills" und nach links hinüber der majestätische Mount Shasta in prachtvollster Abendbeleuchtung. Nicht vergessen hatte ich sein herrliches Bild, welches sich meinem Geiste unauslöschlich eingeprägt, als ich ihn vor sechs Jahren zum ersten Male von eben diesem Standpunkte und bei ähnlicher Beleuchtung sah: die seinen Fuß umkränzenden bläulichvioletten Wälder, den wie eine riesige Bastion aus der Gebirgsmasse hervortretenden großen Krater und den von den Strahlen der sinkenden Sonne goldig umleuchteten Silberdom — ein wunderbar großartiger Anblick! Mehr als 40 Miles dehnte sich die Ebene zwischen uns und dem Shasta Butte aus, und jenseits derselben stand der riesige Schneekoloß, ein Gebirge für sich, majestätisch da. Das Besteigen des Mount Shasta ist nicht so schwierig, als man nach seiner bedeutenden Höhe schließen möchte; er ist mehrfach erklommen worden, auch schon von Damen. Am nördlichen Abhange des gewaltigen Gebirgsknotens hat man neuerdings mehrere Gletscher entdeckt. Gerade vor uns lagen die Scottsberge, ein Gebirgszug von beträchtlicher Höhe, dessen Gipfel hier und da Spuren von Schnee zeigten; zwischen ihnen und dem Shasta Butte ein isolirter Bergkegel, der „Zuckerhutberg" (sugar loaf mountain) genannt. Aber die Sonne sank schnell und bald verwischten sich die duftigen Contouren des Riesengemäldes, und als wir nach dem Scheiden des Tagesgestirns den **großen Shasta** (big Shasta), einen Nebenfluß des Klamath, überschritten, lag die gewaltige Schneekuppe des Shasta Butte kalt, weiß und farblos am dunkelnden Horizonte da. Die Nacht war bereits eingetreten, als wir das Ziel unserer Tagereise, die Stadt Yreka, erreichten.

In Yreka, an welchem Platze ich zwei Tage verweilte, sah es wüst aus. Die halbe Stadt lag in Trümmern, in Folge eines verheerenden Brandes, welcher den Ort am vergangenen 4. Juli heimgesucht hatte. Das Feuer war durch das Abbrennen von „fire crackers" entstanden, womit bekanntlich Alt und Jung an jenem Tage, dem Jahresdatum der Unabhängigkeitserklärung der Union, jeden Platz auf diesem Continente unsicher macht. Es ist ein trauriges Zeichen der Rohheit einer Nation, wenn dieselbe, wie hier der Fall, ihren höchsten Festtag hauptsächlich mit Spectakelmachen feiert! Aber trotz des widersinnigen Lärmens und der vielen Unglücksfälle, welche an jenem Tage alljährlich stattfinden, bleibt es beim Alten, und ganz America ist an seinem höchsten Festtage nicht viel besser als ein großes Tollhaus. Das Wort Yreka, welches früher Wyreka geschrieben wurde, ist der Sprache der Shastaindianer entnommen, welche den Mount Shasta Ei-i-ka nennen, und bedeutet wörtlich übersetzt: „großer Fels". Die im oberen Sacramentothale ansässigen Indianer nennen jenen Berg, einen jetzt nicht mehr thätigen Vulcan, Bulrumptum, ein bezeichnender Name!

Yreka war in den funfziger Jahren das reichste „mining camp" im ganzen Staate und ist immer noch der bedeutendste Minenplatz im nördlichen Californien; viele der Großhändler in San Francisco legten hier den Grund zu ihrem jetzigen Wohlstande. Die in unmittelbarer Nähe jenes Ortes zu damaliger Zeit aus den Minen erlangten Reichthümer beliefen sich auf über 8 Millionen Dollars Gold im Jahre. Jetzt kommt der Ertrag sämmtlicher Minen in einem Umkreise von acht Miles von Yreka kaum dem vierten Theil jener Summe gleich und beträgt in Yreka selbst nicht mehr als 300,000 bis 500,000 Dollars an Gold per Jahr. Jedoch beläuft sich das Goldproduct des ganzen Countys immer noch auf etwa fünf Millionen Dollars im Jahre. Das berühmte „Yreka flat", ein ausgedehnter Minengrund in unmittelbarer Nähe, westlich von der Stadt, wo in früherer Zeit hundert Dollars Werth Goldstaub aus jeder Wagenladung Erde gewonnen wurde, ist schon zwanzig Mal übergearbeitet worden, und das edle Metall in demselben ist keineswegs erschöpft. Doch wird jetzt das meiste Gold nicht mehr dort, sondern aus den in der Nähe des Ortes liegenden Hügeln und Bächen gewonnen. Die Goldlager des „Yreka flat", einer ehemaligen Wiese, wurden von Fuhrleuten entdeckt, die ihr Vieh dort grasen ließen. Ein besonders hungriger Ochse soll einmal ein ganzes Grasbündel ausgerissen haben, dessen Wurzeln voll von Goldkörnern saßen, die lieblich in der Sonne funkelten. Die Stadt Yreka ist so zu sagen auf Gold gebaut, denn der ganze Grund und Boden, auf dem sie steht, ist goldhaltig. Es ist eine Eigenthümlichkeit des goldhaltigen Bodens in dieser Gegend, daß das edle Metall dort nicht in Ablagerungen auf den Grundfelsen vorkommt, sondern gleichmäßig durch die Erde vertheilt ist. Das Bett des Yreka-Creek, welcher in den Shastafluß fällt, ist bis zum Grundfelsen außerordentlich reich an Gold, und sollte es, wie es im Plane liegt, gelingen, dasselbe mit „ground sluices" zu bearbeiten, d. h. den Bach selbst in eine riesige Goldwaschrinne zu verwandeln und die ganze Erde, von seiner Mündung aufwärts gehend, bis auf den Grundfelsen fort- und auszuwaschen, so würden sich unzweifelhaft die früheren glänzenden Zeiten von Yreka erneuern. Man hat versuchsweise zwei Miles oberhalb am Yreka-Creek, nahe der Mündung des Greenhornbaches in denselben, einen Schacht, 127 Fuß tief bis auf den Grundfelsen ausgegraben und fand die Erde von oben bis unten reich mit Gold geschwängert. Die Schwierigkeit bei „ground sluices" liegt darin, den nöthigen Fall für das Wasser und dieses in genügender Menge zu erhalten; doch glaubt man, daß sich das Unternehmen mit einem Kostenaufwande von etwa einer Viertelmillion Dollars erfolgreich beginnen lasse.

Die Hauptminendistricte in der Umgegend von Yreka sind die folgenden: die Hawkinsville-Minen; die Minen am Humbug-Creek, die sich 14 Miles an jenem Bache entlang erstrecken und wo in einzelnen „claims" bis 1000 Dollars an Goldstaub per Tag ausgewaschen wurde; der 6 Miles lange Greenhornbach, an welchem in früheren Jahren ein einzelner Miner überall eine Unze Goldstaub per Tag gewinnen konnte, und dessen Placers noch lange nicht erschöpft sind; der Cherry- und der M'Adams-Creek; der Indian- und der Yreka-Creek, sowie der Scott-, Shasta- und Klamathfluß. Am Klamath sind alle Sandbänke in seinem Bett goldhaltig, bis 140 Miles aufwärts von seiner Mündung, und alle in denselben fallenden Bäche führen mehr oder weniger Gold mit sich. Der Goldstaub in den Yreka-Minen hat einen Werth von 16 bis 18 Dollars per Unze.

Man sollte glauben, daß in einem Orte, in dessen unmittelbarer Nähe immer noch Millionen Dollars in Gold der Erde abgewonnen werden, Handel und Wandel blühen müßten, und daß ein solcher Platz seinen Reichthum auch äußerlich zur Schau tragen müßte. Aber dieses ist in Yreka keineswegs der Fall, und die Stadt hat ein sehr verwahrlostes Aussehen. Die sage zwölf großen Feuersbrünste, welche hier seit der Gründung des Ortes gewüthet haben, scheinen den Bewohnern die Lust zum Bauen ganz verleidet zu haben. Namentlich hat das letzte verheerende Feuer, welches während eines Sturmwindes binnen 40 Minuten den Hauptgeschäftstheil der Stadt in Asche legte und an Häusern allein, ohne die zerstörten Waarengüter mitzurechnen, einen Verlust von mehr als einer Viertelmillion Dollars verursachte, einen sehr deprimirenden Eindruck hinterlassen. Obschon drei Monate seitdem verflossen waren, war mit Ausnahme einiger Holzhäuser kaum ein Anfang zum Wiederaufbauen der Stadt gemacht worden. (Das Aussehen der Stadt hatte sich um 1875 durchaus nicht verbessert.) Nach den großen Feuersbrünsten von 1852 und 1854, bei denen sogar die eben angekommenen und kaum von den Packthieren abgeladenen Waarengüter mitten in der Straße verbrannten, entstand Yreka jedesmal wie ein Phönix schnell wieder aus der Asche; aber seit den letzten sieben Jahren baute man nur die nothwendigsten Gebäude wieder auf. Ich bemerkte ein vor sieben Jahren zum Theil niedergebranntes Eckhaus an der Hauptstraße, das nur nothdürftig ausgebessert worden war, und wo nicht einmal die angebrannten Balken auf der Veranda durch neue ersetzt waren. Der früher aus einer Umgegend von 30 Miles in Yreka concentrirte Handel hat sich nach vielen kleinen Minenplätzen, wo jetzt allenthalben „Stores" zu finden sind, zersplittert, und die Kaufleute, welche sonst ihre Waaren mit hundert und mehr Procent Profit verkauften, müssen sich nun mit weit geringerem Nutzen begnügen. Die Miethe für Läden ist von 200 und 300 Dollars per Monat auf 20 bis 30 Dollars per Monat herabgegangen; Gebäude, deren Bau 9000 bis 10,000 Dollars gekostet hat, finden jetzt zu 1500 Dollars kaum einen Käufer. Gegenwärtig zählt Yreka etwa 1200 weiße Einwohner, worunter der vierte Theil Deutsche. Unter den Fremden bilden die Portugiesen einen starken Procentsatz. Chinesen, von denen 1000 bis 1200 im County leben, sind zahlreich in Yreka vertreten, und viele Indianer lungern in zerlumpter Kleidung in den Straßen herum. Letztere gehören zu den Stämmen der Modocs, Shastas, Lalacs und Klamaths. In und um Yreka giebt es deren etwa 200 und alle genannten Stämme zusammen sind etwa 1400 Köpfe stark. Die Modocindianer haben, wie Jeder weiß, durch ihre mit spar-

tanischer Tapferkeit gegen die Militärmacht der Vereinigten
Staaten geführten Kämpfe (zu Anfang 1873) eine Welt=
berühmtheit erlangt. Dem Capitän Jack begegnete ich
mehrere Male in Yreka, ohne zu ahnen, daß dieser zer=
lumpte Indianer bald als ein Held vor der ganzen civili=
sirten Welt gelten sollte.

Eine angenehme Abwechselung für das Auge bilden
im Gegensatze zu dem verwahrlosten und zum Theil in
Trümmern liegenden Geschäftstheile der Stadt die denselben
umgebenden Privatwohnungen, welche den verheerenden
Feuersbrünsten entgangen sind. Vor jedem dieser ländlich=
hübschen Häuser liegen reizende mit weißen Stacketen um=
gebene Blumengärten, voll von blühenden Rosensträuchen,
prachtvollen Georginen und hundert anderen Blumen;
Weinreben, mit saftigen Trauben beladen, ranken an den
Birnbäumen empor; auf den von Epheu und anderem
Immergrün umkränzten Verandas hängen niedliche Käfiche,
in denen Kanarienvögel zwitscherten; die reinlichen Wege
sind von prächtigen Laubbäumen beschattet. Ich machte
einen Spaziergang durch die Stadt, bei welchem sich die
verschiedenartigsten Bilder wie in einem Kaleidoskop ein=
ander drängten. Verfall und reges Leben neben einander,
wohin ich sah! — Hier der abgebrannte Stadttheil mit
den geschwärzten Ruinen, neuen Bretterschuppen, die sich
an die stehengebliebenen Steinmauern der ausgebrannten
Häuser lehnten, verbogenen eisernen Thüren und Fenster=
läden, Schutt und Trümmern in chaotischem Durcheinander;
dort die idyllischen Privatwohnungen und dicht hinter ihnen
die wüsten Goldplacers; verfallene Gebäude und elende
chinesische Waschhäuser neben eleganten „Stores"; in den
Straßen Kaufleute und Fremde in modischen Stadtkleidern
und sonnverbrannte Miner, kräftige Gestalten, in Blousen
und rothen Hemden und breitkrämpigen Hüten, den Re=

volver im Gürtel; große Frachtwagen, welche Waarengüter mitten in der Straße abluden.

Eine staubige Stagekutsche, „Jones Flat and Yreka" steht in flammenden Lettern darauf gemalt, jagt die Straße entlang und hält vor meinem Hotel. Hier ist ein Schauspiel, wie es in der ganzen Welt nur eine echte Minenstadt Einem vor Augen führt! Der Wagen ist innen und obenauf von Goldgräbern überfüllt, Weiße und Chinesen durch einander, und die auf dem Kutschendache zwischen den Postsäcken und Gepäck Sitzenden lassen die Beine seitwärts herunterbaumeln; der Staub liegt auf den Kleidern und Gesichtern der Neuangekommenen fingerdick. Bald ist die Stage von einer dichten Menge der Stadtbewohner umlagert. Hallo, John! struck it rich? — What's the news in the diggings, Jimmy? — How goes it, Bob? 2c., so ungefähr lautet der gewöhnliche Gruß. Die wilde Gesellschaft springt vom Wagen, Postsäcke werden herabgeschleudert, bestaubte Koffer unsanft auf die Erde gesetzt, und aus der Stage kommen alte Mantelsäcke, Bündel von Wolldecken, Flinten, Pistolen 2c. zum Vorschein, als ob zugleich ein Trödlerladen und ein Arsenal darin verborgen sei, — während einzelne Glückliche, von Freunden umgeben, mit ihren schweren Goldtaschen auf dem Arm langsam die Straße entlang schlendern. Hier tritt einer von jenen wild aussehenden vom Glücke gesegneten Minern in ein elegantes Schenklokal und tractirt alle Anwesenden und ruft, da die Gesellschaft ihm nicht zahlreich genug ist, noch ein Dutzend Fremde von der Straße herein, der Schluck, die Cigarre je ein viertel Dollar; Champagner! Für Jeden, der ihn trinken mag! — wie gewonnen, so zerronnen!. —

Am Nachmittage machte ich einen Spaziergang vor die Stadt und erstieg einen östlich von derselben liegenden, an

300 Fuß hohen Berg, von dem herab eine schöne Aussicht sein sollte. Mit ziemlicher Anstrengung erreichte ich den Gipfel in der brennenden Sonnenhitze; aber ich bereute es nicht, diesen Ausflug gemacht zu haben, denn die Rundschau belohnte mich mehr als genug für die gehabte Mühe. Der Rückblick auf den mir zu Füßen liegenden öden Thalkessel von Yreka, mit Stadt und Umgebung, war freilich nicht sehr anziehend, zumal die umliegenden Berge statt mit Waldungen nur mit Gestrüpp bewachsen waren; dagegen war das auf der andern Seite vor mir ausgebreitete Panorama überaus prächtig. Eine weite Landschaft, Shasta Valley, dehnte sich vor mir aus, mit Hügeln übersäet, und jenseits derselben erstreckte sich malerisch eine ansehnliche Bergkette: im Süden, 45 Miles von meinem Standpunkte, aber scheinbar nur halb so weit entfernt, stand die gewaltige schneebedeckte Kuppe des Shasta Butte, welche seinen mir jetzt zugewendeten breiten Kratergipfel überragte; links neben ihm ein niedrigerer Bergrücken, „little Shasta" genannt, ein großartiges Bild! Die östlich vom Mount Shasta liegende Bergkette führt keinen geographischen Namen; hier nennt man sie die „sheep rock range", nach den vielen Schafen, welche dort ihre Heimath haben. Ein runder Berg auf derselben wird „Goose Nest" genannt, weil sein ausgehöhlter Gipfel Aehnlichkeit mit dem Neste einer wilden Gans haben soll. Die sinkende Sonne schmückte das prachtvolle Panorama und den Silberdom des Shasta Butte wie mit magischem Lichte.

Als ich nach eingetretener Dunkelheit nach der Stadt zurückkehrte, fand ich die Einwohner in großer Aufregung. Soeben war die Nachricht gekommen, daß die Stage auf der Straße nach Red Bluff von Straßenräubern angehalten, und der Schatzkasten von „Wells, Fargo und Co., Expreß" von denselben mit Gewalt entführt sei. Da dieses seit kurzer Zeit der zweite Raubanfall auf jener Straße war, so schien mir die Aussicht eines Rencontres mit einer Räuberbande nichts weniger als gemüthlich. Dazu kam, daß die Abends von Jacksonville anlangende Postkutsche bereits mit zwölf Passagieren besetzt war, so daß ich durchaus keine Lust verspürte, als Dreizehnter 28 Stunden lang in derselben Platz zu nehmen. Ich beschloß, einen Tag länger in Yreka zu verweilen, und erst in der nächsten Nacht, wenn, wie ich hörte, eine bewaffnete Bedeckung die Stage begleiten sollte, meine Reise fortzusetzen. Auf meinem letzten Ausfluge von Oregon nach Californien machte ich die Fahrt von Yreka aus über die Scotts= und die Trinityberge; seitdem hatte die Stagecompagnie ihre Route weiter östlich nach dem obern Sacramentothale verlegt, wodurch die genannten Gebirgszüge, welche im Winter wegen der alsdann auf ihnen liegenden Schneemassen oft fast unpassirbar sind, ganz umgangen werden, eine Aenderung der Reiseroute, die mir deshalb besonders lieb war, weil ich die Gegenden, durch welche dieselbe führte, noch nicht kannte.

Abends 10 Uhr, am 3. October, setzte ich meine Stagefahrt nach der 140 englische Meilen von Yreka entfernten, am Sacramentoflusse liegenden Stadt Red Bluff fort. Das Innere des Wagens war mit neun Passagieren besetzt; ich hatte mir bei Zeiten einen Platz oben auf der Kutsche neben einem bis an die Zähne bewaffneten Expreßboten (messenger) von Wells, Fargo und Co. gesichert. Nachdem wir einen mit Gold gefüllten eisenbeschlagenen Kasten, den zwei Mann kaum heben konnten, an Bord genommen und unter dem Bock in Sicherheit gebracht hatten, ging es vorwärts, und im Galopp jagte unser Viergespann mit der schweren rasselnden Kutsche durch die Straßen von Yreka, und bald waren wir im Freien.

Es war eine herrliche Mondnacht, in welcher wir durch eine wilde Gegend hinfuhren. Häuser sah ich nur wenige an der Landstraße, und diese lagen in meilenweiter Entfernung von einander, und die Phantasie hatte vollen Spielraum, sich einen Ueberfall zwischen den einsamen Bergen auszumalen. An Schlaf dachte Keiner von uns in dieser Nacht. Die leise geführte Unterhaltung, begleitet vom Schnauben der Pferde und dem Rasseln der Kutschenräder, drehte sich fast allein um die Unsicherheit des Reisens in diesen Gegenden. Mein Gefährte, der Expreßbote, erzählte mir von mehreren haarsträubenden Abenteuern, die er mit Straßenräubern erlebt hatte, welche Mordgeschichten keineswegs dazu beitrugen, die Lage gemüthlicher zu machen. Um Mitternacht kamen wir durch das pittoreske „Strawberry Valley" und fuhren durch Waldungen, wo wir ab und zu das Bild des hier nur 15 Miles entfernten Shasta Butte vor Augen hatten, dessen weißer Gipfel sich über die Wipfel der Bäume emporhob.

Bei Tagesanbruch passirten wir ein ansehnliches Gasthaus am Wege „Hôtel Mount Shasta" genannt, das 40 englische Meilen von Yreka entfernt liegt. Es ist dies ein beliebter Vergnügungsort für Touristen, welche sich während der Sommermonate hier zahlreich aufzuhalten pflegen, Excursionen nach dem Gipfel des nur sechs englische Meilen entfernten Mount Shasta unternehmen und im Gebirge umherstreifen. Acht Miles weiter erreichten wir einen dichtbewaldeten, hochromantischen Thalkessel, in welchem mehrere eisenhaltige natürliche Sodaquellen liegen. Die Natur hat hier einen reizenden Thalgrund geschaffen, der im Laufe der Zeit ohne Frage einen Sammelort von Tausenden von Touristen bilden wird, welche das Mineralwasser trinken und in dieser herrlichen Gebirgs- und Waldgegend umherschwärmen werden. Mitten durch den Thal-

keſſel ſtrömt der Sacramentofluß, den wir auf einer Brücke
überſchritten, hier ein ſchäumender, direct vom Mount
Shaſta herkommender Bergſtrom, der im jugendlichen Ueber=
muthe mit ſeinen kryſtallhellen Fluthen thalab eilt. Einige
Meilen unterhalb des Thalkeſſels thürmt ſich am jenſeitigen
Ufer des Sacramento die gewaltige, gezackte Felsmaſſe des
Caſtle Rock impoſant empor.

Da uns nach der Verſicherung des Expreßboten
während dieſer Tagereiſe keine Gefahr eines Ueberfalles
drohte, weil die Indianer in dieſer Gegend den Weißen
freundlich geſinnt wären und das Entkommen von Räubern
unmöglich machen würden, ſo überließ ich mich ungeſtört
dem Anſchauen von der maleriſchen Landſchaft. Wir fuhren
auf gewundener Bergſtraße am linken Ufer des Sacra=
mento hin, der uns brauſend begleitete, bald nahe an
ſeinem felſigen Strande, bald auf der Höhe entlang. Oft
führte die Straße dicht an ſteilen Abhängen hin, an denen
wir im ſchlanken Trab ſorglos entlang jagten. Dichtbe=
waldete, pittoreske Bergzüge lagen jenſeits des Fluſſes, und
wiederholt begrüßte uns der alte Mount Shaſta und hob
ſein Silberhaupt über den Wipfeln der ſchlanken Fichten
in den blauen Aether. Im Fluſſe bemerkte ich zahlreiche
Fiſchwehren, die für den Forellenfang angelegt waren, und
hin und wieder ſah ich verlaſſene Goldwäſchereien. Das
Thal des Sacramento behielt ſein romantiſches Aeußeres,
und wenn wir mitunter höher an den Bergabhängen ent=
lang fuhren, ſo erſchloſſen ſich Fernſichten von entzückender
Schönheit, während der wilde Bergſtrom tief unter uns
zwiſchen den wilden Ufern brauſte und ſchäumte.

Gegen Mittag überſchritten wir den bereits bedeutend
größer gewordenen Sacramentofluß, 82 Miles von Yreka,
auf einer Fähre. Langſam erſtiegen wir dann die ſteile
Waſſerſcheide zwiſchen ihm und dem Pitt River, mit Fern=

sichten in dichtbewaldete Thäler. Jetzt ging es schnell wieder bergab, und bald hatten wir den M'Cloudfluß (Mac Claud) erreicht, einen wilden Bergstrom, der in den Pitt River fällt und in rasender Eile neben gewaltigen, nackten Sandsteinmassen in felsigem Bette hinströmt. Auf dem Plateau hinter jener riesigen Sandsteinfaçade liegen Marmorbrüche, die ein vortreffliches Material für Häuserbau liefern. Am M'Cloud ist in neuerer Zeit die künstliche Fischzucht in großartigem Maßstab mit Erfolg eingeführt worden. Die dort ausgebrüteten Fische werden in Menge bis nach Canada hin versandt. In den Fischbrutanstalten sind Indianer angestellt worden, welche diesem Geschäfte mit großer Umsicht und Zuverlässigkeit obliegen. Am jenseitigen Ufer des M'Cloud gewahrte ich ein Indianerdorf in romantischer Umgebung, sowie mehrere an Weiden gebundene Canoes. Wie die Indianer es möglich machten, in diesem reißenden Gewässer mit ihren gebrechlichen Booten u fahren, war zum Erstaunen; es schien als ob ein solches Canoe keine Minute in den tobenden Wasserwirbeln vor dem Umschlagen geschützt werden könnte. Nach einer Fahrt von sechs englischen Meilen, im wilden Thale des M'Cloud kamen wir nach dem ansehnlichen Pitt River, den wir bei Sonnenuntergang etwas unterhalb der Mündung des M'Cloud auf einer Fähre überschritten. Der Pitt River, welcher fünf Miles von dort in den Sacramento fällt, ist eigentlich der Hauptstrom und übertrifft den obern Sacramento bedeutend, sowohl an Wasservolumen als an Länge.

Jenseits des Pitt River lag das Stationshaus, wo wir unser Abendbrot einnahmen. Von hier bis Red Bluff, hieß es, sei die Gefahr groß, von Straßenräubern angefallen zu werden. Interessant war es zu sehen, wie sich jeder der Reisenden nach seinem besten Dafürhalten auf ein solches Abenteuer vorbereitete. Die Uhren wurden meistens in die Stiefel gesteckt; die Ringe, die Brustnadeln und goldenen Ketten verschwanden auf seltsame Weise in den Aermeln, in Hüten, im Unterfutter ꝛc.; in der Tasche ließ man nur eine Handvoll Silbergeld zurück, um bei den Herren Straßenräubern nicht den Verdacht von verborgenen Goldstücken zu erregen, die, so gut es ging, versteckt wurden; Andere sahen ihre Pistolen nach, steckten frische Zündhütchen auf und schworen, sich bis auf den letzten Blutstropfen vertheidigen zu wollen. Zwei mitreisende jüdische Kaufleute aus Oregon, die schwere Goldtaschen bei sich hatten, waren besonders nervös beim Anblick aller dieser Vorbereitungen, da es unmöglich war, die Goldsäcke erfolgreich zu verbergen. Unser Wirth behauptete freilich, daß die Räuber es nur auf den Schatzkasten der Expreßgesellschaft abgesehen hätten und die Passagiere stets unbelästigt ließen. Bei dem letzten Ueberfall habe einer der Reisenden eine schwere Geldbörse fallen lassen, die ein Räuber aufgehoben und ihm höflich zurückgegeben. Aber auf solche Großmuth wollten wir uns lieber doch nicht verlassen. Die Stage wurde hier mit sechs muthigen Rossen bespannt, damit wir im Nothfall gut Fersengeld geben könnten. Ein alter Hinterwäldler mit silbergrauem Haar, der eine lange Kentuckybüchse mit sich führte, erbot sich, als Bedeckung bis nach der nächsten Station mitzufahren und nahm neben dem bewaffneten Expreßboten oben auf der Kutsche Platz. Als die Passagiere alle ein= und aufgestiegen waren, knallte der Kutscher mit der Peitsche, und fort ging es wie ein Donnerwetter nach den „Bluffs", mit welchem Namen man hier zu Lande die 41 Miles vom Pitt River am Sacramento liegende Stadt Red Bluff kurz zu bezeichnen pflegt.

Gleich jenseits des Pitt River beginnt die große Thalebene des Sacramento, deren einförmige Leere bis nach Red Bluff nur selten von Gebüsch und kleinen Holzungen unterbrochen ist. Ein Whippoorwill sang sein wie Klage tönendes Lied und der rothe Halbmond stieg soeben vom Horizonte empor, als wir aus der Waldung in die große Ebene heraustraten. Fast immer ging es im Galopp, als ob die Hölle hinter uns drein sei. An der nächsten Station trafen wir eine von der Minenstadt Shasta gekommene Stage, welche uns einen zweiten schweren Goldkasten überlieferte, aber auch noch einen mit einem Hinterlader bewaffneten „messenger" von Wells, Fargo u. Co. Expreßgesellschaft als Schutzwache brachte, der die Stelle des uns hier verlassenden Hinterwäldlers einnahm. Da die genannte Compagnie für alle ihr anvertrauten Schätze den Absendern verantwortlich ist, so war eine solche Vorsicht ihrerseits wohl angebracht. Wir hatten über 60,000 Dollars in Goldstaub in unserer Kutsche, und die Straßenräuber hätten damit ein lohnendes Geschäft machen können.

An jeder Wegstation sprachen die Leute von den Straßenräubern und warnten zur Vorsicht; jedesmal wurden daselbst Räder, Achsen und Geschirr untersucht, damit ja nichts daran bräche, falls so eine interessante Hetzjagd losgehen sollte. Die gefährlichste Stelle war ein zwei englische Meilen breites Gebüsch vor der Station Cottonwood, 27 Miles von Pitt River, wo auch der letzte Ueberfall stattfand, und ich muß gestehen, daß ich herzlich froh war, als unser im gestreckten Galopp hindurchstürmendes Sechsgespann das jenseits gelegene freie Land glücklich erreicht hatte. Jetzt war die größte Gefahr vorüber, obgleich unsere beiden Schutzwachen stets schußbereit blieben, und die wilde Fahrt in demselben Tempo weiterging.

Endlich, Nachts um zwei Uhr, raſſelte unſere Stage wohl=
behalten durch die Straßen von Red Bluff, und todtmüde
nach den zwei ſchlafloſen Nächten und abgeſpannt von der
Aufregung während der letzten Fahrt ſuchte ich ein Lager
auf in einem mit allem Comfort verſehenen Hotel.
495 Miles hatte ich zurückgelegt, ſeit ich das letzte Mal
die Stadt Portland am Willamette verließ. Meine Stage=
fahrt hatte jetzt ein Ende, und einige Tage ſpäter befand
ich mich wieder wohlbehalten in meiner Wohnung in San
Francisco.

6. Ein Ausflug nach dem Pugetsund im Jahre 1872 (♅).

(Mit Benutzung neuerer Reiseaufzeichnungen.)

Im äußersten Nordwesten der Vereinigten Staaten erstreckt sich von der Straße Juan de Fuca ein vielverzweigter Meeresarm in südlicher Richtung landeinwärts, der Puget= (Piu=djet=) Sund. Die nördliche Pacificbahn hat dorthin ihren Terminus verlegt, dem mit der Vollendung jener transcontinentalen Bahn ohne Frage ein bedeutender Handelsverkehr zufließen muß. Obgleich der Fortbau dieser Eisenbahn durch das Fallissement des großen Bankhauses Jay Cooke u. Comp., dem die Leitung ihrer Geschäfte und Financen anvertraut worden war, seit September 1873 ganz in Stillstand gerathen ist, so ist es es doch nur eine Frage der Zeit, wann die Verbindung zwischen dem Oberen See und dem Pugetsund hergestellt sein wird. Vom Osten her wurde die nördliche Pacificbahn, von dem am Oberen See liegenden Hafenorte Duluth ausgehend, an 250 engl. Meilen durch den Staat Minnesota und bis ins Territorium Dakota vollendet, als der finanzielle Krach des genannten Bankhauses den Weiterbau der Bahn nach Westen vorläufig unmöglich machte. Von der „westlichen Division" wurde nur das Verbindungsglied zwischen dem Columbia und den Gewässern des Pugetsundes vollendet; die ganze dazwischen liegende Strecke, welche durch Dakota, Montana und Theile von Idaho, Washington und Oregon nivellirt worden ist, existirt vorläufig nur auf dem Papier.

Am Pugetsund hat seit der Mitte der sechziger Jahre jede kleine Ortschaft darauf speculirt, daß das Schicksal, oder vielmehr die Northern=Pacific=Eisenbahn=Gesellschaft, ihr die Rolle der großen Zukunftsstadt im Nordwesten zugedacht habe und blickt mit Verachtung auf den Empor= kömmling Portland herab, in der festen Ueberzeugung, der= einst San Francisco überflügeln zu können. Zur Zeit als dieser Größenwahnsinn und die Eifersucht zwischen den kleinen San Francisco=Rivalen am Sund ihren Siedepunkt erreicht hatte, und die Aussichten der Northern=Pacific= Eisenbahn noch im Zenith ihres Glanzes standen, machte ich meinen ersten Ausflug nach dem Pugetsund, welche Reise ich in der vorliegenden Skizze schildern will.

Bereits im Jahre 1871 hatte ich während meines dama= ligen Aufenthaltes in Oregon daran gedacht, einen Abstecher nach dem Pugetsund zu unternehmen, ward aber durch die Beschreibungen über die grauenhafte Stagefahrt vom Co= lumbiaflusse nach Olympia davon zurückgeschreckt. Seitdem war eine ansehnliche Strecke der Northern=Pacific=Eisenbahn, von Kalama nach dem Sund dem Verkehr übergeben, und hiermit die Stagefahrt auf der notorisch „schlechtesten Straße in America" um so viel verkürzt worden, daß eine Reise nach dem Sund dadurch von ihren früheren Schrecken be= deutend verloren hatte.

Im Herbste des Jahres 1872 befand ich mich wieder in Portland, und las in den dortigen Zeitungen, daß 70 Miles der Eisenbahn von Kalama nordwärts fertig seien, und der Rest der Entfernung nach Olympia, etwa 25 eng= lische Meilen, auf gutem Wege mit der Stagekutsche be= fahren würde. Diese Nachricht ließ meinen Entschluß zu einem Ausfluge nach dem Sund schnell zur Reife gedeihen; obgleich ich das auf eine Landstraße im Territorium Washington angewendete Epitheton gut im besten Falle nur für einen guten Witz hielt, sollten mich doch die paar Stunden Stagefahrt durch einen noch so formidablen Urwald diesmal nicht von jenem Reiseprojecte zurückhalten.

Gesagt, gethan! Am Nachmittage des 2. October 1872 nahm ich Passage nach Kalama auf dem vor der Stadt Portland liegenden Hinterraddampfer „Fannie Troup" und bald dampften wir den Willamette hinab. Ich traf mit allerlei Volk auf jenem Diminutivdampfer zusammen, der eine rechte Bummelreise machte und bei fast jedem Gemüsegarten, jeder Farm oder Holzniederlage anlegte, um Passagiere und Waarengüter zu landen oder an Bord zu nehmen. Die Mehrzahl meiner Mitreisenden bestand aus Abenteurern und Landspeculanten, welche den immer noch unbestimmten westlichen Terminus der Northern-Pacific-Eisenbahn entdecken und in der großen Zukunftsstadt „Puget Sound City" ihr Glück suchen wollten, ein Unternehmen, dessen günstiger Erfolg ungefähr so viel Wahrscheinlichkeit für sich hatte, als die Möglichkeit, den Topf mit Ducaten zu finden, der bekanntermaßen am Fuße des Regenbogens stehen soll. Während ich aus den großsprecherischen Redensarten von zwei mitreisenden Yankees die sich für einen unternehmenden Mann am Sund darbietenden vortheilhaften Geschäftsconjunkturen kennen lernte und ihren Erläuterungen über den chinesischen Theehandel, und Schmuggeln durch British Columbia' zuhörte, ward das Gespräch auf eine für mich recht unangenehme Weise unterbrochen. Es war eine verstimmte Ziehharmonika, auf welcher ein Negerdilettant die gewiß nicht von Schubert oder Mozart componirte Melodie zu dem Liede „I feel, I feel like the morning star!" u. s. w. spielte. Von den mitreisenden Americanern wurde der Künstler sehr bewundert, und auch zwei sich an Bord befindende Töchter des himmlischen Reiches, die in Kalama ihr Glück machen wollten, winkten beifällig mit den Mandelaugen, zu der sie wahrscheinlich an vaterländische Weisen erinnernden Musik. Ich flüchtete mich vor jenen Dissonanzen auf den offenen Vordertheil des Dampfers, und zog dort den aus dem Schornsteine herabfallenden Regen von halb erloschenen Holzkohlen einem Aufenthalte unter dem überdachten Mitteldeck in der Nähe des Concertisten entschieden vor.

Wir nahmen unsere Fahrt durch das „Willamette Slough", auch „Columbia Slough" genannt, einen Seitenarm des Willamette, der hier, zwanzig englische Meilen mit dem Columbia parallel laufend, von diesem nur durch das 1 bis 4 Miles breite Sophia Island getrennt wird. Die Ufer waren niedrig und meistens dicht bewaldet, und die Gegend uninteressant, so daß ich froh war, als wir, 26 Meilen von Portland, bei dem durch seine großen Dampfsägemühlen bekannten Städtchen St. Helens in den Columbia einliefen. Hier begrüßte uns der schön geformte Kegelberg Mount St. Helens, der mit seiner Schneekuppe herrlich über die das jenseitige Ufer des Columbia begrenzenden grünen Waldungen in den abendlichen Himmel emporragte, während weit nach rechts hin die majestätische Silberpyramide des Mount Hood ihren riesigen Gipfel mächtig emporbaute. Aber bald legte sich die Dunkelheit über das prächtige Panorama; schwarze Wolken zogen rasch herauf, und als wir gegen 6 Uhr Abends bei vollständiger Finsterniß die 40 Miles von Portland entfernte, am rechten Ufer des Columbia liegende Stadt Ka= lama erreichten, goß es wie mit Eimern vom Him= mel herab.

Nachdem ich meinen Reisekoffer mit eigener Hand glücklich in einem Eisenbahnschuppen untergebracht, bemühte ich mich, im Finstern und bei einem wahren Sündfluthsregen ein Gasthaus zu finden, eine schwierige Aufgabe, da es in Kalama weder fahrbare Straßen noch Hotelwagen gab. Dem schwachen Lichte einer Laterne folgend, stolperte ich auf einem auf hohen Pfählen ruhenden Bretterstiege entlang, das elende Kalama in die Hölle verwünschend, bis ich endlich bei einer langen Reihe von Holzhäusern das „Columbia Hotel" erreichte, eine elende Spelunke, wohinein ich mich vor dem mit erneuter Wuth herabgießenden Platzregen flüchtete. Hinter der Stadt sollte hoch auf einem Berge ein gutes Gasthaus liegen; aber ich fühlte mich keineswegs geneigt, meine gefährliche Entdeckungsreise im Finstern dorthin fortzusetzen und war froh, in meinem Zufluchtsorte mir die nassen Kleider an einem glühend heißen Ofen trocknen zu dürfen.

Die Stadt Kaláma war dazumal das Hauptdepot der Northern-Pacific-Eisenbahn am Columbia. Der ganze untere Theil der Stadt steckte noch in einem Sumpfe und in den projectirten Straßen lagen Baumstämme, Klötze und Gestrüpp, worunter im Laufe der Zeit Erde geschüttet werden sollte, in chaotischem Wirrwarr durch einander; die neben den Häusern auf hohen Pfählen ruhenden Bretterstiege bildeten zur Zeit die einzigen Verkehrswege. Ohne Laterne Nachts in Kalama einen Spaziergang machen zu wollen, möchte Einem übel bekommen, und ein Fremder würde bei einem solchen Wagstück, ehe er 50 Schritt gemacht, sicher Schaden nehmen. Da von Straßenbeleuchtung selbstverständlich nicht die Rede war, so beschränkte ich meine Recognoscirung dieser etwa dreihundert Einwohner zählenden nagelneuen Stadt, die am hübschesten im Dunkeln aussehen sollte, auf die nächste Umgebung des Columbia-Hotels.

Auf einem wackeligen Bretterstieg gelangte ich glücklich über die hohle mit gefällten Bäumen bedeckte Gasse an das jenseitige Straßenufer, wo ich den fashionablen „Essex Salon", den Versammlungsort der Elite der Kalamier entdeckte. Der joviale Wirth dieser Kneipe, in der es von verdächtig aussehenden Gestalten wimmelte, theilte mir mit, daß er, als in Kalama noch das Temperanzgesetz gegolten, auf einem Prahm (flat boat) im Columbia, außerhalb der Jurisdiction des Ortes, Whiskey verkauft habe. Die ehrenwerthen Stadtväter hatten jedoch bald eingesehen, daß es vortheilhafter für den Stadtschatz sei, von Trinkstuben innerhalb des Weichbildes von Kalama Steuern zu erheben, als den Schnaps zollfrei dicht außerhalb desselben auf dem Columbia ausschenken zu lassen; und so ist es denn wieder gestattet, mit hoher obrigkeitlicher Bewilligung für sein gutes Geld in Kalama den Durst löschen zu können.

Die Kalamier stellten ihrer Stadt ein glänzendes Prognostikon und glaubten unter anderen guten Dingen, daß hier einst eine prächtige Eisenbahnbrücke den Columbia überspannen werde. Am gegenüberliegenden oregonischen Ufer wurde auch bereits eine Stadt „ausgelegt", nach Jay Cooke, dem bekannten Bankier, Cooke City genannt. Bis jetzt leben in Cooke (Kuhk) City freilich noch keine Menschen, die aber schon kommen werden, sobald die große Brücke in Angriff genommen wird. Dieses ist wenigstens die Ansicht der Kalamier! —

Wie wenig sich die glänzenden Zukunftsträume von Kalama verwirklichen sollten, erfuhr ich drei Jahre später, als ich bei einer zweiten Reise nach dem Pugetsund jene ganz heruntergekommene Stadt aufs Neue besuchte. Man nannte den Platz ironisch „Calamity", eine nicht schlechte Bezeichnung für den Ort, mit dessen Gründung die nördliche Pacificbahn wenig Glück gehabt hat. In der

Hauptstraße waren fast alle Geschäftshäuser zugenagelt. Durch ein zerschlagenes Fenster guckte ich in das Fremdenzimmer des gleichfalls ganz verlassenen Columbia=Hotels, wo ein vergessener Talglichtleuchter traurig und einsam auf einem schiefen Tische dastand, und einige fröhliche Ratten sich bei einem Mennett auf dem mit Ziegeln parkettirten Fußboden amüsirten. Im ehemaligen Esser=Salon hatte der Mandarin Quong Hing ein Waschhaus etablirt; ein Paar in weiße Blousen gekleidete Himmlische plätteten dort soeben den Busen eines rothgestreiften Hemdes, das augenscheinlich einem Elegant in Kalama angehörte, indem sie dasselbe nach chinesischer Manier, ehe das Plätteisen applicirt wurde, mit einem Wasser= und Speichelstrahl aus höchst eigenem Munde benetzten. Sic transit &c.! — Hättest du jovialer Ganymed des Esser=Salons, der mir vor drei Jahren einen Brandy Smash kredenzte, damals ahnen können, daß diese dem Nektar geweiheten Hallen von Hemden bügelnden schiefäugigen „Johns" entheiligt werden sollten, du wärest gewiß auf deinem Whiskeyprahm nach anderen Handelsemporien am stolzen Columbia weitergefahren, statt hier in „Calamity" dein Talent beim Mischen von Cocktails zu vergeuden! — An den windschiefen Schildern verschiedener Holzbaracken, die sich einst Hotels nannten, las ich noch die Worte „Meals at all hours" — aber es war schon lange kein Rauch mehr ihren kalten Schornsteinen entstiegen. Die Straßen waren immer noch in einem schrecklich verwahrlosten Zustande. Bei meinen Perambulationen durch den Broadway von Kalama nahm ich mich sehr in Acht, irgend etwas Bösartiges in meinen Mienen zu zeigen, oder gar Notizen niederzuschreiben, wurde aber trotzdem als Fremder, der die Stadt so genau betrachtete, von verschiedenen Seiten mit keineswegs freundlichen Augen betrachtet. Ich hatte bereits gehört, daß sich die Kalamier bitter darüber beklagt hätten, daß jeder Zeitungsmensch, der durch ihre Stadt passirte, „faule Witze" über dieselbe mache, und daß sie an dem nächsten besten von diesem Gelichter, den sie dabei ertappen würden, kategorische Rache nehmen wollten. Da ich mich in dieser Beziehung nicht ganz schuldlos fühlte, so reiste ich diesmal wohlweislich incognito. —

In Kalama war Alles, was auf die Eisenbahn Bezug nahm, in Ungewißheit gehüllt. Niemand konnte mir sagen, wie weit die Züge führen, und wo die Stagefahrt nach Olympia begänne. Der Wirth, welcher den Statusquo am besten zu kennen schien, gab mir den Rath, ein gutes „Lunch" mitzunehmen, denn zu essen bekäme ich am nächsten Tage unterwegs gar nichts. Mit diesem Troste suchte ich mein sieben bei neun Fuß großes, direct unter dem Dach liegendes, mit seltener Einfachheit möblirtes Schlafgemach auf, und entschlummerte auf hartem Lager zu der Musik des dicht über mir auf die Schindeln peitschenden Regens. Punkt 1 Uhr Morgens wanderte ich bei einem erfrischenden Schauer wieder den langen Bretterstieg zu dem Eisenbahnschuppen hinunter, um zunächst meinen Koffer aufzusuchen, und für das Weiterbefördern desselben Sorge zu tragen. Dem Herrn Wirthe war meine Unruhe unbegreiflich. Es verstände sich von selbst, meinte er, daß das Gepäck auf der Eisenbahn weitergeschickt werde, da doch gewiß keiner von den Bahnbeamten voraussetze, es werde sich ein vernünftiger im Besitze eines Reisekoffers seiender Mensch in Kalama neue Kleider anziehen wollen. Und richtig! als ich den bereits verloren geglaubten Koffer nicht im offenen Eisenbahnschuppen vorfand, entdeckte ich ihn bald darauf im Gepäckwaggon, gemüthlich dastehend, offenbar mit der Absicht, auf eigene Hand weiter zu reisen.

Beim Betreten des geheizten Passagierwaggons ward ich angenehm durch die Eleganz und den Comfort desselben überrascht, und erfuhr zu meiner Freude von einem Bahnbeamten, daß dies der erste Zug sei, welcher bis an das Ende des Gleises fahren, und die schlimmsten Stellen von der berüchtigten Stagestraße umgehen werde. Da unsere Abreise sich bedeutend verzögerte, so sah ich mich zunächst etwas unter meinen Mitreisenden um. Zu meinem Erstaunen wurde ich hier von einer vierschrötigen, schwarzgelockten Americanerin bei Namen angeredet: „Mister Kirt=tschoff!" — Es war meine ehemalige Frau Wirthin vom Nevada=Hotel in Eldorado City im östlichen Oregon, die mit ihrer Familie auf der Reise nach Olympia begriffen war, und mich sofort erkannt hatte. Eldorado City*), erzählte mir meine alte Freundin, sei immer noch ein „haariger Platz"! Die Leute schössen sich und stächen einander in den Willow=Creek=Minen noch just so schlimm, wie vor fünf Jahren, als ich dort gewesen sei, und sie selbst hätte noch vor vierzehn Tagen mit einer geladenen Henrybüchse Nachts auf Wache stehen müssen. Im Laufe des Gesprächs erfuhr ich, daß etwa anderthalb Dutzend Leute seit meinem Besuch in jenem wüsten Minenlager todtgeschossen worden wären; daß am Shastabach in der letzten Woche achtzehntausend Dollars werth Goldstaub ausgeklient seien; daß Rattlesnake Gulch brillant prospecte; daß der große Graben fertig sei, und ähnliche interessante Neuigkeiten. Meine tapfere Eldoradoerin war auch Schriftstellerin, also Collegin von mir, und machte Reiseaufzeichnungen für eine Zeitung in Baker City. Doch beklagte sie sich bitter darüber, daß ihre Kinder, die aus zwei frechen Knaben, einem Mädchen, das mehr Fragen stellte, als zehn Erwachsene

---

*) Vergleiche Band I., „Ein Besuch in Willow=Creek", pag. 271 ff.

beantworten konnten, und dem kreischenden Baby beistanden, sie dabei sehr störten, eine Bemerkung, welche ich keine Ursache hatte zu bezweifeln. Außer diesen hoffnungsvollen Sprößlingen Eldorados befanden sich noch eine Tante und die Großmutter in der Familie. Die Tante mit der spitzen Nase und der blauen Brille brachte die Unterhaltung plötzlich auf das Thema des Tanzens und fragte mich, ob ich nicht auch das Tanzen für eine Sünde hielte? Ich sprach mich sofort entschieden dahin aus, daß es eine Sünde sei, mit häßlichen Weibern zu tanzen; bei hübschen Mädchen wäre der Fall ganz anders! Mit dieser Behauptung verscherzte ich allen Respect von Seiten der Tante, und auch die Großmutter erkärte sich gegen mich, mit dem Ausspruche, „daß Christus und die Apostel auch nicht getanzt hätten". Hier wurde unser moralisches Gespräch durch das laute Pfeifen der Locomotive unterbrochen, und als sich der Bahnzug bald darauf in Bewegung setzte, wandte ich meine Aufmerksamkeit von der eldoradoschen Familie vorläufig der Gegend zu, durch welche unsere Reiseroute lag.

Nachdem wir eine kurze Strecke dem Ufer des Columbia abwärts gefolgt waren, bog die Bahn rechts ab, im Thale des Cowlitz (Kaulitz) hinaufführend, dessen klare grünliche Wellen uns linker Hand das Geleit gaben. Am jenseitigen Ufer dieses etwa 100 Ellen breiten Flusses lag das nur unbedeutende Städtchen Monticello. Für die Schifffahrt hat der Cowlitz, vor dessen Mündung sich eine Barre befindet, auf welcher das Wasser meistens nur eine Tiefe von anderthalb Fuß hat, sowie wegen seiner zahlreichen Sandbänke wenig Werth. Dampfboote können ihn nur bei hohem Wasserstande etwa 12 Miles aufwärts befahren. Die Eisenbahn führte uns meistens durch Laubholz- und Tannenwaldungen, und nur jenseits des Flusses zeigten sich einige zerstreut liegende Farmen. Hier und da bemerkte ich ansehnliche Zelt= und Hüttenlager von chinesischen Eisenbahnarbeitern; sonst waren die Umgebung und Gegend einförmig und uninteressant. Für den Bau einer Eisenbahn schien das Terrain jedoch ein sehr günstiges zu sein. Bodenerhebungen, die den Namen Berge verdienten, bemerkte ich, mit Ausnahme einiger felsigen Höhen in der Nähe des Cowlitz, auf der ganzen Strecke bis Olympia gar keine, und die hohen Gebirgszüge zwischen dem Columbia und dem Pugetsund, von denen ich oft in den Zeitungen gelesen hatte, existirten nur in der Phantasie americanischer Touristenschriftsteller. Die hier das Land viele Meilen weit bedeckenden dichten Urwälder und sumpfigen Niederungen waren allein dem Bau einer Eisenbahn hinderlich; aber erstere gaben in nächster Nähe Material in Hülle und Fülle, um letztere ohne besondere Schwierigkeit bewältigen zu können.

Ehe die Eisenbahn nach Pumphrey's Landing, 30 Miles vom Columbia, eröffnet war, wurde der Verkehr dorthin durch Stagekutschen vermittelt, und zwar über einen endlosen, meistens durch Urwälder führenden Knüppeldamm. Die losen runden Stämme lagen dort nicht etwa dicht neben einander, sondern meistens in Abständen von einigen Fuß quer über der Landstraße. Während die Pferde, namentlich im Winter bei Regenwetter, oft knietief zwischen den Aesten, Stämmen, Baumwurzeln und Fenzriegeln durch den Morast stolperten, kletterte die Stage abwechselnd mit den Vorder= und Hinterrädern auf einen Baumstamm hinauf, und sank bald vorn, bald hinten oder seitwärts in den Sumpf; und so ging es satzweise unter den entsetzlichsten Knüffen und Stößen auf und ab, nach rechts und nach links herüber und hinüber, während die Räder eins nach dem andern fast fortwährend die schwierigsten Turn=

übungen machten, der Wagen wie ein Schiff im Sturm hin und her schwankend, das schlammige Wasser oft bis über das Kutschendach spritzend, 30 Meilen weit! Eine Stagefahrt nach Pumphrey's war der schrecklichste der Schrecken für einen Reisenden im fernen Nordwesten, und wer eine solche mitgemacht, vergaß sie sicherlich nicht bis an das Ende seiner Tage!

Auf der Eisenbahn war die Fahrt jetzt ganz bequem und wir Passagiere betrachteten den um uns liegenden romantischen Urwald mit großem Gleichmuth. Bei Pumphrey's Landing, wo ich eine große Dampfsägemühle und ein bedeutendes chinesisches Zeltlager bemerkte, überschritten wir den Cowlitz auf einer Brücke und fuhren dann vorsichtig auf den eben erst nothdürftig auf den Schwellen befestigten Schienen weiter. Die Waggons schaukelten hier in Folge des unebenen Gleises mitunter auf eine etwas unangenehme Weise und ließen den Gedanken aufkommen, daß es dem Zug einfallen könne, einmal einen Salto-mortale in einen Graben zu machen; aber der Conducteur versicherte uns, daß nicht die geringste Gefahr für einen „Accident" da sei, — wobei sich denn auch die Passagiere beruhigten. In den Fichtenwaldungen, durch welche die Bahn führte, war der Boden zwischen den Bäumen wie übersäet von schwarzangebrannten gestürzten Stämmen, den Merkzeichen verheerender Waldbrände, welche hier in jedem Sommer wüthen und erst durch die im Herbste stattfindenden Regengüsse gelöscht werden.

Fünfzehn englische Meilen von Pumphrey's Landing hielt der Zug mitten im Walde an, und wir Passagiere wurden peremptorisch aufgefordert, in zwei dort haltende elende Wagen überzusiedeln, die uns nach dem noch 50 Miles entfernten Olympia bringen sollten; eine traurige Enttäuschung für uns Pugetsund-Touristen, die wir gehofft hatten, in dem bequemen Waggon bis an das Ende des Gleises fahren zu dürfen! Der Platz im Urwalde, mit einer romantischen Aussicht auf die gewaltige Schneekuppe des Mount Rainier, führte den Namen „Newaukum." Häuser gab es in der Stadt Newaukum noch keine! — Visionen von Knüppelbäumen wurden in meinem Geiste wach, als ich den umliegenden Urwaldsumpf betrachtete. Die interessante Eldoraboer Familie und ein 300 Pfund wiegender americanischer General, der nie einen Säbel getragen hatte, waren meine Leidensgefährten in der Stage, vulgo Schmutzwagen genannt, und wir Alle befanden uns durch den Umstand, daß der Bahnzug noch 20 Miles allein weiter fuhr, in einer sehr gereizten Stimmung. Mein Verhältniß zu dem mitreisenden Jungamerica war dazu ein sehr gespanntes geworden. Den ältesten hoffnungsvollen Sprößling aus Eldorado, der mir zu nahe kam, schob ich sofort energisch auf die Seite, worauf mich derselbe giftig mit den Warten „I'll kill you!" anredete, ein Ausspruch, welcher dem „General" als eine Kundgebung ungebändigten republicanischen Trotzes besonders wohlgefiel. Unsere Meinungsdifferenz über den relativen Werth des freien americanischen Geistes, der keinen Zwang duldete, wurde jedoch bald durch den Knüppeldamm effectiv zu Ende gebracht.

Während der nächsten 15 englischen Meilen führte die Landstraße meistentheils durch dichte Wälder und bestand aus einem „Knüppelwege erster Classe" corduroy road genannt, nach seiner äußeren Aehnlichkeit mit dem gleichnamigen geriffelten englischen Hosenstoffzeuge. Sumpflöcher, Baumwurzeln, lose Knüppel 2c. bildeten das Fundament der Straße. Um uns erstreckte sich der düstere Urwald mit seinen mächtigen Cedern und 200 Fuß hohen Kiefern und Fichten, durchschlungen von gewaltigen Ranken und Gebüsch und dem Gewirr moosüberwachsener gefallener Riesenbäume, und oft war der Weg so schmal, daß Ahornzweige, Dogwoodbüsche und Oregon Vine heftig gegen die Wagenfenster schlugen und über das Kutschendach rasselten. Glücklicherweise ließen sich die Musquitos, welche hier besonders blutdürstig sein sollten, heute nicht sehen, weil ihrem leichten, fröhlichen Temperamente die Luft nach dem letzten Regen noch zu kalt war. Sonst sollen sie Menschen und Thiere hier mit ihren Saugrüsseln fast zur Verzweiflung treiben. Im Wagen wurden wir Insassen, groß und klein, bei den fortwährenden Sätzen und dem Schwanken desselben auf eine jämmerliche Weise durcheinander gerüttelt, und ich fühlte mir ein paar mal besorgt unter die Weste, um mich zu vergewissern, daß eine zerbrochene Rippe mir nicht bereits durch die Haut dränge. Ein Wunder war es, daß der dreihundertpfündige „General", welcher ein paar Mal auf die Knaben geschleudert wurde, diese dabei nicht todt drückte. Trotzdem bestritt dieser, daß die Straße schlecht sei, wenigstens nicht im Vergleich mit ihrem Zustande in früheren Jahren. Damals hätte er, der General, bei seiner Ehre! geglaubt, auf der directen Stagelinie nach dem Platze der Verdammniß zu sein; aber die Verbesserungen im corduroy wären derartig, daß, soviel ihn beträfe, er jetzt nichts mehr daran zu tadeln wisse.

Eine kurze Ausnahme jenes Mordweges bildete das enge Thal des Chehalis, durch welches wir quer hinüberfuhren. Diesen nicht unbedeutenden Fluß, welcher sich westwärts in den Gray's Harbor ergießt, überschritten wir auf einer Fähre. Man kann es mit Recht als einen unglücklichen Zufall der Küstenconfiguration dieses Landes bezeichnen, daß jener zwischen der Mündung des Columbia und der Straße von Fuca gelegene geräumige Meereseinschnitt so seicht ist, daß er für die Schifffahrt fast gar keinen Werth hat. Vor seiner Mündung in den Ocean liegt eine gefährliche 550 Yards breite Barre, und zur Zeit der Ebbe ist die Bucht zu neun Zehntheilen ganz von Wasser entblößt. Ein Blick auf die Karte zeigt die günstige Lage der Bai für den Welthandel. Wäre Gray's Harbor ein den Seeschiffen leicht zugänglicher Hafen mit gutem Ankergrund, so würde die Northern-Pacific-Eisenbahn denselben ohne Zweifel durch die fruchtbare Thalmulde des Chehalis zu erreichen suchen, und die westliche Terminalstadt an seinem Ufer statt am Pugetsunde gebaut werden.

Nachdem wir einen reißenden Nebenfluß des Chehalis mit dem wenig euphonischen aus dem Jargon adoptirten Namen Skookum· (Skukum) Chuck, d. h. stark fließendes Wasser, passirt hatten, in dessen Nähe neuerdings Kohlenlager entdeckt worden sind, nahm unsere Märtyrerzeit ein Ende. „No more corduroy!" rief uns zu unserer Freude der Kutscher zu, als wir aus dem düstern Urwalde auf die freie Prairie hinaustraten. Linker Hand zeigten sich vor uns die gezackten Gipfel der Olympic Range, rechts hoben sich mitunter die Schneekuppen des Mount Rainier, Mount Adams und Mount St. Helens über die grünen Baumwipfel, während waldumsäumte Prairien auf einander folgten, und auf sandigem Kiesgrund kutschirten wir lustig weiter. So günstig der Boden nun allerdings hier für das Herstellen einer trefflichen Landstraße war, um so schlechter konnte er zum Ackerbau verwerthet werden. Nicht einmal als Weidegrund für Schafe ist diese Gegend tauglich, denn die einmal abgefressenen Gräser wollen nicht wieder nachwachsen. In den elenden Wohnungen an der Landstraße war die Armuth zu Hause, und nicht selten standen dieselben ganz verlassen da. Fast alle Felder lagen brach, die Fenzen zerfielen, und eine traurige Verwahrlosung zeigte sich, wohin das Auge blickte.

Da es bereits Nachmittag geworden war, so stellte sich bei uns Reisenden, die wir seit dem frühen Morgen nichts genossen hatten, ein riesiger Appetit ein. Unsere Bemühungen, in den an der Landstraße liegenden elenden Wohnungen für Geld und gute Worte etwas zu essen zu bekommen, schlugen gänzlich fehl, und selbst die Aepfel eines Obstgartens, den wir mit kecker Hand plünderten, zeigten sich dermaßen bitter von Geschmack, daß wir sie ungenießbar fanden. Zum Glück hatte ich den Rath meines Wirthes in Kalama, mich vor meiner Abreise mit einem guten „Lunch" zu versehen, wohl beherzigt, und einen ansehnlichen Vorrath von Brot, Fleisch und Crackers mitgenommen. Zuerst dachte ich mit dem Proviant den Selbstsüchtigen zu spielen, und namentlich die mir unausstehlichen Buben ihr Heil mit den bittren Aepfeln versuchen zu lassen; aber meine vierschrötige Freundin und literarische Collegin mit den Rabenlocken erinnerte mich daran, daß sie mich einstens in schneestürmender Nacht, als ich bei meiner Ankunft in Eldorado City mit der Stagekutsche in einen 80 Fuß tiefen Minenschacht gestürzt, und dabei fast umgekommen (um der Wahrheit die Ehre zu geben, muß ich hier hinzufügen, daß nur zwei von unsern Kutschengäulen bei jenem „Accident" das Genick brachen), daß sie mich damals, als ich halb erfroren und verhungert gewesen, im warmen Nevada Hotel gastlich aufgenommen und mit Speise und Trank wieder auf die Beine gesetzt hatte: deshalb erbarmte ich mich auch jetzt ihrer hungernden nichtswürdigen Kinder, und theilte mein lukullisches Mahl gleichmäßig mit Allen. Der General hatte dazu das Glück, für einen Silberdollar ein Maß Buttermilch in einem Farmhause aufzutreiben.

Wer war da glücklicher als wir Pugetsund-Touristen, bei
solchem fürstlichen Diner!

Wir passirten jetzt eins der seltsamsten Naturwunder
im Westen des nordamericanischen Continentes, die sogenannten Moundprairien; mehrere mit Unkraut und
spärlichem Gras bewachsene waldumkränzte kleinere
Ebenen, mit unzähligen Hügeln wie mit riesigen Maul-
wurfshaufen übersäet, die jeder eine Höhe von etwa 4 bis
6 und einen Durchmesser von 20 bis 40 Fuß hatten.
Oft lagen diese Hügel, welche sich strichweise über etwa
30 englische Quadratmeilen des Territoriums Washington
erstrecken, nahe beisammen, selten weiter als 20 Fuß von
einander ab, und je steiniger und unfruchtbarer der Boden
war, um so zahlreicher zeigten sie sich. Allerlei Hypothesen
sind über das Entstehen dieser merkwürdigen Hügel aufgestellt worden. Viele halten dieselben für die Ueberbleibsel
von Riesenbäumen, welche einst von einem furchtbaren
Orkan niedergeschmettert wurden; jeder von diesen Hügeln
sollte darnach ursprünglich die an einer gewaltigen Baum-
wurzel haften gebliebene Erde gewesen sein. Andere vermuthen in den Mounds indianische Begräbnißplätze, aber
in keinem derselben hat man meines Wissens Knochen,
Geräthe oder dergleichen entdeckt, und dann spricht auch
ihre ungeheure Menge gegen eine solche Annahme, ganz
abgesehen davon, daß die heutigen Indianer ihre Todten
nicht in Gräbern bestatten, sondern dieselben auf Gerüsten
zur Verwesung ausstellen. Eine dritte Erklärung, der auch
Agassiz beipflichten soll, geht dahin, daß dies die ehemaligen
Nester von Fischen seien. Die rundgewaschenen Kiesel
geben deutlichen Beweis, daß dieses Land einst ein seichter
Meeresgrund gewesen ist; nun soll es einen Fisch geben,
der noch heute an der brasilianischen Küste gefunden wird,
welcher solche Hügel, vielleicht, um darauf zu laichen auf-

wirft und dieß seien ursprünglich die Laichplätze solcher Fische gewesen. Noch Andere glauben, daß wirbelnde Wogen bei heftigen Strömungen in einem seichten Meere, oder mit Gewalt aus dem Boden desselben einen Ausweg suchende Gase jene Hügel bildeten. Merkwürdig ist es, daß dieselben fast nur auf einem unfruchtbaren Kiesboden vorkommen und doch selbst aus weicher Erde mit wenig Kies darin bestehen; wo ein Baumwuchs auftritt, sind sie seltener, und im tieferen Humus existiren gar keine. Einen nie endenden Stoff der Unterhaltung für die Reisenden bilden diese der Landschaft, in der sie vorkommen, einen eigenthümlichen Character verleihenden geheimnißvollen Mounds, über deren Ursprung noch keine erschöpfende Erklärung gegeben worden ist.

Allmählich verlor nun die Landschaft ihren öden Character, und es zeigte sich deutlich, daß wir rasch einer civilisirten Gegend näher kamen; die Farmen waren sorgsamer cultivirt und die Wohnungen in besserem Zustande. Vierzehn Miles vor Olympia deutete der Kutscher die Stelle an, bis wohin die Eisenbahnschienen in etwa acht Tagen gelegt sein sollten, und wo gerade ein paar Holzhäuser von einer noch namenlosen Stadt im Bau begriffen waren.*) Anderthalb Meilen vor Olympia passirten wir

---

*) Dieser Platz hat den Namen Tenino (Tenaino) erhalten; es soll von dort eine Zweigbahn nach Olympia als Anschluß an die nördliche Pacificbahn gebaut werden, die im Jahre 1874 ihren vorläufigen Terminus bei dem Hafenorte Tacoma am Pugetsund gefunden hat. Der Bau der Zweigbahn in spe zwischen Tenino und Olympia hat mit großen Schwierigkeiten zu kämpfen gehabt. Da es den biederen Olympiern an Baargeld und Credit fehlte, um die zum Bezahlen von Eisenbahnarbeitern nöthigen Summen flüssig zu machen, so beschlossen jene, die Bahn eigenhändig zu bauen. Nach einstimmigem Beschlusse der Bürgerschaft von Olympia rückte die ganze arbeitsfähige Bevölkerung dieser Stadt zwei Tage in

das Fabrikstädtchen Tumwater. Ein wildes Berggewässer, der Des Chutes, braust hier durch den Hochwald und stürzt sich in schäumenden Cascaden in eine Bai (Budd's Inlet), das äußerste Südende des Pugetsundes. Der Des Chutes, welcher auf einer Strecke von 300 Yards einen Fall von 85 Fuß hat, giebt eine gewaltige und leicht zu verwendende Wasserkraft zum Treiben von Räderwerken, genug für mindestens 40 Fabriken. Gegenwärtig existiren in Tumwater eine Säge- und zwei Kornmühlen, zwei Fabriken für das Anfertigen von Fensterrahmen und panellirten Thüren und verschiedene andere. Der Platz, welcher die älteste Niederlassung im westlichen Theile des Territoriums Washington ist, und bereits im Jahre 1845 gegründet wurde, zählt gegen 300 Einwohner und verspricht ein bedeutender Fabrikort zu werden. Die Lage des Ortes ist hochromantisch. Hier die prachtvollen Waldufer der landgeschlossenen Bai, die mit ihren klaren Fluthen den blauen Himmel und die Berge und Bäume zurückspiegelt, dort die brausenden Cascaden des Des Chutes und inmitten des frischen Grüns die freundlichen Fabrikgebäude; ein lebendiges und zugleich außerordentlich anmuthiges, fesselndes Bild!

Jetzt fuhren wir rasch dem nicht mehr fernen Olympia entgegen. Auf einer 520 Fuß langen Brücke überschritten

jeder Woche mit Schiebkarren, Schaufeln, Hacke und Spaten ins Feld und arbeitete unentgeltlich an der Eisenbahn. Frauen und Kinder begleiteten die Männer mit „Lunch"-Körben, als ginge es zu einem Picnic, und nur eine Korporalswache blieb zur Aufsicht in der Stadt zurück. Binnen einem Jahre wurde auf diese Weise das Bahnbett der 15 engl. Meilen langen Eisenbahn zum Niederlegen der Schienen hergestellt. Leider fehlte es aber den Olympiern an dem nöthigen Capital, um Schienen, Locomotiven, Waggons ꝛc. zu beschaffen, so daß die Verbindung zwischen der Hauptstadt des Territoriums Washington und der nördlichen Pacificbahn gegenwärtig (1876) immer noch vermittelst Stagekutschen stattfindet.

wir bei Hochwasser Budd's Inlet, einen pittoresken, von herrlichen grünen Wäldern eingefaßten, baiartigen Arm des Sundes, welcher jedoch zur Zeit der Ebbe eine höchst unpoetische Schlammbank vorstellt; dann ging es langsam über einen waldigen Höhenrücken und wieder über einige Brücken, und nun rasselten wir durch die mit Reihen von Ahornbäumen besetzten Straßen der Hauptstadt des Teritoriums Washington, welche mit ihren zahlreichen schmucken Wohnungen und den romantischen Waldufern des Pugetsundes einen recht angenehmen Eindruck machte. Gegen Abend hielten wir vor dem Pacific-Hotel in Olympia, nach einer Reise von 95 englischen Meilen, seit wir Frühmorgens die Stadt Kalama am Columbiaflusse verlassen hatten.

Die etwa 1500 Einwohner zählende Stadt Olympia, der Regierungssitz des Territoriums Washington, machte, als der äußerste Inlandpunkt am Pugetsund, bis wohin Seeschiffe gelangen können, in erster Linie Anspruch darauf, der westliche Terminus der Northern-Pacific-Eisenbahn und zukünftiger Rival von San Francisco zu werden. Doch haben einige widerwärtige Umstände diese Hoffnungen der biederen Olympier auf zukünftige Größe zu Schanden gemacht.

Es lag im Interesse der Eisenbahn-Gesellschaft, den Terminus möglichst weit nach Norden zu verlegen, da sie von der Regierung eine Landschenkung von 25,600 Acker Land für jede gebaute Meile ihres Schienenwegs erhält, mit der Bestimmung, daß die Landschenkung aufhöre, sobald die Bahn das Ufer des Pugetsundes erreicht habe. Diese Landschenkung nimmt Bezug sowohl auf die Hauptlinie, welche, vom Osten kommend, den Columbia in der Gegend von Wallula überschreiten und durch einen der Pässe im Cascade Gebirge, welche nördlich von Olympia gegen den

Sund zu münden, denselben erreichen soll, als auf die der Thalrinne des Columbia folgende Nebenlinie, welche bei Kalama nordwärts abbiegend an den Pugetsund führt. Da der Werth der Ländereien die Kosten des Baues der Eisenbahn weit übersteigt, so ist der Vortheil, den die Gesellschaft durch eine größtmögliche Verlängerung der Bahnlinie erzielen wird, nicht zu verkennen.

Einen anderen wichtigen Grund, Olympia nicht zum westlichen Terminus der Northern=Pacific=Eisenbahn zu bestimmen, bildete eine die Schifffahrt hindernde vor der Stadt liegende Schlammbank, die, anderthalb englische Meilen breit, zur Zeit der Ebbe ganz von Wasser entblößt ist, so daß Dampfer und größere Fahrzeuge nur bei Hochwasser dort landen können. Ebbe und Fluth stellen sich dabei am Pugetsund außerordentlich unregelmäßig ein, und zwar täglich oft eine halbe bis drittehalb Stunden vor oder nach der regulären Zeit. An jedem Tage giebt es dort eine große und eine halbe Fluth, von denen erstere eine Höhe von 12 Fuß erreicht. Springfluthen, bei denen das Wasser bis zu 30 Fuß steigt, finden im Juni und December statt. Je näher an der Mündung des Sundes in die Straße von Fuca, um so viel regelmäßiger treten in ihm Ebbe und Fluth auf; aber am oberen (südlichen) Ende, bei Olympia, ist fast gar kein Verlaß darauf.*)

Die Ungewißheit des „Terminus" hatte denn auch nicht verfehlt, auf Geschäfte aller Art in Olympia einen

---

*) Um mit der Zeit nicht ganz vom directen Seeverkehr abgeschlossen zu werden, haben die Olympier neuerdings etwa zwei engl. Meilen von ihrer Stadt an einem Punkte, wo stets Tiefwasser ist, einen Quai zum Landen für Seedampfer gebaut. In Folge dessen hat die Northern Pacific=Dampfschifffahrtsgesellschaft im Jahre 1876 beschlossen, ihre Schiffe fortan von San Francisco über Victoria nach Olympia zu expediren.

deprimirenden Einfluß auszuüben. Jedermann schien einen Glücksfall zu erwarten, speculirte auf die Zukunft, und ließ die Gegenwart gehen, wie sie wollte. Die Stadt, gleichzeitig das Hauptquartier der im Dienste der Territorialregierung stehenden Politiker und Bummler, war voll von Spielern und Tagedieben. Die Schenkstuben und Spiellocale lagen in langer Reihe an der Hauptstraße neben einander, nur hier und da von einem Austernsalon, in welchem die diminutiven Pugetsund=Bivalven servirt wurden, unterbrochen; aber die Kunden hatten meistens die Hände in den leeren Hosentaschen, und die Bankhalter von Kieno, Casino, Poker, Faro, Old Sledge ꝛc. klapperten umsonst mit ihren Gold= und Silbermünzen, um zum Spiel aufzumuntern und das „Geschäft" lebhaft zu machen. Das Pacific=Hotel, wo ich Wohnung genommen, war ein trauriger Vertreter von seinem feinen Namen. Alles darin, von den Mahlzeiten in dem düstern Speisezimmer, in welchem die aufwartende Hebe mir lächelnd einen Rippen=stoß versetzte, als sie mich fragte, ob ich gefüllten Magen oder Schweinspfoten haben wollte, bis zu meinem Schlaf=gemach, mit der baumwollenen Stubendecke und dem knarrenden harten Nachtlager, war herzlich schlecht. Der rabenschwarze Stiefelputzer, dem es eine halbe Stunde Zeit nahm, meine Fußbedeckung in Sonntagspolitur zu kleiden, äußerte, als ich ihn zur Eile antrieb, die für Olympia be=zeichnenden Worte: „No use to be in a hurry, master! This is a slow country!"

Bei dieser Gelegenheit erfuhr ich, daß mein Stiefel=verschönerer ein unglücklicher Mensch sei. Er vertraute mir an, daß er gern eine aus Manchester gebürtige Eng=länderin heirathen wollte, aber dazu im Territorium keine Erlaubniß erhalten könne, obschon sie ihn bereits mit zwei Kindern beschenkt. Die miserabeln Richter und

Advocaten in Olympia hätten keine Idee davon, daß ein Neger auch ein Mensch sei und ein fühlendes Herz in der Brust trage!

Die Olympier sind stolz auf ihre Intelligenz und auf ihren Unternehmungsgeist. Als Beweis des letztern gelten eine Stiefelfabrik, zwei Seifensiedereien, ein Eisenwerk und eine Thüren- und Fensterrahmenfabrik, und erstere wird durch zwei tägliche und fünf Wochenzeitungen veranschaulicht. Keine Stadt der Welt soll im Verhältniß zu ihrer Einwohnerzahl so viele Zeitungen aufzuweisen haben, wie die Hauptstadt des Territoriums Washington. Mit dem Inhalte derselben muß man es natürlicherweise nicht so genau nehmen, und sich im Allgemeinen mit Berichten über die Northern-Pacific-Eisenbahn, den prachtvollen Pugetsund und namentlich den „Terminus" zufrieden stellen. Läßt nun allerdings das Gemeinwesen dieser Stadt Manches zu wünschen übrig, so ist es doch den biedern Olympiern nicht zu verargen, ein wenig stolz auf ihre sich eines classischen Namens erfreuende Heimath zu sein. Ein wahres Vergnügen gewährt es, Abends beim Sonnenuntergange auf der 2030 Fuß langen Brücke, welche in der Nähe des Ortes einen Arm des Sundes überspannt, einen Spaziergang zu machen. Die weißen Segel der Fischerboote, hier und da ein indianisches Canoe oder vielleicht ein brausender Dampfer beleben die klare Fluth, welche von den herrlichsten grünen Waldungen eingerahmt ist, überragt von den Schneebergen der Olympic Range, ein landschaftliches Bild, welches unter dem darüber ausgebreiteten Strahlenhufte der untergehenden Sonne wohl den Pinsel eines Hildebrand zu bezaubern vermöchte!

Am Morgen des 5. October begab ich mich an Bord des kleinen Hinterraddampfers „Zephyr", welcher mich nach dem 72 englische Meilen von Olympia entfernten

Städtchen Seattle (Siattel) bringen sollte, der bedeutendsten Ortschaft am Pugetsund. Zum ersten Male fuhr ich hinaus auf diesen, nirgends in der Welt ein Seitenstück habenden, Meereseinschnitt: eine Verbindung von einer Menge von landumschlossenen Buchten und Canälen, welche sich von der Straße Juan de Fuca*) südwärts bis nach Budd's Inlet erstrecken, und eine Menge Inseln von verschiedener Größe einschließen. Einer von seinen Seitenarmen, Hood's (Huhd) Canal genannt, hat eine Breite von 2 bis 6 englischen Meilen und ist 90 Meilen lang. Das Hauptgewässer des Pugetsundes erstreckt sich in einer Länge von 120 englischen Meilen, seine gesammte Küstenlinie beträgt gegen 1600 Meilen und er bedeckt einen Flächenraum von circa 2000 englischen Quadratmeilen. Mit Ausnahme der Schlammbank vor Olympia existiren gar keine Untiefen im Sunde, nirgends wird er von Felsklippen gefährdet. Die größten Seeschiffe können auf diesen Gewässern nach allen Richtungen hin fahren, und finden allenthalben, nur 100 Fuß vom Ufer, in 20 bis 25 Faden den trefflichsten Ankergrund; es ist nichts Seltenes, daß ein Schiff mit dem Bug das Ufer berührt, während am Stern das Wasser eine Tiefe von 40 bis 60 Faden hat.

Die Umgebungen dieses merkwürdigen schmalen und vielverzweigten Meereseinschnittes, von den Americanern bombastisch oft „The Mediterranean of the Pacific" ge-

---

*) Die Straße Juan de Fuca wurde von dem griechischen Seefahrer gleichen Namens im Jahre 1592 entdeckt, als dieser, vom mexicanischen Hafen San Blas an der Küste nordwärts hinaufsegelnd, die Westostpassage zwischen dem Stillen und Atlantischen Meere suchte. Gerade zweihundert Jahre später erforschte auf einer ähnlichen Entdeckungsreise der englische Seecapitän Vancouver zuerst den Pugetsund und gab dessen Inseln, Buchten, Vorgebirgen ꝛc. die Namen, welche sie heute noch führen.

nannt, sind überall, bis weit in das Land hinein, riesige
Waldungen. Das Wasser im Sund gefriert nie, Stürme
sind auf ihm fast unbekannt. Das Klima seiner Ufer=
länder ist in Berücksichtigung ihrer nördlichen Lage (47°
bis 48° 45' nördl. Br.) ein sehr mildes. Die Jahreszeiten
theilen sich in die trockene und nasse, von denen letztere den
Winter vertritt, obgleich es auch im Sommer an Regen=
schauern keineswegs fehlt. Die mittlere Temperatur des
Sommers beträgt + 63, die der Wintermonate + 39 Grad
Fahrenheit. Schnee fällt im Winter nie über 8 Zoll tief
und schmilzt meistens in wenigen Stunden wieder vom
Boden fort. Selten gewinnt das Eis eine Dicke, um
einen Menschen tragen zu können. Der Durchschnittsbe=
trag der Regenfalls am Pugetsund=Bassin ist etwa 40 Zoll
im Jahre, am Ocean dagegen bedeutend mehr; beim Cap
Flattery, an der Straße von Fuca z. B. bis 130
Zoll im Jahre. Der von Japan an diese Küste gelangende
warme Meeresstrom, sowie der Schutzwall der Cascade=
Gebirge gegen die eisigen Winde des Nordens, sind die
Hauptursache jener milden und feuchten Witterungsverhält=
nisse im westlichen Theile des Territoriums Washington.

Daß der Pugetsund trotz seiner großen natürlichen
Vorzüge bis jetzt nur eine mittelmäßige commercielle Be=
deutung erlangt hat, daran trägt vor Allem die geringe
volkswirthschaftliche Entwickelung des Territoriums Washing=
ton die Schuld, dessen Producte fast nur in Bauholz be=
stehen; es ist dies ein Handelszweig, der, wie bedeutend
er auch sein mag, allein den Fortschritt eines Landes nur
langsam fördert. Zum Ackerbau eignen sich nur die
schmalen Flußthäler und einige Niederungen, und selbst
dort, wo der Boden productiv ist, müssen, ehe an den
Anbau desselben gedacht werden kann, erst die ihn dicht be=
deckenden Riesenbäume entfernt werden. Es ist dies eine

Aufgabe, der sich nur wenige Ansiedler unterziehen mögen, weil es dabei dem Farmer fast ein Menschenalter nimmt, ehe er die Früchte seines Fleißes ernten kann. Dazu kommt, daß im Innern des Landes fast gar keine Verbindungswege existiren, welche den Namen einer Straße verdienen. Eine alte von der Regierung der Vereinigten Staaten durch die Urwälder angelegte Militärstraße, von der Mündung des Cowlitz nach der Bellinghambai und den britischen Besitzungen führend, ist in schrecklichem Zustande und dermaßen in Verfall gerathen, daß sie für Fuhrwerke gegenwärtig zum größten Theil unpassirbar ist. Der Verkehr findet deshalb auch fast ausschließlich auf den Gewässern des Pugetsundes statt und beschränkt sich auf dessen nächste Umgebung. Wer weiter ins Land hinein will, muß auf einem indianischen Saumpfade durchzukommen suchen, und mag von Glück sagen, wenn er zu Pferde reisen kann. Noch manches Lustrum wird darüber hingehen, bis die das ganze Land bedeckenden Urwälder gelichtet sind und Verkehrswege daselbst entstehen, denn dazu gehören vor Allem Bewohner, die bislang im Territorium Washington noch sehr spärlich gesäet sind. Auf einem Flächenraume von 69,994 Quadratmeilen leben dort kaum 30,000 Menschen.

Es war ein nebliger Morgen, an welchem der „Zephyr" über die Gewässer des Sundes seinen Weg nordwärts nahm; ein fatales Wetter, da es jegliche Aussicht auf die Ufer versperrte. Die Aufmerksamkeit der Passagiere wandte sich deshalb vorläufig unserm mit einer Geschwindigkeit von 14 englischen Meilen die Stunde fahrenden Schiffe zu. Amüsant war es, daß Niemand von meinen Mitreisenden die Bedeutung des Namens Zephyr wußte. „Who was he? — Is he a General?" — hörte ich öfters fragen. Von den Americanern wurde das Wort wie **Seffer** ausgesprochen. Viele derselben vermutheten in dem fremdländischen Namen ein indianisches Wort. Ich bemerkte gesprächsweise, daß das Schiff vielleicht nach dem alten baierischen Admiral **Söffer** benannt sei, welche Erklärung mit stummem Ernste als wahrscheinlich die richtige entgegengenommen wurde. Meine gesellschaftliche Stellung ward in Folge dieses, bedeutende geschichtliche Kenntnisse zeigenden Ausspruchs sehr gehoben. Dazu kam, daß man mich, weil ich oft Fragen über den Sund stellte und Notizen niederschrieb, auch mich nach den Landpreisen erkundigte, und nachlässig hingeworfene Fragen über den etwaigen Terminus machte, für einen reichen Landspeculanten hielt, an dem vielleicht ein ehrlicher Dollar zu verdienen sei. Auch mein schwerer Koffer wurde vielfach mit Neugier betrachtet, und die Frage, was wohl der Inhalt desselben sein könnte, heimlich erörtert. Genug, ich war, ehe ich wußte wie, eine bedeutende Persönlichkeit auf dem **Söffer** geworden, und wurde allerseits mit vorzüglicher Aufmerksamkeit behandelt.

Nachdem wir etwa eine Stunde unterwegs gewesen waren, zertheilte sich der Nebel und gestattete eine freie Aussicht auf die Ufer des Pugetsundes. Rechts und links verzweigten sich oft Buchten, Einschnitte und Canäle, welche hier und da grüne Waldinseln umschlossen. Der auf beiden Seiten mit prächtigen, sich in seiner klaren Fluth abspiegelnden Wäldern eingefaßte Sund war mehr einem Flusse als einer Bai ähnlich; dann wieder erweiterte er sich und wurde breit wie ein Meeresarm. Um 10 Uhr Vormittags landeten wir bei der 24 englische Meilen von Olympia entfernten kleinen Ortschaft **Steilacoom** (Stillakum), welche sich romantisch zwischen den grünen Bäumen an einer breiten Bai eingenistet hatte. Der Handel dieses Platzes, früher eines der bedeutendsten am Sund, ist in letzter Zeit durch das Emporblühen von Seattle sehr geschmälert worden. Die jetzt kaum 500 Köpfe zählende Bevölkerung von Steilacoom blickt jedoch mit hoffnungsvollen Augen in die Zukunft und lebt in ruhiger Weise von der Hoffnung des „Terminus", der ihre Heimath ohne Frage zu einer großen Handelsstadt machen wird. „Wer zuletzt lacht, der lacht am besten!" — ist das Motto der biederen Steilacoomer, den aufgeblasenen Seattlern gegenüber. Die jetzt als Schafsweide dienende hinter der Stadt liegende Prairie wird sicherlich einst mit prächtigen Häuserreihen bebaut werden, und wo jetzt das idyllische Blöken der Hammel ertönt, wird das Getümmel eines Steilacoomschen Broadway erschallen! Bis der Terminus die gute Zeit hierher bringen wird, begnügt sich Steilacoom mit dem Irrenhause und dem Zuchthause des Territoriums und mit einer ganz vorgügliches Bier producirenden Brauerei, welche gemeinnützigen Anstalten daselbst gegenwärtig für den Fremden die vornehmsten Anziehungspunkte bilden. Das Zuchthaus wurde auf einer nicht weit von jener Stadt liegenden Insel erbaut und nimmt sich, aus der Ferne gesehen, recht wohnlich aus. In Steilacoom, wo wir eine halbe Stunde verweilten, lud unser Dampfer eine beträchtliche Anzahl von Hopfenballen ein, ein Handelsartikel, der am Sund von Bedeutung zu werden verspricht. Unter den auf dem Schiffe beschäftigten Handlangern befand sich ein Indianer, in seiner Matrosenkleidung eine auffallende Erscheinung, welcher gut englisch sprach und sich fleißig und gelehrig anstellte.

Bei hellem Sonnenscheine dampften wir weiter, durch den 15 Miles breiten „North Bend" hinfahrend, mit pittoresker Aussicht auf die sich linker Hand über die walbigen Ufer emporhebende, theilweise mit Schnee bedeckte gezackte Bergkette der Olympic Range, deren höchster

Gipfel, welcher den Namen Mount Olympus führt, eine Höhe von 8100 Fuß hat. Dann verengte sich das Gewässer und wir durchfurchten, sechs Miles unterhalb Steilacoom, die kaum eine englische Meile breiten „Narrows", wo der Sund einem Flusse zum Verwechseln ähnlich sah. Die Strömung ist hier, namentlich wenn zur Zeit der Ebbe und Fluth sich die ganze Wassermasse vom Sund hindurchdrängen muß, sehr heftig und hat eine Geschwindigkeit von 6 Meilen die Stunde. Die bis soweit niedrigen Ufer gewannen nun ein schroffes Ansehen, und Sandsteinabhänge, deren Gipfel dicht bewaldet waren, begrenzten die klare Fluth. Besonders fand dies bei dem 10 Miles unterhalb Steilacoom rechter Hand liegenden Vorgebirge „Point Defiance" statt. Es soll die Absicht der Regierung der Vereinigten Staaten sein, an diesem Punkte Besestigungswerke zu errichten. Keine Flotte wäre im Stande diesen natürlichen Paß, wenn er von starken Batterien geschützt wird, zu forciren. Schräg gegenüber jenem Vorgebirge liegt eine Bucht mit schmalem Eingange (Gigg Harbor), in welcher 500 Seeschiffe den trefflichsten Ankergrund fänden. Von der Natur scheint dieser Punkt gleichsam für einen Kriegshafen angelegt zu sein.

Nachdem unser kleiner Dampfer unter den steilaufstrebenden Felsmassen von Point Defiance wie ein Canoe unter einer Festungsmauer herumgefahren war, gelangten wir wieder in offenes Fahrwasser und schifften rechts nur ein waldbedecktes Vorland in die breite „Commencementbai", nach einem in dieselbe mündenden Flusse auch die Bai von Puyallop genannt. Wir fuhren hier direct nach Osten und hatten, als wir in die 4 bis 6 Miles breite und 15 Miles lange Bucht einliefen, gerade vor uns eine überaus prächtige Aussicht auf die dunkelblaue Bergreihe der Cascade Range, mit dem sie gewaltig überragenden Schnee-

koloß Mount Rainier (Rähniehr), von den Indianern
Tacoma genannt. Ich erinnere mich nicht, ein über=
raschenderes Bild als dieses auf allen meinen Reisen ge=
sehen zu haben. Die Luft war so rein, daß der 60 eng=
lische Meilen entfernte, 12,360 Fuß hohe, ganz mit blendend
weißem Schnee bedeckte Bergkoloß so nahe schien, als
stände er dicht hinter dem das Ufer der Bai begrenzenden
Höhenzuge. Gleichsam am Fuße des Bergriesen lag an
einer von bewaldeten Hügeln reizend umrahmten Land=
zunge das nach ihm benannte Städtchen Tacoma, dessen
neue Gebäude und der weiß aufpuffende Dampf einer
daselbst sich in voller Thätigkeit befindenden großen Säge=
mühle das Panorama romantisch belebten. Ein tiefblauer,
sonnenklarer Himmel, der das grandiose Landschaftsgemälde
überwölbte, trug nicht wenig dazu bei, dasselbe plastisch
schön zu machen. Der Mount Rainier gewährt, ähnlich
wie der Mount Hood, nicht wegen seiner absoluten Er=
hebung (der über dem Meere), sondern wegen seiner be=
deutenden relativen oder, deutlicher gesprochen, scheinbaren
Höhe ein so gewaltig ergreifendes Bild. Mehr als 7000
Fuß von der schneebedeckten Gebirgsmasse erfaßt hier das
Auge auf einmal. Jene isolirt über einer urwilden Wald=
landschaft emporragenden Schneekolosse machen einen
packenden Eindruck auf den Reisenden. Hier erreichte die
Bergkette der Cascades eben die Schneelinie (in dieser
Breite auf 5175 Fuß hoch geschätzt), auf deren bläulichem
Grat Tacoma's ungeheurer Silberdom ruhte, zu seinen
Füßen die prachtvollsten dunkelgrünen Wälder.

Mount Rainier (wie schade, daß der so prächtig klin=
gende indianische Name Tacoma in das schändlich vereng=
lischte Rähniehr umgetauft worden ist!) war wie alle
diese Berggipfel ehedem ein Vulcan. Der Pugetsund muß
nach der geologischen Formation dieser Gegend zu urtheilen

ehedem Festland gewesen sein, welches während einer
furchtbaren Erdrevolution durch einen Einbruch des Meeres
von diesem verschlungen wurde.

Es sei mir vergönnt, hier ein Gedicht einzuschalten,
wozu mir der erste Gedanke bei der Einfahrt in jene herr=
lichste Bucht des Sundes geworden ist.

Mount Tacoma.

Auf des Sundes blauen Wellen fuhr
   mein Schiff mit wirbelndem Rade;
Es umschloß des Urwalds Majestät
   ringsum die nied'ren Gestade.
Wie ein mächtiger Strom begrüßten mich
   Des Oceans salzige Wogen,
Die durch Fuca's Straße mit schwellender Lust
   zum entlegenen Thule zogen; —
Und hoch im Aether stand voll Glanz
   Tacoma im Silbergewande,
Und blickte auf Fluthen und Waldesgrün
   herab — der König im Lande! —
Nicht immer schaute aus blauen Höh'n
   auf die Ufer des Sundes der Riese,
Auf bewaldete Inseln, wogenumkränzt,
   auf ruhige Buchten, wie diese;
Nicht immer war hier ein Labyrinth
   von wellendurchrauschten Kanälen,
Drin der Urwald sich spiegelt, sein dunkles Bild
   mit der schimmernden Fluth zu vermählen.
Wo der Dampfer jetzt peitscht sein kreisendes Rad
   zwischen Inseln, Sunden und Buchten,

Dort lagen Thäler und grünende Flur
  und waldige Hügel und Schluchten.
Einst hat das große Weltenmeer —
  als das mächt'ge Mastodon noch lebte,
Und über den Mammuthcedern stolz
  der Adler der Urzeit schwebte —,
Durchbrochen des Festlands Mauern hier
  und die rasenden Wogen ergossen
Durch hundert Thäler, das grünende Land
  den Bewohnern der Salzfluth erschlossen.
Es sah jener Berg die grausige Zeit,
  als mit Macht das Westmeer erstürmte
Den Continent, Düne auf Düne verschlang,
  und kein Bollwerk die Thäler mehr schirmte.
Sein silberner Gipfel war roth wie Blut;
  es flog von thürmender Warte,
Wie ein Unglückszeichen im donnernden Sturm
  seine lodernde Flammenstandarte,
Und warnte den Mammuth, das Riesenelk
  und der Urwelt gigantische Bären,
Zu fliehn aus den Thälern zur schützenden Höh'
  vor den wuthentfesselten Meeren.
Doch Verderben ereilte jeglich Geschöpf
  in den furchtbar gährenden Fluthen;
Die strahlten zurück mit wilder Pracht
  des Berges leuchtende Gluthen. —
Jahrtausende eilten, sich drängend, dahin,
  wie die Wogen im Ocean schwellen;
Die Feuer erloschen und friedlich nun
  am Ufer plätschern die Wellen.
Nur Nachts, wenn des Vollmonds magisches Licht
  umspielt jenen silbernen Gipfel,

Und des Nebels bleiche Phantome sich ziehn
    um der träumenden Wälder Wipfel;
Dann tauchen aus dunklem Fluthenschooß
    der Urzeit mächt'ge Gestalten;
Am einsamen Strande schreiten sie hin,
    ihren nächtlichen Rundgang zu halten.
Mit gläsernen Augen blicken sie starr
    nach dem Berge, als sollte er brechen
Den Bann mit gewaltigem Donnermund
    und das Wort der Erlösung sprechen.
Doch der Berg bleibt stumm. Leis plätschert die Fluth;
    ruft die Todten mit murmelndem Munde;
Und sie müssen Alle hinab, hinab —
    zurück zum versunkenen Grunde!

Bei Tacoma, wo wir kurze Zeit verweilten, lag ein englisches Vollschiff dicht unterhalb einer großen Dampfsägemühle hart am Strande und lud Bauholz ein. Ein Theil vom Stern des Fahrzeuges war geöffnet worden, und die prächtigen Balken, Bohlen und Bretter glitten frisch geschnitten von den schnarrenden Kreissägen, in den Schiffsraum. Gewaltige Haufen von Bauholz aller Art lagen am Ufer, Arbeiter waren beschäftigt, Bretter aufzustapeln, und das Ganze gab ein äußerst anziehendes und bewegtes Bild. Tacoma mit seinen etwa anderthalbhundert Einwohnern war selbstverständlich auch ein Candidat für den „Terminus"*), aber die Zukunft des Ortes scheint mehr

---

*) Wie der Leser bereits weiß, ist Tacoma seit 1874 in der That der vorläufige Terminus der nördlichen Pacificbahn geworden. Aber diese Rangerhöhung hat dem Platze bis jetzt wenig Nutzen gebracht. Als mich meine Reisen im Nordwesten im Herbste

durch den Handel mit Bauholz (lumber) gesichert, wozu die Waldungen in seiner Nähe das Rohmaterial in unerschöpflicher Fülle liefern. Am Puyallopflusse, der vom Mount Rainier herabkommt und nicht weit von Tacoma in die Commencementbai mündet, befinden sich riesige

1875 wieder nach Tacoma führten, fand ich mit Ausnahme eines großen Waarenspeichers und eines Hotels am Landungsplatze von Neu-Tacoma dort durchaus keine Anzeichen vom Bau einer größeren Stadt. Eine halbe Meile vom Landungsplatze wurde auf den Hügeln eine neue Stadt „ausgelegt". Aber die wenigen daselbst errichteten Gebäude standen meistens leer, und Bauplätze haben dort durchaus nicht einen so reißenden Abgang gefunden, wie es die Tacomaer hofften. Die Bewohner des mehr nördlich gelegenen Seattle- des bedeutendsten Handelsplatzes am Sunde, fühlen sich durch das Verlegen des Terminus nach Tacoma sehr gekränkt und behaupten immer noch, daß ihr Ort der einzig richtige Platz für die große Zukunftsstadt am Sunde sei. Bei Tacoma wäre kein Grund im Hafen, und es könne kein Schiffsanker dort den Boden unter 200 Fuß Tiefe erreichen, was allerdings der Fall sein soll. Es sei ein Unsinn, an einem so von der Natur vernachläßigten Hafen, wie ihn Tacoma besitze, eine Weltstadt gründen zu wollen! Auch würde die Hauptlinie der Northern-Pacific-Eisenbahn ihren natürlichen westlichen Ausgangspunkt durch den Snoqualmiepaß weit eher bei Seattle als bei dem weiter südlich ganz aus dem Wege liegenden Tacoma finden. Wie es scheint, ist also die Zukunft von Tacoma als Weltstadt durchaus noch nicht sicher gestellt. Wichtiger als der Terminus ist für Tacoma die Entdeckung ausgedehnter ganz vortrefflicher Kohlenlager am Puyallopflusse, welche in Verbindung mit dem Holzhandel dem Platze immerhin einen nicht unbedeutenden Handelsverkehr bringen werden, welchen ihm keine Concurrenzstadt nehmen kann. Gegenwärtig (1876) ist Tacoma, was seinen Verkehr anbelangt, weiter nichts, als der Transitplatz am Pugetsund zwischen Portland und San Francisco für die via Victoria dort anlaufenden Seedampfer. Passagiere verweilen daselbst nur über Nacht und reisen schon am nächsten Tage nach Norden oder nach Süden weiter, ohne die Weltstadt Tacoma mit einem längeren Besuche zu erfreuen.

Nadelholzforste. Dort und an der Mündung des 15 Miles oberhalb Steilacoom in den Sund fallenden, gleichfalls am Rainier entspringenden Nisquallyflusses ist mit der größte Waldstand im Territorium Washington. Die von 200 bis über 300 Fuß hohen und 4 bis 10 Fuß im Durchmesser habenden kerzengerade aufstrebenden Bäume (meistens Oregon Cedar und Fir) stehen dort so dicht bei einander, daß oft kaum Platz zum Schwingen einer Axt zwischen den Stämmen ist. Man hat berechnet, daß die in jenen Wäldern auf einem Acker wachsenden Bäume, wenn umgeschlagen, den Boden 15 Fuß hoch bedecken würden.

Der Verkauf von Bauholz ist, wie schon öfters erwähnt wurde, die Haupterwerbsquelle für die Bewohner von dem an den Pugetsund grenzenden Landstriche. Die Bäume, welche man zum Schneiden in den vielen Dampfsägemühlen verwendet, sind Fir und Pine (Kiefern und Fichten), und zwar von Weiß=, Gelb= und Rothholz, unter denen letztgenanntes in vorwiegender Menge da ist. Die Schwarz= und Rothföhren werden meistens zu „Lumber" und Schiffsbauholz benutzt. Das Holz dieser Bäume ist grobfaserig, aber ganz frei von Knoten, und giebt ein vortreffliches Baumaterial. Eine ganz unglaubliche Menge von Brettern 2c., 60 bis 90 Fuß lang und ohne einen Knoten darin, läßt sich aus einem dieser Riesenbäume schneiden. Einzelne derselben sollen z. B. mehr „Lumber" enthalten als sämmtliche Fichten, die auf fünf Ackern Waldland in Michigan wachsen, und dann noch genug Holz für Fenzriegel haben, um eine ganz respectable Farm damit einfenzen zu können.

Bäume, 10 Fuß im Durchmesser und 250 Fuß hoch, schnurgerade und durchweg mit gesundem Holze, sind im Territorium Washington etwas ganz Gewöhnliches. Die gewaltige Dicke dieser Bäume, deren unterer Stamm bis zu einer Höhe von 50 bis 100 Fuß gar keine Zweige hat, macht es nothwendig, daß dieselben durch doppelte, über einander laufende Kreissägen geschnitten werden. Im Allgemeinen ziehen die Besitzer der Sägemühlen aber mittelgroße Stämme denen jener Riesenbäume vor, welche sich gar zu schwer handhaben lassen. Am Pugetsund befinden sich gegenwärtig 40 Dampfsägemühlen, die täglich 650,000 Fuß „Lumber" schneiden können. Zwölf darunter sind im Stande, täglich 25,000 Fuß „Lumber" auszusägen. Die größte, ein Capital von zwei Millionen Dollars beschäftigende Dampfsägemühle ist in Port Gamble, an dem 28 Miles von Port Townsend liegenden Hood's Canal, 6 Miles oberhalb seiner Mündung in den Sund, deren sage 35 Kreissägen täglich 100,000 Fuß „Lumber" zu schneiden vermögen. Selbstverständlich sind nie alle Kreissägen auf ein Mal im Gebrauch, auch wird in allen Sägemühlen die Arbeit des Holzschneidens an manchen Tagen ganz eingestellt. Der Exportpreis für „Lumber" beträgt in den Sägemühlen 9 bis 12 Dollars per 1000 Fuß. In Seattle bringt das beste Bauholz für einheimischen Gebrauch 15 Dollars pro 1000. Die Gesammtproduction von „Lumber" am Pugetsund wird auf jährlich 250 Millionen Fuß geschätzt, welche einen Werth von drittehalb Millionen Dollars hat. Die sieben bedeutendsten Dampfsägemühlen am Pugetsund schnitten im Jahre 1875 zusammen 193,325,419 Fuß Bauholz. Das meiste nach auswärtigen Plätzen verschiffte Bauholz geht nach San Francisco, den Sandwichinseln, Südamerica, China und Australien.

Von den im Pugetsund-Bassin wachsenden Bäumen ist die gelbe Kiefer (yellow fir), welche eine Höhe von 300 Fuß erreicht, wegen ihres elastischen Holzes für das Herstellen von Masten und Raaen, die nach allen

Hauptschiffsbauwerften der Welt versandt werden, besonders
geeignet. Mastbäume aus einem Stück Holz in einer
Länge von 150 Fuß sind dort durchaus keine Seltenheit.
Die französische Regierung hat den Bedarf von Masten und
Raaen für ihre Kriegsflotte schon seit einer langen Reihe
von Jahren vom Pugetsund bezogen. Die von den Säge=
mühlen als Rohmaterial gebrauchten Stämme werden durch
Schleppdampfer, von denen jede der größeren „Lumber"=
Gesellschaften einen oder mehrere besitzt, nicht selten aus
entlegenen Waldungen am Sund nach ihrem Bestimmungsort
gebracht. Nirgends in der Welt sah ich eine solche Menge
von miserablen kleinen Dampfbooten als im Pugetsunde,
die aber ihrem Zwecke vollständig entsprechen. Daß dieses
Land durch seinen unermeßlichen Reichthum an Nutzwäldern
bestimmt ist, auch im Schiffsbau eine bedeutende Rolle zu
spielen, scheint nur eine Frage der Zeit, denn hier befinden
sich das vorzüglichste Rohmaterial und ein unübertrefflicher
Hafen bei einander. Sobald sich die americanische Rhederei,
welche noch immer sehr im Argen liegt, von der sie be=
troffenen Lethargie des letzten Decenniums einigermaßen
erholt hat, werden gewiß auch am Pugetsund Schiffswerften
in Menge entstehen.

Nach der Botschaft des Gouverneurs vom Territorium
Washington vom October 1875 beträgt die Zahl der
Schiffe, welche im Territorium Eigenthümer haben, 108
mit einem Tonnengehalt von 26,548 Tonnen.

Am Pugetsund wurden gebaut:

1870 — Schiffe mit 535 Tonnen,
1871 — „ „ 1568 „
1872 — „ „ 871 „
1873 — „ „ 1052 „
1874 — „ „ 4250 „
1875 — „ „ 3986 „

Die Gesammtausfuhr von Waaren für das der Botschaft vorangehende Fiscaljahr schätzt der Gouverneur des Territoriums auf 5 Millionen Dollars Gold, worin die Weizenausfuhr des Walla-Walla-Thales mit einbegriffen ist; für eine Bevölkerung von etwa 36,000 Seelen gewiß ein vortrefflicher commercieller Ausweis! —

Hinter uns lag Tacoma und weiter eilte unser kleiner Dampfer über die bläulich-grünen Fluthen des waldumschlossenen Sundes, welcher, obgleich meistens einem breiten Flusse ähnlich, sich doch mitunter wie ein Meeresarm ausdehnte. Der weiße Gipfel des Mount Rainier begleitete uns auf unserer Fahrt und ragte in majestätischer Größe öfters zur Rechten über die grünen Bäume empor. Im Landschaftsgemälde bildete er unstreitig den schönsten Punkt und nahm jenem das Einförmige, das ewige Einerlei von Wald und Wasser, welches auf die Dauer das Auge ermüdete. Um eine niedrige Landzunge, Alki (Alkei) Point genannt, rechts herumfahrend, gelangten wir in die weite Bucht von Seattle, nach einem in dieselbe mündenden Flusse gewöhnlich die Bai von Duwamish genannt. Bei Alki Point wurde vor zwölf Jahren eine Stadt mit Namen Neuyork „ausgelegt". Die Gründer derselben lebten in der Hoffnung, daß hier ein großer Handelsplatz emporblühen würde, ließen einen hübschen Stadtplan, mit Straßen, Kirchen, Marktplätzen, Quais ꝛc. darauf, anfertigen und boten ihre Grundstücke zu Verkauf aus. Aber die Speculation wollte nicht ziehen, und trotz des billigen Grundeigenthums in dem Neuyork des Westens hat dieses es bis jetzt nur auf sage vier Häuser und einige windschiefe Fenzen gebracht. Möglicherweise könnte jedoch der „Terminus" endgültig hierher verlegt werden, und damit würden die hochfliegenden Pläne der Gründer dieser Zukunftsstadt Aussicht auf Verwirklichung bekommen. An

Platz für eine Stadt von etwa einer halben Million Einwohner fehlt es dort entschieden nicht. Der an dieser Stelle 25 Miles breite Sund läßt allerdings die Rhede etwas offen und den Nordwestwinden ausgesetzt; aber ein Molo würde diesen Uebelstand leicht beseitigen. Wünschen wir also dem Neuyork des Westens eine glänzende Zukunft! In America tragen oft die unwahrscheinlichsten Dinge die größte Wahrscheinlichkeit einer Lebensexistenz in sich.

Wir hatten Alki Point passirt und fuhren nun durch die Bai von Duwamish dem nur noch 6 englische Meilen entfernten Seattle entgegen. Die sich ringsum ausdehnende waldumkränzte Bucht, im Westen die Gipfel der Olympic Range, vor uns — etwas nach rechts hinüber — der Schneekoloß Rainier in stolzer Größe, und zwischen den grünen Wäldern das amphitheatralisch am Ufer hingebaute Städtchen Seattle, mit dem schönen Universitätsgebäude, das von der Anhöhe hinter der Stadt weit über dieselbe an die Bai hinausschaute; dieses vereint bildete eine höchst pittoreske Rundschau. Nachdem wir die malerisch gelegene stattliche Dampfsägemühle von Freeport passirt hatten, landeten wir gegen drei Uhr Nachmittags bei dem 72 englische Meilen von Olympia entfernten Seattle, und bald darauf kutschirte ich in einem schmucken Hotelwagen nach dem Occidental Hotel, wo ich ein gutes Quartier fand.

Die etwa 1800 Einwohner zählende Stadt Seattle hat sich in kurzer Zeit zu dem blühendsten Geschäftsplatze am Pugetsund emporgeschwungen. Die glückliche centrale Lage des Ortes, welcher das Hauptbauholzgeschäft am Pugetsund beherrscht, hat hier einen bedeutenden Handel concentrirt. Dampfschiffe von den großen Sägemühlen bei Port Blakeley, Port Madison, Port Ludlow, Port Gamble ꝛc. laufen Seattle täglich an und holen von dort den Bedarf der Mühlen für Lebensunterhalt und Betrieb aller Art. Segelschiffe laden Steinkohlen von den nahen Kohlengruben und Bauholz ein, mehrere Packetdampfboote von Olympia und Victoria sprechen jeden Tag vor, und es herrscht in dem unternehmenden Städtchen ein lebendiges Treiben, das den Fremden angenehm berührt. Zwei Bankgeschäfte giebt es bereits hier, sechs Kirchen, eine Freimaurer=, ein Odd Fellow's= und zwei Temperenzlogen, zwei Zeitungen, sowie die von 150 Jünglingen und Mädchen besuchte Universität des Territoriums. Es befinden sich Handelshäuser in Seattle, welche einen jährlichen Waarenumsatz von einer Viertelmillion Dollars machen.

Der Stolz von Seattle ist der nur 3 englische Meilen hinter der Stadt liegende Washingtonsee, ein von herrlichen Waldungen umrahmtes 20 Miles langes und 3 bis 5 Miles breites Gewässer, mit wunderbar prächtiger Aussicht auf die Schneekuppe des Mount Rainier. Schon seit Jahren hat die Regierung der Vereinigten Staaten den Plan ins Auge gefaßt, an diesem bis 600 Fuß tiefen Süßwassersee, der den besten nur denkbaren Ankergrund hat und an dessen Ufern das vorzüglichste Schiffsbauholz in der Welt gefunden wird, eine Marinestation zu errichten. Das Entdecken von vortrefflichen Kohlenflötzen in seiner Nähe hat diesem Plane in neuerer Zeit erhöhte Bedeutung gegeben. Zwischen dem Washingtonsee und dem Puget=sund liegt ein zweiter kleiner Landsee, der Unionsee, welcher eine englische Meile vom Sund entfernt ist. Der Abstand der beiden Seen von einander beträgt nur eine viertel englische Meile, ihre Höhe über dem Sund 18 Fuß. Durch einen Schleusencanal wäre die Verbindung zwischen dem Washingtonsee und dem Pugetsund ohne technische Schwierigkeiten mit verhältnißmäßig geringem Kostenaufwande herzustellen, und jeder Seefahrer kennt den großen

Vortheil eines Süßwasserhafens, in welchem die Seegewächse, Muscheln, Saugthiere ꝛc., die sich am Kiel und an den unter Wasser liegenden Theilen eines Fahrzeugs im Meere angeheftet haben, von selbst abfallen.

Drei Miles vom östlichen Ufer des Washingtonsees befinden sich Kohlengruben, aus denen täglich etwa hundert Tonnen vortrefflicher Steinkohlen, die meistens in San Francisco ihren Markt finden, gefördert werden. Von den Gruben laufen die Transportwagen auf einem Schienenstrange nach dem Ufer des Washingtonsees, wo ein Dampfer sie in Empfang nimmt und über das 6 Miles breite Gewässer schafft. Auf einem andern Schienenwege werden sie nun nach dem Unionsee gebracht, und gelangen vermittelst eines zweiten Dampfers an das Ende der Seattle=Eisenbahn, auf welcher eine Locomotive sie rasch nach dem Pugetsund befördert. Hier halten die Wagen am obern Ende einer geneigten Ebene und werden durch ein Stahltau zum Ufer herabgelassen, direct nach den Schiffen, welche die Kohlen nach San Francisco verladen. Dieser etwas combinirte Transport ist weniger schwierig als er scheint, indem das Verdeck der beiden Dampfboote auf dem Washington= und dem Unionsee mit Schienensträngen belegt ist, und die Kohlen während der ganzen Fahrt von den Gruben bis nach Seattle gar nicht die Wagen wechseln. Durch einen Canal zwischen dem Sund und dem Washingtonsee, dessen Anlage sicher nur eine Frage der Zeit ist, würde jener Kohlentransport natürlich bedeutend erleichtert werden. Den Abfluß des Washingtonsees bildet der seinem südlichen Ende entströmende 8 Miles lange Black River, welcher sich mit dem etwa 40 englische Meilen langen White River vereinigt, die dann unter dem gemeinschaftlichen Namen Duwamish River 6 Miles südlich von Seattle in den Sund münden.

Kleine Dampfboote befahren den Duwamish und White River bis 15 Miles oberhalb der „Junction." In dem auf einer Strecke von 25 Miles mit Farmen besiedelten Thale des White River liegt das beste Ackerbauland am Pugetsund.

Die günstige natürliche Lage von Seattle an einem herrlichen Hafen, umgeben von unerschöpflichen Nutzwäldern, mit fruchtbaren Thälern und ergiebigen Kohlenbergwerken in der Nähe, und der Aussicht, Marinestation zu werden, giebt den Bewohnern jenes aufstrebenden Städtchens natürlich ein wohlbegründetes Anrecht auf den „Terminus." Wer einen Seattler über den „Terminus" reden hört, wird nicht mehr daran zweifeln, daß die Metropole des neuen Nordwestens an diesem Punkte gebaut werden müsse. Die Stadt ist denn auch bereits 4 Miles in der Richtung von Nord nach Süd und vom Sund bis an den Washingtonsee in Lots (Bauplätze) „ausgelegt" die noch zum $^{999}/_{1000}$ Theil von riesigen Bäumen bedeckt sind, und nimmt einen Flächenraum ein, größer als San Francisco. Da die Bauplätze im Urwald noch billig zu haben sind, so wird viel darin speculirt, und wer in Seattle weniger als ein „corner lot" (Eckgrundstück) besitzt, muß gewiß ein armer Schlucker sein. Wäre von der Northern-Pacific-Eisenbahn-Gesellschaft während meines Aufenthaltes in jener Stadt das große Wort: „Seattle ist der Terminus!" unwiderruflich gesprochen worden, so würde ich mir gewiß auch ein paar Straßen gekauft haben; nun wurde leider nichts daraus und ich reiste wieder ab, ohne das Patent zu einem Millionär in der Tasche zu haben.

Derjenige Platz, welcher als Concurrent für den Terminus vor allen anderen Seattle ein Dorn im Auge geworden, ist Whidbey's Island. Jene Insel, welche der Oeffnung des Pugetsundes in die Straße von Fuca gerade gegenüber liegt, hat an ihrer innern (östlichen) Seite einen unübertrefflichen Hafen, den Holmes (Hohms) Harbor. Die Tiefe jener von 1 bis 1½ Miles breiten und etwa 6 Miles langen landumschlossenen Bucht beträgt an allen Punkten derselben von 10 bis 30 Faden, bis hart an das Ufer. Vermittelst eines Durchstichs von der in der Mitte schmalen Insel könnte der Holmes Harbor vom Westen her leicht zugänglich gemacht werden. Ohne alle Gefahr vermöchten die größten Seeschiffe aus der Straße von Fuca bei jedem Wetter und Wind dorthin zu gelangen und hätten, wäre hier der Terminus, nicht nöthig, das mehr als 50 Miles lange Admiralty=Inlet nach Seattle, oder noch weiter den Sund hinauf nach dem westlichen Ausgangspunkte der Northern=Pacific-Eisenbahn zu fahren. Die Hauptbahn, welche, wie schon erwähnt worden, den Columbia in der Gegend bei Wallula ver= lassen und von dort direct nach Westen geführt werden soll, würde, überschritte sie das Cascadegebirge über den etwa 4800 Fuß hohen Skagitpaß, oder den etwas südlich davon gelegenen gegen 500 Fuß niedrigern Soth= paß, das Ufer des Sundes in der Nähe von Whidbey's Island bei dem zwischen dem Nordende der Insel und dem Festlande liegenden Deceptionpaß erreichen. Diese 1300 Fuß breite und nur 18 Fuß tiefe Wasserstraße könnte leicht überbrückt und die Bahn dann ohne nennens= werthe Schwierigkeiten auf der Insel bis zum Holmes Harbor weiter geführt werden.

Sollten die Eisenbahningenieure es vorziehen, den „Terminus" der Hauptbahn auf dem Festlande anzulegen, so böte sich bei Mukilteo (Mukeltio), welcher kleine Ort dem Südende von Whidbey's Island fast gegenüber liegt, ein vortrefflicher, von allen Stürmen geschützter Hafen. Die Anlage des „Terminus" für die Hauptbahn weiter nördlich an der Bellinghambai empfiehlt sich nicht wegen der das Fahrwasser dort versperrenden zahlreichen Inseln, zwischen denen eine heftige Strömung mit einer Geschwindigkeit von 2 bis zu 7 Knoten die Stunde läuft, wodurch die Schifffahrt daselbst unsicher gemacht wird. Neben den genannten Skagit- und Sokhpässen findet zum Ueberschreiten der Cascade Range durch die Hauptlinie der Northern-Pacific-Eisenbahn noch der nur 2600 Fuß hohe **Snoqualmiepaß** Berücksichtigung. Von Osten her würde die Bahn durch das fruchtbare **Thal des Yakima** jene Paßhöhe erreichen, und westwärts das **Thal des Snohomish** herabsteigend auf dieser Route gleichfalls in der Nähe von Mukilteo an den Sund gelangen. Der Snoqualmiepaß empfiehlt sich besonders wegen seiner sanften Erhebung, wogegen das Gebirge bei den anderen genannten Pässen steiler aufsteigt, und dort Tunnels von $1\tfrac{1}{4}$ bis 2 englische Meilen Länge nothwendig würden.

Das Whibbey's Island nach Westen gegenüber liegende Städtchen **Port Townsend**, wo sich ein Zollhaus der Vereinigten Staaten befindet, bei welchem alle in den Sund einlaufenden Schiffe anlegen und Waaren declariren müssen, wird sich, wie ich aus einer dort erscheinenden Zeitung ersehen habe, mit einer ähnlichen Stellung begnügen, wie sie Brooklyn zu Newyork einnimmt. Riesige, jede Viertelstunde abfahrende Dampffähren sollen die Verbindung mit der großen Terminalstadt auf Whibbey's Island herstellen, Docks für die größten Seeschiffe finden an der Townsender Bucht, wo auch Raum genug für die Bassins der chinesischen und japanesischen Packetdampfer ist, einen herrlichen Anlageplatz, während die Millionäre der Terminalstadt es vorziehen werden, ihre Villen auf den romantischen Höhen hinter Port Townsend, anstatt auf der mit dichten Urwäldern bedeckten niedrigen Whibbey's Insel zu erbauen. Alles dieses ist keineswegs im Scherze gemeint, sondern es spricht das Townsender Journal in so vollem Ernste über den Städtecomplex auf und um Whidbey's Island, als wohnten dort bereits eine Million Menschen. Außer den genannten Plätzen machen noch etwa ein Schock anderer am Pugetsund Anspruch auf den „Terminus". Die biederen Seattler lesen alle derartigen Ergüsse natürlich mit grimmigem Herzen und hoffen dabei doch, daß der „Terminus" ihrer Stadt vor allen Rivalen vom Schicksal beschieden sei.

Was mir in Seattle sofort auffiel, war der Umstand, daß der ganze untere Stadttheil auf Sägespänen (saw dust) steht. Die von einer in der Nähe liegenden großen Dampfsägemühle massenhaft angehäuften Sägespäne hat man, gegen sieben Fuß tief, über die sumpfige Niederung und am Ufer in den Sund selbst geschüttet, dann mit Erde bedeckt und die Häuser oben aufgebaut. An Festtagen pflegen die Seattler frische Sägespäne in den Straßen hinzustreuen, um ihrer Stadt dadurch ein geputztes Aussehen zu geben. Im Winter, zu welcher Jahreszeit es hier oft und heftig regnet, zieht das Wasser schnell durch das Sägemehl und läßt die Straßen trocken, dagegen ist im Sommer die Ausdünstung von dem Untergrund ebenso unangenehm als ungesund, und wer von den Bewohnern die Mittel dazu hat, liegt nur bei Tage in der untern Stadt seinen Geschäften ob und schläft in einer auf den Hügeln erbauten Wohnung. Bei einem Spaziergange durch die Stadt und deren Umgebung, welchen ich bis nach dem Unionsee ausdehnte, von wo ich auf einem Kohlentransportzuge durch den hohen Wald zurückkehrte, wurde mir von einem befreundeten Seattler die Stelle gezeigt, wo am Ufer des Sundes ein altes Fort der Vereinigten Staaten gestanden hat, das den ersten Ansiedlern Schutz gewährte. Während des in den

Jahren 1855 und 1856 geführten Indianerkrieges flüchtete sich die gesammte weiße Bevölkerung der Umgegend in jenes Fort, dessen Blockhäuser von den Wilden förmlich belagert und, freilich erfolglos, bestürmt wurden. Das Kriegsschiff der Vereinigten Staaten „Decatur", welches zufällig im Hafen lag, trug im Januar 1856 durch ein heftiges Bombardement der naheliegenden Wälder besonders zum Zurückschlagen der Indianer bei. Jene in diesen Gegenden ganz neue Art der Kriegsführung machte durch das höllische Geräusch von den in den Waldungen crepirenden Granaten einen solchen Eindruck auf die Wilden, daß sie demüthig um Frieden baten, den sie seit jener Zeit auch treu bewahrt haben.

Die Absicht, meine Rundreise auf dem Sund bis nach Port Townsend auszudehnen, führte ich diesmal nicht aus, weil es mir theils an Zeit dazu mangelte und man mich auch von vielen Seiten versicherte, daß absolut nichts Neues einen solchen Ausflug lohnen würde. Die Umgebungen des Pugetsundes blieben sich überall gleich: Wasser, Wälder und Dampfsägemühlen; nur wäre das Gewässer unterhalb bedeutend breiter als auf den Strecken, die ich bereits gesehen; und die Stelle des Mount Rainier würde weiter nördlich von dem 11,400 Fuß hohen Mount Baker eingenommen.*) Ich trat daher am 8. October auf dem

---

*) Diese Behauptung fand ich, als ich im Herbste 1875 abermals eine Rundreise auf den Gewässern des Pugetsundes machte und auch Port Townsend besuchte, zum Theil bestätigt. Die Mündung des Sundes gegen die Straße von Fuca hat eine imposante Breite, aber die Aussicht auf die dort entfernter liegenden Ufer ist weniger fesselnd, als in seinen oberen mehr flußähnlichen Theilen. Mount Baker, obgleich fast so hoch als Mount Rainier, hat nicht die mächtige Gestalt von diesem; den schönsten Anblick gewährt er bei Abendbeleuchtung, von den Höhen hinter Port Townsend gesehen. Von den Indianern wird erzählt, daß der Berg im Jahre

kleinen Dampfer „Alida" meine Rückreise nach Olympia an. Auf dieser Fahrt machte ich die Bekanntschaft eines Deutschen, der seit den letzten zehn Monaten am Pugetsund herumgereist war, um eine ihm für eine Niederlassung vortheilhaft scheinende Localität auszusuchen. Unser Landsmann, der aus dem Staate Missouri kam, war ein enthusiastischer Bewunderer des Sundes und pries die außerordentliche Fruchtbarkeit von den in seiner Nähe liegenden Thälern. Der Bodenertrag in den Niederungen an der Mündung des Skagitflusses, sowie in den Thälern des Snohomish, des White River, des Puyallopflusses u. s. w. könnte von dem in keinem Lande der Welt übertroffen werden. Einige auf dem Dampfer uns begleitende americanische Ingenieure, welche seit Jahren das Territorium Washington als Landmesser die Kreuz und Quer bereist hatten, behaupteten dagegen, daß mit Ausnahme der genannten schmalen Flußthäler, der Gegend bei Whatcom an der Bellinghambai und von Whidbey's Island nirgends am Sund ein Humus von größerer Tiefe als 6 Zoll existire, und daß sie nicht glaubten, es befänden sich in der ganzen Umgebung des Pugetsundes über 50,000 Acker vorzüglichen Ackerbodens. Dagegen sei der Westabhang des Cascadegebirges außerordentlich reich an Eisen, Blei und Steinkohlen, welche letztere dort an vielen Stellen in mächtigen Lagern zu Tage treten. Es hielt schwer, jene auf die Productionsfähigkeit des Territoriums Washington

1862 stark geraucht habe; auch wird behauptet, daß im Jahre 1866 ein Theil seines Gipfels an 1000 Fuß eingestürzt sei. Unter den Niederlassungen am nördlichen Theile des Sundes zeichnet sich Port Gamble besonders vortheilhaft aus. Die Menge von hübschen Privatwohnungen, welche dort, von Bäumen umkränzt, am Ufer zerstreut liegen, die mächtig schnarrenden riesigen Dampfsägemühlen und das thätige Leben und Treiben gaben ein außerordentlich fesselndes Bild, das man zu betrachten nicht müde wird.

Bezug nehmenden ganz verschiedenen Ansichten meiner Reisegefährten zu vereinigen, und muß wohl angenommen werden, daß jede derselben in einer beschränkten Sphäre Glauben verdient. Die auf unserm Dampfer zu einer Ausstellung nach Olympia verschifften riesigen Kohlköpfe und ellenlangen gewaltigen rothen Rüben sprachen allerdings überzeugend für die außerordentliche Fruchtbarkeit des Bodens, in dem sie gewachsen waren.

Auf unserer Rückreise nach Olympia liefen wir unterhalb Steilacoom in einen Nebenarm des Sundes, wo ich eine Anzahl von offenen Bretterschuppen am Ufer bemerkte eine „Dog=Fish"=Fischerei. Ein betäubender Gestank von verwesenden Fischen, die in den Schuppen hingen oder auf Brettern in der Sonne balagen, begrüßte uns hier, so daß ich froh war, als unser Schiff diese Gegend wieder verließ. Es ging über meine Begriffe, wie die hübsche Americanerin, welche sich daselbst ans Land setzen ließ, in einer solchen pestilenzialischen Heimath zu existiren vermochte, es sei denn, sie war mit geradezu eisernen Geruchsnerven gesegnet. Sowohl von den Indianern als von den Weißen werden jene Fische, deren Leber eine Menge Oel enthält, massenweise in den Gewässern des Pugetsundes gefangen. Das Oel wird im Handel wegen seiner Feinheit geschätzt und hat einen Marktwerth von 50 bis 60 Cents die Gallone. An Fischen, namentlich Salmen und Häringen, sind die Gewässer des Pugetsundes überaus reich. Letztere rennen, von den Hundsfischen verfolgt, in der Angst oft in unglaublicher Menge auf den Strand, wo sie den Indianern eine willkommene Beute werden.

Bei dem wunderschönsten Wetter machte ich die Rückfahrt nach Olympia und bewunderte unterwegs aufs Neue den schimmernden Silberdom des Mount Rainier, welcher uns, über den grünen Wipfeln der Bäume in den sonnen=

klaren Aether mächtig emporragend, das Geleit gab. Bei einbrechender Dunkelheit erreichten wir die Hauptstadt des Territoriums Washington, und am folgenden Morgen setzte ich meine Weiterreise über Kalama nach Portland fort. Wenige Tage später durchfurchte der Dampfer „J. L. Stephens", auf dem ich Passage nach San Francisco genommen, die Fluthen des Pacific und brachte mich ohne weiteren Aufenthalt zurück nach meiner Heimath am goldenen Thore.

Einige allgemeine Bemerkungen über die commercielle Wichtigkeit des Pugetsundes und die muthmaßliche zukünftige Bedeutung einer an seinen Gewässern beim westlichen Terminus der Northern=Pacific=Eisenbahn emporzublühenden Handelsstadt, werden dem Leser von Interesse sein. Die Meinungen hierüber sind, selbst bei Solchen, welche die Verhältnisse dieses Landes gründlich kennen, sehr getheilt. Während Manche jener Zukunftsstadt wegen ihrer ausgezeichneten Lage für den Welthandel ein glänzendes Prognostikon stellen und der Ansicht sind, dieselbe wäre bestimmt, Portland zu überflügeln, oder gar San Francisco gefährlich zu werden, glauben Andere, daß hier für den Handel weiter nichts als ein Transitplatz entstehen könne, da das an den Sund grenzende Land mit Ausnahme weniger productiven Thäler, einer höheren Cultur nur geringe natürliche Vortheile gebe und dem Aufbau einer selbstständigen Handelsstadt ersten Ranges nicht die dazu unumgänglich nothwendigen Hülfsquellen biete. Die Wahrheit wird wohl so ziemlich inmitten dieser einander diametral entgegengesetzten Ansichten liegen.

Obgleich es Thatsache ist, daß der Pugetsund einen herrlichen Seehafen mit trefflichem Ankergrunde bildet, der gegen alle Stürme geschützt ist, und in dem die Flotten sämmtlicher seefahrenden Nationen Platz finden können, dessen Wasser im Winter nie gefriert, und der einen leichten und gesicherten Eingang vom Meere hat — ein nicht zu verkennender Vorzug über den durch die Barre an seiner Mündung gefährdeten Columbia —, ist es nicht minder wahr, wenn behauptet wird, daß eine Seehandelsstadt ersten Ranges als Bedingung eines gesunden Emporblühens außer einem vorzüglichen Hafen nothwendigerweise auch ein productives Hinterland besitzen müsse, und daß dieses, mit fast alleiniger Ausnahme von prächtigen, für den Betrieb von Sägemühlen fast unerschöpflichen Tannenwaldungen, dem an den Sund grenzenden Lande fehle.

Die östlich von dem Cascade-Gebirge liegenden für den Ackerbau geeigneten größeren Thäler, welche durch die nördliche Pacificbahn dem Pugetsund ihre Producte zuführen und dort ihren natürlichen Markt finden würden, das Klikatat-, das Yaquima-, das Walla-Walla-Thal und andere haben, obgleich sehr productiv, doch lange nicht die Bedeutung von den Thälern, welche San Francisco tributpflichtig sind und die, ganz abgesehen von dem Metallreichthum Californiens und Nevadas, eben so viel zum Emporblühen jener großen Handelsstadt als deren günstige Weltlage beigetragen haben. Das Willamettethal und die weiter südlich gelegenen fruchtbaren Thäler Oregons könnten der Zukunftsstadt am Pugetsunde nur dann als tributpflichtig betrachtet werden, wenn Portland zu dieser z. B. eine ähnliche untergeordnete Stellung einzunehmen bestimmt wäre, wie sie Sacramento und die anderen größeren Inlandsstädte Californiens zu San Francisco haben, was denn doch außerordentlich zweifelhaft scheint.

Zur Zeit hat Seattle, das im schnellen Wachsthum begriffen ist, meiner Ansicht nach — trotz Tacoma, Whidbey's

Island, Mukilteo 2c.! — die beste Aussicht, daß die zukünftige Terminalstadt dorthin verlegt werde. Der Platz mit vortrefflicher Lage zwischen dem Washington See und dem Pugetsund, mit ackerbaufähigen Flußthälern und ergiebigen Kohlenbergwerken in seiner Nähe, im Besitze eines prächtigen Hafens und im Centrum der großen Dampfsägemühlen, bildet schon jetzt den Focus des ganzen geschäftlichen Verkehrs am Sunde. Wie schwer es ist, den Handel von einer Stadt fortzunehmen, die sich bereits einer ansehnlichen Blüthe erfreut, davon giebt Tacoma ein schlagendes Beispiel, welcher Ort bis jetzt Seattle nicht den geringsten Schaden zugefügt hat. Die Northern Pacific-Eisenbahn würde gewiß weit klüger gehandelt haben, die Bahn von Kalama aus gleich bis nach Seattle weiter zu bauen, welche Stadt damit einen frischen Impuls zum Aufschwung erhalten und der Eisenbahn einen sich schnell vergrößernden Verkehr zugetragen hätte, statt in Tacoma ein Zwitterding von einem Seehafen zu schaffen, der nur ein Transitplatz und von gar keiner commerciellen Wichtigkeit ist.

Schließlich noch ein paar Worte über die geographische Lage des Pugetsundes im Vergleich zur San-Francisco-Bai. Die oft angeführte Thatsache, daß die directe Entfernung vom Pugetsunde nach Japan und China erheblich geringer sei, als die von San Francisco, und daß die von Ostasien nach Nordamerica kommenden oder von der diesseitigen Pacificküste dorthin fahrenden Handelsschiffe deshalb die nördliche Route zum Pugetsunde der Centralroute über San Francisco vorziehen werden, ist keineswegs maßgebend für den Welthandel. Die Gewässer des Nördlichen Großen Oceans sind, namentlich im Winter, außerordentlich stürmisch, und selbst die zwischen San Francisco und Ostasien fahrenden Schiffe pflegen einen südlichen Cours (bis zum

27. und 25. Breitengrade hinunter), zu nehmen, um in ein ruhigeres Fahrwasser zu gelangen und den Passat der südlicheren Breiten benutzen zu können. Die Schiffe, welche den Handelsverkehr zwischen dem Pugetsund und Japan und China vermitteln sollen, würden aus demselben Grunde nicht, wie Herr Colfax (früherer Vicepräsident der Vereinigten Staaten, welcher vor einigen Jahren die Pacificküste bereiste) behauptet hat, und was ihm Viele gedankenlos nachgesagt haben, auf dem kürzeren sogenannten großen Cirkel fahren, sondern wie die von San Francisco segelnden eine südliche Bogenschwenkung machen und schließlich in dasselbe Fahrwasser gelangen, welches die Handelsschiffe auf ihren Reisen zwischen San Francisco und Ostasien einschlagen. Hierdurch muß der mehr nördlich liegende Pugetsund selbstverständlich viel von seiner nach Westen vorgeschobenen günstigen geographischen Lage wieder einbüßen, und die Schiffe vom Sunde werden in Wirklichkeit gerade so lange Reisen von und nach Asien wie die von San Francisco fahrenden machen.

Ganz abgesehen jedoch von der größeren oder geringeren Entfernung der Seerouten von und nach den concurrirenden Häfen an der pacifischen Küste Nordamerika's, hat San Francisco durch seine Stellung als Großstadt einen so überwältigenden Vortheil über den Pugetsund erlangt, daß dieser der californischen Handelsmetropole, selbst unter der Annahme der möglichst günstigen Verhältnisse, nur einen geringen commerciellen Abbruch thun könnte. Der Handelsverkehr wird durch den eigenen Consum und Waaren-Bedarf einer Großstadt stets vorwiegend nach dieser hingeleitet, und eine etwas entferntere Lage kommt bei einem Seewege wenig oder gar nicht in Betracht. Uebrigens könnte an der langen Küstenlinie des Pacific mehr als eine bedeutende Handelsstadt Raum zu einer gesunden commerciellen Entwickelung finden. San Francisco, dem New-York des Westens, würde das Aufblühen secundärer Handelsstädte im Norden und Süden an dieser Küste durch vermehrten Verkehr sicherlich nur Gewinn bringen. Eine Stadt von 30,000 bis 50,000 Einwohnern am Pugetsund und im Flußgebiete des Columbia, und eine ähnliche an der Bucht von St. Diego, wären meiner Ansicht nach eher ein Vortheil als ein Nachtheil für San Francisco, das zu groß geworden ist, um die Handelsconcurrenz solcher Plätze fürchten zu müssen. Der wechselseitige Verkehr zwischen diesen Städten würde die Einbuße von etwas directem überseeischen Handel zehnfach überwiegen. Es kann nur der aufrichtige Wunsch der großen Handelsmetropole am Goldenen Thor sein, daß sich die Zukunftsträume für den herrlichen Meeresarm im Nordwesten recht bald verwirklichen mögen, und daß der Pugetsund in naher Zukunft die Stellung im Weltverkehr einnehme, wozu er mehr als irgend ein anderer Hafen in jenen Ländergebieten von einer gütigen Natur auserlesen zu sein scheint.

Druck von Gustav Esch in Altona.

www.ingramcontent.com/pod-product-compliance
Lightning Source LLC
Chambersburg PA
CBHW020540300426
44111CB00008B/732